D1666734

Pressmar

Kosten- und Leistungsanalyse
im Industriebetrieb

Schriftenreihe des Instituts für Unternehmensforschung
und des Industrieseminars der Universität Hamburg

Herausgeber: Professor Dr. Herbert Jacob, Universität Hamburg

Band 3

Dr. Dieter B. Pressmar

Kosten- und Leistungsanalyse
im Industriebetrieb

Betriebswirtschaftlicher Verlag Dr. Th. Gabler · Wiesbaden

ISBN   3 409 33612 5

Copyright by Betriebswirtschaftlicher Verlag Dr. Th. Gabler GmbH, Wiesbaden 1971

Geleitwort

Schon zu Beginn der Bemühungen um die Entwicklung einer Theorie der Unternehmung — und seitdem immer wieder — hat ein Gebiet besondere Aufmerksamkeit auf sich gezogen und zu wissenschaftlicher Fragestellung und Analyse angeregt: der Produktions- und Kostenbereich der Unternehmung. Welche Größen sind es, von denen die Höhe der Kosten in einem bestimmten Zeitraum abhängt, und wie wirken sie? Welche Möglichkeiten bestehen, die Kosten zu beeinflussen?

Die Lehre Schmalenbachs von den fixen und variablen Kosten in Abhängigkeit von der Beschäftigung läßt sich hier ebenso einordnen wie die vielfältigen Bestrebungen, Produktionsfunktionen zu formulieren, die die Beziehungen zwischen Faktoreinsatz und Faktorertrag erklären sollen.

Das zunächst auch in die betriebswirtschaftliche Kostenlehre übernommene sogenannte Ertragsgesetz erwies sich schon bald als wenig geeignet, die auf der Ebene des Betriebes relevanten Zusammenhänge zu beschreiben. Dieser Umstand wurde um so augenfälliger, je mehr das Problem der Kostenplanung und -steuerung in konkreten Situationen in den Vordergrund trat. Es ist das Verdienst Gutenbergs, hier neue Wege beschritten zu haben und u. a. durch die Formulierung seiner Produktionsfunktion vom Typ B zu einer wirklichkeitsnahen Darstellung der Beziehungen und Abhängigkeiten im Produktions- und Kostenbereich der Unternehmung vorgestoßen zu sein.

Um Kosten gezielt beeinflussen und steuern zu können, ist zweierlei erforderlich:

1. Es müssen die Zusammenhänge zwischen den beeinflußbaren Größen, den Aktionsparametern, und den Kosten offengelegt sein, und

2. es müssen die in dem betrachteten konkreten Falle relevanten Daten, die diese Zusammenhänge quantifizierend beschreiben, erfaßt werden können.

Beiden Problemkreisen wendet sich der Verfasser des hier vorgelegten Buches zu. Aufbauend auf den einschlägigen Arbeiten entwickelt er zunächst ein umfassendes produktions- und kostentheoretisches Modell, das eine wirklichkeitsgetreue Abbildung der Verhältnisse im Produktions- und Kostenbereich der Unternehmung erlaubt und damit die Forderung des obengenannten Punktes 1 erfüllt.

Im weiteren geht es ihm dann darum zu zeigen, wie dieses Modell auf eine konkrete Situation angewandt werden kann, insbesondere mit Hilfe welcher Verfahren die zur Lösung konkreter Kostenplanungsaufgaben erforderlichen Daten aus dem vorliegenden Material herausdestilliert und bestimmt werden können. Die Wirkungsweise dieser Verfahren wird an mehreren praktischen Fällen eindrucksvoll vorgeführt.

Dabei wird deutlich, daß sich eine zieladäquate Lösung praktischer Kostenplanungs- und Steuerungsaufgaben nur dann erreichen läßt, wenn die kostentheoretischen Erkenntnisse und Aussagen in angemessener Weise berücksichtigt werden. Wie dies geschehen kann und zu geschehen hat, zeigt die vorliegende Arbeit, indem sie die dafür unerläßliche Verbindung zwischen Kostentheorie und Empirie herstellt.

Herbert Jacob

Vorwort

Die Theorie des unternehmerischen Planungs- und Entscheidungsprozesses rückt immer stärker in den Mittelpunkt der gegenwärtigen betriebswirtschaftlichen Forschung. Zahlreiche Erfolge einer auf diesen Erkenntnissen aufgebauten Unternehmenspolitik unterstreichen die Notwendigkeit, die Entscheidungen des Managements soweit wie möglich von subjektiven und irrationalen Momenten zu befreien, sie kalkulierbar zu machen und rational zu begründen.

Mit dem verstärkten Einsatz von Datenverarbeitungsanlagen in der Unternehmung sind die technischen Voraussetzungen geschaffen worden, um auch komplizierte und mathematisch aufwendige Planungsverfahren in der Praxis des Betriebes nutzbringend anzuwenden. Zugleich wurden zu einer Vielzahl von betriebswirtschaftlichen Problemen theoretische Lösungsansätze entwickelt, die dem Unternehmer als Entscheidungshilfen zur Verfügung stehen.

Eine dritte und sehr wesentliche Voraussetzung für eine wirksame unternehmerische Planung ist bisher nur mangelhaft erfüllt: Die Beschaffung der Planungsdaten ist problematisch, und manche Planungszusammenhänge sind empirisch noch zu wenig durchleuchtet. In der betriebswirtschaftlichen Theorie werden vielfach Daten zur Planung benutzt, von denen nicht bekannt ist, ob sie für ein konkretes Problem ermittelt werden können. Die besten Planungsmethoden sind für den Unternehmer wertlos, wenn die zur Planung erforderlichen Daten nur ungenau oder überhaupt nicht zu bestimmen sind.

Aus dieser Tatsache lassen sich zwei Schlußfolgerungen ziehen: Entweder die Planungsansätze werden so abgewandelt, daß sie nur auf bereits bekannte Ausgangsdaten zurückgreifen, oder die betriebswirtschaftliche Forschung muß sich darum bemühen, neue Wege zu erschließen und Verfahren zur Gewinnung der notwendigen Planungsunterlagen zu entwickeln.

Die vorliegende Arbeit soll ein Beitrag zur Verwirklichung der letzteren Forderung sein. Im Rahmen einer theoretischen und empirischen Untersuchung wird eines der wichtigsten Planungsdaten im Produktionsbereich der Unternehmung, die Kosten-Leistungs-Funktion, analysiert. Zugleich wird der Versuch unternommen, ein Verfahren anzugeben, mit dessen Hilfe der Zusammenhang zwischen den Kosten und der ökonomisch relevanten Leistung einer Produktionsanlage empirisch ermittelt werden kann. Grundlage dieses Verfahrens ist ein umfassendes produktions- und kostentheoretisches Modell der Kosten-Leistungs-Funktion, das sich auf möglichst wirklichkeitsnahe Prämissen stützt. Die Koeffizienten des Modells lassen sich durch die Anwendung ökonometrischer Verfahren schätzen oder werden durch Deduktion aus den Gesetzmäßigkeiten des Produktionsprozesses gewonnen.

Besonderen Dank schulde ich meinem akademischen Lehrer, Herrn Professor Dr. H. Jacob, der dieses wissenschaftlich so bedeutsame Thema angeregt und die gesamte Arbeit durch sein Interesse unterstützt hat.

Die empirische Untersuchung hätte nicht durchgeführt werden können, wenn nicht mehrere namhafte Industriefirmen umfangreiches, authentisches Zahlenmaterial aus dem Produktionsbereich zur Verfügung gestellt hätten. Den Geschäftsleitungen dieser Firmen und deren Mitarbeitern, die bei dieser Auswertung bereitwillig mitgewirkt haben, bin ich zu großem Dank verpflichtet. Ich danke auch den Mitgliedern der studentischen Arbeitsgemeinschaft am Institut für Unternehmensforschung der Universität Hamburg, die mich bei der manuellen Aufbereitung des empirischen Datenmaterials unterstützt haben. Mein Dank gilt ferner der Deutschen Forschungsgemeinschaft, die durch finanzielle Hilfe diese umfangreichen empirischen Arbeiten ermöglicht hat.

Dieter B. Pressmar

Inhaltsverzeichnis

Kapitel III

Die Produktionsfunktion

Kapitel IV

Die Kosten-Leistungs-Funktion

Kapitel VI

Ergebnisse aus betrieblichen Untersuchungen

Verzeichnis der Abkürzungen

HWB   = Handwörterbuch der Betriebswirtschaft

JASA   = Journal of the American Statistical Association

ZfB   = Zeitschrift für Betriebswirtschaft

ZfbF   = Zeitschrift für betriebswirtschaftliche Forschung

ZfhF   = Zeitschrift für handelswissenschaftliche Forschung

ZfdgSt = Zeitschrift für die gesamte Staatswissenschaft

ZfN   = Zeitschrift für Nationalökonomie

Kapitel I

Die Bedeutung empirischer Untersuchungen für die Produktions- und Kostentheorie

1. Betriebswirtschaftliche Theorie und ihr Bezug zur betrieblichen Realität

a) Zur Begründung der empirischen Forschung in der Betriebswirtschaftslehre

Die Bedeutung der theoretischen und empirischen Forschung sowie das Verhältnis beider Forschungsrichtungen zueinander ergibt sich aus dem Erkenntnisobjekt der Betriebswirtschaftslehre und ihrem daraus abgeleiteten Erkenntnisziel. Als Baustein einer arbeitsteiligen Volkswirtschaft ist der Betrieb das Erkenntnisobjekt der Betriebswirtschaftslehre. Die Wirtschaftsverfassung der Volkswirtschaft, welcher ein Betrieb angehört, ist das Kriterium zur Unterscheidung einzelner Betriebstypen. In einem System der privatwirtschaftlichen Marktwirtschaft, das dieser Betrachtung zugrunde gelegt ist, beschränkt sich die wissenschaftliche Analyse auf den Betriebstyp Unternehmung[1].

Betriebswirtschaftslehre beschäftigt sich sowohl mit der Struktur eines Betriebes, d. h. mit seinem technischen, organisatorischen und rechtlichen Aufbau, als auch mit dem Betriebsprozeß, d. h. mit dem Vollzug des betrieblichen Geschehens. Die Analyse des Betriebsprozesses setzt eine gründliche Erforschung der strukturellen Eigenschaften des Betriebes voraus. Das Erkenntnisobjekt „Betrieb" ist für die wissenschaftliche Durchdringung nicht nur eine „empirische Realität"[2], die es zu beschreiben gilt, sondern zugleich ein Denkmodell, das die Merkmale und Eigenschaften aller tatsächlich existierenden Betriebe aufzeigen soll[3].

Der erste Teil des Erkenntniszieles der Betriebswirtschaftslehre wurde bereits umrissen: wissenschaftliche Analyse und Darstellung der Betriebsstruktur und des Betriebsprozesses. Das zweite Teilziel betriebswirtschaftlicher Erkenntnis besteht darin, aus dem Wissen über die strukturellen und

---

[1] Siehe dazu: Gutenberg, E.: Grundlagen der Betriebswirtschaftslehre, 1. Band: Die Produktion, 11. Aufl., Berlin - Heidelberg - New York 1965, S. 448; künftig zitiert als: Produktion.

[2] Mellerowicz, K.: Kosten und Kostenrechnung, Band I: Theorie der Kosten, 4. Aufl., Berlin 1963, S. 67.

[3] Vgl.: Gutenberg, E.: Die Unternehmung als Gegenstand betriebswirtschaftlicher Theorie, Berlin und Wien 1929, S. 26.

prozessualen Besonderheiten des Betriebes Grundlagen für die unternehmerische Entscheidung zu erarbeiten. Eine diesem Erkenntnisziel dienende
Theorie muß also Ergebnisse liefern können, die irgendwann einmal in der
Realität anwendbar sind und dadurch zur Lösung praktischer Probleme beitragen[4]).

Die Forderung, daß Betriebswirtschaftslehre als angewandte (praktische)
Wissenschaft aufzufassen sei, zeigt die enge Beziehung zwischen theoretischer
Erkenntnis und empirisch gesichertem Wissen. Dabei kommt es vor allem auf
eine sinnvolle Verbindung von empirischer und theoretischer Forschung
an. Eine ausschließlich Fakten registrierende, empirische Untersuchung ist
ebenso wertlos wie unwissenschaftlich, und eine theoretisierende Forschung,
die ihren Bezug zur betrieblichen Realität verliert, muß wegen ihres spekulativen Moments Gefahr laufen, sich zur bloßen Gedankenspielerei zu entwickeln. Die Errichtung des theoretischen Gebäudes bleibt trotzdem das
hauptsächliche Anliegen einer Wissenschaft. Ein theoretischer Ansatz, der
nicht gleichzeitig auf praktische betriebliche Probleme anwendbar ist, muß
deswegen nicht falsch bzw. wertlos sein. Es ist zu bedenken, daß erst eine
sorgfältig ausgebaute und geschlossene Theorie die an sie gestellten Anforderungen voll erfüllen kann.

Mit der Gegenüberstellung der empirischen und theoretischen Forschungs-
richtung auf dem Gebiet der Betriebswirtschaftslehre wurden zugleich die
beiden wesentlichen Methoden zur Erreichung des betriebswirtschaftlichen
Erkenntniszieles angedeutet. Die empirisch-induktive Methode versucht,
durch Beobachtung der Wirklichkeit Gesetze bzw. Gesetzmäßigkeiten zu erkennen und daraus den theoretischen Überbau für die wissenschaftliche Erforschung des Erkenntnisobjektes zu entwickeln. Dieses Vorgehen ist besonders für die experimentellen Naturwissenschaften von Bedeutung, da im Bereich der unbelebten Natur ein bestimmter Wirkungszusammenhang beliebig
oft reproduzierbar ist und somit ohne Einschränkung der Induktionsschluß
zulässig ist, daß bei völlig gleichen Ausgangssituationen (gleicher Bedin-
gungskomplex) derselbe Erfolg mit Sicherheit zu erwarten ist. Im Bereich der
zu den Kulturwissenschaften zählenden Betriebswirtschaftslehre ist wegen
des oftmals von irrationalen Momenten beeinflußten menschlichen Handelns
die Gleichheit des Bedingungskomplexes nicht gewährleistet; damit fehlt die
Grundlage eines reproduzierbaren Wirkungszusammenhangs. Der Induktionsschluß im Sinne eines Naturgesetzes ist daher bei empirischen Untersuchungen des betrieblichen Geschehens meistens nicht vollziehbar. Dagegen
sind Schlußfolgerungen im Rahmen einer Analogiebetrachtung möglich, indem bei ähnlichen Ausgangssituationen auf das Vorhandensein vergleich-
barer Wirkungszusammenhänge geschlossen wird. Aussagen über den Eintritt eines besonderen Ereignisses oder einer bestimmten Wirkung lassen sich

---

[4]) Vgl.: Wöhe, G.: Methodologische Grundprobleme der Betriebswirtschaftslehre, Meisenheim
am Glan 1959, S. 20; Moxter, A.: Methodologische Grundfragen der Betriebswirtschaftslehre,
Köln und Opladen 1957, S. 35 ff.

daher strenggenommen nur auf der Grundlage von Wahrscheinlichkeits-
annahmen formulieren (statistische Induktion). Trotz dieser Einschränkungen
kann das empirische Vorgehen durch die Abstraktion, d. h. durch das Heraus-
arbeiten des Allgemeingültigen aus dem speziellen Erfahrungswissen, zur
Bildung einer vollwertigen Theorie führen. Die Grenzen der ausschließlich
empirisch gebundenen Forschung zeigen sich für den Ausbau einer Theorie
dort, wo der Erfahrungsschatz mangels empirischer Forschungsmöglichkeiten
nicht ausreicht, alle Lücken zu schließen, die zur Entwicklung eines voll-
kommenen theoretischen Systems überbrückt werden müssen[5]).

Hier kann die deduktive Methode dazu beitragen, auf der Grundlage ge-
eigneter Prämissen die Theorie zu ergänzen und sie mit Hilfe der logischen
Deduktion bis zur Vollständigkeit und Geschlossenheit auszubauen. Je nach
Art der Prämissen wird zwischen einem hypothetisch-deduktiven und einem
realistisch-deduktiven Vorgehen unterschieden[6]). Während im ersten Fall
Annahmen gesetzt werden, die reine Hypothesen sind und dem Bereich des
Spekulativen angehören, verlangt die letztere Verfahrensweise, daß sämtliche
Prämissen realistisch, d. h. empirisch nachweisbar und nachprüfbar sind.
Eine realistisch-deduktiv entwickelte Theorie muß somit zwangsläufig in der
Wirklichkeit anwendbar sein. Diskrepanzen mit der beobachteten Realität
sind jedoch unvermeidlich, wenn die der Theorie zugrundeliegenden Prämis-
sen nur einen Bruchteil dessen berücksichtigen, was zur vollen Erklärung
und wissenschaftlich-theoretischen Darstellung der gesamten Wirklichkeit erforderlich ist.

Gemessen am Erkenntnisziel der Betriebswirtschaftslehre, ist sowohl die
empirisch-induktive Methode als auch das realistisch-deduktive Vorgehen
geeignet, das bereits erwähnte theoretische Fundament zu errichten. Obwohl
die deduktive Methode offensichtliche Vorteile aufweist, kann sie nur durch
eine angemessene empirische Forschung zur Entfaltung kommen. Ob nun
empirische Untersuchungen zur Aufstellung bzw. Absicherung der für die
theoretische Arbeit erforderlichen Annahmen herangezogen werden oder ob
empirisch-induktive Forschung mit der deduktiven Forschung einhergeht,
so daß sich beide wechselseitig befruchten, anregen und ergänzen[7]), in jedem
Fall ist der empirischen Forschung in der Betriebswirtschaftslehre mit Recht
eine hervorragende Bedeutung beizumessen.

b) Der Einsatz mathematischer Methoden in der Betriebswirtschaftslehre

Eng mit der empirischen Forschung verbunden ist die Anwendung mathematischer Verfahren zur objektiven Auswertung und Interpretation des ge-

---

[5]) Siehe dazu: Wöhe, G.: Methodologische Grundprobleme der Betriebswirtschaftslehre, a. a. O.,
S. 60 ff.

[6]) Vgl. ebenda, S. 71 ff.

[7]) Siehe dazu: Kosiol, E.: Modellanalyse als Grundlage unternehmerischer Entscheidungen,
in: ZfhF 1961, S. 318.

2*

wonnenen Beobachtungsmaterials. Besteht das Ziel einer empirischen Untersuchung darin, quantitative Zusammenhänge aufzudecken oder nachzuweisen, so ist es naheliegend und sinnvoll, entsprechende statistische Methoden
einzusetzen. Aber auch für den Fall, daß über die Wirklichkeit nur qualitative Aussagen gemacht werden sollen, erweisen sich mathematisch fundierte und daher objektivierte Verfahren zur Beurteilung der Realität erheblich wirkungsvoller als ein nur verbal-deskriptiv dargestelltes Bild des
empirischen Sachverhaltes. Die Anwendung mathematischer Verfahren ist
in diesem Zusammenhang keinesfalls Selbstzweck, sondern unbestreitbare
Notwendigkeit.

Die Bedeutung der Mathematik für die Betriebswirtschaftslehre geht nicht
nur aus den Erfordernissen der empirischen Forschung hervor. Ein Rückblick
auf die historische Entwicklung zeigt anschaulich, wie in der Betriebswirtschaftslehre mit der Übernahme der logisch-deduktiven Forschungsmethode
gerade die Mathematik zur erfolgreichen Behandlung der theoretischen Probleme beigetragen hat. Sowohl als Darstellungsmittel wie auch als Erkennt-
nismittel[8] hat heute die Mathematik in der Betriebswirtschaftslehre ihre
volle Berechtigung. Aus der Diskussion um die Zweckmäßigkeit mathematischer Methoden und deren wissenschaftlichen Nutzen für die Forschung
zieht E. Gutenberg das Resümee: „Seit über 100 Jahren geht der Streit.
Und er wird bleiben, solange es Menschen gibt, denen die Verwendung
mathematischer Begriffe eine Erleichterung ihres wissenschaftlichen Arbei-
tens und eine Erleichterung der Darstellung komplizierter Zusammenhänge
bedeutet. Solange es, umgekehrt, Menschen gibt, die diese Darstellung nicht
verstehen, werden sie die Verwendung mathematischer Begriffe in den
Wirtschaftswissenschaften ablehnen."[9]

2. Die Stellung der Produktions- und Kostentheorie
in der Betriebswirtschaftslehre

Ein wesentlicher Teil des Erkenntnisobjektes „Betrieb" ist Gegenstand der
Produktions- und Kostentheorie. Ihre Aufgabe besteht gemäß dem Erkenntnisziel der Betriebswirtschaftslehre aus zwei Teilen. Sie muß in der
Lage sein, den Prozeß der betrieblichen Leistungserstellung zu erklären und
deren theoretische Grundlagen darzustellen. Darüber hinaus wird an eine
Theorie die Forderung gestellt, der Unternehmensleitung sowohl Entschei-
dungsgrundlagen als auch Entscheidungsverfahren zur bestmöglichen Erreichung ihrer Ziele zu vermitteln. Eine Optimierung im Bereich der Produktion ist dabei im Sinne des ökonomischen Prinzips[10] zu verstehen: Handle

---

[8] Wöhe, G.: Methodologische Grundprobleme der Betriebswirtschaftslehre, a. a. O., S. 93.

[9] Gutenberg, E.: Zum Methodenstreit, in: ZfhF 1953, S. 357.

[10] Das ökonomische Prinzip ergibt sich aus dem Rationalprinzip des menschlichen Handelns;
siehe dazu: Heinen, E.: Betriebswirtschaftliche Kostenlehre, Band I: Begriff und Theorie der
Kosten, 2. Aufl., Wiesbaden 1965, S. 28 ff.; künftig zitiert als: Kosten.

so, daß eine bestimmte Gütermenge mit den geringsten Kosten erzeugt wird; oder in der Umkehrung: Handle so, daß zu vorgegebenen Kosten die größte Gütermenge produziert wird.

Während die Aussage der Produktionstheorie auf den Bereich der betrieblichen Güter- bzw. Leistungserstellung beschränkt bleibt, muß die Kostentheorie den Rahmen ihrer Probleme weiter spannen. Wegen ihrer grundsätzlichen Beziehungen zur Produktions- und Investitionsplanung[11]) bildet die Kostentheorie eines der Fundamente für die Entscheidungstheorie der Unternehmung.

Die Aufgaben der Kostentheorie können folgendermaßen präzisiert werden:

1. Erklärung der Kostenentstehung und der Kostenhöhe.

2. Bereitstellung von Entscheidungskriterien für die Gestaltung einer im Rahmen der unternehmerischen Zielsetzung optimalen Kostensituation[12]).

Eine zur Theorie komplementäre, praktische Aufgabenstellung hat die Kostenrechnung zu erfüllen. Sie muß im konkreten Fall die rechnerischen Kosten ermitteln und bestimmte Kosteninformationen sowohl zur Planung von zukünftigen Entscheidungen als auch zur Kontrolle vergangener Entscheidungen liefern[13]). Die Kostenrechnung ist in der Kostentheorie verankert; ohne theoretisches Fundament kann die Kostenrechnung die an sie gestellten Anforderungen zwangsläufig nicht erfüllen.

Die vordergründig ohne weiteres erkennbare Bedeutung der Kosten für die betriebliche Disposition und für den unternehmerischen Erfolg mag eine Erklärung dafür bieten, daß Kostenfragen vom Beginn der wissenschaftlichen Betriebswirtschaftslehre an ein besonderes Interesse gefunden haben. Mit dem Ausbau der Kostentheorie wurde allerdings deutlich sichtbar: Ohne das Fundament der Produktionstheorie ist eine befriedigende Weiterentwicklung der Kostentheorie aussichtslos. Die Erkenntnis, daß die Produktions- und Kostentheorie „als ein aus einem Guß bestehendes, naht- und bruchlos gefügtes Ganzes"[14]) anzusehen sei, wurde durch die neuere Entwicklung der betriebswirtschaftlichen Forschung bestätigt.

Die logische Verbindung beider Disziplinen, der Produktionstheorie und der Kostentheorie, ergibt sich aus der Definition des Kostenbegriffs selbst. Als Kosten sind die mit ihren Preisen bewerteten, im Rahmen der betrieblichen Leistungserstellung verzehrten Gütermengen und Dienstleistungen anzu-

---

[11]) Siehe dazu: Jacob, H.: Neuere Entwicklungen in der Investitionsrechnung, in: ZfB 1964, S. 487 ff. und S. 551 ff.

[12]) Heinen bezeichnet die erste Aufgabe als Erklärungsfunktion, die zweite Aufgabe als Gestaltungsfunktion der Kostentheorie; vgl.: Heinen, E.: Kosten, a. a. O., S. 35.

[13]) Heinen spricht in diesem Zusammenhang von der Ermittlungsfunktion und der Kontrollfunktion der Kostenrechnung; vgl.: Heinen, E.: Kosten, a. a. O., S. 36.

[14]) Haller, H.: Der symmetrische Aufbau der Kostentheorie, in: ZfdgSt 1949, S. 429.

sehen[15]). Der Kostenbegriff setzt sich also im wesentlichen aus einer Mengenkomponente und einer Wertkomponente zusammen. Das Bewertungsproblem ist Gegenstand der Kostenwerttheorie, die somit ebenfalls einen Teil der Kostentheorie darstellt. Demgegenüber bildet die Erforschung des Mengengerüstes, d. h. der quantitativen und strukturellen Mengenkomponente der Kosten, die Aufgabe der Produktionstheorie. Das Fundament der Produktionstheorie ist eine Voraussetzung dafür, daß die Kostentheorie ihre Erklärungsfunktion zu erfüllen vermag.

Eine Verbindung zwischen Produktionstheorie und Investitionstheorie liegt insofern vor, als beide Disziplinen sich im weitesten Sinne mit der Theorie der Verfahrensauswahl beschäftigen[16]). Der Vorteil einer unmittelbaren Verbindung von Produktionstheorie und Investitionstheorie scheint zweifelhaft, denn eine Entscheidung im Bereich der Investitionsplanung kann sich nicht ausschließlich auf Angaben zum Mengengerüst der Produktion stützen; sie ist nur auf der Grundlage kommensurabler, monetärer Größen sinnvoll. Als naheliegende Alternative bietet sich an, Investitionsentscheidungen im Rahmen eines kostentheoretischen Simultanmodells zu lösen, das die Produktionsplanung mit der Investitionsplanung verbindet[17]).

3. Zur Darstellung kostentheoretischer Zusammenhänge

a) Die traditionelle Betrachtungsweise

Entwicklungsgeschichtlich lassen sich in der Kostentheorie zwei Auffassungen unterscheiden, die als „traditionelle" bzw. „neuere" Betrachtungsweise[18]) bezeichnet werden. Die traditionelle Kostentheorie geht auf eine Konzeption von Stackelbergs zurück und versucht, den fundamentalen Zusammenhang zwischen den Gesamtkosten einer Unternehmung und ihrem Beschäftigungsgrad herzuleiten. Diese monofunktionale Sicht der kostentheoretischen Probleme ist teils auf einem — wenngleich sehr schmalen — produktionstheoretischen Fundament (von Stackelberg), teils auf reinen Kostenüberlegungen aufgebaut (Schmalenbach, Mellerowicz).

Bezeichnend für diese Auffassung ist jedoch, daß der Betrieb als unteilbares, einheitliches Ganzes angesehen wird. In diesem Punkt berührt sich die betriebswirtschaftliche Fragestellung mit den mikroökonomischen Problemen

---

[15]) Dieser Kostenbegriff deckt nur die produktionstheoretisch begründbaren Kosten; Zinsen: Versicherungen, Steuern usw. sind naturgemäß nicht enthalten. Vgl. dazu: Gutenberg, E.: Produktion, a. a. O., S. 326.

[16]) Siehe dazu: Albach, H.: Zur Verbindung von Produktionstheorie und Investitionstheorie, in: Zur Theorie der Unternehmung, Festschrift für Erich Gutenberg, hrsg. von H. Koch, Wiesbaden 1962, S. 136 ff.

[17]) Siehe dazu: Jacob, H.: Investitionsplanung auf der Grundlage linearer Optimierung, in: ZfB 1962, S. 651 ff.; ders.: Neuere Entwicklungen in der Investitionsrechnung, a. a. O.

[18]) Vgl. dazu: Gutenberg, E.: Über den Verlauf von Kostenkurven und seine Begründung, in: ZfhF 1953, S. 1 ff., siehe insbesondere S. 35. Siehe dazu auch: Heinen, E.: Kosten, a. a. O., S. 21.

der Volkswirtschaftslehre. Darin mag auch der Grund zu sehen sein, daß bemerkenswert viele empirische Untersuchungen zu betrieblichen Gesamtkostenkurven im Bereich der Volkswirtschaftslehre durchgeführt wurden.

Die empirischen Arbeiten auf diesem Gebiet gehen von Zahlenangaben des betrieblichen Rechnungswesens aus und bestimmen mit Hilfe eines statistischen Verfahrens — meistens ist es die Regressionsanalyse — einen angenäherten funktionalen Zusammenhang zwischen Beschäftigungsgrad bzw. Gesamtausbringung des Betriebes und seinen Gesamtkosten[19]). Eine Zusammenfassung der Ergebnisse dieser Untersuchungen sei hier kurz wiedergegeben, zumal derartige empirische Forschungen als die einzige größere Anstrengung zu werten sind, die Kostentheorie in ihrem Wirklichkeitsgehalt zu bestätigen und ihr neue, aus der Empirie bezogene Impulse zu vermitteln.

Je nach der Art des verwendeten Beobachtungsmaterials ist zwischen langfristigen (long-run-) und kurzfristigen Kostenverläufen (short-run-costcurves) zu unterscheiden. Bei der Betrachtung der „long period" werden alle betrieblichen Einsatzgütermengen als variabel betrachtet; im Unterschied dazu ist für die „short period" der Betriebsmittelbestand einschließlich der Gebäude als unveränderlich anzusehen[20]).

In einer kritischen Wertung der Forschungsergebnisse, die seit 1940 auf diesem Gebiet veröffentlicht wurden, und gestützt auf eigene Arbeiten kommt J. Johnston bezüglich der short-run-Analyse zu dem folgenden Ergebnis[21]):

In der überwiegenden Zahl aller Untersuchungen wird klar zum Ausdruck gebracht, daß konstante Grenzkosten, d. h. linearer Gesamtkostenverlauf, die analysierten Kostendaten am besten beschreiben. Der als typisch angesehene fragezeichenförmige Gesamtkostenverlauf[22]) des Betriebes konnte in keinem Fall empirisch bestätigt werden. In einer geringeren Anzahl von Arbeiten zeigte sich jedoch fallender Grenzkostenverlauf, was auf unterproportional steigende Gesamtkosten hinweist[23]). Die Situation einer nach oben aufgebogenen, d. h. überproportional steigenden Gesamtkostenkurve konnte dagegen nicht festgestellt werden.

Obwohl die Linearität der betrieblichen Gesamtkostenkurve so deutlich von der empirischen Forschung herausgearbeitet wurde, gab es eine Reihe kri-

---

[19]) Siehe dazu: Johnston, J.: Statistical Cost Analysis, New York - Toronto - London 1960, sowie die dort angegebene Literatur.

[20]) Siehe dazu: Johnston, J.: Statistical Cost Analysis, a. a. O., S. 1, 7, 15; vgl. auch: Gutenberg, E.: Produktion, a. a. O., S. 306, 322.

[21]) Johnston, J.: Statistical Cost Analysis, a. a. O., S. 44 ff., 136 ff., siehe insbesondere S. 168.

[22]) Mellerowicz, K.: Theorie der Kosten, a. a. O., S. 367.

[23]) Johnston erklärt diesen unerwarteten, in wenigen Einzelfällen beobachteten Kostenverlauf mit dem Vorliegen einer fragezeichenförmigen Kostenkurve (Parabel 3. Ordnung), deren linker Ast vor dem Wendepunkt durch die statistische Untersuchung sichtbar wird. Er betont jedoch, daß die vergleichsweise kleine Zahl von Beispielen und die meistens geringe Signifikanz des nichtlinearen Regressionsgliedes die Annahme eines generellen linearen Kostenverlaufs nicht zu erschüttern vermag. Vgl.: Johnston, J.: Statistical Cost Analysis, a. a. O., S. 57.

tischer Stimmen zu den praktisen Untersuchungsmethoden. Es wurde z. B. eingewandt, daß die verwendeten statistischen Verfahren zwangsläufig eine Tendenz zur Linearisierung enthalten oder daß bei der Preisbereinigung des Beobachtungsmaterials der lineare Trend künstlich in die Auswertung hereingebracht werde. Wie J. Johnston nachweisen kann[24]), sind alle diese Argumente in ihrem Kern nicht stichhaltig, so daß in der Sicht der traditionellen, monofunktionalen Kostentheorie der lineare Kostenverlauf der betrieblichen Gesamtkostenkurve als empirisch gesichert gelten kann.

b) Die neuere Betrachtungsweise

Die neuere Betrachtungsweise der betrieblichen Kostentheorie wurde vor allem durch die Arbeiten E. Gutenbergs begründet[25]). Entscheidendes Merkmal der neueren Kostentheorie ist ihre enge Verbindung zur Produktionstheorie. Grundlegende Erkenntnisse der betriebswirtschaftlichen Produktionstheorie bilden einen wichtigen Teil des Fundaments der Kostentheorie, die aus dieser Vereinigung mit der Produktionstheorie wesentliche Anregungen für ihren weiteren Ausbau empfangen hat. Unter anderem führte diese Entwicklung zur Aufgabe der monofunktionalen Kostenbetrachtung. Neben dem Beschäftigungsgrad werden weitere Kosteneinflußgrößen[26]), wie z. B. Produktionsprogramm, Faktorqualität, Betriebsgröße oder Preise der Einsatzgüter, betrachtet und deren Wirkung auf die Kostensituation des Betriebes untersucht. War die Analyse der Kosten mit Hilfe dieser globalen Kosteneinflußgrößen noch einer synthetischen Kostentheorie[27]) verwandt, so begann mit der Weiterentwicklung der betriebswirtschaftlichen Produktionstheorie eine analytische Betrachtung von Kostenproblemen. Der Betrieb wird nicht als homogenes Erkenntnisobjekt angesehen, sondern bei der Analyse in Teileinheiten, z. B. Aggregate, untergliedert. Eine Gesamtkostenfunktion läßt sich dabei nicht mehr unmittelbar ableiten; sie ergibt sich mittelbar durch Zusammenfügung der Kostenfunktionen einzelner betrieblicher Teileinheiten.

Ein methodisches Merkmal der neueren Betrachtungsweise ist ferner ihr logisch-deduktives Vorgehen zur Herleitung und Begründung von Erkenntnissen. Als Arbeitshypothese wird empirisch nachprüfbares Erfahrungswissen herangezogen, wodurch die Wirklichkeitsnähe der Theorie garantiert ist.

Im Vergleich zur traditionellen Kostentheorie liegen nur sehr wenige empirische Forschungsergebnisse zur modernen Produktions- und Kostentheorie

---

[24]) Johnston, J.: Statistical Cost Analysis, a. a. O., S. 169 ff.

[25]) Vgl. dazu: Heinen, E.: Kosten, a. a. O., S. 21, 162 f.

[26]) Gutenberg, E.: Produktion, a. a. O., S. 332 f.

[27]) Zur Unterscheidung in synthetische und analytische Kostentheorie siehe: Heinen, E.: Kosten, a. a. O., S. 153 ff., 368 ff., 395 ff.

vor[28]). Eine auf breiter, empirisch gesicherter Grundlage fundierte Bestätigung der neueren Kostentheorie steht noch aus. Die Notwendigkeit empirischer Forschungen im Bereich der Produktions- und Kostentheorie wird vor allem in neueren Veröffentlichungen betont. S. Danø bemerkt dazu: „Perhaps the most striking fact about the present state of the microeconomic theory of production and cost is the lack of conclusive empirical evidence. The vast literature on the pure theory of production and the level of sophistication it has attained may well be said to be out of proportion to the amount of empirical research done, at least as far as industrial production and cost functions are concerned."[29])

4. Die Lösung betrieblicher Planungsaufgaben auf der Grundlage der Produktions- und Kostentheorie

a) Anpassungsarten

Die neuere kostentheoretische Betrachtungsweise betrieblicher Planungsfragen geht von unterschiedlichen Arten der Anpassung des Betriebes an Nachfrageschwankungen aus[30]). Im Rahmen eines Betriebsmittelbestandes von konstanter Größe bestehen theoretisch drei Möglichkeiten, die Ausbringungsmenge X_g im Planungszeitraum zu variieren. Der Betrieb kann aus dem Betriebsmittelbestand eine bestimmte Auswahl von Maschinen zur Produktion heranziehen und die verbleibenden Anlagen vorübergehend stillsetzen (quantitative Anpassung, Fall B). Daneben kann die Produktionszeit der Maschinen verlängert bzw. verkürzt werden (zeitliche Anpassung), oder es besteht die Möglichkeit, die Produktionsleistung der einzelnen Anlagen entsprechend der geforderten Erzeugnismenge zu drosseln bzw. zu steigern (intensitätsmäßige Anpassung). Soweit es die technischen Eigenschaften der Betriebsmittel zulassen, kann die Herstellung der Erzeugnismenge X_g auch durch eine Kombination der Anpassungsarten erreicht werden; die folgende Gleichung zeigt diesen Zusammenhang auf[31]):

(I.1) $$X_g = x_1 t_1 + x_2 t_2 + \ldots + x_m t_m$$

Dabci bedeutet t_1, t_2, ..., t_m die Nutzungszeit der Anlagen 1, 2, ..., m, während die Größen x_1, x_2, ..., x_m die Produktionsleistung der einzelnen Maschinen bezeichnen. Wird die Produktionsdauer eines Aggregates zu Null,

---

[28]) Innerhalb der deutschsprachigen betriebswirtschaftlichen Literatur sind vor allem zu nennen: Hall, R.: Das Rechnen mit Einflußgrößen im Stahlwerk, Köln und Opladen 1959; Gälweiler, A.: Produktionskosten und Produktionsgeschwindigkeit, Wiesbaden 1960.

[29]) Danø, S.: A Note on Factor Substitution in Industrial Production Processes, in: Unternehmensforschung 1965, S. 164 ff.

[30]) Siehe dazu: Gutenberg, E.: Produktion, a. a. O., S. 349 ff.

[31]) Nach: Jacob, H.: Produktionsplanung und Kostentheorie, in: Zur Theorie der Unternehmung, a. a. O., S. 204 ff.; künftig zitiert als: Produktionsplanung.

so ist damit der Zustand einer Stillegung der Anlage erreicht. Die quantitative Anpassung kann somit als Spezialfall der zeitlichen Anpassung gesehen werden.

Als Kriterium für die Realisierung einer bestimmten Anpassungskombination dient das ökonomische Prinzip. Für eine vorgegebene Ausbringungsmenge ist daher die kostenminimale Kombination der Variablen t_i und x_i zu ermitteln. Wird auch die Ausbringungsmenge als Variable der Planung betrachtet, so läßt sie sich zusammen mit den übrigen Veränderlichen des Modells nach Maßgabe des erwerbswirtschaftlichen Prinzips[32]) bestimmen. In diesem Fall ist bezüglich der gegebenen Absatzlage und der Kostensituation des verfügbaren Betriebsmittelbestandes die gewinnmaximale Anpassungskombination der Größen x_i und t_i zu berechnen. Das Optimierungsmodell kann somit auf verschiedene Zielsetzungen wie z. B. Kostenminimierung oder Gewinnmaximierung angelegt sein. Die Grundzüge eines mathematischen Modells zur Lösung betrieblicher Planungsaufgaben sind im folgenden Abschnitt wiedergegeben.

b) Das unternehmerische Planungsmodell

Im vereinfachenden Fall des einstufigen Einproduktbetriebes läßt sich die Planung der Minimalkostenkombination mithilfe des folgenden mathematischen Ansatzes vornehmen:

Es ist die Zielfunktion (Kostenfunktion) zu einem Minimum zu machen unter der Nebenbedingung, daß innerhalb des Planungszeitraums T und im Rahmen der technischen Möglichkeiten des Betriebsmittelbestandes die Gütermenge X_g erzeugt wird.

Der mathematische Ansatz zur Kostenoptimierung eines einfachen Produktionsprozesses mit $i = 1, 2, \ldots, m$ Maschinen lautet:

$$(I.2) \qquad K_g = \sum_{i=1}^{m} k_i\,(x_i)x_i\,t_i + F = \min$$

$$(I.3) \qquad \sum_i x_i\,t_i = X_g$$

$$(I.4) \qquad t_i \leq T_i$$

$$(I.5) \qquad x_i \leq x_{i,\,max}$$

$$(I.6) \qquad x_i \geq x_{i,\,min}$$

$$(I.7) \qquad t_i \geq 0$$

für alle $i = 1, 2, \ldots, m$

Die Zielfunktion (Gleichung I.2) setzt sich aus zwei Teilen, den variablen, d. h. ausbringungsabhängigen Kosten und den Fixkosten F, zusammen. Da für die Optimierung der Zielfunktion das Hinzufügen bzw. Weglassen einer

---

[32]) Gutenberg, E.: Produktion, a. a. O., S. 452 ff.

Konstanten ohne Bedeutung ist, kann sich die Betrachtung ausschließlich auf die Summe der variablen Kosten beschränken. Der Kostenbetrag jedes Aggregates ergibt sich aus dem Produkt der von der Maschine i erzeugten Gütermenge x_i t_i und den dabei anfallenden durchschnittlichen variablen Kosten k_i. Im allgemeinen wird dieser Kostensatz von der Maschinenleistung (Intensität) abhängig sein; es muß also geschrieben werden $k_i = k_i (x_i)$[33]. Den Kostenzusammenhang zwischen Aggregatleistung und variablen Kosten bezeichnet H. Jacob als „Kosten-Leistungs-Funktion"[34]. Neben der Kosten-Leistungs-Funktion auf der Basis von Durchschnittskosten könnte auch ein auf die Produktionszeiteinheit bezogener Kostensatz $K_i (x_i)$ verwendet werden, der in ähnlicher Weise von der Aggregatleistung funktional abhängig ist. Für diesen Fall vereinheitlicht sich die Kostenfunktion zu der Gestalt:

$$(\text{I.2a}) \qquad K_g = \sum_i K_i (x_i)\, t_i = \min.$$

Die Kostenleistungsfunktion ist damit grundlegendes Datum der unternehmerischen Planung.

Außer der Zielfunktion bilden die Nebenbedingungen den wichtigsten Bestandteil des mathematischen Planungsmodells. Sie beschreiben in Form von Gleichungen und Ungleichungen das, was als technisch und ökonomisch zulässiger Produktions- und Entscheidungsprozeß anzusehen ist. Innerhalb dieses umschriebenen Lösungsbereichs wird anhand der unternehmerischen Zielsetzung, ausgedrückt in der Zielfunktion des Modells, die beste Lösung gesucht.

Im vorliegenden Modell gibt die erste Nebenbedingung (Gleichung I.3) einerseits die gewünschte Produktionsmenge an, andererseits beschreibt sie die bestehenden Möglichkeiten einer kombinierten Anpassung des Betriebsmittelbestandes. Die folgenden Gleichungen I.4, I.5 und I.6 repräsentieren jeweils Gleichungssysteme, deren Umfang sich nach der Zahl der zum Betriebsmittelbestand zählenden Aggregate bestimmt. Das System I.4 beschränkt die Nutzungszeiten der Produktionsanlagen i auf jene Zeitspanne T, die im Planungszeitraum durch die verfügbare und z. B. gesetzlich geregelte Arbeitszeit vorgegeben ist. Die Gleichungen I.5 und I.6 begrenzen den technisch realisierbaren Leistungsspielraum der Aggregate. Die Gleichung I.7 bringt die Nichtnegativbedingung zum Ausdruck, denn jede Variable t_i kann nur positive Werte annehmen oder zu Null werden.

Soll außer einer kostenoptimalen Anpassung auch die gewinnmaximale Ausbringungsmenge ermittelt werden, so ändert zunächst die Zielfunktion ihre Gestalt. Durch Hinzufügen der Erlöskomponenten (= Produktmenge mal

---

[33] Siehe dazu: Jacob, H.: Produktionsplanung, a. a. O., S. 213 ff.; Gutenberg, E.: Produktion, a. a. O., S. 354 f.

[34] Jacob, H.: Produktionsplanung, a. a. O., z. B. S. 249, 255.

Preis) wird aus der Kostenfunktion eine Gewinnfunktion; sie lautet im Fall
des konstanten Preises p:

$$(\text{I.8}) \qquad G = \sum_i x_i t_i\, p - \sum_i K_i\,(x_i)\, t_i - F = \max.$$

Abgesehen von dem Fixkostenbestandteil, der die Optimierung nicht beeinflußt, enthält die Zielfunktion nichts anderes als die Deckungsspanne zwischen dem Marktpreis und den variablen Kosten des Produkts, multipliziert
mit der Produktmenge. Der Optimalplanung beim vorliegenden Modell entspricht die Maximierung dieses Gewinnbetrages. Es muß allerdings hinzugefügt werden, daß die erste Nebenbedingung (Gleichung I.3) in der ursprünglichen Form als Gleichung nicht mehr sinnvoll ist, da die Größe X_g
nunmehr eine Variable des Problems ist. Eine sinnvolle Bedeutung erhält
diese Bedingung, indem sie als Ungleichung formuliert wird:

$$(\text{I.9}) \qquad \sum_i x_i\, t_i \leq X_s,$$

wobei X_s eine obere Schranke für die am Markt absetzbare Menge bezeichnet.

Anhand dieses sehr einfachen Planungsproblems sollten der Aufbau und die
wesentlichen Merkmale unternehmerischer Planungsmodelle demonstriert
und deren kostentheoretische Grundlagen veranschaulicht werden. Mit ähnlichen Ansätzen lassen sich auch kompliziertere Probleme der Produktionsplanung formulieren. Als wesentlicher Fortschritt für die Theorie ist dabei die Tatsache zu betrachten, daß es möglich ist, durch simultane Bestimmung aller Entscheidungsvariablen das globale Optimum des jeweiligen Ent-
scheidungsproblems zu finden. Die neuere betriebswirtschaftliche Literatur
unterstreicht die Bedeutung einer Simultanbetrachtung unternehmerischer
Planungsprobleme. Neben den Problemen der statischen Produktionsplanung[35]) werden z. B. auch Fragen der Ablaufplanung[36]), der Investitions-
und Finanzplanung[37]) usw. auf der Grundlage komplexer Planungsmodelle
behandelt.

In jedem dieser Planungsprobleme spielen Kostenüberlegungen eine wichtige
Rolle. Für den Ansatz der Produktionskosten in der Zielfunktion eines Planungsmodells muß die Beziehung zwischen Produktionsleistung und Produktionskosten, die Kosten-Leistungs-Funktion, bekannt sein. Damit ist es
für die praktische Anwendung moderner Planungsmodelle eine unabdingbare Voraussetzung, die Kosten-Leistungs-Funktionen der betrieblichen
Produktionsanlagen zu kennen.

---

[35]) Siehe dazu: Jacob, H.: Produktionsplanung, a. a. O., S. 238 ff.

[36]) Siehe z. B. Adam, D.: Produktionsplanung bei Sortenfertigung, Wiesbaden 1969.

[37]) Jakob, H.: Investitionsplanung auf der Grundlage linearer Optimierung, a. a. O.; derselbe:
Neuere Entwicklungen in der Investitionsrechnung, a. a O.

5. Aufgabenstellung und Durchführung der Untersuchung

a) Das praktische Problem

Jede rational begründete unternehmerische Entscheidung ist, soweit sie im Rahmen einer Planung vollzogen wird, auf ausreichende Informationen über die Planungsgrundlagen und die Planungsdaten angewiesen. In dem Maße, wie die Information über die Daten der Planung unsicher oder unvollständig ist, wird die Verwendbarkeit der Planungsergebnisse eingeschränkt oder in Frage gestellt.

Die theoretischen Voraussetzungen für eine Lösung der komplexen betrieblichen Planungsprobleme hat die moderne Produktions- und Kostentheorie mit der Entwicklung von Entscheidungsmodellen zur Simultanplanung geschaffen. Daneben konnte die Unternehmensforschung inzwischen leistungsfähige Optimierungsverfahren nachweisen. Sie gestatten es, die Planungsmodelle numerisch auszuwerten. Im Vergleich zu den kostentheoretischen und den mathematischen Vorarbeiten wurde jedoch bisher sehr wenig unternommen, um den Planungszusammenhang und die Planungsdaten empirisch zu untersuchen und damit einer praktischen Anwendung der neuen Planungsverfahren den Weg zu ebnen. Auf die zentrale Bedeutung der Kosten-Leistungs-Funktion in diesem Zusammenhang wurde bereits hingewiesen.

So stellt sich die Frage: Mit welchen Methoden und unter welchen Bedingungen kann in der Praxis der Zusammenhang zwischen Produktionsleistung und Produktionskosten quantitativ erfaßt werden? Außerdem ist die Abschätzung des von der Datenunsicherheit herrührenden Planungsfehlers von besonderer Bedeutung. Da hierüber noch keine Erfahrungswerte[38]) vorliegen, sollte eine empirische Untersuchung zeigen, wie groß die Toleranzgrenzen im Einzelfall sind, innerhalb deren die Kosten-Leistungs-Daten verläßlich angegeben werden können.

Die Bereitstellung geeigneter Planungsdaten gehört ohne Zweifel zum Aufgabenbereich der betrieblichen Kostenrechnung. Allerdings dürfte der gegenwärtige Stand der Kostenrechnung in der Praxis im allgemeinen nicht ausreichen, die für eine Planung erforderlichen Daten zu liefern. Um diese Aufgabe erfüllen zu können, bedarf es einer Anpassung der Kostenrechnung an die Erfordernisse der neueren Produktions- und Kostentheorie[39]). Die Kostenstellenrechnung müßte z. B. im Sinne einer Platzkostenrechnung so

---

[38]) Lassmann bezweifelt z. B., ob es möglich sein wird, das Mengengerüst bei unterschiedlicher Aggregatleistung mit der nötigen Exaktheit festzustellen.
Vgl.: Lassmann, G.: Die Produktionsfunktion und ihre Bedeutung für die betriebswirtschaftliche Kostentheorie, Köln und Opladen 1958, S. 26 ff.; künftig zitiert als: Produktionsfunktion.

[39]) Vgl.: Kilger, W.: Die Produktions- und Kostentheorie als theoretische Grundlage der Kostenrechnung, in: ZfhF 1958, S. 553 ff.; Meffert, H.: Betriebswirtschaftliche Kosteninformationen, Wiesbaden 1968.

verfeinert werden, daß einzelne Produktionsanlagen gesondert erfaßbar sind. Damit könnten die vielfach als Gemeinkosten behandelten Kostenarten der Kosten-Leistungs-Funktion, wie z. B. Energiekosten, als Einzelkosten der Produktion registriert werden. Die Kostenrechnung ist in ihrer gegenwärtigen Form auf die Funktion einer summarischen Kostenkontrolle der Produktionsvorgänge beschränkt. Zur Gewinnung realitätsadäquater Plandaten im Produktionsbereich müssen andere Wege erschlossen werden.

b) Die theoretische Fragestellung

Der Versuch, die Kosten-Leistungs-Funktion empirisch nachzuweisen, wirft zwangsläufig eine Reihe produktions- und kostentheoretischer Fragen auf. Voraussetzung für den Erfolg der empirischen Untersuchung ist das Vorhandensein einer tragfähigen und wirklichkeitsnahen theoretischen Konzeption. Eine Anwendung der neueren Produktions- und Kostentheorie auf die realen betrieblichen Tatbestände setzt die Prüfung ihrer Brauchbarkeit voraus. Die weitere Untersuchung wird zeigen, welche ihrer Prämissen bestätigt werden und welche Annahmen und Schlußfolgerungen einer Korrektur bzw. Ergänzung bedürfen.

Die Mengenbezogenheit des betrieblichen Produktionsprozesses weist der Produktionstheorie im Rahmen dieser Untersuchung eine besondere Bedeutung zu. Die technischen Bedingungen der industriellen Produktion geben Anlaß zu der Frage: In welchem Maße sollen technologische Gesetzmäßigkeiten ihren Ausdruck in der betrieblichen Produktionsfunktion finden? Eng damit verbunden ist das Problem, eine Beziehung zwischen technisch meßbarer Leistung und dem ökonomisch relevanten Produktionserfolg herzustellen. Schließlich müssen Überlegungen darüber angestellt werden, ob die monofunktionale Produktionsfunktion, die den Ertrag in Abhängigkeit vom Faktoreinsatz zu beschreiben versucht, der geeignete mathematische Ansatz für die Darstellung des betrieblichen Produktionsprozesses ist.

Die kostentheoretische Problematik ergibt sich aus der Definition der Kosten-Leistungs-Funktion. Es bedarf eines Prinzips, nach welchem eine Abgrenzung der relevanten Kostenarten vorgenommen werden kann. Insbesondere ist zu klären, ob außer den produktionstheoretisch fundierten Kosten weitere Kostenarten, wie Mieten, Versicherungen, Steuern usw., in die Kosten-Leistungs-Funktion einbezogen werden müssen. Schließlich soll die Untersuchung zeigen, ob typische Kostenverläufe existieren und unter welchen Bedingungen Aussagen zum Kostenverlauf möglich sind.

c) Durchführung der Untersuchung

Im Vordergrund steht zunächst die Erfassung und Darstellung des Mengengerüsts der Produktion (Kapitel II). Die Fragestellung bezieht sich nicht so sehr auf die qualitativen Bedingungen der Produktion. Sie leitet sich vielmehr aus der Notwendigkeit zur Quantifizierung ab und betrifft das Problem, mit welchen Mitteln und bis zu welchem Grade eine quantitative Erfassung und Wiedergabe der Produktionsvorgänge sinnvoll ist und zweckentsprechend realisiert werden kann (Kapitel III). Auf dem Fundament der produktionstheoretischen Konzeption baut die Begründung der Kosten-Leistungs-Funktion auf (Kapitel IV). Kostenbewertungsprobleme werden dabei nicht angeschnitten; die Preise der Einsatzstoffe sind als gegebene Daten vorausgesetzt. Die Betrachtung konzentriert sich vorwiegend auf die kostentheoretische Abgrenzung der Kostenarten, die in der Kosten-Leistungs-Funktion ihren quantitativen Ausdruck finden. Die empirischen Untersuchungen zur Kosten-Leistungs-Funktion erfordern geeignete Auswertungsverfahren für das im Produktionsbereich des Betriebes gewonnene Beobachtungsmaterial. Um die Funktionsansätze zu bestimmen und deren Parameter zu schätzen, werden die Methoden der Ökonometrie herangezogen (Kapitel V). Gegenstand der empirischen Arbeiten[40]) sind drei Produktionsprozesse aus dem Bereich

> der Elektrizitätserzeugung,
>
> der Papiererzeugung und
>
> der Stahlerzeugung.

Aus der Fülle der numerischen Ergebnisse wurden nur diejenigen in die vorliegende Arbeit aufgenommen, die theoretisch bedeutsam erscheinen und mit dieser Arbeit in unmittelbarem Zusammenhang stehen (Kapitel VI).

---

[40]) Die praktischen Arbeiten wurden im Rahmen eines Forschungsauftrages von der Deutschen Forschungsgemeinschaft gefördert. Sämtliche Berechnungen sind vom Verfasser am Rechenzentrum der Universität Hamburg durchgeführt worden.

Kapitel II

Die produktionstheoretische Begründung des Mengengerüstes

1. Kennzeichnung des betrieblichen Produktionsprozesses

a) Gesetzmäßigkeiten der industriellen Produktion

Das betriebliche Geschehen vollzieht sich in drei Teilbereichen[1]), die zusammen eine Einheit bilden. Im technischen Bereich erfolgt die Leistungserstellung, die Leistungsverwertung bildet den absatzwirtschaftlichen Sektor, und die Finanzierung aller mit dem betrieblichen Geschehen verbundenen Tätigkeiten ist dem dritten, dem finanziellen Teilbereich zugeordnet. Aufgabe der betrieblichen Leistungserstellung ist es, Sachgüter zu produzieren oder Dienstleistungen zu erstellen. Zur Produktion von Sachgütern bzw. Sachleistungen zählt z. B. die Gewinnung von Rohstoffen in Gewinnungsbetrieben, die Bearbeitung von Rohstoffen in Veredelungsbetrieben oder die Herstellung von Erzeugnissen aus Rohstoffen und Zwischenprodukten der verschiedensten Art in Fertigungsbetrieben. Die folgende Betrachtung des industriellen Produktionsprozesses soll auf derartige Produktionsbetriebe beschränkt sein. Betriebe, die Dienstleistungen anbieten, wie z. B. Handels-, Bank- oder Transportbetriebe, sind in die Untersuchung nicht einbezogen. Um die Übersichtlichkeit der Darstellung nicht zu beeinträchtigen, unterbleiben auch Hinweise auf die Möglichkeit, im Rahmen eines Analogieschlusses die Ergebnisse auf Dienstleistungsbetriebe usw. zu übertragen.

Die Produktion von Sachgütern ist zunächst ein technisches Problem. Den Ingenieurwissenschaften fällt die Aufgabe zu, die von den Naturwissenschaften erforschten Gesetzmäßigkeiten für die industrielle Produktion nutzbar zu machen; d. h. es müssen geeignete Maschinen konstruiert werden, die eine zweckentsprechende Verwirklichung eines Produktionsvorganges ermöglichen. Der wirtschaftende Mensch ist bestrebt, diese Produktionsanlagen so für die Bedarfsdeckung einzusetzen, daß seine unternehmerische Zielsetzung, wie etwa Maximierung des Gewinns, verwirklicht wird.

Jedem Produktionsprozeß liegen daher technische und wirtschaftliche Gesetzmäßigkeiten zugrunde. Der naturgesetzlich determinierte Rahmen der Produktion läßt in der Regel einen beträchtlichen Entscheidungsspielraum mit vielen Freiheitsgraden für dispositive Eingriffe des Menschen bestehen.

---

[1]) Gutenberg, E.: Produktion, a. a. O., S. 2.

3 Pressmar

In vielen Fällen der Praxis zeigt sich aber auch das Bild einer von Zufälligkeiten und manchmal von bewußter oder unbewußter Willkür beeinflußten Produktion. Eine Ex-post-Betrachtung des Produktionsprozesses kann somit drei Wirkungskomponenten beim Vollzug eines Produktionsvorganges unterstellen:

1. technische Gesetzmäßigkeiten,

2. organisatorische Maßnahmen und bewußte dispositive Eingriffe,

3. zufällige und willkürliche Einflüsse.

Die Schwierigkeit bei der Erfassung und Darstellung des betrieblichen Produktionsprozesses liegt also teils in der verwirrenden Vielfalt der naturgesetzlichen Zusammenhänge, teils in der nur schwer feststellbaren und quantifizierbaren Einflußnahme des Menschen und teils in einer Reihe von Zufälligkeiten begründet, die den Ablauf der Produktionsvorgänge mitbestimmen. Diese Tatsache erweist sich besonders bei Ex-post-Analysen des Produktionsprozesses als problematisch. Einzelne Wirkungskomponenten können sich derart überlagern und gegenseitig beeinflussen, daß eine Trennung und isolierte Betrachtung unmöglich ist.

b) Untergliederung des Produktionsprozesses

b1) Räumlich-sachliche Gliederung

Für die betriebswirtschaftliche Theorie ist der technologische Vollzug der Produktion insofern von Bedeutung, als er das Datum der unternehmerischen Disposition darstellt. Die Kenntnis der Datenstruktur ist für die Planung unabdingbare Voraussetzung. Aufgabe der Produktionstheorie ist es nun, diese Datenstruktur, d. h. das vorgegebene Mengengerüst der Produktion, zu beschreiben und funktional darzustellen. Die Produktionstheorie wird sich naturgemäß auf jenen Bereich der Produktion beschränken müssen, in welchem Produktionsvorgänge zwangsläufig und in Abhängigkeit von vorherbestimmbaren Einflußgrößen ungestört und unkontrollierbarer Einflußnahme des Menschen ablaufen. Diese Erkenntnis zwingt zu einer Untergliederung[2] des Bereichs der betrieblichen Leistungserstellung in technisch selbständige Einheiten, die im wesentlichen dem Kausalzwang der Naturgesetze unterliegen. Die Elementareinheit der produktionstheoretischen Betrachtung ist daher in der Regel die Einzelmaschine oder eine Gruppe von Einzelmaschinen, soweit sie technisch starr miteinander verkettet sind. Gelingt es, diese analytische Betrachtungsweise konsequent anzuwenden, so ist ein Unterschied zwischen industrieller und landwirtschaftlicher Pro-

---

[2] Der Gedanke einer analytischen Betrachtung des Produktionsgeschehens kommt im Aufbau der Gutenberg-Produktionsfunktion bereits zum Ausdruck; vgl. Gutenberg, E.: Produktion, 1. Auflage, Berlin - Göttingen - Heidelberg 1951.
Die Forderung nach Untergliederung des Produktionsprozesses wird durch Gälweiler erneut erhoben und in Teilaspekten (Homogenität der Produktionsgeschwindigkeit) untersucht und begründet; vgl. Gälweiler, A.: Produktionskosten und Produktionsgeschwindigkeit, a. a. O., S. 32; siehe dazu auch Heinen, E.: Kosten, a. a. O., S. 220.

duktion nicht mehr zu entdecken. Denn in der Landwirtschaft wirken etwa bei Wachstumsvorgängen die Gesetzmäßigkeiten der Bodenchemie, Bodenmechanik usw. ebenso, wie sie in ähnlichem Zusammenhang z. B. auch in der chemischen Industrie zu beobachten sind.

b2) *Zeitliche Gliederung*

Nach der Form des zeitlichen Ablaufs der Produktion[3]) lassen sich typische Produktionsprozesse unterscheiden:

1. kontinuierliche Produktion
2. diskontinuierliche Produktion
   a) zyklische Produktion
   b) Chargenproduktion.

Nicht kennzeichnend für die Charakterisierung des zeitlichen Ablaufs sind z. B. dispositive Unterbrechungen der Produktion oder Stillstände infolge von Störungen bzw. Reparaturen. Maßgebend ist vielmehr das durch die technologischen Bedingungen geprägte Bild der Produktion. Der kontinuierliche Produktionsprozeß verläuft ohne zeitliche Zäsur. Er zeichnet sich dadurch aus, daß in jedem Zeitpunkt ein stationärer technischer Gleichgewichtszustand der Produktion existiert, dessen Gleichgewicht vom Zeitablauf unabhängig ist. Beispiele finden sich etwa in der chemischen Industrie bei Destillations- oder Synthesevorgängen, aber auch bei der Energieerzeugung aus Wasser- oder Dampfkraft. Für die Analyse solcher Produktionsprozesse ist die Lage des Betrachtungszeitpunktes gleichgültig. Auch ist in diesem Zusammenhang unerheblich, ob statt dessen ein Betrachtungszeitraum gewählt wird und ob die Dauer dieser Zeitspanne variiert. Für die produktionstheoretische Betrachtung ist daher in diesem Falle eine besondere zeitliche Unterteilung des Produktionsprozesses nicht erforderlich.

Im Unterschied dazu muß die produktionstheoretische Betrachtung den zeitlichen Ablauf des diskontinuierlichen Produktionsprozesses berücksichtigen. Die zyklische Produktion ist durch rhythmisch wiederkehrende Produktionsvorgänge bzw. Arbeitsverrichtungen gekennzeichnet. Jedes Arbeitsspiel bringt mindestens ein fertiges Produkt hervor. Typische Beispiele dafür finden sich in der mechanischen Fertigung: das Stanzen und Pressen von Blechteilen, das Drehen und Fräsen von Formteilen usw. Vor Beendigung eines solchen Arbeitsvorganges ist der Produktionsprozeß zur Erzeugung mindestens eines Fertigteils zeitlich nicht abgeschlossen und ist daher ökonomisch nicht aussagefähig. Ein ähnliches Bild bietet die Chargenproduktion. Allerdings läuft hier der Chargenprozeß[4]) nicht mit der mechanischen Gleichförmigkeit der zyklischen Produktion ab. In vielen Fällen ist die erzeugte

---

[3]) Vgl. z. B. Riebel, P.: Industrielle Erzeugungsverfahren in betriebswirtschaftlicher Sicht, Wiesbaden 1963, S. 89 ff.

[4]) Vgl. ebenda, S. 96 ff.

Produktionsmenge von der Dauer des Chargenprozesses abhängig (verweilzeitabhängige Ausbeute). Auch hier ist die produktionstheoretische Betrachtung nur sinnvoll, wenn sie die Zeitdauer eines gesamten Chargenprozesses erfaßt. Die produktionstheoretische Aussage kann sich im Falle diskontinuierlicher Produktion niemals auf einen Zeitpunkt beziehen, sie muß vielmehr eine Periode umfassen, die mindestens ein Arbeitsspiel bzw. eine Charge enthält oder ein ganzzahliges Vielfaches davon. Die Zeitspanne vom Beginn bis zum Abschluß eines Arbeitsspiels oder eines Chargenprozesses soll als Elementarzeit bezeichnet werden.

Produktionstheoretisch kann die Elementarzeit als unteilbares Zeitintervall behandelt werden. Innerhalb dieser Intervallgrenzen ist die zeitliche Reihenfolge der einzelnen Vorgänge des Produktionsprozesses für die formale Betrachtung irrelevant. Sämtliche in derselben Elementarzeit gelegenen Zeitpunkte erfüllen daher im produktionstheoretischen Sinne die Bedingung der Gleichzeitigkeit. Die Elementarzeit des kontinuierlichen Prozesses geht im Grenzübergang gegen Null und charakterisiert dann einen Betrachtungszeitpunkt; bei diskontinuierlicher Produktion ist die Elementarzeit stets größer als Null, die produktionstheoretische Aussage bezieht sich grundsätzlich auf eine Zeitspanne.

Der diskontinuierliche Produktionsprozeß läßt sich formal als quasi-kontinuierlicher Produktionsprozeß darstellen. Die für eine betriebswirtschaftliche Betrachtung maßgeblichen Mengengrößen des Gütereinsatzes und des Produktionsergebnisses werden pauschal auf die Produktionszeiteinheit verteilt, indem sie durch die Länge des Betrachtungszeitraumes dividiert werden. Dieses Vorgehen vereinfacht und vereinheitlicht die quantitative Darstellung der Produktionsvorgänge; es wird vor allem für die produktionstheoretische Konzeption dieser Arbeit verwendet und findet auch bei der Wiedergabe der empirischen Untersuchungsergebnisse Anwendung.

c) Interdependenzen im Bereich der Leistungserstellung

c1) Dispositive Verflechtung

Ein für die Produktions- und Kostentheorie bedeutsames Gliederungsprinzip[5] unterteilt die betriebliche Leistungserstellung in Produktionsprozesse mit Einproduktproduktion und solche mit Mehrproduktproduktion[6]. Von der Einproduktproduktion unterscheidet sich die Mehrproduktproduktion durch den Tatbestand, daß innerhalb der Betrachtungsperiode von einem Betrieb mehrere Produkte erzeugt werden. Die Erscheinungsformen der

---

[5] Nach: Jacob, H.: Preispolitik, Wiesbaden 1963, S. 53 ff. und Krelle, W.: Preistheorie, Tübingen - Zürich 1961, S. 51 ff.

[6] Bezeichnungen wie Mehrproduktfirma, Mehrproduktbetrieb usw. beziehen sich auf die Betrachtung eines gesamten Betriebes und lassen sich nicht verwenden, wenn Betriebsteile oder einzelne Produktionsanlagen untersucht werden; die hier vorgeschlagene Terminologie ist in ihrer Anwendungsmöglichkeit nicht eingeschränkt.

Mehrproduktproduktion werden entsprechend ihren produktionsmäßigen Verflechtungen gegliedert. Dabei spielen kostenmäßige und/oder technische Interdependenzen eine Rolle. Voraussetzung einer Mehrproduktproduktion ist es, daß der betrachtete Betriebsmittelbestand die technische Eigenschaft besitzt, unterschiedliche Produkte zu erzeugen. In diesem Fall sind einige für die produktionstheoretische Betrachtung wesentliche Unterschiede festzustellen. Mehrproduktproduktion kann bei Betrachtung der gesamten betrieblichen Produktionsanlagen einmal bedeuten, daß gleichzeitig verschiedene Anlagen unterschiedliche Produkte herstellen. Im Rahmen einer längeren Betrachtungsperiode kann auch der Fall auftreten, daß eine Einzelmaschine in zeitlicher Reihenfolge hintereinander verschiedene Produkte erzeugt. In beiden Fällen läßt sich durch sachlich-räumliche und zeitliche Gliederung des gesamten Produktionsprozesses in Elementareinheiten und in Elementarzeiten die Mehrproduktproduktion auf eine Einproduktproduktion reduzieren. Die Merkmale der Mehrproduktproduktion haben hier ausschließlich für die Beurteilung der dispositiven Verflechtungen bei Planungsfragen eine Bedeutung, da betriebliche Planung in der Regel den Einsatz des gesamten Betriebsmittelbestandes im Rahmen einer längeren Periode erfaßt. Im Unterschied zu diesen dispositiv bedingten Verflechtungen können bei der Mehrproduktproduktion technologische Verflechtungen eine Rolle spielen, die auch im Falle einer Untergliederung des Produktionsprozesses bestehenbleiben. Sie haben zur Folge, daß eine Elementareinheit während der Elementarzeit technisch zwangsläufig mehrere verschiedene Produkte erzeugt.

Nach dieser Klärung des Untersuchungsprinzips für die Beurteilung einzelner Produktionsformen folgt zunächst eine Darstellung der wesentlichen Erscheinungsformen der Mehrproduktproduktion aufgrund dispositiver Verflechtung. Es werden im allgemeinen die folgenden Produktionsformen unterschieden[7]):

1. Parallelproduktion

Die einzelnen Produkte entstehen in technisch selbständigen Produktionsvorgängen, unabhängig davon, daß gleichzeitig auf anderen Produktionsanlagen weitere, verschiedene Produkte hergestellt werden. Es besteht weder eine technische noch eine kostenmäßige Verflechtung. Sowohl produktionstheoretisch als auch dispositiv-planerisch gesehen handelt es sich hier um völlig selbständige Produktionsprozesse, die jeweils isoliert betrachtet werden können.

2. Gemeinsame Produktion und Alternativproduktion

Im Unterschied zur Parallelproduktion werden die gleichen Anlagen und Einsatzgüter zur Erzeugung des gesamten Produktionsprogramms verwen-

---

[7]) Vgl. Jacob, H.: Preispolitik, a. a. O., S. 53 ff.

det. Unter der Voraussetzung, daß Kostenverflechtungen zwischen den verschiedenen Produkten a priori nicht bestehen, handelt es sich um gemeinsame Produktion. Tritt Knappheit der Faktoren auf, so kann die Produktionsmengenänderung eines Produktes nur zu Lasten der Menge des anderen Produktes durchgeführt werden. Die gemeinsame Produktion nimmt die Form der Alternativproduktion an. Auch hier ist offenkundig: Die Interdependenzen betreffen nur den Bereich der Produktionsplanung; sie setzen sich nicht in die produktionstheoretisch relevante Ebene fort.

3. Verbundproduktion

Sind bei der Mehrproduktproduktion auch unter der Voraussetzung nicht knapper Kapazitäten bzw. Einsatzgüter kostenmäßig Verflechtungen festzustellen, so liegt der Typus einer Verbundproduktion vor. Diese Kosteninterdependenzen können sowohl dispositiver Natur als auch technisch zwangsläufig sein. Der letztere Fall wird als Verbundproduktion mit Koppelung bezeichnet und soll im folgenden ausführlicher dargestellt werden. Zusammenfassend bleibt jedoch festzustellen, daß Parallelproduktion, gemeinsame bzw. Alternativproduktion und Verbundproduktion ohne Koppelung in produktionstheoretischer Sicht durch Untergliederung des Produktionsprozesses auf den Fall der Einproduktproduktion zurückgeführt werden können.

c2) Technologische Verflechtung

Eine Mehrproduktproduktion, bei welcher technologisch zwangsläufig und gleichzeitig, d. h. innerhalb derselben Elementarzeit, verschiedene Produkte entstehen, wird als Verbundproduktion mit Koppelung bzw. als Koppelproduktion[8]) bezeichnet. Je nach Art der technologischen Interdependenz handelt es sich um starre oder lose Koppelung.

1. Starre Koppelung

Produktionsprozesse mit starrer Koppelung zeichnen sich dadurch aus, daß die im Betrachtungszeitraum (BZ) erzeugten Mengen der einzelnen Koppelprodukte in einem technisch vorbestimmten Verhältnis zueinander stehen. Diese Mengenrelation kann einen festen Wert annehmen, der sich auch dann nicht ändert, wenn die im Betrachtungszeitraum dem Produktionsprozeß zugeführte Faktormenge vergrößert oder verkleinert wird.

Daneben gibt es Prozesse der Koppelproduktion, die sich durch ein variables Produktmengenverhältnis auszeichnen. Die Relation der Produktmengen ändert sich mit der Variation der Faktormengen. Da es sich um einen Produktionsprozeß mit starrer Koppelung handelt, gibt es zu jedem Faktormengenverhältnis eine bestimmte, produktionstechnisch vorgegebene, feste Relation der Koppelproduktmengen.

---

[8]) Riebel, P.: Die Kuppelproduktion, Köln und Opladen 1955, S. 11 ff., ders.: Verbund-(Kuppel)-Produktion, in: HWB, 3. Aufl., Sp. 5642 f.

In Abbildung 1 a sind am Beispiel zweier Koppelprodukte A und B die beiden Fälle der starren Koppelung angedeutet. Für die während der Betrachtungsperiode erzeugten Mengen X_A und X_B gilt bei starrer Koppelung die Beziehung:

(II.1a)
$$\frac{X_B}{X_A} = F,$$

wobei F im ersten Fall eine konstante, im zweiten Fall die Funktion der im Produktionsprozeß verbrauchten Faktormengen ist. Die Funktion F(T) soll diesen Zusammenhang ausdrücken; dabei bezeichnet die Größe T einen bestimmten technologischen Zustand des Produktionsprozesses, der z. B. durch die Temperatur oder Bewegungsgeschwindigkeit bestimmter technischer Einrichtungen der Produktionsanlage quantifiziert wird. Jedem Wert, den die Zustandsgröße T annimmt, entspricht ein gesetzmäßig determiniertes Verhältnis der Faktormengen. Während im ersten Fall die Relation F einen von T unabhängigen, konstanten Wert behält, ändert sich F entsprechend einer Funktion F(T), die z. B. den in Abbildung 1 a angedeuteten Verlauf aufweisen kann. Zwischen der Mengenrelation F und der Größe T besteht eine vorgegebene Zuordnung: Mit wachsendem T ändert sich die Produktmengenrelation teils zugunsten des Produktes A, teils zugunsten des Produktes B. Jedem festen Wert T_1, T_2 usw. entspricht jeweils ein bestimmtes Mengenverhältnis auf der Ertragseite der Koppelproduktion[9]).

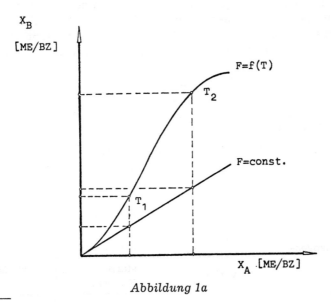

Abbildung 1a

---

[9]) Dies bedeutet andererseits, daß zwischen X_A und X_B eine funktionale Zuordnung von der Form $X_A = g(X_B)$ besteht, wobei zugleich die Faktormengen in Abhängigkeit von T, d. h. als Funktion von X_A bzw. X_B, variieren. Ein Hinweis auf diese Art der Koppelproduktion findet sich bei: Gerhardt, C.: Bestimmungsmöglichkeiten optimaler Produktionsprogramme bei primärer Verbundproduktion, Dissertation Hamburg 1966, S. 17, Fußnote 3.

2. Lose Koppelung

Im Unterschied zur starren Koppelung bei variablen Mengenrelationen besteht im Falle der losen Koppelung ein weiterer Freiheitsgrad in der Gestaltung des Produktmengenverhältnisses (vgl. Abb. 1 b).

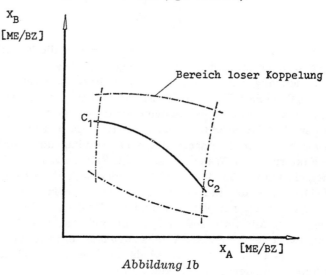

Abbildung 1b

Die Mengenrelation der Koppelprodukte kann sich auch bei konstant gehaltenen Faktormengen verschieben. Innerhalb eines technologisch vorgegebenen Bereichs der losen Koppelung[10] läßt sich bei unveränderten Faktormengen im Betrachtungszeitraum z. B. die Produktmenge X_A vergrößern, wenn zugleich die Menge X_B reduziert wird. Der geometrische Ort variierender Ertragsmengen bei konstanten Faktormengen ist die Isotime; sie ist in Abbildung 1 b als Linie C_1C_2 eingezeichnet. Mit jeder Änderung der Faktormengen entstehen weitere Isotimen, die innerhalb des vorgegebenen Bereichs definiert sind.

Zusammenfassend gibt die folgende Tabelle 1 eine Übersicht zu den theoretisch möglichen Erscheinungsformen der Koppelproduktion.

| | | Produktmengenverhältnis | |
		konstant	variabel
Faktormengen-verhältnis	konstant	starre Koppelung	lose Koppelung
	variabel	starre Koppelung	zunächst unbestimmt

Tabelle 1

[10] Die Grenzen dieses Bereiches sind Funktionen in X_A und X_B; vgl. dazu: Gerhardt, C.: Bestimmungsmöglichkeiten optimaler Produktionsprogramme bei primärer Verbundproduktion, a. a. O., S. 106 f., S. 180, Fußnote 2.

Es können jeweils konstante bzw. variable Mengenrelationen auf der Einsatzseite und auf der Ertragseite miteinander verglichen werden; somit ergeben
sich insgesamt vier Zuordnungsmöglichkeiten. In drei Fällen ist die Art der
Koppelung zweifelsfrei aus dem Verhalten der Mengenrelationen zu erkennen. Nur im letzten Fall, bei variablen Faktor- und Produktmengen-
verhältnissen, kann ohne zusätzliche Prämissen nicht entschieden werden, ob
es sich um starre Koppelung mit variablem Produktmengenverhältnis handelt oder ob eine lose Koppelung bei variierten Faktormengen vorliegt.
Unter den zuletzt genannten Bedingungen würde durch gleichzeitige Änderung der Faktor- und Produktmengen ein Bereich loser Koppelung entstehen, wie er in Abbildung 1 b angedeutet ist. Wird diese Deutung ausgeschlossen, da der Fall loser Koppelung bereits in dem darüberliegenden Feld
dargestellt ist, so bezeichnet das vierte Feld der Tabelle eine starr gekoppelte
Produktion mit variablem Produktmengenverhältnis (vgl. Abb. 1 a).

2. Die Produktion als Faktorkombinationsprozeß

a) Die Faktorkombination

Die Produktionstheorie interpretiert betriebliche Leistungserstellung als
einen Kombinationsprozeß der Produktionsfaktoren[11]. Sie bezeichnen alle
Arten von Wirtschaftsgütern im weitesten Sinne, die im Rahmen des betrachteten Produktionsprozesses erforderlich sind, um erfolgreich zu produzieren. Umfaßt eine Faktorkombination π_ν (oder auch: produktive Kombination) insgesamt n Faktoren und werden diese durch die Größen $\varrho_1, \varrho_2, \ldots, \varrho_n$
wiedergegeben, so gilt die formale Zuordnung:

$$\pi_\nu \triangleq (\varrho_1, \varrho_2, \ldots, \varrho_n).$$

Eine Faktorkombination gibt demnach an, welche Stoffe dem Produktionsprozeß zugeführt werden müssen. Damit ist jedoch nicht behauptet, daß der
Produktionsprozeß zum Erliegen kommt, wenn einer der aufgeführten Produktionsfaktoren fehlt. In der produktiven Kombination können durchaus
Faktoren enthalten sein, die in der Lage sind, Aufgaben anderer Produktionsfaktoren oder Faktorgruppen zusätzlich zu übernehmen.

Die Faktorkombination bezeichnet einen Produktionsprozeß, der im Betrachtungszeitraum ein Produkt ξ oder gleichzeitig mehrere Produkte $\xi_1, \xi_2, \ldots,$
ξ_m hervorbringen kann. Für alle Produktionsprozesse, die sich auf eine Einproduktproduktion zurückführen lassen gilt die Zuordnung:

$$(\varrho_1, \varrho_2, \ldots, \varrho_n) \rightarrow (\xi).$$

Im Fall der (gekoppelten) Mehrproduktproduktion muß die Zuordnung
lauten:

$$(\varrho_1, \varrho_2, \ldots, \varrho_n) \rightarrow (\xi_1, \xi_2, \ldots, \xi_m).$$

---

[11] Gutenberg, E.: Produktion, a. a. O., S. 286 ff.

Diese formale Darstellung des Produktionsprozesses umschreibt lediglich die qualitativen Bedingungen der Gütererzeugung. Aussagen über den mengenmäßigen Verzehr der Faktoren, das mengenmäßige Ergebnis oder über den zeitlichen Ablauf des Kombinationsprozesses lassen sich daraus im allgemeinen nicht ableiten.

Tritt an die Stelle des Faktors ϱ ein anderer Faktor ϱ^*, so entsteht eine neue Faktorkombination; sie bedarf einer gesonderten produktionstheoretischen Betrachtung, da Gemeinsamkeiten mit der ursprünglichen produktiven Kombination nicht mehr bestehen müssen. Neue Faktorkombinationen können bereits auftreten, wenn sich die Qualität eines Faktors nachhaltig ändert. Qualitätsänderungen eines Einsatzgutes lassen sich dadurch zum Ausdruck bringen, daß z. B. für jedes Qualitätsniveau ein neuer Faktor ϱ^* definiert wird. Damit ändert sich die Zusammensetzung der Kombination, definitionsgemäß liegt dann eine neue Faktorkombination vor.

Ob es zweckmäßig ist, zugunsten der Prämisse Qualitätskonstanz auch bei geringfügigen Qualitätsvariationen neue Faktoren und damit neue Kombinationen festzulegen, hängt vom speziellen Untersuchungsgegenstand und von der wissenschaftlichen Fragestellung ab. Es kann durchaus vorteilhaft sein, die Elemente ϱ und ξ der Faktorkombination so zu definieren, daß Qualitätsverschiebungen in bestimmten Grenzen zugelassen sind.

b) Produktionsfaktoren

Die Elemente der Faktorkombination sind Produktions- oder Einsatzfaktoren. Es handelt sich um jene Stoffe und Güter, die in den Produktionsprozeß eingesetzt werden müssen, damit eine erfolgreiche Produktion zustande kommt. Jedes an der Produktion beteiligte Wirtschaftsgut kann als selbständiger Produktionsfaktor aufgefaßt und im Modell der Faktorkombination formal zum Ausdruck gebracht werden. Aus Gründen der Zweckmäßigkeit und Überschaubarkeit ist es im praktischen Fall oftmals üblich, mehrere Materialien, wie z. B. Schmierstoffe, oder Energieträger unter einen Produktionsfaktor zu subsumieren. Die Frage, wie tief eine Differenzierung des gesamten Faktoreinsatzes hinsichtlich unterscheidbarer Produktionsfaktoren vorangetrieben werden sollte, läßt sich daher nicht kategorisch beantworten.

Im Rahmen einer makroökonomischen Betrachtung der gesamten Volkswirtschaft kann es sogar sinnvoll sein, sehr heterogene Güter zu einem Faktor bzw. Faktorbündel zusammenzufassen. Die Faktormenge läßt sich in diesem Fall gewöhnlich nicht mehr durch physische Mengengrößen ausdrücken, sondern muß z. B. mit Hilfe eines äquivalenten Geldausdrucks bestimmt werden. Die volkswirtschaftliche Produktionstheorie hat dadurch die Möglichkeit, ihre Überlegungen auf eine Faktorkombination zu beschränken, die z. B. nur noch zwei Faktoren, Arbeit und Kapital, umfaßt. Der Verzicht auf eine differenzierende Betrachtung der ökonomischen Leistungserstellung begrenzt naturgemäß die Aussagefähigkeit der Produktionstheorie. Gerade für den Bereich der betrieblichen Produktion, wo eine besonders feine Differenzierung und Untergliederung des Produktionsprozesses notwendig erscheint, dürften die Aussagen und Theoreme der volkswirtschaftlichen Produktionstheorie allein aus diesen Gründen der Faktordefinition nur eine sehr beschränkte Gültigkeit besitzen.

Je nach Aufgabenstellung der produktionstheoretischen Untersuchung kann es auch im betrieblichem Rahmen zweckmäßig sein, unterschiedliche Einsatzstoffe zu einem einheitlichen Produktionsfaktor zusammenzufassen. Es ist beispielsweise folgender Fall denkbar: Für eine Kesselanlage soll der Zusammenhang zwischen dem Einsatz an Heizenergie und der Dampferzeugung bestimmt werden. Die konstruktive Ausführung des Dampferzeugers erlaubt es, den Energieeinsatz auf verschiedene Weise, etwa durch Kohle, Öl oder Gas, vorzunehmen. Hier lassen sich alle Energieträger unter dem Einsatzfaktor Heizenergie zusammenfassen. Da bekannt ist, welche Energiemenge jeder der Einsatzstoffe liefern kann, erfolgt eine Bestimmung des Faktorverbrauchs mit Hilfe der Wärmeenergieäquivalente.

Maßgebend für die Zusammenfassung verschiedener Einsatzgüter zu eigenständigen Produktionsfaktoren kann nur die jeweils vorliegende Fragestellung sein. Wenn es der theoretischen Analyse angemessen ist, können auch Faktoren unterschiedlichen Differenzierungsgrades innerhalb derselben Faktorkombination betrachtet werden. Die Definition der Einsatzfaktoren und Anlage des Modells der Faktorkombination wird sich immer der für die Untersuchung einer produktionstheoretischen Fragestellung gewählten vereinfachenden oder differenzierenden Betrachtungsweise anpassen. Die Aussage von Krelle: „Wir verstehen unter Produktionsfaktoren also nicht die zusammengefaßten Gesamtheiten Arbeit, Boden, Kapital, sondern jeweils die diskreten Einzelmengen, ... Produktionsfaktoren gibt es so viele, wie es Güterarten (außer Geld) gibt ...“[12]), kann daher nicht den von Lassmann[13]) hervorgehobenen Absolutheitsanspruch besitzen; sie ist vielmehr im Sinne einer speziellen definitorischen Festlegung zu verstehen[14]).

Ein Beispiel dafür sind die Elementarfaktoren[15]) Arbeit, Betriebsmittel, Werkstoffe[16]) der betriebswirtschaftlichen Produktionstheorie. Sie sind in

---

[12]) Krelle, W.: Theorie wirtschaftlicher Verhaltensweisen, Mannheim 1953, S. 106, Fußnote 3.

[13]) Lassmann, G.: Produktionsfunktion, a. a. O., S. 20.

[14]) Auch die Auffassung von Dlugos: „Mit der Bedingung, die im Produktionsprozeß eingesetzten Mengen der Einsatzgüter als relevante Größen zu behandeln, wird besonders deutlich, daß es sich hierbei um Einsatzmengen einzelner, sehr spezieller Güterarten handelt, nicht aber um summarische Produktionsfaktoren, wie beispielsweise Arbeit und Kapital", kann nur als Ergänzung einer speziellen Definition des Produktionsfaktors aufgefaßt werden. Die Verwendung der Faktoren Arbeit und Kapital in volkswirtschaftlichen Modellen der Wachstumstheorie ist durchaus sinnvoll und zweckmäßig. Siehe: Dlugos, G.: Kritische Analyse der ertragsgesetzlichen Kostenaussage, Berlin 1961, S. 57.

[15]) Gutenberg, E.: Produktion, a. a. O., S. 3.

[16]) Es wird bisweilen die Forderung erhoben, einen vierten Elementarfaktor, die Energie (zum Antrieb des Produktionsprozesses), hinzuzufügen; siehe z. B. Gälweiler, A.: Produktionskosten und Produktionsgeschwindigkeit, a. a. O., S. 115 f.

der Regel nicht geeignet, den betrieblichen Produktionsprozeß quantitativ zu beschreiben, da ihr Differenzierungsgrad nicht ausreicht. Aufgabe dieses Systems der Produktionsfaktoren ist es unter anderem, eine betriebswirtschaftliche Alternative zum System der volkswirtschaftlichen Produktionsfaktoren zu geben und „eine gewisse begriffliche Klarstellung für die Analyse des Produktionsprozesses zu schaffen"[17]). Aus dieser teleologischen Begründung wird deutlich, wie sich die Definition des Einsatzfaktors dem hier angestrebten Erkenntnisziel angepaßt hat, die betriebliche Leistungserstellung zunächst nur deskriptiv und von der qualitativen Seite her darzustellen.

c) Das Aggregationsproblem

Werden mehrere (heterogene) Einsatzgüter begrifflich und mengenmäßig zu einem selbständigen Produktionsfaktor zusammengefaßt, so bezeichnet insbesondere die makroökonomische Wirtschaftstheorie diesen Vorgang als Aggregation[18]). Vorwiegend handelt es sich um lineare Aggregation; dem entspricht eine einfache Summierung von Einsatzgütern, die mit Hilfe eines Mengenäquivalents, z. B. einer Geldgröße, gleichnamig gemacht werden. Bei Aussagen über Gesetzmäßigkeiten der Produktion auf der Grundlage aggregierter Faktoren interessiert die Frage, unter welchen Bedingungen diese Zusammenhänge auf produktionstheoretische Betrachtungen mit disaggregierten Faktoren übertragen werden können. Bisweilen interessiert auch die umgekehrte Fragestellung: Unter welchen Bedingungen behalten produktionstheoretische Schlußfolgerungen auf der Grundlage differenzierter Produktionsfaktoren auf der Ebene aggregierter Faktoren ihre Gültigkeit[19])?

In Verbindung mit dem quantitativen Aspekt muß auch die qualitative Seite des Aggregationsproblems gesehen werden. Aggregation kann die Addition von Einsatzstoffen der gleichen Art, aber unterschiedlicher Qualität bedeuten. Es werden auch oftmals Güter ganz verschiedener Art, aber ähnlicher ökonomischer Bedeutung, wie etwa Schmier- und Kühlmittel zu Hilfsstoffen, Gas, Druckluft und elektrischer Strom zu Energieträgern oder Werkstoffe und Produktionsanlagen zu dem Faktor Kapital, zusammengefaßt. Eine Aggregation von Faktoren trägt meistens zwangsläufig dazu bei, die Grenzen zwischen technologisch unterschiedlichen Produktionsverfahren zu verwischen. Dadurch werden Faktormengen summiert und in Bezug zueinander

---

Ursprünglich geht dieser Vorschlag wohl auf Chenery zurück, der bereits früher ein System von Produktionsfaktoren veröffentlich hat, das u. a. den Faktor Energie enthält; siehe dazu: Chenery, H. B.: Process and Production Functions from Engineering Data, in: Studies in the Structure of the American Economy, hrsg. von W. Leontief, New York 1953, S. 302, 304.

[17]) Gutenberg, E.: Produktion, 8./9. Auflage, a. a. O., S. 2.

[18]) Vgl. z. B. Bössmann, E.: Problem einer dynamischen Theorie der Konsumfunktion, in: Frankfurter Wirtschafts- und Sozialwissenschaftliche Studien, Berlin 1957, Heft 1, S. 64; Holzman, M.: Problems of Classification and Aggregation, in: Studies in the Structure of the American Economy, hrsg. von W. Leontief, a. a. O., S. 326 ff.

[19]) Vgl. z. B.: Pfanzagl, J.: Über die Aggregation von Produktionsfunktionen, in: ZfB 1962, S. 731 ff.; Krelle, W.: Preistheorie, a. a. O., S. 66 f.

gebracht, die unter verschiedenartigen, nicht vergleichbaren technischen Bedingungen der Produktion zum Einsatz gelangen. Wenn sich die Theorie hochaggregierter Produktionsfaktoren bedient, ignoriert sie daher wesentliche empirische Tatbestände der Produktion. Außerdem begibt sie sich der Möglichkeit, dispositive Eingriffe in den Produktionsprozeß sichtbar zu machen. Werden z. B. technisch selbständige Produktionsanlagen zu einem Faktor „Betriebsmittel" oder „Kapital" aggregiert, so läßt es sich später nicht mehr feststellen, in welcher Weise die Einzelmaschine im Rahmen des technisch vorgegebenen Dispositionsspielraumes an die ihr zugewiesene Produktionsaufgabe angepaßt war. Die Aggregation steht einer analytischen Betrachtung der betrieblichen Vorgänge im Wege.

Es liegt auf der Hand, daß die Interpretation produktionstheoretischer Aussagen nur unter Berücksichtigung des Aggregationsgrades der verwendeten Faktoren und der daraus gebildeten Faktorkombination sinnvoll ist. Dabei kann Aggregation nicht mit Abstraktion, d. h. dem Sichtbarmachen des Allgemeingültigen, gleichgesetzt werden. Aggregation bringt vielmehr eine Verlagerung der Betrachtungsebene mit sich; sie schafft dadurch neue Bezugspunkte für das Modell der Faktorkombination, mit dessen Hilfe die Realität erklärt werden soll. Mithin lassen sich Schlußfolgerungen auf der Grundlage eines aggregierten Modells nicht ohne Einschränkung auf andere Faktorkombinationen übertragen, deren Faktoren einen niedrigeren Aggregationsgrad aufweisen. Die neuere betriebswirtschaftliche Produktionstheorie liefert Beispiele dafür, daß Gesetzmäßigkeiten des volkswirtschaftlichen Produktionsprozesses weder auf den Betrieb noch auf einzelne Produktionsanlagen unmittelbar übertragen werden können. Zahlenmäßige Zusammenhänge, die etwa zwischen den Mengen der hochaggregierten Faktoren Arbeit bzw. Kapital und der Industrieproduktion einer Volkswirtschaft festgestellt werden, sagen im allgemeinen wenig über die Produktionsgesetze der Einzelmaschine im Industriebetrieb aus, weil gemeinsame Bezugspunkte fehlen. Es ist daher von besonderer Bedeutung, den Gültigkeitsbereich produktionstheoretischer Aussagen entsprechend dem Aggregationsgrad der betreffenden Faktorkombination einzuschränken.

Was für das Aggregationsproblem auf der Einsatzseite der produktiven Kombination gesagt wurde, gilt grundsätzlich auch für die Ertragseite. Die Aggregation der Einsatzfaktoren führt in der Regel zu einer Faktorkombination, die mehrere technisch selbständige Produktionsanlagen umfaßt und dadurch in der Lage ist, gleichzeitig mehrere Produkte hervorzubringen. Da im allgemeinen mit der Zusammenfassung von Produktionsfaktoren die technischen Gesetzmäßigkeiten verwischt werden, läßt sich auf der Ertragseite nicht mehr zwischen einer technologisch bedingten Mehrproduktproduktion und einer durch Faktoraggregation entstandenen Mehrproduktproduktion unterscheiden. In diesem Fall fehlt die Grundlage für die eingangs erwähnte strenge definitorische Unterscheidung zwischen Ein_produkt- und Mehrproduktproduktion. Der Begriff Mehrproduktproduktion kann bei aggregierten

Faktoren nicht mehr im strengen Sinne einer technologischen Verflechtung der Produkte verstanden werden. Konsequente Aggregation auf der Ertragseite kann auch dazu führen, daß nur noch ein Produkt als Äquivalent des Faktorertrags definiert wird. Die Definition der Begriffe Einprodukt- und Mehrproduktproduktion ist in diesem Falle nicht an die technischen Bedingungen des Produktionsprozesses gebunden; sie bestimmt sich vielmehr nach dem Aggregationsgrad auf der Einsatz- und Ertragseite.

3. Die Faktorqualität

a) Qualitätsmerkmale

Alle in der Faktorkombination zusammengefaßten Produktionsfaktoren bedürfen einer weiter gehenden Spezifizierung hinsichtlich ihrer qualitativen Merkmale, da bei stark differenzierter Betrachtung jede Qualitätsänderung der Einsatzstoffe zur Festlegung neuer Produktionsfaktoren führt und damit per definitionem eine andere Faktorkombination entstehen läßt. Ob jedoch eine Qualitätsverschiebung vorliegt, die zur Definition zusätzlicher Produktionsfaktoren zwingt, hängt im praktischen Fall sehr stark von der Aufgabenstellung und vom Untersuchungsgegenstand ab.

Als Merkmale der Faktorqualität werden alle erkennbaren und im Rahmen der betrachteten produktiven Kombination nachhaltig produktionswirksamen Eigenschaften eines Produktionsfaktors angesehen. Es kann sich dabei um objektiv meßbare Eigenschaften handeln, wie z. B. die Bruchfestigkeit von Baustahl, die Oktanzahl des Vergaserkraftstoffs oder die chemische Zusammensetzung von Erdgas. Daneben gibt es Merkmale, die entweder durch subjektive Schätzungen oder durch andere, nicht meßbare, jedoch erkennbare Tatbestände charakterisiert werden können. Als Beispiele seien erwähnt: die Konstruktionsmerkmale bzw. technologischen Eigenschaften einer Maschine, die Fähigkeiten der Führungskräfte einer Unternehmung oder das Image eines Markenartikels.

b) Quantifizierung der Qualitätseigenschaften

Der quantitative Ansatz von Qualitätsmerkmalen der Produktionsfaktoren ist vor allem deshalb zweckmäßig, weil die Produktionstheorie dadurch die Möglichkeit erhält, Qualitätseinflüsse im Kalkül explizit zu berücksichtigen. Wird auf den Versuch der Quantifizierung verzichtet, so sind produktionstheoretische Aussagen nur unter der einschränkenden Voraussetzung Qualitätskonstanz möglich. Die Aussicht auf eine Aufhebung dieser unrealistischen Prämisse läßt es nützlich erscheinen, die Grundlagen für eine quantitative Wiedergabe von Qualitätseinflüssen auf den Produktionsprozeß zu untersuchen. Gelingt dies im Falle der Einsatzfaktoren, so lassen sich die Überlegungen auch auf die Produkte übertragen, da die Problemstellung für die Quantifizierung der Produktqualität ähnlich ist.

Die Qualitätsmerkmale lassen sich in zwei Gruppen, in zahlenmäßige und artmäßige Merkmale, unterteilen. Zahlenmäßige Merkmale sind chemische oder physikalische Eigenschaften der Stoffe und Güter. Sie können objektiv gemessen werden; zu ihrer Quantifizierung liegt ein Maßstab vor, dessen Skala je nach Eichung relative oder absolute Meßwerte der Qualität wiedergibt. Im allgemeinen wird die Merkmalsgröße kontinuierlich variabel sein; in manchen Fällen lassen sich nur diskrete Werte für die Qualitätseigenschaft definieren. Diskrete (ganzzahlige) Merkmale liegen dann vor, wenn sich der empirische Tatbestand durch Abzählen beschreiben läßt. Außerdem kann es zweckmäßig sein, Meßwerte innerhalb eines Skalenbereichs um einen diskreten Wert zu gruppieren. Es mag auch vorkommen, daß der Grad der Erkenntnisfähigkeit und Meßgenauigkeit die Quantifizierung auf diskrete Qualitätswerte einschränkt. Dementsprechend können für zahlenmäßige Qualitätsmerkmale Variable definiert werden, die entweder kontinuierliche oder diskrete Werte annehmen.

Im Unterschied dazu läßt sich die Gruppe der artmäßigen Merkmale nicht durch einzelne physikalische oder chemische Maßgrößen quantifizieren. Es handelt sich hier um komplexe Qualitätseigenschaften, die entweder durch einen Katalog objektiv erkennbarer Sachverhalte definiert sind oder einer subjektiven Qualitätsvorstellung genügen. So wird z. B. das artmäßige Merkmal „Beruf" oder „Ausbildungsstand" einer Arbeitskraft durch eine Reihe von Tatbeständen charakterisiert, die zwar feststellbar, jedoch im naturwissenschaftlichen Sinne nicht meßbar sind. Ähnliche Beispiele sind bestimmte qualitative Eigenschaften einer Produktionsanlage: die Qualität ihrer Konstruktion oder die maschinenbauliche Ausführung. Als typisches Beispiel für ein nicht meßbares Merkmal, das einer subjektiven Qualitätsvorstellung unterworfen ist, kann die schöne Linienführung einer Autokarosserie oder das ansprechende Dessin eines Kleiderstoffes gelten.

Der Versuch, solche artmäßigen Qualitätsmerkmale analog den zahlenmäßigen Merkmalen graduell zu quantifizieren, ist wegen des Fehlens einer verbindlichen Skalierung unbefriedigend. Die Quantifizierung kann sich nur darauf beschränken, mit Hilfe einer Variablen anzudeuten, ob dieses fragliche artmäßige Merkmal existent ist oder nicht. Dementsprechend läßt sich eine Qualitätsvariable definieren, die nur die beiden diskreten Werte 0 im Falle des Fehlens und 1 im Falle der Existenz der betreffenden Qualitätseigenschaft annimmt. Solche 0-1-Variablen erweisen sich als nützlich, wenn der quantitative Einfluß artmäßiger Merkmale auf den Produktionsprozeß mit Hilfe statistischer Methoden untersucht werden soll.

Schließlich ist noch der Fall zu betrachten, daß Qualitätseigenschaften, die im Grunde zahlenmäßige Merkmale sind, praktisch als artmäßige Merkmale aufgefaßt und dementsprechend behandelt werden. Es gibt zahlreiche Beispiele dafür: Ein Automobilhersteller schreibt für einen Kraftfahrzeugtyp vor, Superbenzin zu tanken und beim Wechsel des Motoröls anstelle von

Sommer- oder Winteröl nur Mehrbereichsöl nachzufüllen. Sowohl die Qualität des Treibstoffs als auch die Eigenschaft des Schmiermittels lassen sich
durch physikalische Maßgrößen, d. h. durch die Oktanzahl des Benzins bzw.
durch die Viskosität des Motoröls, quantifizieren. Trotzdem behandelt der
durchschnittliche Kraftfahrer diese Faktorqualität als artmäßiges Merkmal.
Ihn interessiert nur, ob die Eigenschaft „Superkraftstoff" bzw. „Mehr-
bereichschmiermittel" vorhanden ist. In diesem Fall ist es also möglich, die
Qualität entweder graduell durch eine physikalische Qualitätsvariable auszudrücken oder sie mit Hilfe einer 0-1-Variablen zu quantifizieren. Häufig
besteht auch aus praktischen Gründen die Notwendigkeit, zahlenmäßige
Merkmale als artmäßige Merkmale zu behandeln, weil der meßtechnische
Aufwand zu groß wäre, um die Werte einer graduellen Qualitätsvariablen
empirisch zu bestimmen. Werden dagegen 0-1-Variable zur Quantifizierung
der Qualitätseigenschaft verwendet, so muß nur sichergestellt sein, daß die
mit dem Wert 1 belegte Qualitätseigenschaft auch tatsächlich existiert. Zweifellos gibt die graduelle Wiedergabe von Qualitätseigenschaften ein genaue-
res Abbild der Realität, die empirische Forschung wird sich aber aus praktischen Gründen bei zahlenmäßigen Merkmalen oftmals mit dem Ansatz von
0-1-Variablen begnügen müssen.

4. Der Faktoreinsatz

a) Begriffserklärung

Der Begriff „Faktoreinsatz" wird nicht im Sinne einer Mengenbezeichnung
verstanden. Er soll vielmehr dazu dienen, die sachlichen Voraussetzungen
für das Zustandekommen des Faktorkombinationsprozesses zu umschreiben.

Um diese Definition zu präzisieren, ist eine Vorbetrachtung erforderlich. Die
Produktionstheorie faßt den Produktionsprozeß als Kombinationsprozeß der
Produktionsfaktoren auf. Den Rahmen dafür setzt die Faktorkombination,
indem sie die produktionsnotwendigen Faktoren angibt. Soll die Produktion
beginnen, müssen zuvor sämtliche im Rahmen der Faktorkombination bezeichneten Produktionsfaktoren mit entsprechenden Gütern und Stoffen
besetzt werden. Erst wenn alle erforderlichen Faktoren in den Verband der
produktiven Kombination physisch eingefügt sind, ist die Faktorkombination
produktionsbereit. Wird nunmehr der Produktionsprozeß in Gang gebracht,
so sind die Faktoren den Einwirkungen des Produktionsprozesses ausgesetzt
und werden dabei in der Regel verzehrt.

Jedes Wirtschaftsgut, das in den Dienst der Gütererzeugung gestellt wird,
muß zunächst in die produktive Kombination eingebracht werden. Dieser
Vorgang ist demnach eine Vorstufe des Faktorverzehrs; er soll als Faktoreinsatz bezeichnet werden. Faktoreinsatz bedeutet somit: physische Eingliederung eines Faktors in den Verband der Faktorkombination.

b) Teilbarkeit der Produktionsfaktoren

Ein produktionstheoretisch bedeutsames Kriterium für die Eingliederung der Faktoren in die produktive Kombination ist ihre Teilbarkeit[20]. Produktionsfaktoren sind (beliebig oder unbegrenzt) teilbar[21]), wenn sie in beliebig kleinen physischen Mengen in den Verband der Faktorkombination eingefügt werden können. Sie sind unteilbar (oder auch: begrenzt teilbar), wenn nur ein bestimmtes Mindestquantum der Faktoren oder ein ganzzahliges Vielfaches davon einzusetzen ist. Ob ein Faktor als begrenzt oder als unbegrenzt teilbar anzusehen ist, hängt nicht nur von seinen eigenen physikalischen Eigenschaften ab. Die Zusammensetzung der Faktorkombination und die produktionstechnische Bedeutung des Faktors muß gleichfalls betrachtet werden, wenn die Teilbarkeit der Einsatzgüter richtig beurteilt werden soll. Daß in diesem Zusammenhang eine isolierte Betrachtung des Produktionsfaktors nicht zulässig ist, mag das folgende Beispiel zeigen: Der Produktionsfaktor Schmieröl ist — für sich betrachtet — ein beliebig teilbares Gut. Wird es jedoch zur Schmierung eines Viertaktmotors verwendet, so kann es nur in einem bestimmten Mindestquantum in die produktive Kombination eingegliedert werden. Die Einsatzmenge muß so groß sein, daß die Ölwanne bis zu einer vorgeschriebenen Höhe mit Öl gefüllt ist. Wäre dies nicht der Fall, so würde eine ausreichende Schmierwirkung unterbleiben. Während Schmieröl in der produktiven Kombination „Viertaktmotor" einen begrenzt teilbaren Einsatzfaktor verkörpert, hat es bei der Schmierung eines Zweitaktmotors die Bedeutung eines beliebig teilbaren Faktors. Denn in diesem Fall wird es dem Kraftstoff beigemischt und fließt so in kleinsten Mengen dem Motor zu.

Die mangelnde Teilbarkeit der Faktoren läßt sich in der Regel aus der technischen Funktion erklären, die derartige Einsatzgüter im Rahmen der Faktorkombination zu erfüllen haben. In manchen Fällen ist auch der technologische Ablauf des Produktionsprozesses die Ursache dafür, daß nur bestimmte unteilbare Mindestmengen eingesetzt werden können.

Typische, aus funktionellen Gründen unteilbare Einsatzfaktoren sind Bauteile von Produktionsanlagen. Sie erfüllen die Funktion, Kräfte zu übertragen oder Bewegungen auszuführen. Wäre nur der Bruchteil eines solchen Maschinenteils in die Kombination eingefügt, so könnte es die verlangte technische Funktion nicht ausüben, und der Produktionsprozeß käme zum Stillstand. Eine ähnliche Interpretation gilt auch für das Beispiel des oben genannten Einsatzfaktors „Schmieröl". Wird es im Viertaktmotor verwendet, kann es als Motoröl seine Schmierfunktion nur dann erfüllen, wenn es in der geforderten Menge bereitgestellt ist.

---

[20]) Die Formulierung „beliebig" oder „unbegrenzt" teilbar ist nicht im Sinne eines mathematischen Grenzübergangs zu verstehen; es muß sich auch bei beliebig teilbaren Faktoren um technisch praktikable Kleinstmengen handeln.

[21]) Auf die Bedeutung der Teilbarkeit als Einteilungskriterium für Produktionsfaktoren weist Blaschka hin; siehe: Blaschka, B.: Produktionstechnische Anpassungsprozesse, Dissertation Mannheim 1955, S. 40 ff.; vgl. dazu auch: Heinen, E.: Kosten, a. a. O., S. 191 f.

Daneben gibt es Produktionsanlagen, die nur produzieren können, wenn einige Produktionsfaktoren in bestimmten Mindestmengen eingesetzt sind. Hier verhindert die Dimensionierung und konstruktive Gestaltung der technischen Geräte, daß beliebig kleine Mengen produktionswirksam eingegliedert werden können. Ein Chargenprozeß, der beispielsweise für eine Ausbringung von 200 t ausgelegt ist, läßt sich mit einem Materialeinsatz von weniger als 1 t nicht betreiben. Als Beispiel für die technologischen Besonderheiten des Produktionsprozesses im Hinblick auf den Faktoreinsatz sei die Endmontage von Maschinen genannt. Jede Baugruppe wird hier als unteilbares Ganzes mit dem Maschinengestell verbunden, d. h. als unteilbarer Faktor mit den anderen Faktoren kombiniert. Ähnliches gilt für Zwischenprodukte eines mehrstufigen Produktionsprozesses. Sie werden oftmals in den nachfolgenden Bearbeitungs- und Veredelungsprozessen als unteilbare Faktoren eingesetzt. Die vorgeformten Guß- oder Schmiederohlinge, die auf einem Drehautomaten fertig bearbeitet werden, lassen sich nur stückweise, als unteilbare Einheiten in den Produktionsprozeß eingliedern.

Das Kriterium der Teilbarkeit ist nur für die Betrachtung des *Faktoreinsatzes* produktionstheoretisch bedeutsam. Es wäre nicht sinnvoll, bei der Analyse des *Faktorverzehrs* von mehr oder weniger teilbarem Verbrauch der Faktormengen zu sprechen. Faktoren werden nicht sprunghaft, d. h. in unteilbaren Quanten, verzehrt. Der Verbrauch schreitet vielmehr in dem Maße fort, wie die Faktorkombination Leistungen erstellt. Die Untersuchung des Faktormengenverzehrs wird zeigen, daß auch jene Faktoren in beliebig teilbaren Mengen verzehrt werden, die als unteilbare Faktoren zum Einsatz kommen.

c) Direkter oder indirekter Faktoreinsatz

Um die empirisch relevanten Erscheinungsformen des Faktoreinsatzes systematisch und vollständig beschreiben zu können, ist es zweckmäßig, neben dem Kriterium der Teilbarkeit ein weiteres Merkmal der Produktion zu betrachten. Dieses zweite Kriterium sagt aus, ob ein Faktor direkt in das Produkt eingeht, d. h. beim Einsatz bereits zum Bestandteil des Erzeugnisses wird, oder ob er nur indirekt — beispielsweise als Energieträger — an der Produktherstellung mitwirkt.

Ausschlaggebend für die Unterscheidung zwischen direktem (unmittelbarem) oder indirektem (mittelbarem) Faktoreinsatz ist die stoffliche Zusammensetzung des Produktes. Am Beispiel des Faktors Energie läßt sich dieser Sachverhalt klären: Energie wird bei fast allen Produktionsprozessen zum Antrieb der Produktionsanlagen, d. h. zur Aufrechterhaltung des Kombinationsprozesses, also im indirekten Einsatz, verwendet. Wie die Stromerzeugung zeigt, kann Energie auch Bestandteil des Produktes selbst sein. Außerdem ist bei chemischen Produktionsprozessen zu beobachten, daß ein Teil der Energie indirekt, also für die Erhaltung der Reaktionsvorgänge, eingesetzt wird, während ein anderer Teil direkt in das Produkt eingeht und chemisch gebunden wird. In diesem Zusammenhang entsteht auch die Frage, ob Energie, die nur zur Formung bzw. Verarbeitung eines Materials verbraucht wird, als direkt eingesetzter Faktor zu gelten hat. Da die stoffliche Zusammensetzung des Produktes durch diese Art des Energieeinsatzes nicht berührt wird, muß diese Frage verneint werden. Die Formänderungsenergie wird zwar in ihrer Wirkung am Produkt sichtbar, sie ist jedoch nicht dessen Bestandteil.

Direkt einsetzbare Güter sind z. B. Werkstoffe, aus denen die Produkte hergestellt werden; im Falle der Energieerzeugung können auch die Energieträger, wie Öl, Kohle oder Gas, zu den direkten Einsatzfaktoren gerechnet werden. Das Kriterium der stofflichen Existenz der Einsatzstoffe im Produkt muß hier so verstanden werden, daß die im Energieträger in besonderer Form gespeicherte Energie direkt in das abgegebene Produkt eingeht.

Indirekt einsetzbare Faktoren sind regelmäßig Hilfs- und Betriebsstoffe, die den Ablauf des Produktionsprozesses und die Funktion der Maschinenanlage sicherstellen, wie z. B. Antriebsenergie, Schmierstoffe, Kühlmittel, aber auch Drehmeißel, Schneidwerkzeuge und ähnliche Verschleißteile. Die Beispiele aus dem Bereich der industriellen Produktion zeigen, wie wichtig es ist, die Faktorkombination mikroökonomisch zu betrachten. Es leuchtet ein, daß die vielgestaltigen Erscheinungsformen des Faktoreinsatzes erst von einem bestimmten Differenzierungsgrad der Produktionsfaktoren an erkennbar sind.

5. Der Faktorverzehr

a) Analyse des Faktorverzehrs

Oftmals bedeutet Verzehr oder Verbrauch eines Faktors soviel wie physischen Untergang des eingesetzten Gutes im Produktionsprozeß. Dies trifft insbesondere dort zu, wo der Faktor vollständig in das Produkt eingeht, also direkter Faktoreinsatz vorliegt. Auch indirekt eingesetzte Güter können physisch vollständig verzehrt werden. Wie das Beispiel einer Kohlenfeuerung zeigt, treten jedoch häufig Rückstände und Abfallstoffe auf, die aus dem Produktionsprozeß entfernt werden müssen. Daneben sind Verzehrvorgänge zu beobachten, bei denen von einem physischen Mengenverbrauch nicht gesprochen werden kann. Es handelt sich um Prozesse der Energiewandlung, wobei z. B. elektrische Energie in Wärmeenergie oder Bewegungsenergie umgewandelt und dabei verzehrt wird. Schließlich zeigen die Erfahrungen der industriellen Produktion eine weitere Erscheinungsform des Faktorverzehrs: den Verschleiß von Maschinenteilen. Hierbei läßt sich zwar regelmäßig ein physischer Verzehr des Faktors als Folge der Abnutzung feststellen; der substantielle Verbrauch ist jedoch so gering, daß er kaum zu messen ist. Entscheidend für die produktionstheoretische Betrachtung von Verschleißvorgängen ist aber nicht der physische Mengenverlust eines Verschleißteiles; der völlige Faktorverzehr wird dadurch sichtbar, daß der Faktor infolge des mikroskopischen Verschleißes die ihm übertragene Funktion nicht mehr erfüllen kann und daher ersetzt werden muß. Faktorverzehr bedeutet demnach auch: Verlust der Funktionsfähigkeit eines Faktors. Daß Faktorverzehr auch ohne Substanzverlust des Faktors möglich ist, zeigt das Beispiel eines Luftfilters. Hier muß die Filtermasse von Zeit zu Zeit ausgewechselt werden, weil Schmutzteilchen die Poren des Filterstoffes verstopfen. Funktionsunfähigkeit ist hier nicht die Folge eines Materialverlustes, sondern wird durch Verschmutzung des Einsatzgutes hervorgerufen.

Angesichts dieser vielfältigen empirischen Tatbestände kann eine Definition des Faktorverzehrs, die sich nur am physischen Mengenverbrauch orientiert, den an sie gestellten Anforderungen nicht genügen. Es muß eine Definition gefunden werden, die sämtliche Verzehrsvorgänge einschließt. Sie ergibt sich aus der Erkenntnis, daß jeder Faktor innerhalb der produktiven Kombination im wesentlichen eine Funktion zu erfüllen hat, damit der Produktionsprozeß ablaufen kann. Ein Faktor ist somit verzehrt, wenn er seine Funktion nicht mehr produktionswirksam erfüllen kann. Faktorverzehr soll daher als Verlust der Produktionswirksamkeit eines Faktors verstanden werden. Ein Faktor büßt seine Produktionswirksamkeit ein, wenn er physisch im Produktionsprozeß untergegangen ist, wenn er durch Energiewandlung verbraucht ist oder wenn Verschleiß bzw. ähnliche Umstände dazu führen, daß er nicht mehr funktionstüchtig ist.

Die Betrachtung beschränkte sich bisher auf jenen Faktorverzehr, der vom Produktionsprozeß hervorgerufen wird. Darüber hinaus können weitere Ursachen für den Verbrauch der Produktionsfaktoren genannt werden: Vergeudung, Vernichtung, Verderb und „Zeitverschleiß"[22]. Bei Vergeudung und Vernichtung von Faktoren handelt es sich um vermeidbaren Faktorverzehr, der durch dispositive Eingriffe in den Produktionsprozeß verhindert werden kann. Da sich die Untersuchung ausschließlich auf den technisch notwendigen Faktorverbrauch bezieht, können diese beiden Verzehrsursachen ausgeschlossen werden. Verderb liegt vor, wenn der eingesetzte Faktor auch ohne den Einfluß des Produktionsprozesses seine Produktionswirksamkeit verliert, weil z. B. durch Luftzutritt oder infolge der Luftfeuchtigkeit chemische bzw. physikalische Veränderungen kurzfristig hervorgerufen werden. Im Unterschied dazu werden langfristige Verzehrsvorgänge wie etwa Rosten oder Materialalterung als „Zeitverschleiß" bezeichnet. Auch hier ist der Faktorverzehr nicht als Folge der Produktion anzusehen; allein der Zeitablauf führt derartige Verschleißerscheinungen herbei. Obwohl der Produktionsprozeß nicht die Ursache ist, handelt es sich auch in diesen Fällen um Faktorverzehr, denn das Einsatzgut verliert seine Produktionswirksamkeit.

Faktorverzehr kann auf zweifache Weise wieder ersetzt werden: Der Normalfall ist, daß der produktionsunwirksame Faktor aus der Faktorkombina-

---

²²) Gutenberg, E.: Produktion, a. a. O., S. 365; siehe dazu auch Pack, L.: Die Bestimmung der optimalen Leistungsintensität, in: ZfdgSt 1963, S. 1 ff.

tion ausgegliedert, ein neuer Faktor eingesetzt wird. In manchen Fällen besteht auch die Möglichkeit, den verzehrten Faktor zu regenerieren und ihm dadurch neue Produktionswirksamkeit zurückzugeben. Verzehrte Faktoren müssen regeneriert werden, wenn sie, wie im Falle des Ackerbodens, nicht ersetzt werden können. Die Regeneration eines verzehrten Faktors kann auch durch entsprechende technische Gestaltung der Faktorkombination vorgesehen sein, wie z. B. die elektrische Energie bei Geräten, die durch einen elektrischen Akkumulator angetrieben werden. Ersetzung und Regeneration schließen einander nicht aus: Schneidwerkzeuge in der spanabhebenden Fertigung von Metallteilen werden, nachdem sie stumpf geworden sind, zunächst durch Reservestücke ersetzt; wenn sie durch Nachschleifen regeneriert worden sind, d. h. ihre Produktionswirksamkeit wieder hergestellt ist, können sie wieder in die Faktorkombination eingefügt werden.

b) Faktorbereitstellung und Faktorverzehr

Wird der zeitliche Ablauf des Produktionsprozesses berücksichtigt, so lassen sich zwei Arten des Faktorverzehrs unterscheiden: Es gibt Faktoren, die sogleich nach ihrem Einsatz, noch innerhalb derselben Elementarzeit, völlig verbraucht werden. Andere Faktoren behalten über viele Elementarzeiten hinweg ihre Produktionswirksamkeit und werden allmählich verbraucht, bis sie nach Ablauf einer längeren Produktionsdauer ebenfalls völlig verzehrt sind. Im ersten Fall ist die pro Elementarzeit eingesetzte Faktormenge zugleich die verbrauchte Faktormenge; im zweiten Fall wird ein Teil der eingesetzten Faktormenge sofort verzehrt, der noch nicht verbrauchte Rest des Faktorbestandes ist für einen zukünftigen Verzehr bereitgestellt. Dieser letztere Tatbestand soll als Faktorbereitstellung[23] bezeichnet werden. Faktorverzehr nach vorangehender Faktorbereitstellung setzt also voraus, daß zunächst mehr zum Einsatz kommt als verbraucht werden kann. Es handelt sich hier also um den typischen Einsatz begrenzt teilbarer Faktoren. Umgekehrt kann aus der begrenzten Teilbarkeit eines Faktors noch nicht auf eine Faktorbereitstellung geschlossen werden. Vorgefertigte Rohteile oder halbfertige Erzeugnisse kommen als unteilbare Faktoren stückweise zum Einsatz und werden in demselben Elementarvorgang, d. h. innerhalb einer Elementarzeit, verbraucht und zum Fertigerzeugnis veredelt.

Sämtliche Güter und Stoffe, die mit ihrem Einsatz in die produktive Kombination einem Verzehr ausgesetzt sind, werden Verbrauchsfaktoren genannt. Da nunmehr zwischen sofortigem Verbrauch und Verbrauch nach vorangehender Faktorbereitstellung unterschieden werden kann, ist es zweckmäßig, die Verbrauchsfaktoren in zwei Gruppen aufzuteilen. Jene Faktoren, die in derselben Elementarzeit eingesetzt und völlig verzehrt werden, sollen mit Heinen[24] als Repetierfaktoren bezeichnet werden. Liegt Faktorbereit-

---

[23] Faktoren, die innerhalb derselben Elementarzeit verbraucht werden, in welcher sie eingesetzt wurden, zeichnen sich nach dieser Definition nicht durch Faktorbereitstellung aus.

[24] Heinen, E.: Kosten, a. a. O., S. 223.

stellung vor, d. h. werden die Faktoren über eine mehrere Elementarzeiten umfassende Produktionsdauer verbraucht, so werden sie Potentialfaktoren genannt. Sie verkörpern ein Faktorpotential, einen Faktormengenbestand, der erst im Laufe der Zeit infolge der Einwirkungen des Produktionsprozesses aufgezehrt wird.

Zum Begriff „Potentialfaktor" sind an dieser Stelle noch einige Bemerkungen nachzutragen, da die oben erwähnte Definition sich teilweise von der in der Literatur vertretenen Begriffsbestimmung unterscheidet. Potentialfaktoren sind nach Gutenberg[25]) als ein Bündel von Leistungen oder Nutzungen aufzufassen, d. h. sie verkörpern Nutzungspotentiale[26]) und können mit größerer oder geringerer Intensität genutzt werden[27]). Die Leistungs- oder Nutzungsabgabe ist von der geforderten Intensität abhängig und wird so lange fortgesetzt, wie die Leistungsfähigkeit noch nicht erschöpft ist[28]). Das zur Verfügung stehende Leistungspotential wird im Laufe der Nutzungsdauer des Potentialfaktors (Heinen: „auf mehr oder weniger lange Sicht"[29]) durch die Produktion aufgezehrt[30]). Das Ausmaß des Verzehrs von Potentialfaktoren ist sinnlich selten wahrnehmbar und daher schwer zu bestimmen[29]). In einem gewissen Widerspruch dazu steht die Behauptung Kilgers, der Verbrauch an Potentialfaktoren sei von der Ausbringung unabhängig[31]) und es gebe für Potentialfaktoren keine Verbrauchsfunktionen[32]). Weitere Kennzeichen des Potentialfaktors sind, daß er nicht unmittelbar in die Produktion eingeht[30]), unteilbar ist[33]) und bestandsmäßig konstant erscheint[29])[30]).

Im Spiegel der Zitate hat das Bild vom Begriff „Potentialfaktor" keineswegs an Klarheit gewonnen. Die unscharfe Wiedergabe des Begriffsinhaltes hat offenbar dazu beigetragen, im System der Produktionsfaktoren eine Zweiteilung vorzunehmen und zwischen Verbrauchsfaktoren und Potentialfaktoren zu unterscheiden[34]). Dadurch entsteht die Vorstellung, als ob Potentialfaktoren keinem Verzehr ausgesetzt seien. Demgegenüber hat jedoch die Analyse des Faktorverzehrs gezeigt: Äußerliche Konstanz des eingesetzten Faktorbestandes läßt den Schluß nicht zu, der Faktorverzehr unterbleibe. Insbesondere die von der produktionstechnischen Funktion eines Produktionsfaktors ausgehende Definition des Faktorverzehrs macht diesen Zusammenhang deutlich. Mit dem Begriff „Potentialfaktor" sind daher im folgenden — entsprechend der bereits oben begründeten Definition — jene

[25]) Gutenberg, E.: Produktion, a. a. O., S. 314.

[26]) Heinen, E.: Kosten, a. a. O., S. 191.

[27]) Jacob, H.: Zur neueren Diskussion um das Ertragsgesetz, in: ZfhF 1957, S. 456, Fußnote 2.

[28]) Gutenberg, E.: Produktion, a. a. O., S. 314.

[29]) Heinen, E.: Kosten, a. a. O., S. 191.

[30]) Albach, H.: Zur Verbindung von Produktionstheorie und Investitionstheorie, a. a. O., S. 141.

[31]) Kilger, W.: Produktions- und Kostentheorie, Wiesbaden 1958, S. 69.

[32]) Ebenda, S. 60.

[33]) Blaschka, B.: Produktionstechnische Anpassungsprozesse, a. a. O., S. 40 ff.

[34]) Albach, H.: Zur Verbindung von Produktionstheorie und Investitionstheorie, a. a. O., S. 141.

Verbrauchsfaktoren gemeint, die sich durch begrenzt teilbaren Faktoreinsatz und Faktorbereitstellung auszeichnen.

c) Faktornutzung

Die zunächst selbstverständliche Unterstellung, Produktion sei stets mit
Faktorverzehr verbunden, gibt Anlaß zu der Frage: Kann ein Produktions-
faktor am Kombinationsprozeß teilnehmen, ohne verbraucht zu werden?
D. h. gibt es Faktoren, die ohne Regeneration eine unendlich lange während
Produktionswirksamkeit aufweisen? Es ist nicht einfach, Beispiele solcher
Einsatzgüter des Produktionsprozesses zu nennen. Selbst sehr langlebige
Bauteile einer Maschine, wie etwa das Maschinengestell, sind einem Verschleiß durch Abnutzung ausgesetzt oder zeigen nach längerer Zeit Erschei-
nungen der Materialermüdung oder Alterung als Folge der beim Produktionsprozeß auftretenden Schwingungen bzw. Wärmewirkungen. In Syn-
theseprozessen der chemischen Industrie finden Katalysatoren Verwendung;
sie tragen allein durch ihre Anwesenheit dazu bei, daß der Produktionsprozeß beschleunigt ablaufen kann. Aber auch hier zeigen sich nach längerer Produktionszeit Verschleißerscheinungen, die infolge des mechanischen
Abriebes entstehen; nicht selten werden sie durch „Katalysatorgifte" inakti-
viert und müssen regeneriert oder ersetzt werden.

Trotzdem läßt sich ein Beispiel für jenen gesuchten Faktor nennen, der ohne
Verzehr an dem produktiven Kombinationsprozeß teilnimmt: Grund und
Boden. Werden Abbaubetriebe oder landwirtschaftliche Anbaubetriebe aus
der Betrachtung ausgeschlossen, so erfüllen Grundstücke als Standorte der
Faktorkombination die erwähnten Bedingungen. Sie werden in der Regel
weder durch Alterungs- oder Korrosionseinflüsse unbrauchbar noch unterliegen sie einem produktionsabhängigen Verzehr.

Im Unterschied zum Faktorverzehr wird die Teilnahme am Produktionsprozeß ohne Verbrauch als Faktornutzung bezeichnet. Einsatzgüter, die nur
einer Nutzung unterliegen, sollen Nutzungsfaktoren genannt werden. Wie
die Beispiele bereits gezeigt haben, ist der Kreis jener Einsatzgüter, die nur
genutzt, aber nicht verzehrt werden, sehr beschränkt und von geringer
Bedeutung für die Analyse des Mengengerüstes der Produktion.

In diesem Zusammenhang ist eine zweite Gruppe von Produktionsfaktoren
zu nennen. Sie umfaßt Einsatzgüter, die zwar dem Faktorverzehr unterliegen, jedoch für die Kostenbetrachtung die Bedeutung von Nutzungsfaktoren
haben. Es handelt sich dabei um Faktoren, deren Einzelkosten sich in ihrer
Höhe nicht nach dem produktionstheoretisch begründeten Faktorverzehr
bestimmen. Die Kostenbelastung ergibt sich vielmehr aus vertraglichen Vereinbarungen über die Nutzung des betreffenden Faktors, wie z. B. im Falle
der Miete oder des operational Leasing. Ungeachtet ihres produktionsbeding-
ten Verbrauchs sollen diese Faktoren ebenfalls als Nutzungsfaktoren bezeichnet werden.

Am Beispiel einer gemieteten Produktionsanlage läßt sich dieser Sachverhalt im einzelnen erläutern. Hierbei wird die Maschine vertragsgemäß zur (Be-)Nutzung überlassen. Sie kann dabei in eine Faktorkombination eingegliedert sein, die neben dem Mietobjekt z. B. noch die Faktoren Arbeit, Energie und Werkstoffe enthalten möge. Zweifellos unterscheidet sich in produktionstheoretischer Sicht ein gemieteter Faktor nicht von einem betriebseigenen Faktor. Eine Untersuchung des Mengengerüstes wäre jedoch in diesem Fall kostentheoretisch irrelevant, da sich die Kosten des aggregierten Faktors „Produktionsanlage" nicht nach dem Ausmaß des Faktorverzehrs bestimmen, sondern von den Abmachungen des Mietvertrages, in der Regel von einem vorher festgelegten Stundenmietpreis abhängig sind. Der Mietvertrag wird meistens so ausgehandelt sein, daß der Mietpreis auf eine Produktionszeiteinheit oder auf einen Kalenderzeitraum bezogen ist[35]). Die Höhe der Produktionskosten von Nutzungsfaktoren läßt sich nicht aus dem Mengengerüst der Produktion ableiten. Für die Kostentheorie ist in diesem Fall das produktionstheoretische Fundament bedeutungslos.

Zwischen der Nutzung technischer Güter und der Inanspruchnahme menschlicher Arbeit im Rahmen der Faktorkombination lassen sich Parallelen aufzeigen[36]). Der Produktionsfaktor „objektbezogene menschliche Arbeit" weist in der kostentheoretischen Betrachtung ähnliche Eigenschaften auf, wie sie bereits bei Nutzungsfaktoren festgestellt wurden. Selbst wenn es gelänge, den Verschleiß der menschlichen Arbeitskraft zu messen und eine quantitative Beziehung zwischen dieser Größe und der Produktionsleistung herzuleiten, wäre dieser produktionstheoretische Tatbestand für die Kostenbetrachtung bedeutungslos. Die Kosten des Faktors Arbeit lassen sich nicht aus der verzehrten Faktormenge und dem Faktorpreis bestimmen; sie sind als Entgelt für die Nutzung dieses Faktors aufzufassen. Besonders deutlich kann dieser Tatbestand am Beispiel des Arbeiters im **Zeitlohn** aufgezeigt werden. Unabhängig von der effektiven, physischen Beanspruchung entstehen dem Betrieb nur Kosten für die Inanspruchnahme der Dienste dieses Faktors innerhalb einer Produktionszeiteinheit[37]). Auch im Falle des

---

[35]) Ausnahmsweise kann auch die erzeugte Produktmenge oder der tatsächliche, meßbare Faktorverzehr eine Bezugsgrundlage für die Höhe des monetären Mietaufwandes sein.

[36]) Siehe dazu auch bei: Heinen, E.: Kosten, a. a. O., S. 256 f.

[37]) In diesem Zusammenhang könnte die Frage aufgeworfen werden: Ist nicht die Produktionszeiteinheit das adäquate Maß für den Verzehr des Faktors Arbeit? Läßt sich damit nicht die produktionstheoretische Begründung der Lohnkostenhöhe nachweisen? Die Zeiteinheit kommt aus sachlichen Gründen als Dimension des Faktorverbrauches nicht in Frage. Der Produktionsprozeß verzehrt am Faktor Arbeit nicht etwa Zeiteinheiten, sondern Teile der lebenslang verfügbaren Arbeitskraft. Die Arbeitszeiteinheit hat als Ersatzmaßgröße nur insoweit eine Bedeutung, als sie zu der in Arbeitsstunden gemessenen Gesamtkapazität des Faktors ins Verhältnis gesetzt wird. Diese Zeitrelation ist geeignet, den auf eine Zeiteinheit entfallenden Anteil am Arbeitskraftpotential wiederzugeben. Voraussetzung dafür ist jedoch, daß die Größe des verfügbaren Arbeitskraftpotentials, seine Totalkapazität, in Abhängigkeit von der Inanspruchnahme des Faktors bekannt ist. Es muß jedoch bezweifelt werden, ob im praktischen Fall der Zusammenhang zwischen Faktorverzehr und Arbeitsleistung aufgrund dieser Überlegungen ermittelt wird; die Realität zeigt vielmehr, daß der Faktor Arbeit kostentheoreitsch als Nutzungsfaktor anzusehen ist.

Akkordarbeiters bestimmen sich die Kosten nicht nach seinem Faktormengenverbrauch; sie ergeben sich ihrer Höhe nach aus den betreffenden
Akkordrichtlinien, die einen z. B. vom Unternehmer gewählten Zusammenhang zwischen Produktionsleistung und Lohnkosten umschreiben. Von ent-
scheidender Bedeutung dabei ist, daß nicht etwa produktionstheoretische,
sondern vielmehr unternehmenspolitische bzw. im weitesten Sinne sozial-
politische Tatbestände diesen Zusammenhang gestalten. Es leuchtet daher
ein, wenn der Verzehr des Faktors Arbeit nicht mengenmäßig, sondern ausschließlich monetär als Einzelkosten-Leistungs-Funktion dargestellt wird.

Zusammenfassend läßt sich der folgende Überblick über das System der
Produktionsfaktoren geben (vgl. Abb. 2):

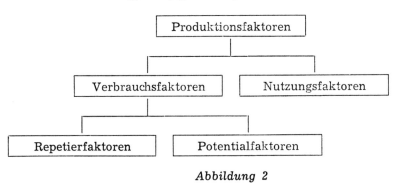

Abbildung 2

Die für die betriebswirtschaftliche Produktionstheorie relevanten disaggregierten Produktionsfaktoren werden in zwei Gruppen unterteilt: Verbrauchsfaktoren und Nutzungsfaktoren. Für diese Gruppenaufteilung ist
es maßgebend, ob die Teilnahme eines Faktors am Kombinationsprozeß mit
Faktorverzehr verbunden ist oder nicht. Abweichend von dieser Regel werden auch solche Faktoren als Nutzungsfaktoren angesehen, deren Kostenbetrag (bei konstanten Preisen) nicht von dem produktionstheoretisch begründeten Faktorverzehr abhängt. Die Verbrauchsfaktoren sind ihrerseits in
Repetierfaktoren und Potentialfaktoren gegliedert. Repetierfaktoren werden
in derselben Elementarzeit, in der sie eingesetzt werden, völlig verzehrt. Es
handelt sich somit um in der Regel unbegrenzt teilbare Güter, von denen
nur so viel eingesetzt wird, wie der Produktionsprozeß für eine Elementarzeit
benötigt. Bei kontinuierlichen Produktionsprozessen, deren Elementarzeit
gegen Null strebt, werden Repetierfaktoren ununterbrochen eingesetzt und
anschließend kontinuierlich verzehrt. Potentialfaktoren zeichnen sich dadurch aus, daß sie einen Faktormengenbestand verkörpern, der erst nach
längerer Produktionszeit, d. h. nach dem Ablauf mehrerer Elementarzeiten,
völlig verbraucht ist. Von einem Potentialfaktor wird daher stets mehr eingesetzt als in einer Elementarzeit verbraucht werden kann. Der Grund liegt
darin, daß er aus Funktionsgründen nur in unteilbaren Mengen eingesetzt
wird.

6. Zur Quantifizierung des Faktorverzehrs

a) Die Faktorverbrauchsmenge

Die Verschiedenheit der beiden Begriffe Faktoreinsatz und Faktorverzehr deutet bereits an, daß zwischen der eingesetzten und der verbrauchten Faktormenge mindestens begrifflich ein Unterschied besteht. Wird ein Faktor während derselben Elementarzeit eingesetzt und zugleich völlig verzehrt, so sind die Mengengrößen des Faktoreinsatzes und des Faktorverzehrs einander gleich. Dies trifft für Repetierfaktoren zu; dagegen unterscheidet sich beim Potentialfaktor die Faktoreinsatzmenge von der Faktorverbrauchsmenge der ersten Elementarzeit nach der Eingliederung des Faktors. Die Einsatzmenge ist stets größer als diese Verbrauchsmenge; während der folgenden Elementarzeiten nimmt die zum Verbrauch bereitgestellte Faktorbestandsmenge so lange ab, bis schließlich die inzwischen verzehrte Faktormenge die Größe der ursprünglich eingesetzten Faktormenge erreicht hat. In diesem Augenblick ist der Potentialfaktor mengenmäßig verzehrt; er hat seine Produktionswirksamkeit eingebüßt und muß ersetzt bzw. regeneriert werden.

Aus dem Unterschied zwischen Einsatzmenge und Verbrauchsmenge bei Potentialfaktoren ergibt sich die Frage: Ist das Mengengerüst des Produktionsprozesses nach der Faktoreinsatzmenge oder nach der Faktorverbrauchsmenge zu bestimmen? Im Hinblick auf den Zusammenhang zwischen Produktionstheorie und Kostentheorie kann es über die Antwort keinen Zweifel geben. Das Mengengerüst bildet eine der Grundlagen für die Kostenermittlung, es muß daher ausschließlich den bereits entstandenen Faktorverzehr quantifizieren. Ein Vergleich zwischen Faktoraufwand und Faktorertrag wäre kaum sinnvoll, wenn im Faktoraufwand bereits jene Faktormengen berücksichtigt würden, die noch nicht verzehrt und für eine spätere Produktion bereitgestellt sind.

Eine Definition der Faktorverbrauchsmenge sollte sowohl der Produktionstheorie als auch den produktiven Erfordernissen betrieblicher Unternehmungen angemessen sein. Sie muß sich daher auf Mengengrößen beziehen, die ohne besondere Schwierigkeiten meßtechnisch erfaßt werden können.

Für gesamtwirtschaftliche Betrachtungen der Produktion ist es bezeichnend, den Faktorverbrauch in Geldgrößen[38] auszudrücken. Mit Hilfe des Geldäquivalents lassen sich die Mengen heterogener Einsatzgüter des Produktionsprozesses gleichnamig machen und zu Globalfaktormengen aggregieren. Da sich die betriebswirtschaftliche Produktionstheorie mit möglichst disaggregierten Faktoren beschäftigt, besteht für sie nicht die Notwendigkeit, den Faktorverzehr an einem Geldmaßstab zu messen.

---

[38] Ott, **A. E.**: Produktionsfunktion, technischer Fortschritt und Wirtschaftswachstum, in: Einkommensverteilung und technischer Fortschritt, hrsg. von Niehans, J., Bombach, G. und Ott, A. E., Berlin 1959, S. 155 ff.; Stigler, G. J.: The Theory of Price, New York 1953, S. 108.

Auch der Versuch, den Faktorverbrauch in Produktionszeiteinheiten[39]), wie z. B. Maschinenstunden, zu messen, bringt keine befriedigende Lösung des Problems. Eine Quantifizierung des Faktorverzehrs in Zeiteinheiten hat insofern Nachteile, als die Zeit eine Ersatzmaßgröße ist; im Produktionsprozeß werden physisch nicht Zeiteinheiten, sondern die eingesetzten Stoffe und Güter selbst verzehrt. Zudem sagt eine reine Zeitangabe so lange nichts aus, wie nicht bekannt ist, welcher Teil des eingesetzten Faktors pro Zeiteinheit verbraucht wird. Das Problem der Quantifizierung ist aber bereits gelöst, wenn die pro Zeiteinheit entstehende Verzehrsmenge bekannt ist; die Produktionszeit bringt in diesem Fall nur das Ausmaß der zeitlichen Anpassung zum Ausdruck.

Schließlich hat Lassmann[40]) den Vorschlag gemacht, als Maß für den Faktorverbrauch die „Leistungsabgabe" eines Produktionsfaktors anzusehen. Diese Betrachtungsweise beruht auf der Vorstellung, nicht das Einsatzgut selbst, sondern dessen Fähigkeit, Leistungen an den Produktionsprozeß abzugeben, sei allein produktionstheoretisch relevant. Allerdings fehlt in diesem Zusammenhang eine präzise Definition für das, was als „Leistungsabgabe" verstanden werden soll; außerdem muß ein Maßstab gefunden werden, an dem das Ausmaß der „Leistungsabgabe" eines Faktors abzulesen ist. Lassmann[41]) bezweifelt daher, ob es jemals möglich sein wird, die „Leistungsabgabe" an den Produktionsprozeß konkret anzugeben. Damit kann auch mit dieser Konzeption das Quantifizierungsproblem nicht gelöst werden.

Nun bleibt noch die Möglichkeit, den Faktorverzehr in physischen Mengengrößen zu messen. Diese Methode ist dann anzuwenden, wenn der Produktionsfaktor mit einem einzelnen, konkreten Einsatzgut des Produktionsprozesses begrifflich identisch ist. Diese Übereinstimmung läßt sich nur erzielen, wenn sich die produktionstheoretische Analyse sehr differenzierter Faktoren bedient. Es ist zweckmäßig, Einsatzgüter nur dann zu aggregieren, wenn sich ihr Verzehr in physischen Mengenäquivalenten ausdrücken läßt. Bei Einsatz von Energieträgern, wie z. B. Gas, Kohle oder Öl, läßt sich der Verbrauch in äquivalenten Wärmeeinheiten angeben.

Nachdem im Falle disaggregierter Faktoren eine geeignete Maßgröße für den Faktorverzehr gefunden ist, sollen weitere Fragen zur Definition der Faktorverbrauchsmenge zunächst am Beispiel eines unbegrenzt teilbaren Repetierfaktors erörtert werden. Für diesen Fall sind Einsatzmenge und Verbrauchsmenge, bezogen auf die Elementarzeit, gleich; der Verzehr läßt sich in physikalischen Dimensionen, wie Volum- oder Gewichtseinheiten, messen.

Der Produktionsprozeß vollzieht sich im Zeitablauf; jeder Produktionsvorgang erfordert Zeit, bis er ertragswirksam vollendet ist. Gerade eine empiri-

---

[39]) Danø, S.: A Note on Factor Substitution in Industrial Production Processes, a. a. O., S. 165; siehe dazu auch: Lassmann, G.: Produktionsfunktion, a. a. O., S. 59.

[40]) Lassmann, G.: Produktionsfunktion, a. a. O., S. 27.

[41]) Ebenda.

sche Untersuchung muß darauf Rücksicht nehmen. Jene für die traditionelle Produktionstheorie bezeichnende Prämisse der zeitlosen Momentanproduktion[42]) läßt sich nicht aufrechterhalten, wenn die Erkenntnisse der Theorie in der betrieblichen Praxis Anwendung finden sollen.

Um den mengenmäßigen Faktorverbrauch zu ermitteln, ist es im allgemeinen erforderlich, den Produktionsprozeß während eines Zeitraumes zu beobachten. Am Ende eines derartigen Beobachtungszeitraumes läßt sich die kumulierte Menge des Faktorverzehrs feststellen. Es leuchtet ein, daß Mengenangaben ohne die Kenntnis der entsprechenden Betrachtungsperiode nicht aussagefähig sind, weil dann eine gemeinsame Bezugsgrundlage fehlt. Die Analyse des Mengengerüsts der Produktion setzt daher voraus, daß der Einfluß unterschiedlich langer Betrachtungsperioden ausgeglichen wird. Welche Bedingungen müssen nun erfüllt sein, um die Wirkungen unterschiedlicher Betrachtungszeiträume zu neutralisieren und eindeutige Mengenrelationen des Produktionsprozesses festzulegen?

Gegenstand der Betrachtung ist zunächst ein kontinuierlicher Produktionsprozeß; die Ergebnisse der Untersuchung werden später auf die Verhältnisse der diskontinuierlichen Produktion übertragen. Als Anschauungsbeispiel wird aus einer Faktorkombination, die sich im Betrachtungszeitraum weder in den Faktorqualitäten noch in ihrer Zusammensetzung ändern soll, der Repetierfaktor herausgegriffen. Seine kumulierte Verbrauchsmenge $\bar{R}$ (ME) wird vom Produktionsbeginn an im Zeitpunkt T_0 über der Kalenderzeitachse aufgezeichnet. Mögliche Kurvenverläufe der kumulierten Faktorverbrauchsfunktion $\bar{R}(t)$ sind in Abbildung 3 a wiedergegeben. Solche Kurven können dadurch entstanden sein, daß in kurzen Abständen die von einem Mengenzähl- bzw. -meßgerät registrierten Verbrauchswerte in das Koordinatenkreuz eingezeichnet werden. Da ein negativer Mengenzuwachs im Zeitablauf ausgeschlossen ist, gilt für die erste Ableitung v:

$$(\text{II.2a}) \qquad\qquad v = \frac{d\bar{R}(t)}{dt} \geq 0$$

Zur Veranschaulichung wird dieser Differentialquotient als Verbrauchsgeschwindigkeit v (ME/ZE) bezeichnet[43]). Aus den unterschiedlichen Steigungen der Verbrauchskurven ist die Variation der Verbrauchsgeschwindigkeit zu erkennen.

Aussagen zum Mengengerüst der Produktion lassen sich nur vergleichen, wenn sie sich auf einen gleich langen Betrachtungszeitraum beziehen. Es ist zweckmäßig, als Bezugsperiode den Einheitszeitraum von der Länge 1 Zeiteinheit zu wählen. Verbrauchsmengen, die innerhalb verschieden langer

---

[42]) Stackelberg, H. v.: Grundlagen der theoretischen Volkswirtschaftslehre, 2. Auflage, hrsg. von V. F. Wagner, Tübingen und Zürich 1951, S. 48.

[43]) Bereits von Stackelberg hat den entsprechenden Begriff der „Aufwandsgeschwindigkeit" benutzt; vgl.: Stackelberg, H. v.: Grundlagen einer reinen Kostentheorie, Wien 1932, S. 5 f.

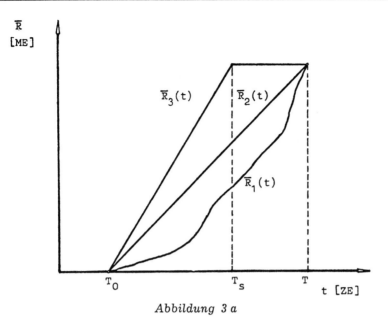

Abbildung 3 a

Perioden festgestellt werden, lassen sich somit vergleichbar machen, wenn sie durch die Periodenlänge dividiert werden. Das Ergebnis ist eine auf die Zeiteinheit (ZE) bezogene Mengengröße mit der Dimension (ME/ZE); sie soll als zeitspezifischer Faktorverbrauch R bezeichnet werden. Die Zeiteinheit (ZE) kann als 1 Minute, 1 Stunde oder 1 Tag festgesetzt werden; als Mengeneinheiten (ME) kommen im konkreten Fall z. B. Gewichts- oder Volumeinheiten oder Energieeinheiten in Frage.

Der zeitspezifische Faktormengenverbrauch ergibt sich somit aus der Beziehung:

(II.2b) $$R = \frac{\overline{R}(T) - \overline{R}(T_0)}{T - T_0} \quad (ME/ZE)$$

Die Zeitpunkte T und T_0 begrenzen den Betrachtungszeitraum[44]); der Verbrauchsmengenzuwachs während dieser Zeitspanne kommt in der Differenz $\overline{R}(T) - \overline{R}(T_0)$ zum Ausdruck. Obige Beziehung läßt sich einfacher schreiben, wenn der Anfang der Betrachtungsperiode in den Ursprung der Zeitachse verschoben wird. Da in diesem Fall $T_0 = 0$ und $\overline{R}(T_0) = 0$ gesetzt ist, ist die zeitspezifische Faktormenge durch den Quotienten

(II.2c) $$R = \frac{\overline{R}(T)}{T} \quad (ME/ZE)$$

definiert. Dabei gibt T die Länge der Betrachtungsperiode und $\overline{R}(T)$ den kumulierten Mengenverzehr am Ende dieser Zeitspanne an.

---

[44]) Zeitpunkte werden durch ihren Abstand vom Ursprung der Zeitachse definiert.

Die nunmehr vorliegende Definition berücksichtigt Mengen und Zeiten, sie erfaßt aber noch nicht den Einfluß der Verbrauchsgeschwindigkeit. Es kann für den Ablauf des Produktionsprozesses und für die Höhe des Faktorertrages nicht gleichgültig sein, wenn eine bestimmte Faktormenge einmal innerhalb kürzester Zeit und einmal über längere Zeit verteilt während der Betrachtungsperiode verbraucht wird. Eine Darstellung der Zusammenhänge zwischen Faktormengenverzehr und Verbrauchsgeschwindigkeit soll daher die Bedingungen aufzeigen, unter denen die zeitspezifische Faktormenge zugleich den Einfluß der Verbrauchsgeschwindigkeit in eindeutiger Weise zum Ausdruck bringt.

Die Abhängigkeit des Faktorverbrauchs von der Verbrauchsgeschwindigkeit sei am Beispiel von drei typischen Fällen erläutert. In Abbildung 3 b ist auf der Ordinatenachse die Verbrauchsgeschwindigkeit v über der Zeitvariablen t im Betrachtungsintervall (T_0, T) abgetragen.

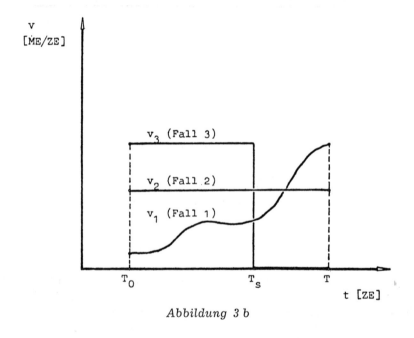

Abbildung 3 b

Fall 1: Die Verbrauchsgeschwindigkeit ist eine nicht weiter spezifizierte Funktion der Zeit t und nimmt beliebige, nichtnegative Werte an. Die im betrachteten Zeitintervall verbrauchte kumulierte Faktormenge ergibt sich aus der Integration

(II.2d) $$\bar{R}\,(T) = \int_{T_0}^{T} v\,(t)\,dt.$$

Für die zeitspezifische Menge gilt definitionsgemäß

$$(II.2e) \qquad R = \frac{1}{T - T_0} \int_{T_0}^{T} v\,(t)\,dt = \frac{1}{T - T_0}\,(\overline{R}(T) - \overline{R}(T_0))$$

Diese Beziehung hat zunächst nur formale Bedeutung. Sie zeigt den allgemeinen Zusammenhang zwischen Faktormenge einerseits und Betrachtungszeitraum bzw. Verbrauchsgeschwindigkeit andererseits. Es wird deutlich: Ohne genaue Kenntnis der Funktion v (t) vermag die Größe R sehr wenig über das Mengengerüst des Produktionsprozesses auszusagen.

Fall 2: Die Verbrauchsgeschwindigkeit nimmt während des gesamten Betrachtungszeitraumes den konstanten Wert $\overline{v}$ an. Wird von der Möglichkeit eines Produktionsstillstandes, d. h. von dem Fall $\overline{v} = 0$, abgesehen, so stimmt die Betrachtungsperiode mit der Produktionsdauer überein. Es gilt für die kumulierte Faktormenge

$$(II.2f) \qquad \overline{R}\,(T) = \overline{v}\,(T - T_0)$$

und für die zeitspezifische Menge

$$(II.2g) \qquad R = \overline{v}.$$

Die zeitspezifische Faktorverbrauchsmenge ist demnach zugleich ein Maß für die Verbrauchsgeschwindigkeit, wenn die Bedingungen des Falles 2 bestehen.

Fall 3: Im Unterschied zu Fall 2 besteht hier keine Übereinstimmung zwischen Betrachtungs- und Produktionszeitraum. Während der Produktionsdauer weist die Verbrauchsgeschwindigkeit zwar einen zeitkonstanten Wert $\overline{v}$ auf, die Produktionsunterbrechung zwischen den Zeitpunkten T_s und T muß jedoch im Ansatz der Mengengrößen berücksichtigt werden. Für die kumulierte Menge und die zeitspezifische Faktormenge gilt

$$(II.2h) \qquad \overline{R}\,(T) = \overline{v}\,(T_s - T_0) \quad \text{bzw.}$$

$$(II.2i) \qquad R = \overline{v}\frac{T_s - T_0}{T - T_0}.$$

Die Abhängigkeiten zeigen, daß die Größe T_s, d. h. die zeitliche Anpassung der Produktion im Betrachtungszeitraum, bekannt sein muß, um eine eindeutige Beziehung zwischen Faktorverzehr und Verbrauchsgeschwindigkeit angeben zu können.

Wie aus den Beispielen hervorgeht, müssen für eine Ex-post-Betrachtung des Produktionsprozesses die Bedingungen des Falles 2 vorliegen, wenn eine aussagefähige Zuordnung zwischen Faktormengenverzehr und Ablauf des Produktionsprozesses möglich sein soll. Um das Mengengerüst eines Produktionsprozesses einwandfrei bestimmen zu können, müssen daher während des Betrachtungszeitraumes die folgenden Voraussetzungen erfüllt sein:

1. Die Faktorkombination wird in ihrer Zusammensetzung nicht verändert.
2. Die Faktorqualitäten sind zeitlich konstant.
3a. Die Verbrauchsgeschwindigkeit der Faktoren ist zeitlich **konstant.**
3b. Die technischen Bedingungen des gesamten Produktionsprozesses einschließlich der Produktionsgeschwindigkeit sind zeitlich konstant.
4. Produktionsdauer und Beobachtungsdauer stimmen überein, d. h. der Produktionsprozeß wird nicht unterbrochen.

Sind diese Bedingungen erfüllt, dann soll von einem für die Dauer des Betrachtungszeitraumes zeitlich homogenen Produktionsprozeß gesprochen werden.

Bei einem kontinuierlichen Produktionsprozeß ist es möglich, die Länge der Betrachtungsperiode im Grenzübergang gegen Null gehen zu lassen. Die zeitspezifische Faktormenge ist in diesem Fall zugleich die Ableitung der Funktion $\overline{R}(T)$ nach der Produktionszeit: $R = d\overline{R}(T)/dT$. Hier ist die Prämisse der zeitlichen Homogenität automatisch erfüllt, da zeitspezifische Faktormenge und Verbrauchsgeschwindigkeit identisch sind.

Was im Falle der kontinuierlichen Produktion für ein unendlich kleines Zeitintervall, für einen Zeitpunkt, gilt, trifft bei diskontinuierlicher Produktion für eine Elementarzeit zu. Allerdings läßt sich hier die Verbrauchsgeschwindigkeit nicht als Differentialquotient, sondern als Differenzenquotient definieren. Bezeichnet $\Delta\overline{R}$ den gesamten, kumulierten Mengenverzehr während der Elementarzeit ΔT, so gilt für die Verbrauchsgeschwindigkeit die Relation

$$(\text{II.2j}) \qquad v = \frac{\Delta\overline{R}}{\Delta T}.$$

Im diskontinuierlichen Fall sind die Bedingungen der zeitlichen Homogenität erfüllt, wenn die Betrachtungsperiode nur eine Elementarzeit umfaßt, da sich dann Verbrauchsgeschwindigkeit und zeitspezifische Faktormenge zwangsläufig entsprechen. Erstreckt sich der Betrachtungszeitraum über mehrere Elementarzeiten ΔT_ν, so sind die betreffenden Faktormengen ΔR_ν zu berücksichtigen. Für insgesamt $\nu = 1, 2, \ldots, n$ Elementarvorgänge gilt für die zeitspezifische Faktorverbrauchsmenge

$$(\text{II.2k}) \qquad R = \frac{\displaystyle\sum_{\nu=1}^{n} \Delta R_\nu}{\displaystyle\sum_{\nu=1}^{n} \Delta T_\nu}.$$

Werden nun während des Betrachtungszeitraums identisch gleiche Elementarvorgänge vollzogen, so ergeben sich gleiche Faktormengen $\Delta\overline{R}$ und ebenso viele gleich lange Elementarzeiten ΔT. Für die Berechnung der zeitspezifischen Faktormenge gilt nunmehr:

$$(II.21) \qquad\qquad R \; = \; \frac{n\,\Delta\overline{R}}{n\,\Delta T} \; = \; \frac{\Delta\overline{R}}{\Delta T}\,.$$

Demnach ist der Produktionsprozeß zeitlich homogen, wenn sämtliche Elementarvorgänge innerhalb des Betrachtungszeitraums identisch ablaufen[45]). Wie die Gleichung (II.21) zeigt, ist nur in diesem Fall die zeitspezifische Faktormenge zugleich ein Maß für die Verbrauchsgeschwindigkeit. Ein diskontinuierlicher Produktionsprozeß ist somit zeitlich homogen, wenn die technischen Bedingungen der Produktion für jeden Elementarvorgang innerhalb der Betrachtungsperiode konstant bleiben.

Die Untersuchung des mengenmäßigen Faktorverzehrs beschränkte sich auf beliebig teilbare Repetierfaktoren. Es besteht nun die Aufgabe, die bereits vorliegenden Schlußfolgerungen auf den Fall begrenzt teilbarer Repetierfaktoren und auf Potentialfaktoren zu übertragen. Während es für unbegrenzt teilbare Faktoren sinnvoll war, ihren Verzehr in Gewichts- oder Volumeinheiten zu messen, erfordert die Quantifizierung der unteilbaren Faktoren eine andere Maßgröße. Ein begrenzt teilbarer Repetierfaktor ist z. B. das Rohteil für eine spanabhebende Bearbeitung. Der Rohling ist bereits vorgenormt (gegossen oder geschmiedet) und wird, produktionstheoretisch gesehen, in einem Elementarvorgang auf der Drehmaschine fertig bearbeitet. Den Verbrauch an Rohteilen in Gewichtseinheiten auszudrücken wäre hier zu wenig präzise, da eine Gewichtsangabe noch nichts über die Form und die Abmessungen des unteilbaren Einsatzgutes aussagt. Daher erscheint es zweckmäßig, den Verzehr unteilbarer Faktoren in der Dimension Stück zu messen; die Verbrauchsmengeneinheit (ME) eines derartigen Faktors ist also ein Stück des Einsatzgutes Y. Ähnliches gilt für die Quantifizierung der Potentialfaktoren: Die funktionelle Bedeutung dieser Faktoren für den Produktionsprozeß zeichnet sie als individuelle Einsatzgüter aus, die in Einzelstücken eingesetzt und als Einzelteile verzehrt werden; auch hier kann für die Faktorverbrauchsmenge nur die Dimension Stück gewählt werden. Zwar werden diese Faktoren als ganze Stücke eingesetzt, sie können auch nur als ganze Stücke beschafft werden, es gibt auch nur einen auf das Stück bezogenen Faktorpreis; daraus folgt aber nicht, daß der Verzehr von Potentialfaktoren sich stückweise vollzieht: Auch Potentialfaktoren werden wie Repetierfaktoren stetig verzehrt, ihr Verbrauch läßt sich in **Bruchteilen einer Mengeneinheit, eines Stückes,** angeben.

Die während des Betrachtungszeitraumes verzehrte, kumulierte Verbrauchsmenge des Potentialfaktors wird in der Dimension (Stück) gemessen. Definitionsgemäß gilt für zeitspezifische Mengen die Dimension (ME/ZE) oder (Stück/Zeiteinheit). Die Erfahrung zeigt, daß es bei einem teilweise verzehrten Potentialfaktor sehr schwierig ist, die bereits verbrauchte und die noch

---

[45]) Ist der zeitliche Ablauf des Produktionsprozesses während einer Elementarzeit konstant oder hat er keine Auswirkungen auf den Faktorkombinationsprozeß, so ist nach Dlugos die Prämisse der „zeitlichen Wirkungsindifferenz" erfüllt; siehe: Dlugos, G.: Kritische Analyse der ertragsgesetzlichen Kostenaussage, a. a. O., S. 26.

5 Pressmar

bereitgestellte Faktormenge empirisch zu bestimmen. Es ist daher zweckmäßig, die Betrachtungsperiode so groß zu wählen, daß sie ausreicht, um den
Verzehr mindestens eines Stückes des Faktors oder eines ganzzahligen Viel-
fachen davon zu erfassen. Wird die Betrachtungsperiode der Lebensdauer
T* (ZE) eines Stückes angeglichen, so beträgt die kumulierte Faktorverbrauchsmenge 1 (ME); für die zeitspezifische Faktormenge gilt entsprechend:

$$\text{(II.2m)} \qquad\qquad R = \frac{1}{T^*} \text{ (ME/ZE)}.$$

Nunmehr läßt sich auch die Verbrauchsmenge eines teilweise verzehrten
Potentialfaktors quantifizieren. Der verzehrte Bruchteil des Faktorpoten-
tials kommt in dem Verhältnis der bereits „verbrauchten Lebensdauer" t
(ZE) zur gesamten Lebensdauer T*(ZE) des Faktors zum Ausdruck. Der
dimensionslose Quotient t/T* gibt jenen Teil der bereitgestellten Faktormenge an, der bereits durch die Produktion verzehrt wurde. Dabei ist allerdings vorausgesetzt, daß die Bedingungen der zeitlichen Homogenität während der gesamten Lebensdauer erfüllt sind.

Die hier vorgeschlagene Quantifizierung des Potentialfaktorverzehrs ist
bereits durch Jacob[46]) theoretisch begründet worden. Nach dieser
Auffassung besteht der Potentialfaktor aus einer Anzahl von „Einheiten",
die allmählich in den Produktionsprozeß einfließen. Wieviel von diesen „Einheiten" in einem Potentialfaktor enthalten sind, wie groß seine Totalkapazität ist, könnte z. B. durch die Ersatzmaßgröße T* (ZE) zum Ausdruck gebracht werden. Die bereits verstrichene Produktionszeit t (ZE) gibt an, in
welchem Maße die beim Faktoreinsatz bereitgestellten „Einheiten" verzehrt
worden sind. Aus der Differenz T* — t läßt sich die Zahl der für eine zu-
künftige Produktion verfügbaren „Einheiten" abschätzen.

In diesem Zusammenhang ist ein weiteres Problem zu erörtern. Typische
Potentialfaktoren, wie Verschleißteile, werden während ihrer Lebensdauer
oftmals bei unterschiedlichen technischen Bedingungen des Produktionsprozesses verzehrt, d. h. die Verbrauchsgeschwindigkeit variiert im Zeitablauf. Wenn die Lebensdauer als Betrachtungsperiode gewählt werden muß,
sind die Bedingungen der zeitlichen Homogenität meistens nicht mehr erfüllt.
Wird ein Potentialfaktor mit verschiedenen Geschwindigkeiten verzehrt, so
läßt sich eine zeitspezifische Verbrauchsmenge im Sinne von Gleichung
(II.2 m) strenggenommen nicht definieren. Außer der Verbrauchsgeschwindigkeit beeinflussen in diesem Fall Produktionsunterbrechungen, Anlaufvor-
gänge sowie die Häufigkeit und Stärke der Geschwindigkeitsvariationen zusätzlich den Verbrauch des Potentialfaktors. Diese Tatsache erschwert empirische Verbrauchsuntersuchungen an Potentialfaktoren, da es sich ex post
meistens nicht feststellen läßt, ob die Bedingungen der zeitlichen Homogenität während der gesamten Lebensdauer des Faktors erfüllt waren.

---

[46]) Jacob, H.: Zur neueren Diskussion um das Ertragsgesetz, a. a. O., S. 603, siehe insbesondere
Fußnote 17.

Neben der zeitspezifischen Faktormenge läßt sich unter den Bedingungen der zeitlichen Homogenität auch eine mengenspezifische Faktormenge definieren. Sie läßt sich mit dem Begriff der Stückkosten vergleichen und wird als der auf die Produktmengeneinheit bezogene Faktorverbrauch verstanden; der mengen- oder ertragsspezifische Faktorverbrauch hat die Dimension (Faktormengeneinheit/Ertragsmengeneinheit) bzw. (ME/ME). Diese Definition unterliegt insofern einer Beschränkung, als sie im Falle der Koppelproduktion nicht anwendbar ist. Besteht der Ertrag der Faktorkombination aus mehreren technisch gekoppelten Produkten, so fehlt eine theoretisch einwandfreie gemeinsame Bezugsgrundlage für die Ertragsmengeneinheit. Der mengenmäßige Faktorverzehr läßt sich nicht mehr der Produktmengeneinheit des einzelnen Produktes zurechnen; er kann nur auf das Bündel der gekoppelten Produkte bezogen werden. Selbstverständlich besteht die Möglichkeit, mit Hilfe eines Äquivalenzmaßstabes eine Ertragseinheit festzulegen; diese Bezugsgrundlage müßte aber willkürlich gewählt werden, da sie sich aus der Produktionstheorie nicht herleiten läßt. Bei Koppelproduktion sollte daher nur die zeitspezifische Faktormenge zur Bestimmung des Mengengerüstes angewandt werden.

Wird im Falle der Einproduktproduktion die im Betrachtungszeitraum kumulierte Produktionsmenge mit $\overline{X}$ (ME) und die mengenspezifische (oder ertragsspezifische) Faktorverbrauchsmenge mit r (ME/ME) bezeichnet, so gilt

(II.3a)
$$r = \frac{\overline{R}}{\overline{X}} \ (ME/ME).$$

Zusammen mit der zeitspezifischen Produktionsmenge X (ME/ZE) ergibt sich die entsprechende Relation

(II.3b)
$$r = \frac{R}{X}.$$

Zur Definition des mengenmäßigen Faktorverbrauchs, läßt sich nunmehr folgende Übersicht geben:

Werden die Faktoren $\varrho_1, \varrho_2, \ldots, \varrho_n$ im Rahmen der produktiven Kombination π_ν eingesetzt, so gilt allgemein die Zuordnung:

$$\pi_\nu \triangleq (\varrho_1, \varrho_2, \ldots, \varrho_n).$$

Die im Betrachtungszeitraum kumulierten Faktorverbrauchsmengen (ME) werden durch die Folge

$$(\overline{R}_1, \overline{R}_2, \ldots, R_n),$$

die zeitspezifischen Faktorverbrauchsmengen (ME/ZE) durch die Folge

$$(R_1, R_2, \ldots, R_n)$$

wiedergegeben. Beschränkt auf den Fall der Einproduktproduktion, gibt die Folge

$$(r_1, r_2, \ldots, r_n)$$

die mengenspezifischen Faktorverbrauchsmengen (ME/ME) an.

b) Variation der Faktormenge

Es wurde bereits darauf hingewiesen, daß die Betrachtung des Mengengerüstes der Produktion nur auf der Grundlage von Faktorverbrauchsmengen sinnvoll ist. Variation der Faktormenge bedeutet daher soviel wie Vermehrung oder Verminderung der Verbrauchsmenge eines Faktors. Wird vorausgesetzt, daß sich die Zusammensetzung der betrachteten Faktorkombination nicht ändert und wird ferner auf die Prämisse der zeitlichen Homogenität zunächst verzichtet, so kann eine Fakormengenvariation folgendermaßen zustande kommen:

1. Variation des Betrachtungszeitraums:
   a) Verschiebung der Betrachtungsperiode auf der Zeitachse,
   b) unterschiedliche Ausdehnung des Betrachtungszeitraums,
2. Variation der Verbrauchsgeschwindigkeit bei unveränderter Betrachtungsperiode.

In Abbildung 3 a ist die Funktion $\bar{R}_1$ (t) dargestellt; sie zeigt eine beliebige Kurve des kumulierten Faktorverbrauchs in Abhängigkeit von der Zeit. Es wird deutlich, daß sowohl die Lage als auch die Ausdehnung des Betrachtungszeitraums eine Änderung der kumulierten Faktorverbrauchsmenge zur Folge hat. Wegen der zeitabhängigen Variation der Verbrauchsgeschwindigkeit ändert sich auch die zeitspezifische Faktormenge. Nur wenn die Bedingungen der zeitlichen Homogenität erfüllt sind, ist die Variation der Faktormenge ausschließlich auf eine Änderung der Verbrauchsgeschwindigkeit zurückzuführen. Produktionstheoretisch eindeutige Schlußfolgerungen lassen sich nur unter dieser Prämisse ziehen; Faktormengenvariation soll daher stets als das Ergebnis einer Beschleunigung bzw. Verlangsamung der Verbrauchsgeschwindigkeit angesehen werden.

7. Das Produktionsergebnis des Faktorkombinationsprozesses

a) Der mengenmäßige Ertrag einer Faktorkombination

Wird der im Rahmen einer Faktorkombination vorgegebene Produktionsprozeß erfolgreich vollzogen, so hat er als Produktionsergebnis das Produkt oder den physischen Ertrag des jeweiligen Kombinationsprozesses hervorgebracht. Begriffe wie „Produkt" bzw. „Ertrag" orientieren sich an der produktiven Kombination und an den Erzeugnissen, die sie hervorzubringen technisch in der Lage ist. Die in der volkswirtschaftlichen Produktionstheorie gebräuchlichen Definitionen für das Produktionsergebnis setzen Absatzreife des Produktes voraus und berücksichtigen daher nur die Produktion eines Betriebes, einer Branche oder einer Volkswirtschaft[47]). Da jedoch

---

[47]) Vgl. z. B.: Waffenschmidt, W.: Produktion, Meisenheim 1955, S. 47; Stackelberg, H. v.: Grundlagen der theoretischen Volkswirtschaftslehre, a. a. O., S. 3, 31 f.; Boulding, K. E.: Economic Analysis, New York 1948, S. 421.

auch Teile eines Betriebes als produktive Kombination angesehen werden können, würde für sie diese letztgenannte Definition nicht ausreichen. Daher ist das Bezugssystem für den Ertrag weder der Einzelbetrieb noch die Gesamtwirtschaft[48]), sondern die jeweilige Faktorkombination.

Die Brauchbarkeit eines Produkts ist nicht am Grad seiner Absatzreife zu messen, sondern muß danach beurteilt werden, ob es Eigenschaften aufweist, die aufgrund der technischen Gegebenheiten des Kombinationsprozesses erwartet werden können. Dabei ist allerdings unterstellt, daß eine Faktorkombination auf jeden Fall so sinnvoll gestaltet wird, daß ihr Beitrag zum marktfähigen Endprodukt den qualitativen Anforderungen des Nachfragers mindestens entspricht. Die Definition des Ertrages auf der Basis der ihn hervorbringenden produktiven Kombination hat den Vorteil, ebenso anpassungsfähig zu sein wie der Begriff der Faktorkombination.

Von den technischen und qualitativen Eigenschaften der in einer Kombination vereinigten Faktoren hängt nicht nur die Art, sondern auch die Qualität der Produkte ab. Ob eine Faktorkombination nur einen Produkttyp in einer bestimmten Qualitätsklasse erzeugen kann oder ob sowohl die Zahl der Produkte als auch deren Qualitätsmerkmale in einem gewissen Bereich variieren, läßt sich nicht generell behaupten. Da auch der Produktionsprozeß von Zufälligkeiten beeinflußt sein kann, sind Angaben zur Produktqualität oft nur in der Form wahrscheinlichkeitsabhängiger Werte möglich. Diese Tatsache erschwert im praktischen Fall die Bezeichnung homogener, d. h. artgleicher und qualitätsgleicher Produkte, und es bedarf komplizierter, statistischer Testverfahren, um nachzuweisen, ob Qualitätsänderungen zufälliger oder tendenzieller Natur sind.

Quantifizierbarkeit ist eine Vorbedingung zur Messung des Faktorertrages. Dabei sind ähnliche Probleme zu lösen, wie sie bei der Untersuchung des mengenmäßigen Faktorverbrauchs aufgetreten sind. Maßeinheiten der Produktionsmenge sind physische Größen wie Gewichts-, Volum-, Wärmebzw. Energieeinheiten; häufig genügt es auch, die Anzahl der produzierten Stücke[49]) festzustellen. Wird die Entwicklung der kumulierten Produktionsmenge $\overline{X}$ (ME) in Abhängigkeit von der Zeit t durch die Funktion $\overline{X}$ (t) wiedergegeben, so läßt sich die Produktionsgeschwindigkeit x (ME/ZE) als[50])

(II.4a)
$$x = \frac{d\,\overline{X}\,(t)}{dt} \geq 0$$

---

[48]) Ähnlicher Ansicht ist Lassmann, wenn er feststellt, unter Produkten seien auch „innerbetriebliche (Zwischen-)Leistungen" zu verstehen; vgl. Lassmann, G.: Produktionsfunktion, a. a. O., S. 30; Vgl. auch: Henzel, F.: Kosten und Leistung, Bühl-Baden 1941, S. 54—56, 65, 124—131, 136—142, 185.

[49]) Dies gilt insbesondere für Güter, die im Verlauf der Produktion veredelt werden oder eine Dienstleistung erfahren, wie z. B. Waschen.

[50]) Siehe dazu auch: Stackelberg, H. v.: Grundlagen einer reinen Kostentheorie, a. a. O., S. 29; Gälweiler, A.: Produktionskosten und Produktionsgeschwindigkeit, a. a. O., S. 25 ff.

definieren. Mit der Voraussetzung, daß eine Abnahme der kumulierten Menge bei fortschreitender Zeit nicht vorkommen soll, weil dies gleichbedeutend mit dem Verzehr bzw. der Vernichtung bereits produzierter Erzeugnisse wäre, kann x nur positive Werte annehmen. Im Falle der Koppelproduktion läßt sich eine einheitliche Produktionsgeschwindigkeit nicht angeben. Es besteht nur die Möglichkeit, für jedes Produkt ξ_ν einzeln eine entsprechende Produktionsgeschwindigkeit x_ν zu definieren. Die Relation der Geschwindigkeiten untereinander bringt zugleich das Mengenverhältnis der Koppelung zum Ausdruck.

Eine Zeitkompensation bei unterschiedlicher Betrachtungsperiode läßt sich durch Anwendung der Bedingungen zeitlicher Homogenität auf die Ertragseite der Produktion erreichen. Als zusätzliche Bedingung wird daher gefordert, daß auch die Produktionsgeschwindigkeit im Betrachtungszeitraum zeitlich konstant, d. h. gleichförmig ist. Für diesen Fall berechnet sich die kumulierte Produktionsmenge in dem Zeitraum von T Zeiteinheiten als

$$(\text{II.4b}) \qquad \overline{X} = xT,$$

entsprechend gilt für die zeitspezifische Produktmenge X (ME/ZE)

$$(\text{II.4c}) \qquad X = \overline{X}/T = x.$$

Produktionsgeschwindigkeit und zeitspezifische Menge weisen bei Dimensionsgleichheit die gleichen Zahlenwerte auf. Ist der Einheitszeitraum z. B. auf einen Tag festgelegt und wird die Geschwindigkeit auf die Zeiteinheit in Minuten bezogen, unterscheiden sich beide Größen nur durch den Umrechnungsfaktor der Dimensionierung.

Aufgrund ihrer definitorischen Festlegung ist die zeitspezifische Produktionsmenge mit der ökonomischen Produktionsleistung[51] identisch. Unter der Voraussetzung zeitlicher Homogenität der Produktion während des Betrachtungszeitraums ist sie gleichzeitig ein Maß für die Produktionsgeschwindigkeit. Der durch von Stackelberg hervorgehobene Unterschied zwischen Produktionsgeschwindigkeit und Stunden- bzw. Tagesleistung[52] ist für diesen Fall praktisch nicht relevant, da hier eine Durchschnittsbetrachtung zum gleichen Ergebnis wie eine Differentialbetrachtung führt. Die Konzeption Gälweilers, Produktionsgeschwindigkeit im Sinne einer physikalischen Leistungsgröße[53] zu interpretieren, ist einseitig und steht mit der hier verwendeten Definition nicht im Einklang. Es mag zwar bei besonderen Produktionsprozessen möglich sein, daß sich die Produktionsgeschwindigkeit durch technische Größen wie Umdrehungszahl oder Laufgeschwindigkeit ausdrücken läßt, in vielen Fällen hängt jedoch die ökonomische Produktionsgeschwindigkeit von mehr als einer technischen Zustandsvariablen

---

[51] Jacob, H.: Produktionsplanung, a. a. O., S. 210, siehe insbesondere Fußnote 9.

[52] Stackelberg, H. v.: Stundenleistung und Tagesleistung, in: Archiv für mathematische Wirtschafts- und Sozialforschung 1941, S. 35.

[53] Gälweiler, A.: Produktionskosten und Produktionsgeschwindigkeit, a. a. O., S. 32.

ab, z. B. bei der spanabhebenden Formung sowohl von der Schnitt- als auch von der Vorschubgeschwindigkeit.

b) Die Produktionsleistung

Der betriebswirtschaftliche Leistungsbegriff kann nunmehr eine definitorische Klärung erfahren. Es sei vorausgeschickt, daß der Begriff Leistung nur im Zusammenhang mit der Ertragseite der Faktorkombination gesehen wird[54]); von Leistungen, die Einsatzfaktoren an den Produktionsprozeß abgeben, ist hier nicht die Rede. Leistung im physikalisch-technischen Sinne ist klar und eindeutig als Arbeit pro Zeiteinheit definiert. Arbeit bedeutet physikalisch soviel wie Energie; technische Leistung ist nichts anderes als ein Maß für den Energiefluß und kann durch den Quotienten[55])

$$\frac{\text{Energieeinheit}}{\text{Zeiteinheit}}, \text{ wie z. B. } \frac{\text{KWh}}{\text{h}} \text{ oder } \frac{\text{mkg}}{\text{s}},$$

ausgedrückt werden. Der technische Leistungsbegriff bezieht sich also primär auf den Energiewandlungsprozeß. Es ist daher für den ökonomischen Bereich in dieser Form zu einseitig und erweist sich auch für den Produktionssektor als ungeeignet, da betriebliche Leistungserstellung nicht ausschließlich als ein Prozeß der Energiewandlung gesehen werden kann.

Mit dem Versuch, diesen technischen Begriff auf ökonomische Tatbestände zu übertragen, hat seine Definition erheblich an Präzision und Klarheit verloren. Es lassen sich Beispiele dafür finden, daß technische Leistung als Leistungsintensität und technische Arbeit (vergleichbar mit der kumulierten Produktmenge) als Leistung bezeichnet wird[56]). Die Wortschöpfung Leistungsintensität ist typisch für den Mangel an klaren begrifflichen Abgrenzungen; im Sinne der Naturwissenschaften muß dieser Ausdruck als Pleonasmus gewertet werden.

Im betriebswirtschaftlichen Sprachgebrauch wird darüber hinaus zwischen Marktleistung und Betriebsleistung[57]) bzw. zwischen wirtschaftlicher und technischer Leistung[58]) unterschieden. Die Leistung des Produktionssektors (technische Leistung bzw. Betriebsleistung) wird mit ihrer Übernahme vom Markt zur wirtschaftlichen Leistung bzw. Marktleistung der Unternehmung. Im folgenden soll die Leistung der Faktorkombination, da sie den Produk-

---

[54]) Vgl. z. B. Diederich, H.: Zur Theorie des Verkehrsbetriebes, in: ZfB 1966, 1. Ergänzungsheft, S. 37 ff.

[55]) Fischer, J.: Einheiten, Einheitenbeziehungen, Einheitensysteme, in: Hütte, Band I, 28. Auflage, Berlin 1955, S. 238 ff., siehe insbesondere S. 242 f.

[56]) Siehe: Pack, L.: Die Bestimmung der optimalen Leistungsintensität, a. a. O., S. 4 f.

[57]) Walther, A.: Einführung in die Wirtschaftslehre der Unternehmung, 2. Auflage, Zürich 1959, S. 237 f.

[58]) Henzler, R.: Bemerkungen zu den Grundbegriffen der Betriebswirtschaftslehre, in: ZfB 1959, S. 536 ff.; vgl. auch Heinen, E.: Kosten, a. a. O., S. 14, 293.

tionsbereich betrifft, als Produktionsleistung bezeichnet werden[59]). Der betriebswirtschaftliche Begriffsinhalt soll jedoch dem Inhalt des naturwissenschaftlichen Leistungsbegriffs angepaßt sein. Eine Analogie zwischen physikalischer Arbeit bzw. Energie und der kumulierten Produktmenge läßt sich bilden. Jede kumulierte Menge repräsentiert nicht nur ökonomisch, sondern auch physikalisch eine Energiemenge, die in jeder Produkteinheit reversibel oder — was meistens der Fall ist — irreversibel enthalten ist. Wird diese Energie- bzw. Arbeitsmenge auf die Zeiteinheit bezogen, so ist damit eine Leistungseinheit definiert[60]); sie entspricht der bereits dargestellten zeitspezifischen Ertragsmenge der Faktorkombination. Diese Überlegungen lassen es aus sachlichen Gründen gerechtfertigt erscheinen, die Produktionsleistung in diesem Sinne als eine auf die Zeiteinheit bezogene Produktmenge zu verstehen.

8. Der Kombinationsprozeß

a) Substitutionalität

Die aus zwei Produktionsfaktoren bestehende Faktorkombination (ϱ_1, ϱ_2) möge im Betrachtungszeitraum von der Länge 1 die Produktionsmenge X erzeugen, wobei die zeitspezifischen Faktormengen[61]) R_1 und R_2 eingesetzt werden. Besteht nun die Möglichkeit, die gleiche Menge X dadurch zu erstellen, daß von einem Faktor mengenmäßig mehr und vom anderen Faktor dagegen mengenmäßig weniger eingesetzt wird, so sind die Faktoren substitutional[62]). Formal läßt sich dieser Sachverhalt so ausdrücken: Die Mengenkombination (R_1, R_2) geht unter Beibehaltung einer konstanten Produktionsmenge in die Mengenkombination $(R_1 + dR_1, R_2 — dR_2)$ oder $(R_1 — dR_1, R_2 + dR_2)$ über. Dieser Satz läßt sich auf eine produktive Kombination mit insgesamt n substitutionalen Faktoren übertragen. Uneingeschränkte Substitutionalität der Faktoren bedeutet, daß alle Faktoren ohne Ausnahme einzeln oder in Gruppen gegenseitig substituierbar sind. Die Verbrauchsmenge eines Faktors ϱ_ν^* kann vermindert und dafür die Menge eines beliebigen anderen Faktors ϱ_μ^* vermehrt werden, während die Menge der übrigen Faktoren ϱ_λ konstant bleibt. In der Verallgemeinerung lautet diese Feststellung: Die Verminderung der Verbrauchsmenge einer Gruppe von Faktoren ϱ_ν kann durch die Vermehrung der Verbrauchsmenge einer Gruppe anderer Faktoren ϱ_μ kompensiert werden; dabei bleibt eine dritte Gruppe der übrigen

---

[59]) Der Begriff „technische Leistung" erscheint aus den bereits dargelegten Gründen für den ökonomisch relevanten Sachverhalt zu einseitig, während als Betriebsleistung höchstens das absatzreife Produkt zu bezeichnen wäre, nicht aber jeder Ertrag einer Faktorkombination.

[60]) Steinthal, W.: Intensitätsmessung in der Industrie, Berlin 1924, S. 6 f.

[61]) Hier werden die zeitspezifischen Mengen zur Herleitung verwendet; da jedoch der Ertrag X eine Konstante des Problems ist, gilt diese Ableitung ebenso für ertragsspezifische Faktormengen $r_1, r_2, \ldots, r_n$.

[62]) Siehe z. B.: Schneider, E.: Einführung in die Wirtschaftstheorie, 2. Teil: Wirtschaftspläne und wirtschaftliches Gleichgewicht in der Verkehrswirtschaft, 9. Auflage, Tübingen 1964, S. 169 ff.

Faktoren mengenmäßig konstant. Zugleich sind damit auch jene Spezialfälle erfaßt, in denen die Gruppen der mengenmäßig variierten Faktoren ϱ_ν bzw. ϱ_μ jeweils nur einen Faktor enthalten und die Menge der nicht variierten Faktoren ϱ_λ leer ist. Es gilt also die Formulierung: Eine aus n substitutionalen Faktoren zusammengesetzte Kombination ändert ihren mengenmäßigen Ertrag nicht, wenn die Mengenkombination

$$(R_1, R_2, \ldots, R_n)$$

in die Mengenkombination

$$(R_{\nu -}, dR_\nu, R_\mu + dR_\mu, R_\lambda)$$

übergeht, wobei die Indexmengen ν, μ, λ in der Menge n enthalten sind und sich gegenseitig ausschließen; die Menge λ kann leer sein, während die Mengen ν bzw. μ mindestens ein Element enthalten müssen. Dabei wird als Prämisse der produktionstheoretischen Aussage unterstellt, daß sich die mengenmäßige Substitution der Faktoren qualitätsneutral, d. h. unter Ausschluß irgendwelcher Qualitätsänderungen des Ertrages oder des Faktoreinsatzes, vollzieht.

Die Faktorsubstitution findet auch in dem mathematischen Zusammenhang zwischen Faktorverbrauchsmenge und Ertragsmenge ihren Ausdruck. Es ist bezeichnend für die Substitutionalität, daß die Menge des einen Faktors reduziert werden kann, wenn dafür von einem anderen Faktor mehr verbraucht wird. Der Mengenverbrauch eines Faktors ist daher nicht nur von der geforderten Ertragsmenge, sondern zugleich von den Verbrauchsmengen sämtlicher Faktoren abhängig, die ihn substituieren können. Auf der Grundlage zeitspezifischer Mengengrößen ergibt sich für einen beliebigen Faktor somit die Beziehung:

(II.5a) $\qquad R_\nu = f_\nu (R_1, R_2, \ldots, R_{\nu-1}, R_{\nu+1}, \ldots, R_n, X);$

in der Umkehrung hängt der Ertrag folgendermaßen vom Faktorverzehr ab:

(II.5b) $\qquad X = g (R_1, R_2, \ldots, R_\nu, \ldots, R_n).$

Daneben wird vielfach die Ertragsentwicklung einer substitutionalen Faktorkombination unter der Prämisse partieller Faktorvariation betrachtet. Dabei handelt es sich um die Verbrauchsmengenänderung eines Faktors, während die übrigen Faktoren mengenmäßig konstant bleiben. Wird der Faktor partiell variiert, so läßt sich die Ertragsfunktion formal als

(II.5c) $\qquad X = h_\nu (R_\nu) \mid R_1, R_2, \ldots, R_{\nu-1}, R_{\nu+1}, \ldots, R_n = \text{constans}$

darstellen.

Der Verbrauch eines bestimmten Faktors ist nicht nur vom Ertrag allein, sondern auch von den Mengen der übrigen Faktoren funktional abhängig. Substitutionalität ist also nur auf der Grundlage bestimmter sachlicher Voraussetzungen der Faktorkombination denkbar. So kann z. B. bei einem Siemens-Martin-Ofen der handelsübliche Schrott den Einsatz von flüssigem Roheisen aus dem Hochofen ersetzen, oder es kann in einem Betrieb Handarbeit durch Maschinenarbeit substituiert werden; es ist dagegen nicht denkbar, daß in einer Wüstengegend vermehrte Düngung den Wassermangel kompensieren könnte, um einen konstanten Pflanzenertrag sicherzustellen. Eine zunehmende Aggregation der Faktoren, wie sie in makroökonomischen Untersuchungen üblich ist, erleichtert allerdings das Entstehen von plausiblen Faktorsubstitutionen[63]); als Beispiel kann die Substitution zwischen Arbeit und Kapital oder zwischen den Energielieferanten Atomenergie, Wasserkraft, Kohle, Erdöl und Erdgas genannt werden.

Werden alle möglichen ertragsgleichen Mengenkombinationen zweier kontinuierlich substitutionaler Faktoren (ϱ_1, ϱ_2) in ein Koordinatensystem übertragen, dessen Achsen mit den Faktormengen R_1 bzw. R_2 bezeichnet sind, so entsteht eine Linie gleichen Ertrages (Isoquante). Aufgrund der vorangegangenen Definition ist sie eine fallende Kurve, die eine Linkskrümmung aufweist (vergleiche Linie PP′ in Abbildung 4 a)[64]).

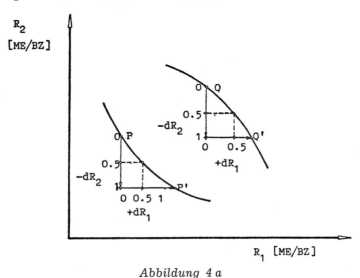

Abbildung 4 a

Die Faktorsubstitution ist alternativ, wenn ein Faktor völlig durch einen oder mehrere andere Faktoren ersetzt werden kann[65]). In diesem Fall schneiden

[63]) Vgl. Busse v. Colbe, W.: Die Planung der Betriebsgröße, Wiesbaden 1964, S. 69.

[64]) Vom Ursprung des Koordinatensystems betrachtet, zeigt der Kurvenverlauf eine konvexe Wölbung; die Verminderung der Faktormenge R_2 um 1 dR_2 wird dadurch kompensiert, daß mehr als 1 dR_1 dafür zum Einsatz kommt. Eine konkave Wölbung der Isoquante (vgl. Linie QQ′ in Abb. 4 a) würde bedeuten, daß 1 dR_2 durch weniger als 1 dR_1 substituiert wird. Bereits die Mengenbetrachtung zeigt, daß die Summe beider Faktormengen dann ihren jeweils kleinsten Betrag aufweist, wenn einer der Faktoren mit seiner geringsten produktionswirksamen Menge eingesetzt wird; d. h. die nach dem ökonomischen Prinzip relevanten Punkte des Substitutionsbereichs sind die Begrenzungspunkte der Isoquante. Es ist somit naheliegend, einen konvex gekrümmten Isoquantenverlauf zu postulieren, so daß ein echter, ökonomisch sinnvoller Substitutionsbereich existiert.

[65]) Vgl. Gutenberg, E.: Produktion, a. a. O., S. 289 ff.

die Isoquanten die Koordinatenachse des alternativ ersetzten Faktors; d. h. eine Mengenkombination mit dem Einsatz von null Mengeneinheiten dieses Faktors ist zulässig. Alle Fälle substitutionaler Faktorkombinationen, in denen alternative Substitution ausgeschlossen ist, werden als periphere Substitution bezeichnet[66]. Die Isoquante von der Form

$$(II.5d) \qquad R_2 = X_0 - R_1$$

gestattet beispielsweise alternative Substitution (additive Verknüpfung), während die Beziehung

$$(II.5e) \qquad R_2 = X_0 / R_1$$

nur periphere Substitution (multiplikative Verknüpfung) gestattet.

Können z. B. aus technischen Gründen ertragsgleiche Mengenkombinationen nur bei bestimmten Faktorproportionen realisiert werden, so löst sich die Isoertragslinie (Isoertragsfläche) in einzelne diskrete Punkte auf (diskontinuierliche Substitution).

Wird diese geometrische Analogie auf den Fall einer n-dimensionalen Faktorkombination übertragen, so liegen alle Punkte gleichen Ertrages auf einer n-1-dimensionalen konvexen Hyperfläche, die in einem durch die Faktormengen definierten Koordinatenraum mit n Dimensionen aufgespannt ist.

Sämtliche realisierbaren Mengenkombinationen der Einsatzfaktoren beschreiben den Substitutionsbereich. Er ist nur im positiven Orthranden des Koordinatensystems definiert, braucht aber weiteren Beschränkungen nicht unterworfen zu sein, d. h. jede Kombination positiver Faktormengen ist zulässig.

Vielfach ist der Substitutionsbereich aus technischen oder ökonomischen Gründen zusätzlich eingeschränkt (vgl. dazu in Abb. 4 b den Bereich ABCDEF). Ökonomische Überlegungen zwingen dazu, das Substitutionsgebiet abzugrenzen, um ineffiziente Mengenkombinationen auszuschließen. Eine Faktorkombination ist ineffizient, wenn eine Faktormenge verschwendet wird, d. h. wenn auch bei Konstanz der übrigen Faktormengen eine geringere Menge des verschwendeten Faktors ausreicht, um den gleichen Ertrag zu erzeugen. Die ökonomisch determinierten Begrenzungslinien ergeben sich aus den Berührungspunkten der horizontalen bzw. vertikalen Tangenten (Tangentialhyperebenen) an die Isoquanten (vgl. dazu die Linien EF bzw. BC in Abb. 4 b). Innerhalb des Bereiches können daher nur positive Grenzproduktivitäten vorkommen, d. h. für das relevante Substitutionsgebiet gilt immer:

$$(II.5f) \qquad \frac{dx}{dR_1} \geq 0 \text{ bzw. } \frac{dX}{dR_2} \geq 0.$$

---

[66] Vgl. Gutenberg, E.: Produktion, a. a. O., S. 300 ff.

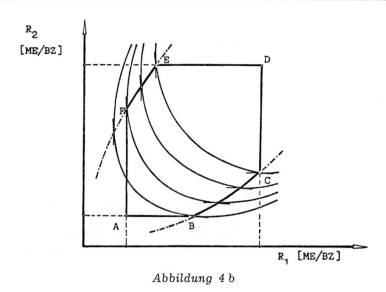

Abbildung 4 b

Die Begrenzungslinien EF bzw. BC sind im Falle einer linearhomogenen Ertragsfunktion Ursprungsgeraden. Linear-Homogenität bedeutet, daß eine **proportionale Faktormengenvariation** eine proportionale Ertragsmengenvariation mit gleichen Vorzeichen bewirkt. Ohne diese zweifellos plausible Prämisse läßt sich über den Verlauf der ökonomisch bedingten Begrenzungslinien keine allgemeingültige Aussage machen. Schließlich ist noch auf die Bedeutung einer produktionstechnischen Beschränkung des Substitutionsbereiches hinzuweisen (vgl. die Linien BAF und EDC in Abb. 4 b). Technologische Gesetzmäßigkeiten oder die Bauweise und Dimensionierung der Produktionsanlagen begrenzen die Produktionsleistung und damit den Faktorverbrauch pro Zeiteinheit; insofern ist jedes Substitutionsgebiet horizontal und vertikal durch achsenparallele Linien begrenzt, wenn eine Faktorkombination technisch realisiert wird.

b) Limitationalität

Eine Faktorkombination ist limitational, wenn sich im Betrachtungszeitraum die Faktorverbrauchsmengen „nicht frei variieren lassen, sondern in einer eindeutigen Beziehung zum Ertrag stehen"[67]. Der Grund für die Einschränkung einer freien Variierbarkeit der Faktormengen ist in den technischen und technologischen Gesetzmäßigkeiten[68] der industriellen Produktion zu suchen. Viele Beispiele industrieller Produktionsprozesse zeigen, daß nicht zuletzt die konstruktive Gestaltung der Produktionsanlagen die Möglichkeit

---

[67] Gutenberg, E.: Produktion, 8./9. Auflage, a. a. O., S. 195.
[68] Krelle, W.: Preistheorie, a. a. O., S. 57 f.

einer Faktorsubstitution ausschließt und den Faktorverzehr streng an die geforderte Produktionsleistung bindet.

Das wesentliche Kennzeichen des limitationalen Kombinationsprozesses ist die strenge funktionale Abhängigkeit des Faktorverzehrs von der Ertragsmenge. Im Unterschied zur substitutionalen Faktorkombination wird hier die Faktorverbrauchsmenge nur durch die erzielte Produktionsleistung bestimmt; der Mengenverzehr eines Faktors ist von den Verbrauchsmengen anderer limitationaler Faktoren unabhängig. Daher besteht für jeden an einer limitationalen Faktorkombination mitwirkenden Faktor eine individuelle mathematische Funktion, die den Zusammenhang zwischen Faktorverzehr und Produktionsertrag quantitativ beschreibt. Während im Falle der Substitutionalität eine Gleichung ausreicht, um die gegenseitigen Abhängigkeiten des Faktorverzehrs und des Ertrages auszudrücken, müssen für die limitationale Faktorkombination ebenso viele Gleichungen angesetzt werden, wie Faktoren vorhanden sind. Ein limitationaler Produktionsprozeß kommt demnach nur zustande, wenn sämtliche Gleichungen erfüllt sind, d. h. wenn alle erforderlichen Faktoren genau in den benötigten Mengen verbraucht werden können.

Die quantitativen Gesetzmäßigkeiten des limitationalen Kombinationsprozesses lassen sich nunmehr formal darstellen. Gegenstand der Betrachtung ist eine produktive Kombination mit insgesamt n Faktoren, das Mengengerüst soll auf der Grundlage zeitspezifischer Mengeneinheiten formuliert werden[69]. Ein Gleichungssystem, das den Zusammenhang zwischen Faktorverzehr und dem Ertrag einer limitationalen Faktorkombination wiedergibt, hat folgende Gestalt:

(II.6a) $\qquad R_\nu = f_\nu(X), \quad$ für alle $\nu = 1, 2, \ldots, n$

Die verschiedenen Erscheinungsformen eines limitationalen Kombinationsprozesses lassen sich nach der Art des Faktormengenverhältnisses unterteilen. Um die Übersichtlichkeit der Darstellung nicht zu beeinträchtigen, werden zwei Faktoren ϱ_ν und $\varrho_{\nu+1}$ herausgegriffen und an ihrem Beispiel drei für limitationale Faktoren typische Mengenrelationen $M_{\nu,\nu+1}$ erörtert (vgl. dazu die Abbildungen 5 a, b, c):

1a. Konstantes Mengenverhältnis, lineare Mengenabhängigkeit (Abb. 5 a)[70]:

(II.6b) $\qquad\qquad R_\nu \quad = a_\nu X$

$\qquad\qquad\qquad R_{\nu+1} = a_{\nu+1} X$

---

[69]) Die quantitative Aussage läßt sich ebenso auf der Grundlage mengenspezifischer Größen formulieren, indem die zeitspezifischen Faktormengen mit Hilfe der Beziehung

$$r_\nu = \frac{R_\nu}{X} = \frac{f_\nu(X)}{X}$$

in mengenspezifische Größen umgeformt werden. Da sich der Nenner 1/X beim Ansatz der Faktormengenverhältnisse kürzen läßt, behalten die folgenden Aussagen ihre Gültigkeit, unabhängig davon, ob zeit- oder mengenspezifische Größen verwendet werden.

[70]) Schneider, E.: Einführung in die Wirtschaftstheorie II, a. a. O., S. 164 ff.

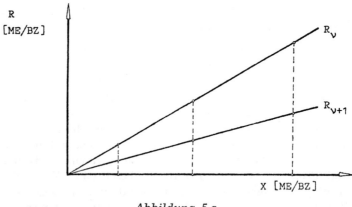

Abbildung 5 a

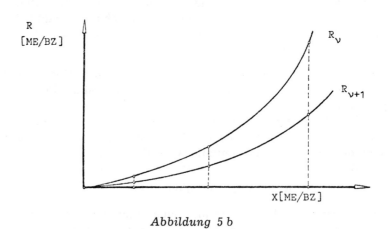

Abbildung 5 b

R
[ME/BZ]

R_ν

$R_{\nu+1}$

X [ME/BZ]

Abbildung 5 c

Mengenrelation:

(II.6c) $$M_{\nu, \nu+1} = \frac{a_\nu}{a_{\nu+1}} = constans.$$

1b. Konstantes Mengenverhältnis, nichtlineare Mengenabhängigkeit (Abb. 5 b):

(II.6d) $$R_\nu = a_\nu X^2$$
$$R_{\nu+1} = a_{\nu+1} X^2$$

Mengenrelation:

(II.6e) $$M_{\nu, \nu+1} = \frac{a_\nu}{a_{\nu+1}} = constans.$$

2. Variables, von der Ausbringungsmenge X (ME/ZE) funktional abhängiges Mengenverhältnis (Abb. 5 c)[71]:

(II.6f) $$R_\nu = a_\nu X^3$$
$$R_{\nu+1} = a_{\nu+1} X$$

Mengenrelation:

(II.6g) $$M_{\nu, \nu+1} = \frac{a_\nu}{a_{\nu+1}} X^2 = f(X).$$

Zusammenfassend lassen sich die Erscheinungsformen des Mengengerüstes limitationaler Faktorkombinationen in der folgenden Übersicht (Abb. 6) darstellen.

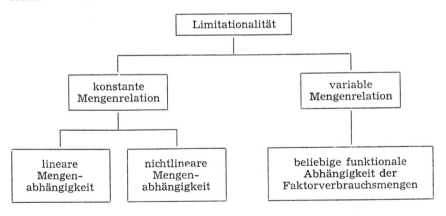

Abbildung 6

In produktionstheoretischen Untersuchungen wird oftmals die Faktormengenrelation als zuverlässiges Kriterium angesehen, um zwischen einem limitationalen und einem substitutionalen Produktionsprozeß zu unterschei-

---

[71] Tintner, G.: Handbuch der Ökonometrie, Berlin - Göttingen - Heidelberg 1960, S. 136 f.

den. Variables Faktormengenverhältnis ist demnach typisch für substitutionale Faktoren, während die Limitationalität eine konstante Mengenrelation auszeichnet[72]). Um die Aussagefähigkeit dieses Kriteriums zu prüfen, sind in der folgenden Tabelle 2 die vier möglichen Zuordnungen zwischen einem konstanten bzw. variablen Faktormengenverhältnis (Faktorproportion) und einem konstanten bzw. variablen zeitspezifischen Ertrag (Produktionsleistung) zusammengestellt. Für jede Zuordnung ist nun zu prüfen, ob sie eindeutige Schlußfolgerungen über die Limitationalität oder Substitutionalität der Faktoren zuläßt.

| | | Faktormengenverhältnis (Faktorproportion) | |
		konstant	variabel
Zeitspezifische Ertragsmenge (Produktionsleistung)	konstant	Limitationalität	Substitutionalität
	variabel	Limitationalität	zunächst unbestimmt

Tabelle 2

Ist das Faktormengenverhältnis konstant und läßt es sich auch nicht verschieben, wenn die Produktionsleistung variiert, dann liegt unzweifelhaft Limitationalität vor. Mit gleicher Eindeutigkeit weist ein variables Mengenverhältnis bei konstantem Ertrag auf Substitutionalität der Faktoren hin. Problematisch ist allerdings die letzte Zuordnung: Variable Faktorproportionen können zwar Substitutionalität andeuten, es läßt sich aber nicht der Fall ausschließen, daß eine limitationale Faktorkombination mit variablem Faktormengenverhältnis vorliegt. Dieses Beispiel zeigt deutlich: Die Mengenrelation ist nicht in jedem Fall ein zuverlässiges Merkmal zur Identifizierung limitationaler bzw. substitutionaler Faktoren. Die wesentlichen Unterschiede sind offensichtlich nur aus der funktionalen Abhängigkeit zwischen Faktorverzehr und Produktionsertrag zu erkennen[73]).

---

[72]) Vgl. z. B.: Lassmann, G.: Produktionsfunktion, a. a. O., S. 43 f.; Kruse, A.: Geschichte der volkswirtschaftlichen Theorien, 4. Auflage, Berlin 1959, S. 223; Mellerowicz, K.: Kosten und Kostenrechnung, Band I: Theorie der Kosten, a. a. O., S. 362.

[73]) Der Vollständigkeit wegen sei auf einen Zusammenhang hingewiesen, der diese Aussage scheinbar in Frage stellt. Die Ertragsfunktion einer substitutionalen Faktorkombination lautet bei partieller Faktorvariation bekanntlich: $X = f_y(R_y)$; wird die Umkehrfunktion gebildet, so entsteht die Beziehung $R_y = f_y(X)$. Diese Formulierung könnte als Beweis für Limitationalität angesehen werden. Das wäre jedoch falsch: Läge nämlich Limitationalität vor, so müßte die Abhängigkeit auch ohne Konstanz der übrigen an der Kombination beteiligten Faktoren gelten. Tatsächlich entstand diese Beziehung auf der Grundlage einer partiellen Faktorvariation, wobei, mit Ausnahme des variierten Faktors, alle anderen Faktoren — obwohl mengenmäßig variierbar — zwangsweise konstant gehalten werden. Unter Berücksichtigung dieses Sachverhaltes wird klar, daß es sich eindeutig um eine substitutionale Faktorkombination handelt.

9. Die Struktur des Faktorkombinationsprozesses

a) Begriffserklärung

Die Erfahrung zeigt: Produktionsfaktoren können im allgemeinen nicht isoliert, aus sich selbst produzieren, sie bedürfen im Rahmen der Faktorkombination einer komplementären Ergänzung. Der Produktionsprozeß kommt nur zustande, wenn ein ausreichendes Komplementaritätsverhältnis zwischen den einzelnen Faktoren besteht. Die Elemente der Faktorkombination müssen aufeinander abgestimmt sein. So benötigt eine Produktionsanlage sowohl Antriebsenergie als auch Rohmaterial und einen Maschinenarbeiter, um produzieren zu können. Fehlt einer dieser Faktoren, so läßt sich der Produktionsprozeß nicht durchführen. Dies wäre auch dann der Fall, wenn sich bestimmte Faktoren, beispielsweise Energie und Rohstoffe, in gewissen Grenzen (peripher) substituieren könnten[74]. Auf diesen Tatbestand der Verflechtungen innerhalb einer Faktorkombination verweist Gutenberg: „Danach stellen ‚Arbeitsleistungen' und ‚Arbeits- und Betriebsmittel' ... zwei Faktoren dar, ohne die betriebliche Leistungserstellung praktisch nicht vollziehbar erscheint."[75]

Mit dem Begriff „Struktur" soll die Art der Verflechtungen zwischen den Faktoren einer produktiven Kombination bezeichnet werden. Als Strukturmerkmale auf der Einsatzseite des Faktorkombinationsprozesses ist Limitationalität bzw. Substitutionalität der Faktoren anzusehen. In Analogie dazu lassen sich auch auf der Ertragseite strukturelle Merkmale feststellen. Es handelt sich um die Verflechtungen zwischen den Produkten; eine ertragseitige Struktur kann demnach nur im Falle einer Mehrproduktproduktion definiert werden. Wird zunächst die Möglichkeit der Aggregation ausgeschlossen, so lassen sich Strukturmerkmale aus der Art des Koppelungsverhältnisses ableiten. Die beiden Strukturmerkmale der Ertragseite bezeichnen demnach eine starre bzw. lose Koppelung der Produkte. Wird auch der Fall einer aggregierten Faktorkombination in Betracht gezogen, so lassen sich in ähnlicher Weise zwei Strukturmerkmale festlegen. Mit der starren Koppelung vergleichbar ist das erste Merkmal; es bezeichnet vorgegebene Produktmengenverhältnisse, die sich nur ändern können, wenn zugleich die Faktormengen variieren. Der Unterschied zum Begriff starre Koppelung besteht jedoch darin, daß die Verknüpfungen auch aus anderen als technologischen Gründen bestehen können. Als zweites, der losen Koppelung ähnliches Merkmal ist jene Verflechtung zwischen den Produkten zu nennen, die sich dadurch auszeichnet, daß unter der Bedingung konstanter Faktormengen die Menge des einen Produktes zu Lasten der Menge des anderen Produktes vergrößert oder verkleinert werden kann. Auch hier muß wegen der Aus-

---

[74] Alternative Substitution in dem Fall, daß ein Faktor in der Kombination völlig fehlt, soll nicht betrachtet werden, da damit der Übergang auf eine neue Faktorkombination vollzogen ist.

[75] Gutenberg, E.: Produktion, a. a. O., S. 3.

wirkungen der Aggregation von einer ausschließlich technisch begründeten Verknüpfung abgesehen werden.

Zusammenfassend gilt nunmehr für die Struktur eines Faktorkombinationsprozesses die Definition: Auf der Einsatzseite ist die Struktur, d. h. die Verflechtung zwischen den Faktoren, durch die beiden Merkmale Limitationalität und Substitutionalität charakterisiert. Auf der Ertragsseite bezeichnet die Struktur die Art der Verknüpfung zwischen den Produkten. Die beiden Merkmale ergeben sich im Falle der Koppelproduktion aus der Art des Koppelungsverhältnisses; wird im Rahmen einer Aggregation ertragsseitig eine Mehrproduktproduktion betrachtet, so leiten sich die beiden strukturellen Merkmale aus der Bindung der Produktmengen an die Faktormengen ab. Beide Strukturmerkmale können einsatz- und ertragsseitig einzeln oder gemeinsam vorkommen, so daß zwischen einer reinen und einer gemischten Struktur unterschieden werden kann.

b) Die Struktur der Einsatzseite

Es ist zweckmäßig, sich bei der Analyse und Darstellung struktureller Eigenschaften einer vereinfachten Schreibweise zu bedienen. Die in der formalen Logik gebräuchlichen Verknüpfungszeichen $\vee$ (vel = oder) und $\wedge$ (et = sowohl als auch) eignen sich dazu; es sollen die folgenden Vereinbarungen gelten:

1. Eine substitutionale Struktur zwischen zwei Faktoren wird durch das Zeichen $\vee$ ausgedrückt;

2. Limitationalität der Struktur wird mit dem Zeichen $\wedge$ angedeutet.

Eine substitutionale Faktorkombination läßt sich damit schreiben als

$$(\varrho_1 \vee \varrho_2 \vee \varrho_3 \vee \ldots \vee \varrho_n),$$

wie z. B. (Öl $\vee$ Kohle $\vee$ Gas $\vee$ elektrischer Strom).

Für eine limitationale Kombination muß die Formulierung

$$(\varrho_1 \wedge \varrho_2 \wedge \varrho_3 \wedge \ldots \wedge \varrho_n),$$

wie z. B. (Maschine $\wedge$ Werkstoff $\wedge$ Arbeiter $\wedge$ Energie), gewählt werden.

Daneben kann auch der Fall auftreten, daß innerhalb der Faktorkombination einige Faktoren limitational und die übrigen Faktoren substitutional untereinander verknüpft sind. Es liegt dann eine gemischte Struktur vor. Faktoren, die gemeinsam eine Gruppe bilden, können durch Klammern[76]) zusammengefaßt werden; dies ist insbesondere dort notwendig, wo eine Gruppe sub-

---

[76]) Werden an geeigneten Stellen des Strukturausdrucks Klammern gesetzt, so lassen sich damit auch sehr komplizierte Verflechtungen innerhalb der produktiven Kombination zum Ausdruck bringen. So können Faktoren z. B. paarweise substitutional miteinander verknüpft sein, wobei die paarigen Gruppen untereinander wiederum substitutional verflochten sind; in diesem Fall müßte die Struktur folgendermaßen geschrieben werden: $((\varrho_1 v \varrho_2) v (\varrho_3 v \varrho_4) v (\varrho_5 v \varrho_6) v \ldots)$.

stitutionaler Faktoren mit anderen Faktoren limitational verknüpft ist. Als Beispiel dazu ist die folgende Kombination

$$((\varrho_1 \vee \varrho_2) \wedge (\varrho_3 \vee \varrho_4) \wedge \varrho_5 \wedge \varrho_6 \wedge \ldots \wedge \varrho_n)$$

zu betrachten.

c) Die Struktur der Ertragsseite

Strukturmerkmale, die Verknüpfungen zwischen den Produkten des Kombinationsprozesses bezeichnen, lassen sich demnach nur im Fall der Mehrproduktproduktion definieren. Die Verknüpfungszeichen werden in gleicher Weise wie bei den Einsatzfaktoren verwendet. Es gelten die folgenden Vereinbarungen:

1. Bei starrer Koppelung der Produktmengen wird das Zeichen $\wedge$ gesetzt.
2. Sind die Produktmengen lose gekoppelt, so bringt dies das Zeichen $\vee$ zum Ausdruck.

Im Falle starrer Koppelung stehen die Mengen der Produkte — ähnlich wie bei limitationalen Faktoren — in einem bestimmten Verhältnis zueinander, das entweder konstant ist oder in funktionaler Abhängigkeit zum Faktorverbrauch stehen kann. Eine produktive Kombination π_v, die insgesamt m starr gekoppelte Erzeugnisse liefert, läßt sich somit durch den Ausdruck

$$\pi_v \rightarrow (\xi_1 \wedge \xi_2 \wedge \xi_3 \wedge \ldots \wedge \xi_m)$$

kennzeichnen.

Bei loser Koppelung der Produkte bietet sich der Vergleich mit einer substitutionalen Struktur an. Das Mengenverhältnis der Produkte läßt sich in Grenzen frei variieren, obwohl der Faktorverbrauch konstant bleibt. Diesen Tatbestand bringt die Schreibweise

$$\pi_v \rightarrow (\xi_1 \vee \xi_2 \vee \xi_3 \vee \ldots \vee \xi_m)$$

zum Ausdruck.

Schließlich ist noch die gemischte Struktur auf der Ertragsseite des Kombinationsprozesses zu erwähnen. Obwohl diese Art der Koppelung von Produkten in der Realität äußerst selten vorkommen dürfte, soll sie erwähnt werden, um die theoretischen Möglichkeiten vollständig aufzuzeigen. Der Mischtyp liegt vor, wenn die Produkte teils starr, teils lose gekoppelt sind. Eine Produktgruppe zeichnet sich z. B. durch ein produktionstechnisch vorgegebenes Mengenverhältnis aus, während die übrigen Produkte Mengenrelationen aufweisen, die sich (in Grenzen) autonom variieren lassen. Analog zum Mischtyp der Einsatzseite lautet für diesen Fall der Strukturausdruck:

$$\pi_v \rightarrow (\xi_1 \wedge \xi_2 \wedge (\xi_3 \vee \xi_4 \vee \ldots \vee \xi_m)).$$

Auch hier lassen sich durch geeignete Klammern bestimmte Produkte zu Gruppen zusammenfassen, um die Verknüpfungen wirklichkeitsgetreu wiederzugeben. Wie bereits angedeutet wurde, lassen sich die Verknüpfungszeichen $\vee$ bzw. $\wedge$ sinngemäß auch im Falle aggregierter Faktorkombinationen verwenden.

Kapitel III

Die Produktionsfunktion

1. Zum Begriff „Produktionsfunktion"

In der wirtschaftswissenschaftlichen Literatur werden mit dem Begriff „Produktionsfunktion" sehr heterogene Denkinhalte verbunden[1]. Unverkennbare Unterschiede in der Definition zeigen sich vor allem beim Vergleich der volkswirtschaftlichen und betriebswirtschaftlichen Betrachtungsweise des Produktionsprozesses. Eine weiter gehende Fassung des Begriffsinhaltes wird naturgemäß von volkswirtschaftlich orientierten Autoren vertreten. Sie reicht von der alles umfassenden Vorstellung, die Produktionsfunktion definiere das technische Wissen des Menschen und bestehe aus einem Katalog sämtlicher denkbaren Produktionsprozesse (Niehans)[2], bis zu der präzisen Aussage, die Produktionsfunktion gebe an, „wieviel wir an Produkten erwarten dürfen, wenn wir soundso viel Arbeit, Kapital, Boden usw. zur Verfügung haben" (Samuelson)[3]. Für den betriebswirtschaftlichen Bereich faßt Gutenberg die Definition der Produktionsfunktion in dem Satz zusammen: „Sie (die Produktionsfunktion, d. Verf.) gibt die Beziehung zwischen den in den Produktionsprozeß eingehenden Faktoreinsatzmengen und dem Ertrage an."[4] Diese Definition soll jedoch nicht auf den Sachverhalt einer Beziehung zwischen dem Gesamtprodukt des Betriebes und dem dazu erforderlichen Faktoreinsatz beschränkt werden. Der Begriff „Produktionsfunktion" wird anpassungsfähiger und vielseitiger verwendbar, wenn er weder an die Faktoren Arbeit, Kapital usw. noch an den gesamten Produktionsprozeß eines Betriebes angelehnt wird, sondern sich ausschließlich an der zu untersuchenden Faktorkombination orientiert. Daher soll die folgende Definition gelten:

Die Produktionsfunktion beschreibt in der Form eines mathematischen Ausdrucks die mengenmäßigen Beziehungen zwischen den Einsatzfaktoren und dem Ertrag einer bestimmten Faktorkombination.

Die Art und die Eigenschaften der zu einer Kombination zusammengefaßten Produktionsfaktoren kennzeichnen die Faktorkombination und setzen damit den Rahmen für die Aussage und den Gültigkeitsbereich der Produktions-

---

[1] Vgl. dazu z. B. Lassmann, G.: Produktionsfunktion, a. a. O., S. 17 ff.

[2] Niehans, J.: Das ökonomische Problem des technischen Fortschritts, in: Schweizerische Zeitschrift für Volkswirtschaft und Statistik 1954, S. 145 ff.

[3] Samuelson, P. A.: Foundations of Economic Analysis, Cambridge/Mass. 1948, S. 602 f.

[4] Gutenberg, E.: Produktion, a. a. O., S. 290.

funktion. Je nach Aggregationsgrad der in der Funktion verwendeten Einsatzfaktoren beschreibt sie einmal Mengenrelationen, die gesamtwirtschaftliche Zusammenhänge darstellen, zum anderen ermöglicht eine entsprechend differenzierende Betrachtung der Einsatzgüter Aussagen über die Produktionsfunktion eines Betriebes, eines Betriebsteils oder einer Einzelmaschine.

Im Zusammenhang mit der definitorischen Abgrenzung wurde gesagt, Aufgabe der Produktionsfunktion sei es, die mengenmäßige Beziehung zwischen Faktorverbrauch und Produktionsertrag darzustellen. Damit ist jedoch nicht behauptet, daß die Kenntnis der Faktormengen und der Ertragsmengen bereits ausreicht, um den Produktionsprozeß in einem mathematischen Modell adäquat abzubilden. Empirische Untersuchungen müssen zeigen, ob es zweckmäßig ist, neben den Faktormengengrößen zusätzliche Variable für die Wiedergabe technischer Wirkungszusammenhänge in die Produktionsfunktion aufzunehmen.

2. Aussagegehalt der Produktionsfunktion

Die Produktionsfunktion soll definitionsgemäß darüber Auskunft geben können, welche Faktormengen erforderlich sind, um einen vorgesehenen Mengenertrag zu erzeugen, oder — in der Umkehrung — welcher Mengenertrag bei einem bestimmten Faktorverbrauch erwartet werden kann. Diese Aussagen sind auf den sachlichen Gültigkeitsbereich der Faktorkombination beschränkt. Im betrieblichen Bereich kann eine Faktorkombination so definiert sein, daß sie sich z. B. auf eine einzelne, spezielle Maschine bezieht; sie läßt sich aber auch so ansetzen, daß damit alle Produktionsanlagen oder alle Produktionsprozesse einer bestimmten technischen Spezifikation bezeichnet sind. Für die mengenmäßige Aussage der Produktionsfunktion gilt das, was bereits im Zusammenhang mit dem Quantifizierungsproblem erörtert wurde. Die Produktionsfunktion kann demnach auf der Grundlage kumulierter oder zeitspezifischer Faktormengen formuliert werden; im Fall der Einproduktproduktion lassen sich für den Faktorverbrauch auch mengenspezifische Größen verwenden.

Daneben ist die produktionstheoretische Aussage der Produktionsfunktion sehr eng mit der Frage verknüpft, ob in dem mathematischen Modell der Produktionsfunktion ein kausales Ursache-Wirkungsverhältnis sichtbar wird oder ob dadurch eine finale Mittel-Zweck-Beziehung zum Ausdruck kommt. Eine Darstellung der quantitativen Bedingungen des Produktionsprozesses als funktionale Zuordnung zwischen Faktormengen und Ertragsmengen liefert keine Anhaltspunkte zur Beantwortung dieser Frage. Aus dem mathematischen Modell der Produktionsfunktion läßt sich grundsätzlich keine Begründung weder für eine Finalität noch für eine Kausalität der dem Kombinationsprozeß zugrundeliegenden Vorgänge ableiten. Maßgebend für eine Beurteilung können in diesem Falle nur die realen Bedingungen des betrachteten Produktionsprozesses sein.

Das Denkmodell der Produktionstheorie, auf welches der reale Produktionsprozeß abgebildet wird, ist die Faktorkombination. Es ist daher zu prüfen, welcher Art die Beziehungen zwischen Faktorverzehr und Faktorertrag im Rahmen dieser Modellvorstellung sind, d. h. welche Tatbestände der Realität das Modell auszudrücken vermag. Eine Faktorkombination auf der Grundlage stark aggregierter Faktoren gibt naturgemäß einen anderen Aspekt der Realität wieder als eine Faktorkombination, die sich auf eine technisch exakt definierte Produktionsanlage bezieht.

Die Existenz von Kausalzusammenhängen im Bereich der betrieblichen Leistungserstellung kann nicht bestritten werden. Je weiter eine differenzierende Betrachtung des Produktionsprozesses vordringt, um den Ablauf und das Zusammenwirken einzelner Produktionsvorgänge sichtbar zu machen, desto deutlicher werden die Kausalbeziehungen erkennbar. Bezeichnend für die Leistungserstellung ist jedoch, daß zwischen Faktorverzehr und Produktionsergebnis nicht ein einheitlicher Kausalnexus, sondern vielmehr eine Kette kausaler Reaktionen besteht. Die Erzeugung eines Produktes vollzieht sich meistens nicht uno actu, sie kommt erst durch eine sinnvolle und planmäßige Verkettung einzelner, kausal bedingter, produktionswirksamer Vorgänge zustande. Das Prinzip, welches diese Kausalverkettung durchzieht, ist das Finalprinzip. Kausalität und Finalität schließen sich nicht gegenseitig aus, sondern ergänzen einander in der Weise, daß Kausalvorgänge nach Maßgabe der übergeordneten Finalität in den Dienst der Produktion gestellt werden[5]). Was demnach Faktoreinsatz bzw. Faktorverzehr und Faktorertrag gemeinsam verbindet, ist ein finaler Zusammenhang[6]). Diese Finalität läßt sich einmal aus der unternehmerischen Zielsetzung erklären; sie folgt aber auch als Postulat aus dem ökonomischen Prinzip, das besagt: Produktionsfaktoren sind so zu kombinieren, daß der größtmögliche Ertrag erzielt wird.

Wird der Produktionsbereich des Betriebes in einzelne technische Aggregate untergliedert, so lassen sich wesentliche Merkmale der indirekten Kausalbeziehung zwischen Güterverzehr und Kombinationsertrag sichtbar machen. Die final determinierte Kausalkette läuft in den Bahnen, die durch Naturgesetze und technische Einrichtungen der einzelnen Produktionsanlage vorgezeichnet sind. Damit ist sichergestellt, daß der Kausalmechanismus immer zum gleichen, planmäßigen Produktionsergebnis führt, wenn er ausgelöst wird. Dieser mechanisch-zwangsläufige Kausal-Zusammenhang ergibt sich nicht automatisch dadurch, daß einzelne Faktoren kombiniert werden, er erfordert eine bestimmte konstruktive Gestaltung des Produktionsaggregates. Der Faktoreinsatz, d. h. die Eingliederung der Faktoren in dieses technische Gerüst der Faktorkombination, ist in der Regel nicht Ursache, sondern Voraussetzung für das Zustandekommen des Produktionsprozesses.

---

[5]) Vgl. dazu den Hinweis auf den Begriff „teleologische Kausalität" bei: Eisler, R.: Wörterbuch der philosophischen Begriffe, Band 1, 4. Aufl., Berlin 1927, S. 819.

[6]) Fettel, J.: Der betriebliche Rationalisierungseffekt, eine produktionstheoretische Studie, in: ZfB 1959, S. 327 f.

Die Endglieder der Kausalkette verbinden Faktoreinsatz und Faktorertrag mit dem Mechanismus der Produktionsanlage. Deren technische Einrichtungen bewirken ursächlich den Vollzug des Faktorkombinationsprozesses und die Erstellung des Produktionsergebnisses. Sie verursachen auch, daß die bereitgestellten Produktionsfaktoren in den Produktionsprozeß eingehen und verbraucht werden. In Ausnahmefällen kann bereits der Faktoreinsatz selbst eine Kausalkette auslösen, wenn z. B. in chemischen Prozessen durch Hinzufügen eines Stoffes chemische Reaktionen eintreten. Zusammenfassend läßt sich dieser Sachverhalt in der folgenden Darstellung veranschaulichen.

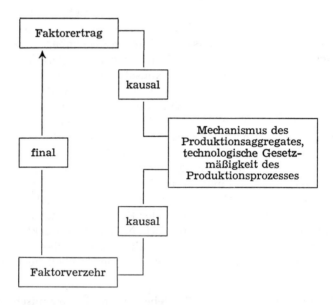

Abbildung 7

Faktoreinsatz und Faktorertrag sind durch die Endglieder der Kausalkette mit dem Mechanismus der Produktionsanlage verbunden. Im allgemeinen dürfte die Kausalreaktion in der dargestellten Pfeilrichtung verlaufen. Die unmittelbare Verbindungslinie zwischen Gütereinsatz und Produktionsergebnis gibt die zwischen beiden Größen bestehende Finalbeziehung wieder. Außerdem ist angedeutet, daß die Kausalkette im Sinne dieser Finalität durch äußere dispositive Eingriffe modifiziert werden kann.

Während im Falle der Betrachtung differenzierter Faktorkombinationen noch wesentliche Glieder der Kausalkette identifizierbar sind, verschwinden mit zunehmender Aggregation die Anhaltspunkte für den Nachweis von Kausalvorgängen. Der Kombinationsprozeß läßt sich dann nur noch final interpretieren.

3. Das mathematische Modell der Produktionsfunktion

a) Einproduktproduktion

Das mathematische Modell der Produktionsfunktion leitet sich aus der ihr zugrundeliegenden produktiven Kombination ab. Im mathematischen Ansatz kommt zum Ausdruck, ob die Produktionsfunktion eine limitationale, substitutionale oder gemischt-limitational-substitutionale Faktorkombination quantitativ beschreibt. Die Struktur der produktiven Kombination spiegelt sich im mathematischen Aufbau der Produktionsfunktion wider.

Die Faktorkombination mit der Struktur

$$(\varrho_1 \vee \varrho_2 \vee \varrho_3) \to (\xi)$$

ist substitutional, d. h. im Betrachtungszeitraum (von der Länge 1) kann der gleiche Ertrag X mit unterschiedlichen Kombinationen der drei sich gegenseitig beeinflussenden Faktormengen erstellt werden. Die mathematische Formulierung dieses Tatbestandes erfolgt durch die Funktion[7]

(III. 1a) $$X = g(R_1, R_2, R_3)^{[8]}.$$

Durch Umkehrung läßt sich der Faktorverbrauch in Abhängigkeit sowohl von der Produktmenge als auch von den Mengen der übrigen Faktoren darstellen. Diese Schreibweise macht den Charakter des Substitutionsverhältnisses deutlich: Die Menge eines Faktors wird außer durch den Ertrag der Kombination auch von den Mengen der anderen substitutionalen Faktoren mitbestimmt; eine Reduzierung der Faktormenge ist zu Lasten anderer Faktormengen bei gleichbleibendem Ertrag möglich. Die Umkehrfunktionen für den Faktoreinsatz lauten:

(III. 1b)
$$R_1 = f_1(X, R_2, R_3)$$
$$R_2 = f_2(X, R_1, R_3)$$
$$R_3 = f_3(X, R_1, R_2).$$

Das nunmehr vorliegende Gleichungssystem ist redundant; die ursprüngliche Produktionsfunktion ist jeweils nach einer anderen Variablen aufgelöst.

Eine limitationale Faktorkombination wird durch die Struktur

$$(\varrho_1 \wedge \varrho_2 \wedge \varrho_3) \to (\xi)$$

wiedergegeben. Sie zeichnet sich dadurch aus, daß die Produktmenge X nur zustande kommt, wenn die Faktoren unabhängig voneinander in bestimmter — jedoch keineswegs konstanter — Mengenrelation zum Ertrag verbraucht

---

[7] Als „allgemeine Grundgleichung" der Produktionsfunktion stellt Kilger diesen Fall dar; vgl. Kilger, W.: Produktions- und Kostentheorie, a. a. O., S. 10.

[8] Auf die Einbeziehung von zusätzlichen Einflußgrößen z. B. bezüglich des technischen Ablaufs der Produktion sei in diesem Zusammenhang verzichtet.

werden. Zwischen X und R_1, R_2 bzw. R_3 bestehen autonome funktionale Abhängigkeiten; die Produktionsfunktion wird daher durch das Gleichungssystem

(III. 2a)
$$X = g_1 (R_1)$$
$$X = g_2 (R_2)$$
$$X = g_3 (R_3)$$

dargestellt. Um produzieren zu können, müssen sämtliche drei Gleichungen erfüllt sein. Die Übererfüllung nur einer Gleichung würde die Verschwendung des betreffenden Faktors zur Folge haben. Steht eine geringere als die geforderte Faktormenge zur Verfügung, so begrenzt dieser Engpaß die Produktionsmenge nach oben, während die Faktormengen der übrigen Faktoren nutzlos bereitgestellt sind. Wird nun der Engpaßfaktor vermehrt, so kann der Eindruck entstehen, als ob die nunmehr folgende Ertragssteigerung ausschließlich durch diesen Faktor hervorgerufen worden sei. Daraus könnte der Schluß gezogen werden, es handele sich hier um eine substitutionale Faktorkombination. Denn bei (scheinbarer) Konstanz aller Faktoren bis auf den variierten Faktor kam die Ertragssteigerung durch entsprechende Änderung der Substitutionsverhältnisse zustande. Diese Argumentation trifft nicht den Kern, da eine Vermehrung der Menge des Engpaßfaktors nur deshalb ertragswirksam war, weil die noch nicht voll genutzten bzw. bisher verschwendeten Faktoren nunmehr in voller Menge in den Kombinationsprozeß eingehen konnten.

Durch Umkehrung der einzelnen Gleichungen des Systems (III. 2a) läßt sich der Faktorverzehr in Abhängigkeit vom Ertrag der Faktorkombination angeben; es gilt:

(III. 2b)
$$R_1 = f_1 (X)$$
$$R_2 = f_2 (X)$$
$$R_3 = f_3 (X).$$

Im Unterschied zum Gleichungssystem der substitutionalen Faktorkombination besteht hier für jede Faktormenge eine eindeutige und von den übrigen Faktormengen unabhängige funktionale Beziehung zum Produktionsertrag.

Der Mischtypus einer Kombinationsstruktur liegt vor, wenn zugleich limitationale und substitutionale Kombinationsvorgänge in einem Produktionsprozeß vorkommen. Limitationale Faktoren stehen in einem autonomen Abhängigkeitsverhältnis zum Ertrag, während substitutionale Faktoren jeweils eine gemeinsame funktionale Verknüpfung zum Ertrag und den beteiligten Substitutionsfaktoren aufweisen. Eine produktive Kombination, die sich durch die Struktur

$$((\varrho_1 \vee \varrho_2) \wedge (\varrho_3 \vee \varrho_4 \vee \varrho_5) \wedge \varrho_6) \rightarrow (\xi)$$

auszeichnet, muß daher als Produktionsfunktion das folgende (nach X aufgelöste) Gleichungssystem aufweisen:

(III. 3a) $X = g_1 (R_1, R_2)$

$X = g_2 (R_3, R_4, R_5)$

$X = g_3 (R_6)$.

Für die Verbrauchsmengen der Faktoren gilt ein Gleichungssystem, das sich aus dem obigen System durch Auflösen nach R_1, R_2, ..., R_6 ergibt:

(III. 3b) $R_1 = f_1 (X, R_2)$

$R_2 = f_2 (X, R_1)$

$R_3 = f_3 (X, R_4, R_5)$

$R_4 = f_4 (X, R_3, R_5)$

$R_5 = f_5 (X, R_3, R_4)$

$R_6 = f_6 (X)$.

b) Mehrproduktproduktion mit Koppelung

Die Merkmale der Koppelproduktion finden ebenso wie die strukturellen Eigenschaften der produktiven Kombination im Aufbau der Produktionsfunktion ihre Entsprechung. Je drei Strukturtypen auf der Einsatzseite, die limitationale, die substitutionale und die gemischte Faktorkombination, lassen sich theoretisch mit den Typen der Ertragsseite, der starren, der losen und teilweise starren bzw. losen Koppelung, kombinieren. Daraus entstehen bis zu neun verschiedene Varianten einer Produktionsfunktion bei gekoppeltem Ertrag. Im folgenden sollen jedoch nur einige dieser Erscheinungsformen als Beispiele ausführlicher dargestellt werden[9].

Es wird die limitationale Kombination aus n Faktoren mit insgesamt m starr gekoppelten Produkten von der Form

$$(\varrho_1 \wedge \varrho_2 \wedge \ldots \wedge \varrho_n) \rightarrow (\xi_1 \wedge \xi_2 \wedge \ldots \wedge \xi_m)$$

betrachtet. Wesentlich für die Formulierung der Produktionsfunktion ist, daß sowohl die Faktormengen als auch die Ertragsmengen autonom, d. h. ohne gemeinsame Abhängigkeit, funktional verknüpft sind. Nach den Ertragsmengen aufgelöst, lautet das Gleichungssystem:

(III. 4a) $X_1 = g_{11} (R_1)$

$.$

$.$

$X_1 = g_{1n} (R_n)$

$.$

$.$

$.$

$X_2 = g_{21} (R_1)$

$.$

$.$

---

[9] Der Fall einer Mehrproduktproduktion, die sich als Folge einer Faktoraggregation zeigt, läßt sich formal ebenso darstellen wie die (technisch) gekoppelte Mehrproduktproduktion.

$$\vdots$$
$$X_{m-1} = g_{m-1,\,n}\,(R_n)$$
$$\vdots$$
$$X_m = g_{m1}\,(R_1)$$
$$\vdots$$
$$X_m = g_{mn}\,(R_n).$$

Ist das Produktmengenverhältnis für jeden Faktorverbrauch bekannt, so läßt sich das System auf den Fall der Einproduktproduktion reduzieren, wobei ein beliebiges Koppelprodukt in der Lage ist, den Zusammenhang zwischen Faktorverzehr und Produktionsertrag zu quantifizieren. Diese Vereinfachung gilt auch für die substitutionale Kombinationsstruktur. In diesem Fall lautet die Zuordnung:

$$(\varrho_1 \vee \varrho_2 \vee \ldots \vee \varrho_n) \to (\xi_1 \wedge \xi_2 \wedge \ldots \wedge \xi_m).$$

Das Gleichungssystem der Produktionsfunktion hat die Form[10]

(III. 4b) $X_1 = g_1\,(R_1, R_2, \ldots, R_n)$
$$\vdots$$
$$X_m = g_m\,(R_1, R_2, \ldots, R_n).$$

Als Ergänzung dazu ist noch eine Koppelproduktion mit loser Koppelung zu erwähnen. Die betrachtete Struktur möge die Gestalt

$$(\varrho_1 \wedge \varrho_2 \wedge \ldots \wedge \varrho_n) \to (\xi_1 \vee \xi_2 \vee \ldots \vee \xi_m)$$

aufweisen. Wegen der gegenseitigen Beeinflussung der Produktmengen besteht zwischen ihnen eine funktionale Abhängigkeit; das Gleichungssystem lautet z. B. nach X_1 aufgelöst:

(III. 4c) $X_1 = g_1\,(X_2, X_3, \ldots, X_m, R_1)$
$$\vdots$$
$$X_1 = g_n\,(X_2, X_3, \ldots, X_m, R_n).$$

Eine substitutionale Faktorkombination mit lose gekoppelter Produktion wird als

$$(\varrho_1 \vee \varrho_2 \vee \ldots \vee \varrho_n) \to (\xi_1 \vee \xi_2 \vee \ldots \vee \xi_m)$$

dargestellt. Die Produktionsfunktion besteht wegen der gegenseitigen Beeinflussung und Abhängigkeit von Faktorverzehr und Faktorertrag aus der Gleichung von der Form:

(III. 4d) $F\,(X_1, X_2, \ldots, X_m, R_1, R_2, \ldots, R_n) = 0.$

---

[10] Dieser Spezialfall wird von Heinen als die allgemeine Form der Produktionsfunktion angegeben; vgl. Heinen, E.: Kosten, a. a. O., S. 166.

Durch Auflösen nach den einzelnen Produktmengen entsteht das Gleichungssystem[11])

(III. 4e) $\qquad X_1 = g_1 (X_2, X_3, \ldots, X_m, R_1, R_2, \ldots, R_n)$

$$\vdots$$

$$X_m = g_m (X_1, X_2, \ldots, X_{m-1}, R_1, R_2, \ldots, R_n).$$

Die Prinzipien für den mathematischen Aufbau von Produktionsfunktionen sind damit im wesentlichen umrissen. Auf die Wiedergabe weiterer Mischtypen der Produktionsfunktion kann hier verzichtet werden.

c) Aggregation von Produktionsfunktionen

Die Produktionsfunktion einer aggregierten Faktorkombination beschreibt einen Produktionsprozeß, der in der Realität durch eine Vielzahl einzelner, disaggregierter Produktionsfunktionen charakterisiert ist. Mit einer globalen Betrachtung der Produktion auf der Grundlage hoch aggregierter Faktoren ist daher zwangsläufig die Aggregation einzelner Produktionsfunktionen verbunden.

Es erhebt sich nun die Frage: Läßt sich aus der empirisch nachweisbaren Gestalt der aggregierten Produktionsfunktion auf den mathematischen Ansatz und die Struktur der disaggregierten Funktion schließen? Oder: Bleibt die Struktur der einzelnen technisch abgegrenzten Faktorkombination auch im Falle der Aggregation erhalten? Theoretische Untersuchungen zu dieser Problematik zeigen, daß nur unter sehr speziellen Bedingungen Aussagen darüber möglich sind[12]). Im allgemeinen scheint die Aggregation jedoch das Entstehen substitutionaler Produktionsfunktionen zu begünstigen[13]).

Diese Tendenz zur Substitutionalität läßt sich damit erklären, daß bei zunehmender Aggregation unterschiedliche Einsatzgüter, die in den verschiedensten Produktionsanlagen und Produktionsverfahren Verwendung finden, unter einem homogenen Produktionsfaktor subsumiert werden. Die produktionstheoretische Betrachtung verläßt damit den Bereich der technisch-zwangsläufigen Gesetzmäßigkeiten des Produktionsprozesses. Werden die technischen Gegebenheiten nicht mehr berücksichtigt, so lassen sich die aggregierten Faktoren meistens gegenseitig substituieren.

Damit wird deutlich, daß sehr viele unterschiedliche Ausprägungen der Produktionsfunktionen vorkommen können. Der Versuch, eine allgemeingültige

---

[11]) Bei Mehrproduktproduktion wird die Produktionsfunktion im allgemeinen in dieser Form wiedergegeben. Vgl. z. B. Förstner, R. und R. Henn: Dynamische Produktionstheorie und Lineare Programmierung, Meisenheim 1957, S. 20 ff.; Krelle, W.: Preistheorie, a. a. O., S. 68; Lassmann, G.: Produktionsfunktion, a. a. O., S. 18.

[12]) Pfanzagl, J.: Über die Aggregation von Produktionsfunktionen, a. a. O., S. 731 ff.

[13]) Ein Beweis, daß limitationale Produktionsfunktionen durch Aggregation eine substitutionale Funktion ergeben, ist zu finden bei: Georgescu-Roegen, N.: The Aggregate Linear Production Function and its Implications to von Neumann's Economic Model, in: Activity Analysis of Production and Allocation, hrsg. von T. C. Koopmans, New York - London 1951, S. 98 ff.

und für jede Art von produktionstheoretischer Betrachtung zutreffende Produktionsfunktion, ein sogenanntes „allgemeines Ertragsgesetz", nachzuweisen oder zu postulieren, erscheint daher aussichtslos. Nicht nur die unterschiedliche Struktur der Faktorkombination, sondern vor allem der verschiedene Aggregationsgrad der jeweils betrachteten Faktoren verhindert es, generelle quantitative Aussagen über den Produktionsprozeß abzuleiten. Daher lassen sich gesamtwirtschaftliche (und daher aggregierte) Produktionsfunktionen nur in Ausnahmefällen in den betriebswirtschaftlichen Bereich der Produktion übernehmen.

4. Die bekannten Produktionsfunktionen

a) Übersicht

Als Kriterien zur Systematisierung von Produktionsfunktionen werden allgemein Substitutionalität bzw. Limitationalität der Faktoren genannt[14]. Im

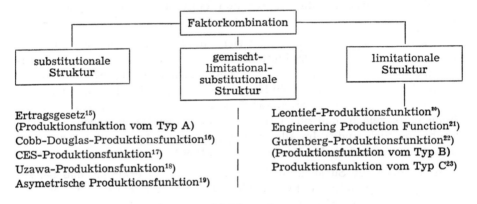

Abbildung 8

[14] Siehe z. B.: Ott, A. E.: Produktionsfunktion, technischer Fortschritt und Wirtschaftswachstum, a. a. O., S. 59 ff.; sinngemäß auch bei: Gutenberg, E.: Produktion, a. a. O., S. 290 f.

[15] Gutenberg, E.: Produktion, a. a. O., S. 291 ff.; Krelle, W.: Preistheorie, a. a. O., S. 52 f.

[16] Cobb, C. W. und P. H. Douglas: A Theory of Production, in: The American Economic Review 1928, Suppl. S. 139 ff.

[17] Solow, R. M.: A Contribution to the Theory of Economic Growth, in: The Quarterly Journal of Economics 1956, S. 77 ff.

[18] Uzawa, H.: Production Functions with Constant Elasticities of Substitution, in: The Review of Economic Studies 1961, S. 294 ff.

[19] Scheper, W.: Produktionsfunktionen mit konstanten Substitutionselastizitäten, in: Jahrbücher für Nationalökonomie und Statistik 1965, S. 1.

[20] Leontief, W.: The Structure of the American Economy 1919—1929, Cambridge/Mass. 1941, S. 36 f.

[21] Chenery, H. B.: Engineering Production Functions, in: The Quarterly Journal of Economics 1949, S. 507 ff.

[22] Gutenberg, E.: Produktion, 1. Aufl. 1951, a. a. O., S. 211 ff.

[23] Heinen, E.: Kosten, a. a. O., S. 220 ff., 285 ff.

Anschluß an die vorangegangenen Ausführungen zur Faktorkombination läßt sich dieses Typisierungsmerkmal umfassender als Struktur der produktiven Kombination bezeichnen. Anhand der drei Grundtypen einer limitationalen, substitutionalen und gemischten Kombinationsstruktur können die bekannten Produktionsfunktionen entsprechend ihren Prämissen über die betrachteten Faktorkombinationen geordnet werden. Dabei wird sich zeigen, daß für die beiden ersten Gruppen in der Literatur mehrere Beispiele bekannt geworden sind, während der verallgemeinerte Typ einer gemischt-limitationalen-substitutionalen Produktionsfunktion noch nicht in die Betrachtungen einbezogen wurde. Die Darstellung in Abbildung 8 bringt in einer Übersicht diesen Tatbestand zum Ausdruck.

Daneben bestehen weitere Kriterien[24]) für die Klassifizierung von Produktionsfunktionen: Sie ergeben sich z. B. aus dem methodischen Ansatz und bestimmen sich danach, ob neben den Faktor- und Ertragsmengen zusätzliche technische Einflußgrößen berücksichtigt werden. Die Erweiterung der Produktionsfunktion durch technische Zustandsgrößen ist insbesondere für die betriebswirtschaftliche Produktionstheorie von Bedeutung, da erfahrungsgemäß reine Mengengrößen nicht ausreichen, um den technischen Produktionsprozeß umfassend zu beschreiben. Inzwischen sind dazu zwei bedeutende Ansätze, die Engineering Production Function von Chenery und die Produktionsfunktion Typ B von Gutenberg, entwickelt worden.

Die folgenden Abschnitte beschränken sich auf die Darstellung der wichtigsten aus der Literatur bekannt gewordenen Produktionsfunktionen[25]). Die ihnen zugrundeliegenden mathematischen Modelle und produktionstheoretischen Ansätze sind danach zu prüfen, ob sie geeignet sind, den betrieblichen Produktionsprozeß in angemessener Weise quantitativ zu beschreiben.

b) Das Ertragsgesetz

Die als „Ertragsgesetz" bekannte ökonomische Interpretation und Darstellung des Produktionsprozesses ist als der historisch älteste Versuch anzusehen, den Zusammenhang zwischen Gütereinsatz und Produktionsertrag

---

[24]) Der Vorschlag, die Konstanz bzw. Variabilität der Produktionskoeffizienten als Ordnungskriterium zu verwenden (vgl. Ott, A. E.: Produktionsfunktion, technischer Fortschritt und Wirtschaftswachstum, a. a. O., S. 59 f.), kann wegen der geringen Aussagefähigkeit des Klassifizierungsmerkmals nicht befriedigen.
Das Einteilungsschema von Lassmann (vgl. Lassmann, G.: Produktionsfunktion, a. a. O., S. 36) mißt der wissenschaftstheoretischen Begründung der Produktionsfunktionen zu großes Gewicht bei; dadurch treten produktions- und kostentheoretisch relevante Tatbestände zu stark in den Hintergrund.

[25]) In diesem Zusammenhang kann auf die von der Volkswirtschaftstheorie vorgeschlagenen Weiterentwicklungen der gesamtwirtschaftlichen Produktionsfunktion verzichtet werden. Hierbei handelt es sich vor allem um Funktionen, die von der (substitutionalen) Cobb-Douglas-Produktionsfunktion abgeleitet sind, wie z. B. die CES-Funktion oder die Uzawa-Funktion. Auch für den Vorschlag Krelles, die Produktionsfunktion durch Produktionskoeffizienten zu ersetzen, scheint es im betriebswirtschaftlichen Bereich keine geeigneten Anwendungsmöglichkeiten zu geben. Vgl.: Krelle, W.: Ersetzung der Produktionsfunktion durch preis- und kapazitätsabhängige Produktionskoeffizienten, in: Jahrbücher für Nationalökonomie und Statistik 1964, S. 289 ff.

allgemeingültig zu beschreiben. Das Erfahrungsobjekt der frühesten Betrachtungen zu diesem Problem war die Landwirtschaft; es erscheint daher angemessen, zunächst nur vom „Bodenertragsgesetz" zu sprechen. Übereinstimmend wird dessen erste eindeutige Formulierung dem französischen Physiokraten A. R. J. Turgot (1727—1781) zugeschrieben[26]. Er betrachtet eine bestimmte, vorgegebene Bodenfläche (Einflüsse der Bodenqualität werden damit ausgeschaltet) und beschreibt, wie sich der Getreideertrag bei vermehrtem Einsatz von Bestellungsarbeit entwickelt. Als Ergebnis seiner Untersuchungen stellt er fest, daß zunächst ein zunehmender und später ein abnehmender Ertragszuwachs zu beobachten sei. Es wird allgemein angenommen, daß Turgot zu dieser Aussage auf der Grundlage einer Mengenbetrachtung (und nicht etwa einer Wertbetrachtung) des Faktoreinsatzes gelangt[27].

Durch Übernahme der Turgotschen Erkenntnis in die allgemeine Ertragstheorie entstand das in der traditionellen Produktionstheorie so bedeutsame Ertragsgesetz bzw. das „Gesetz vom abnehmenden Ertrag"[28]. Die inzwischen beendete Diskussion über die Interpretationsmöglichkeiten der Turgotschen Aussage wird nicht berührt; Grundlage der Betrachtung ist vielmehr die nach herrschender Meinung entwickelte Modellvorstellung des Ertragsgesetzes[29].

Gutenberg bezeichnet diese Gesetzmäßigkeit als eine Produktionsfunktion vom Typ A; sie wird folgendermaßen umschrieben: „Wenn man die Einsatzmenge[30] eines Faktors (einer Faktorgruppe) sukzessive vermehrt, dann ergeben sich zunächst zunehmende, dann abnehmende Ertragszuwächse. Nach Erreichen einer bestimmten Faktoreinsatzmenge werden die Ertragszuwächse negativ."[31]

In dieser Formulierung wird der typische S-förmige Verlauf der Ertragskurve bei partieller Faktorvariation angedeutet[32]. Die Bedingungen der partiellen Faktorvariation liegen vor, wenn die Menge des variierten Faktors verändert wird und die übrigen an der Kombination beteiligten Faktoren mengenmäßig konstant bleiben[33]. Aus dieser Tatsache allein läßt sich die

---

[26] Vgl. Black, H.: Das Gesetz des abnehmenden Bodenertrags bis John Stuart Mill, in: Annalen des Deutschen Reiches für Gesetzgebung, Verwaltung und Volkswirtschaft, München 1904, S. 146 ff.

[27] Vgl. z. B. Dlugos, G.: Kritische Analyse der ertragsgesetzlichen Kostenaussage, a. a. O., S. 16 ff.; Heinen, E.: Kosten, a. a. O., S. 168 f.

[28] Vgl. z. B. Schneider, E.: Einführung in die Wirtschaftstheorie II, a. a. O., S. 180 f.

[29] Vgl. z. B.: Jacob, H.: Zur neueren Diskussion um das Ertragsgesetz, in: ZfhF 1957, S. 598 ff.; Gutenberg, E.: Produktion, a. a. O., S. 291 ff.

[30] „Einsatzmenge" ist hier im Sinn von „Faktorverbrauchsmenge" zu verstehen.

[31] Gutenberg, E.: Produktion, a. a. O., S. 296.

[32] Ähnliche Darstellungen finden sich bei: Schneider, E.: Einführung in die Wirtschaftstheorie II, a. a. O., S. 180 ff.; Heinen, E.: Kosten, a. a. O., S. 180 ff.; Krelle, W.: Preistheorie, a. a. O., S. 52 ff.

[33] Aus den Überlegungen zur Quantifizierung des Faktorverzehrs folgt, daß es sich um Verbrauchsmengen handeln soll; vgl. S. 58 ff. dieser Arbeit.

Struktur der ertragsgesetzlichen Faktorkombination noch nicht eindeutig bestimmen. Die Mengenvariation eines Faktors bei konstanten Mengen der übrigen Faktoren könnte nämlich auch als limitationaler Produktionsprozeß mit variabler Mengenrelation des variierten Faktors gedeutet werden. Dies wäre der Fall, wenn die konstanten Faktoren a priori konstant sind und sich grundsätzlich nicht variieren lassen, während die Menge eines Faktors sich technisch-zwangsläufig mit der Ertragsmenge ändert. Substitutionalität liegt dagegen zweifelsfrei vor, wenn eine partielle Faktorvariation nicht nur für den variierten Faktor, sondern gleichermaßen auch für die bisher (zwangsweise) konstant gehaltenen Faktoren möglich ist. Von einer ertragsgesetzlichen Faktorkombination mit ausschließlich substitutionalen Faktoren kann demnach nur gesprochen werden, wenn partielle Faktorvariation für sämtliche Faktoren möglich ist und dabei zunächst zunehmende, anschließend abnehmende Ertragsmengenzuwächse auftreten. Kann nur ein Teil der Faktoren partiell variiert werden, so liegt eine gemischte Struktur der produktiven Kombination vor; diese Einschränkung des Ertragsgesetzes soll im folgenden jedoch nicht behandelt werden.

Die Struktur einer ertragsgesetzlichen Faktorkombination mit insgesamt n Faktoren läßt sich im Fall der Einproduktproduktion durch die formale Zuordnung:

$$(\varrho_1 \vee \varrho_2 \vee \ldots \vee \varrho_n) \rightarrow (\xi)$$

darstellen. Für die Produktionsfunktion gilt dementsprechend der Ansatz:

(III. 5a) $$X = f(R_1, R_2, \ldots, R_n).$$

Die verbale Aussage des Ertragsgesetzes wird z. B. durch die folgende Produktionsfunktion vom Typ A:

(III. 5b) $$X = a_0 (R_1^{\alpha_1} R_2^{\alpha_2} \ldots R_n^{\alpha_n}) / (R_1 + R_2 + \ldots + R_n)^{\beta}$$

$$= a_0 \left(\prod_{\nu=1}^{\nu=n} R_\nu^{\alpha_\nu} \right) \left(\sum_{\nu=1}^{\nu=n} R_\nu \right)^{-\beta}$$

wiedergegeben. Diese Formulierung stellt nicht den einzig möglichen Ansatz für eine ertragsgesetzliche Produktionsfunktion dar. Der hier vorgeschlagene Funktionstyp erfüllt jedoch die wesentlichen Bedingungen (Substitutionalität sämtlicher Faktoren und S-förmiger Ertragsverlauf bei partieller Faktorvariation) einer Produktionsfunktion vom Typ A[34]. Unter Berücksichtigung der Exponenten α_ν und β lassen sich drei Fälle dieser allgemeinen traditionellen Produktionsfunktion unterscheiden:

1. α_ν, β beliebig: allgemeines Ertragsgesetz; die Produktionsfunktion ist homogen[35]) vom Grade ε, wobei gilt:

---

[34]) Eine mathematische Diskussion dieser Funktion bestätigt die produktionstheoretisch geforderten Eigenschaften; vgl. Pressmar, D. B.: Ein mathematisches und geometrisches Modell der ertragsgesetzlichen Produktionsfunktion, in: ZfB 1969, S. 301 ff.

[35]) Eine Produktionsfunktion ist homogen vom Grade ε, wenn im Falle proportionaler Mengenvariation aller Faktoren der Ertrag um das $\lambda\varepsilon$-fache zunimmt. Ist $\varepsilon = 1$, dann liegt eine linearhomogene Funktion vor. Die Bedingung der Linearhomogenität gilt als typisch für die traditionelle Produktionstheorie; vgl. dazu z. B.: Krelle, W.: Preistheorie, a. a. O., S. 52;

$$\varepsilon = \sum_{\nu=1}^{\nu=n} a_\nu - \beta > 0.$$

2. a_ν beliebig, $\beta = 0$: allgemeine Cobb-Douglas-Produktionsfunktion[36])

3. $$\sum_{\nu=1}^{\nu=n} a_\nu = 1, \beta = \sum_{\nu=1}^{\nu=n} a_\nu - \varepsilon = 0:$$

linearhomogene Cobb-Douglas-Produktionsfunktion.

Die räumliche Darstellung der Produktionsfunktion vom Typ A für eine Kombination von zwei Faktoren wird als Ertragsgebirge bezeichnet[37]). Unter Verwendung des obigen Funktionsansatzes lautet die Produktionsfunktion, die ein linearhomogenes Ertragsgebirge repräsentiert:

(III. 5c) $X(R_1, R_2) = a_0 R_1^{\alpha_1} R_2^{\alpha_2} / (R_1 + R_2)^{\alpha_1 + \alpha_2 - 1}$.

In Abbildung 9 ist das perspektivische Bild dieser Produktionsfunktion wiedergegeben[38]). Die Darstellung liefert den zeichnerischen Beweis für die Erfüllung der produktionstheoretischen Prämisse. Die Linien AD_3H, $CD_2C_1C_2$ oder BVH bzw. $DH_2D_2D_4$ zeigen deutlich den S-förmigen Ertragsverlauf bei partieller Faktorvariation. Wegen der Bedingung der Linearhomogenität besteht die Oberfläche des Ertragsgebirges aus Ursprungsgeraden; als Beispiel dafür sind die Geraden OH_3H_1H bzw. OW_2W zu betrachten. Den Tatbestand der Substitutionalität demonstriert die Isoquante $I_1W_3S_2V_1I_2$. Wie die Projektion dieser Kurve auf die Koordinatenebene R_1—R_2 des Gebirges zeigt, weist sie die Form einer Tulpe auf, was anhand der beiden Wendepunkte W_3 bzw. W_3' und V_1 bzw. V_1' mathematisch nachweisbar ist[39]). Wegen der Linearhomogenität liegen — wie bereits angedeutet — sämtliche Punkte der Oberfläche auf Projektionsstrahlen, die vom Ursprung ausgehen. Dadurch liegen auch sämtliche Wendepunkte der Kurven, die sich aus waagerechten

---

Kilger, W.: Produktions- und Kostentheorie, a. a. O., S. 29; Gutenberg, E.: Produktion, a. a. O., S. 301.
Eine inhomogene Produktionsfunktion vom Typ A entsteht, wenn der obige Ansatz folgendermaßen abgewandelt wird:

$$X = a_0 \left(\prod_{\nu=1}^{\nu=n} R_\nu{}^{a_\nu} \right) \left(\sum_{\nu=1}^{\nu=n} c_\nu R_\nu{}^{\gamma_\nu} \right)^{-\beta}$$

mit $\gamma_\nu \neq \gamma_{\nu+1}$ für alle $\nu = 1 \ldots n-1$.
Weitere Klassen von Produktionsfunktionen ergeben sich, wenn die Größen $c_\nu \neq 1$ gewählt werden.

[36]) Vgl. dazu S. 101 f. dieser Arbeit.
[37]) Siehe z. B.: Gutenberg, E.: Produktion, a. a. O., S. 301.
[38]) Die zeichnerisch wiedergegebene Funktion lautet:
     $X = 2^{11.5} R_1^6 R_2^6 / (R_1 + R_2)^{11}$.
Für die Parameter α_1 und α_2 wurde jeweils der gleiche Wert gewählt, dadurch entsteht ein zur ersten winkelhalbierenden Ebene symmetrisches Ertragsgebirge. Die Werte der Exponenten bestimmten die Krümmung des S-förmigen Ertragsverlaufes; für die zeichnerische Darstellung wurde $\alpha_1 = \alpha_2 = 6$ gewählt.
[39]) Ein allgemeingültiger Beweis für die Existenz tulpenförmiger Isoquanten bei einer linearhomogenen Produktionsfunktion vom Typ A ist inzwischen von Danø gegeben worden. Siehe: Danø, S.: Industrial Production Models, Wien 1966, S. 205 ff.

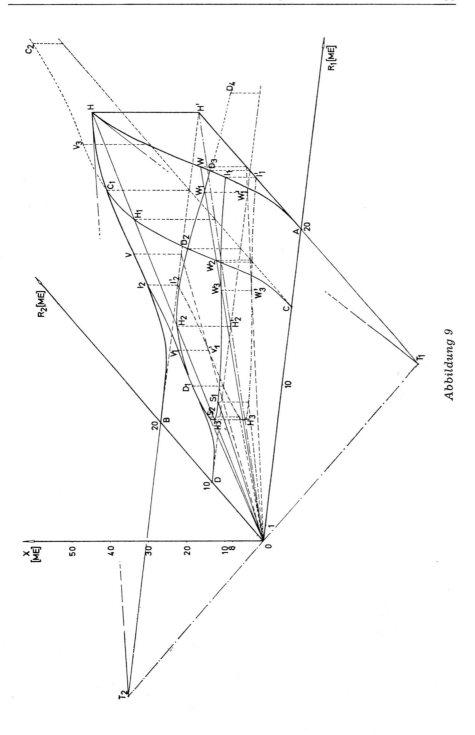

Abbildung 9

und senkrechten Schnitten durch das Ertragsgebirge ergeben, auf einem Ur-
sprungsstrahl. Die Wendepunkte der Ertragskurven bei partieller Faktorvariation sind eine Folge des voraussetzungsgemäß geforderten S-förmigen
Kurvenverlaufs. Diese Wendepunkte werden nun durch die Projektionsstrahlen auf die Isoquanten (vgl. die Punkte $WW_1W_2W_3$) abgebildet und treten
auch auf der partiellen Ertragskurve im Bereich negativer Ertragszuwächse
(vgl. die Punkte W_1 bzw. V_3) auf. Die Ursprungsgerade $OW_3W_2W_1W$ zeigt
diesen durch die lineare Projektion gegebenen Zusammenhang auf; sie verbindet sowohl die beiden Wendepunkte W_1, W und W_2 der partiellen Ertragskurven miteinander und berührt zugleich den Tangentialpunkt W_3 der Isoquante. Aus der Forderung „S-förmiger Ertragsverlauf bei partieller Faktorvariation" und aus der Bedingung „Linearhomogenität" folgt also zwangsläufig die Existenz tulpenförmiger Isoquanten[40]) mit den in Abbildung 9
dargestellten Eigenschaften.

Zum Schluß dieser Darstellung des Ertragsgesetzes erhebt sich die Frage, ob
es sinnvoll bzw. produktionstheoretisch begründet ist, das Modell der Produktionsfunktion vom Typ A auf den Bereich der industriebetrieblichen
Leistungserstellung anzuwenden. Eine Klärung dieser Frage setzt voraus,
daß die Prämissen der ertragsgesetzlichen Faktorkombination auch für die
industrielle Kombination der Produktionsfaktoren erfüllt sind. Dabei spielen
sowohl Kombinationsstruktur als auch Aggregationsgrad der Faktoren eine
Rolle. Die empirischen Untersuchungen zum Nachweis des Bodenertrags-
gesetzes in der landwirtschaftlichen Produktion basieren auf relativ stark
disaggregierten Faktoren. Damit ergeben sich ähnliche Ausgangspunkte der
Betrachtung, wie sie auch für die industrielle Leistungserstellung zweckmäßig scheinen. Somit bleibt noch zu prüfen, in welchem Umfange die industrielle Faktorkombination sich durch eine substitutionale Struktur auszeichnet. Die wesentliche Kritik bezüglich der Relevanz des Ertragsgesetzes für
die industrielle Produktion setzt an dieser Prämisse der Substitutionalität an.
So stellt z. B. Gutenberg anhand zahlreicher Beispiele fest, daß vor allem
bei mechanischen Produktionsprozessen Limitationalität besteht und daher
die Produktionsfunktion vom Typ A mindestens für die industrielle Produktion als nicht repräsentativ abzulehnen sei[41]). Daraus kann jedoch nicht geschlossen werden, eine substitutionale Produktionsfunktion sei für die betriebswirtschaftliche Produktionstheorie irrelevant[42]).

Ein Nachteil der ertragsgesetzlichen Produktionsfunktion ist in ihrem theoretischen Ansatz begründet. Dieser gestattet nur, zwischen Mengengrößen

---

[40]) Auf eine ähnliche Isoquantenform wird auch bei: Albach, H.: Zur Verbindung von Produktionstheorie und Investitionstheorie, a. a. O., S. 163, Fußnote 46, hingewiesen.

[41]) Gutenberg, E.: Produktion, a. a. O., S. 308 ff.

[42]) Ebenda, S. 306; mit der Anerkennung substitutionaler Faktorkombinationen im indu-
striellen Bereich ist jedoch die Interpretation des Ertragsgesetzes, wie sie von Schneider
(Schneider, E.: Einführung in die Wirtschaftstheorie II, a. a. O., S. 170, 195 ff.) bzw. Danø
(Danø, S.: A Note on Factor Substitution in Industrial Production Processes, a. a. O.) vor-
genommen wird — nämlich als eine Substitution zwischen zeitlicher und intensitätsmäßiger
Anpassung —, nicht gemeint (vgl. dazu S. 108 f. dieser Arbeit).

des Faktorverzehrs und des Ertrages eine funktionale Beziehung herzustellen; technische Einflußgrößen[43]) des industriellen Produktionsprozesses
sind nicht vorgesehen. Dadurch ist es unmöglich, die Wirkungen der technologischen Gesetzmäßigkeiten explizit zum Ausdruck zu bringen.

c) Cobb-Douglas-Produktionsfunktion

Ihrem Aufbau nach ist die Cobb-Douglas-Produktionsfunktion ein Spezialfall der Produktionsfunktion Typ A. Sie beschreibt eine substitutionale
Faktorkombination

$$(\varrho_1 \vee \varrho_2 \vee \ldots \vee \varrho_n) \rightarrow (\xi)$$

durch die Funktion[44])

(III. 6a) $\qquad X = f(R_1, R_2, \ldots, R_n) = R_1^{a_1} R_2^{a_2} \ldots R_n^{a_n}.$

Aus der mathematischen Formulierung ergibt sich, daß der Ertragsverlauf
bei partieller Faktorvariation im Unterschied zum Ertragsgesetz ausschließlich abnehmenden Ertragszuwachs aufweist. Unter der Bedingung

(III. 6b) $$\sum_{\nu=1}^{\nu=n} a_\nu = 1$$

zeichnet sich die Cobb-Douglas-Produktionsfunktion durch Linearhomogenität aus[45]).

Der empirische Nachweis für die Existenz einer derartigen Produktionsfunktion gelang 1928 auf der Grundlage einer statistischen Analyse. Es wurde der
Zusammenhang zwischen der gesamtwirtschaftlichen Industrieproduktion
und dem Einsatz der beiden Produktionsfaktoren Arbeit und Kapital untersucht. Als empirisches Datenmaterial werden Angaben über den jährlichen
Aufwand an Arbeit und Kapital einer Volkswirtschaft verwendet. Insofern
läßt sich die Faktoreinsatzmenge mit der Faktorverbrauchsmenge gleich-
setzen. Die quantitative Aussage bezieht sich demnach auf eine gesamtwirtschaftliche Faktorkombination aus hoch aggregierten Faktoren.

Für die betriebswirtschaftliche Produktionstheorie ist von Bedeutung, ob
dieser empirisch gefundene Funktionszusammenhang für den Sektor der
industriellen Leistungserstellung repräsentative Gültigkeit beanspruchen
kann. Die substitutionale Struktur der Faktorkombination läßt sich u. a. mit
dem hohen Aggregationsgrad der Faktoren erklären; hier wird die Tendenz
zur Substitutionalität bei zunehmender Aggregierung sichtbar. Durch die
Struktur der produktiven Kombination ist zugleich das mathematische
Modell der Produktionsfunktion festgelegt. Da es nur für ausschließlich
substitutionale Faktorkombinationen in Frage kommt, hat es ebenso wie der

---

[43]) Gutenberg, E.: Produktion, a. a. O., S. 316.
[44]) Cobb, C. W. und P. H. Douglas: A Theory of Production, a. a. O., S. 139 ff.
[45]) Zum Beweis: $f(\lambda R_1, \lambda R_2, \ldots, \lambda R_n) = \lambda f(R_1, R_2, \ldots, R_n)$.

Ansatz einer Produktionsfunktion vom Typ A im betriebswirtschaftlichen Bereich eine untergeordnete Bedeutung. Dazu kommt der bereits im Zusammenhang mit dem Ertragsgesetz erwähnte Nachteil, daß die Cobb-Douglas-Produktionsfunktion eine Möglichkeit zur Berücksichtigung technologischer Einflußgrößen nicht vorsieht.

d) Leontief-Produktionsfunktion

Ausgehend von der Überlegung, daß die industrielle Ertragsfunktion alle natürlichen und technischen Gegebenheiten des industriellen Produktionsprozesses widerspiegeln müsse, werden von Leontief neue Prämissen für die industrielle Faktorkombination und deren Eigenschaften aufgestellt[46]). Die technologischen Gesetzmäßigkeiten der industriellen Produktion erzwingen es, daß die Faktormengen in einem festen Verhältnis zur Ertragsmenge stehen. Mit dieser Feststellung wird die von der traditionellen Ertragstheorie akzeptierte Substitutionalität abgelehnt und für die produktive Kombination Limitationalität gefordert. Da Leontief eine wesentliche Ursache für das Festhalten an der Vorstellung substitutionaler Faktoren in dem nicht mehr vertretbaren Ausmaß der Faktoraggregation sieht, gehen seine Untersuchungen von stärker differenzierten Produktionsfaktoren aus. Seine statistischen Auswertungen zum Nachweis der Existenz einer limitationalen Produktionsfunktion behalten zwar den makroökonomischen Blickwinkel der Produktionstheorie bei, an die Stelle der Faktoren Arbeit und Kapital treten aber jetzt eigenständige, differenzierte Produktionsfaktoren. Sie beziehen sich auf einzelne Maschinenarten, einzelne Arbeitsarten, einzelne Rohstoffarten usw.

Auf dieser Grundlage einer limitationalen Faktorkombination entwickelt sich die Leontief-Produktionsfunktion. Aus der Struktur der produktiven Kombination von der Form

$$(\varrho_1 \wedge \varrho_2 \wedge \ldots \wedge \varrho_n) \rightarrow (\xi)$$

ergibt sich, daß diese Produktionsfunktion durch so viele (linearhomogene) Gleichungen[47]) wiedergegeben wird, wie verschiedenartige Produktionsfaktoren an der Kombination beteiligt sind. Für n beteiligte Faktoren gilt daher:

(III. 6c) $\qquad\qquad\qquad R_\nu = a_\nu X; \quad \nu = 1 \ldots n.$

Die Produktionskoeffizienten werden als in der Regel konstante Parameter des Gleichungssystems betrachtet, so daß hier die Bedingungen der Linearhomogenität erfüllt sind. Daneben werden als Sonderfälle weitere nichtlineare homogene Funktionen zugelassen, die z. B. den Fall betreffen, daß eine Verdreifachung der Faktoreinsatzmengen nur eine Verdoppelung der Ertragsmenge bewirkt. Der allgemeine Fall einer nichtlinearen Limitationalität[48]) wird von Leontief nicht in den Rahmen seiner Überlegungen ein-

---

[46]) Vgl.: Leontief, W.: The Structure of the American Economy 1919—1929, a. a. O., S. 36 ff.

[47]) Ebenda, S. 37.

[48]) Vgl. dazu auch die Kritik bei: Tintner, G.: Handbuch der Ökonometrie, a. a. O., S. 136.

bezogen. Diese Ausklammerung ist insofern zu verstehen, als z. B. der Tatbestand einer intensitätsmäßigen Anpassung der Faktorkombination in diesem Zusammenhang nicht untersucht wird.

Das Modell der Leontief-Produktionsfunktion hat allein wegen der teilweisen Disaggregation der Faktorkombination eine größere Bedeutung für die betriebswirtschaftliche Produktionstheorie. Dazu kommt, daß es auf einer für viele industrielle Produktionsprozesse typischen Faktorkombination mit limitationaler Struktur aufgebaut ist. Wegen der auch hier noch vorherrschenden makroökonomischen Sicht der Produktionstheorie sind jedoch im theoretischen Ansatz dieses Modells die nur anhand technischer Einflußgrößen erfaßbaren Tatbestände der Produktionstechnologie in unzureichendem Maße berücksichtigt.

e) Engineering Production Function

Der von Chenery (1949) geprägte Begriff Engineering Production Function[49] deutet bereits das wesentliche Merkmal der Weiterentwicklung des produktionstheoretischen Ansatzes für die Produktionsfunktion an. Außer den ökonomischen Mengengrößen (economic variables) werden in den Ansatz zusätzliche technische Einflußgrößen (engineering variables) einbezogen[50]. Die Produktionsfunktion paßt sich damit in besonderem Maße dem Fundament technischer Gesetzmäßigkeiten an, auf welchem sich jede industrielle Produktion vollzieht.

Die Neuorientierung der Produktionstheorie an den technischen Gegebenheiten des Produktionsprozesses wirft drei Probleme auf[51]:

1. Untergliederung des Produktionssektors in technisch selbständige Produktionsverfahren, die einer funktionalen Beschreibung zugänglich sind,

2. Herleitung einer mathematischen Beziehung, die den Zusammenhang zwischen den ökonomischen und den technischen Variablen der Produktion wiedergeben kann,

3. Kombination der Produktionsfunktionen einzelner technischer Verfahren zur Produktionsfunktion des Gesamtbetriebes.

Die Faktorkombination, aus welcher die Produktionsfunktion abgeleitet ist, trägt makroökonomische Züge. Chenery betrachtet nicht das Produktionsverhalten einer bereits realisierten Anlage, er untersucht vielmehr den Faktorverzehr und die Leistungsbedingungen einer Produktionstechnologie,

---

[49] Chenery, H. B.: Engineering Production Functions, a. a. O., S. 507 ff.; derselbe: Process and Production Functions from Engineering Data, a. a. O., S. 297 ff.

[50] Ein ähnlicher Versuch wird auch von Ferguson unternommen; siehe Ferguson, A. R.: Commercial Air Transportation in the United States, in: The Structure of the American Economy, a. a. O., S. 421 ff.

[51] Chenery, H. B.: Process and Production Functions from Engineering Data, a. a. O., S. 298, 302.

eines bestimmten technischen Verfahrens, wie etwa Erdgastransport mit
Hilfe von Pipelines, Übertragung elektrischer Energie durch Freileitungen,
elektrolytische Trennung chemischer Substanzen usw.[52]. Das hiermit be-
handelte Problem kann auf die Formulierung gebracht werden: Wie sollte
der Ingenieur eine Produktionsanlage entwerfen, damit sie eine bestimmte
Produktionsaufgabe z. B. kostenminimal lösen kann? Die produktionstheoretische Betrachtung konzentriert sich hierbei auf das Problem der Gestaltung und Auslegung von Produktionsanlagen, während die Fragen im Zusammenhang mit dem Betrieb und dem Einsatz vorhandener technischer
Einrichtungen in den Hintergrund treten.

Die Produktionsfaktoren sind aggregiert; sie bezeichnen Kategorien von Einsatzstoffen des Produktionsprozesses: Material, Kapital (capital goods),
Arbeit und Energie. Im Faktor „capital goods" sind z. B. sämtliche technischen Einrichtungen eines Produktionsverfahrens summarisch zusammengefaßt und in Geldeinheiten ausgedrückt. Sowohl Einsatzstoffe als auch
Erzeugnisse einer Faktorkombination werden durch eine oder mehrere technische Einflußgrößen charakterisiert. Es handelt sich dabei um technologisch
relevante Qualitätsmerkmale der Faktoren, wie z. B. Härte und Dichte eines
festen Einsatzstoffes, Artgewicht und Viskosität von Flüssigkeiten, Spannung
und Stromstärke der elekrischen Energie oder technische Daten (Drehzahlen,
Maximalleistung, Gewicht usw.) der Produktionsanlagen.

Das Gleichungssystem des quantitativen Faktorkombinationsprozesses besteht zunächst aus drei Teilen. Die Materialtransformationsfunktion stellt
eine Beziehung zwischen den Produktmengen des Prozesses X_i und dem
Energieverbrauch E und den technischen Eigenschaften der Einsatzmaterialien und der Produkte her. Der Energieverbrauch wird seinerseits durch die
Energieverbrauchsfunktion beschrieben. Sie gibt die vom Produktionsprozeß
geforderte Energiemenge in Abhängigkeit der technischen Einflußgrößen der
Produktionsanlagen wieder. Schließlich bestimmen die „Einsatzfunktionen"
(Input Functions) den mengenmäßigen Verbrauch der übrigen Einsatzfaktoren. Die Faktormengen Y_i sind ebenfalls von technischen Einflußgrößen
des Produktionsprozesses funktional abhängig.

Werden sämtliche technischen Einflußgrößen mit π_i (process variables) bezeichnet, so lautet die Materialtransformationsfunktion:

(III. 7a) $F(X_i, \pi_i, E) = 0,$

für die Energieverbrauchsfunktion gilt[53]:

(III. 7b) $E = E(\pi_i^*)$

und die Input Functions haben die Gestalt:

(III. 7c) $Y_i = Y_i(\pi_i).$

---

[52]) Chenery, H. B.: Process and Production Functions from Engineering Data, a. a. O.,
S. 312 ff., 325.

[53]) Das Symbol π_i^* soll eine bestimmte Auswahl aus sämtlichen Größen π_i bezeichnen.

Die Engineering Production Function entsteht dadurch, daß die Größe E in der Materialtransformationsfunktion durch die Energieverbrauchsfunktion ersetzt wird; damit gilt die Beziehung:

(III. 7d)
$$F(X_i, \pi_i, E(\pi_i{}^*)) = 0.$$

Damit besteht das Modell der Produktionsfunktion von Chenery aus zwei Teilen, der Engineering Production Function und den Input Functions.

Die Bedeutung des methodischen Ansatzes einer um technische Einflußgrößen erweiterten Produktionsfunktion für die betriebswirtschaftliche Produktionstheorie steht außer Zweifel. Durch Verbindung der ökonomisch relevanten Mengengrößen mit den technologischen Variablen der Produktion nähert sich die Produktionstheorie in entscheidendem Maße der Realität an.

Allerdings läßt sich der Ansatz von Chenery im Bereich der betrieblichen Leistungserstellung nur dem Prinzip nach anwenden. Die makroskopische Sicht der Produktionsaufgabe einerseits und die globale Definition der Faktorkombination andererseits läßt technisch präzise Aussagen für sämtliche Arten des Faktorverbrauches nicht zu. Der Verbrauch an Verschleißteilen, der Faktorverzehr für Wartung, Schmierung usw. hängt beispielsweise in einem solchen Maße von der konstruktiven Gestaltung einer Produktionsanlage ab, daß er sich anhand von Kenndaten der Produktionstechnologie nicht hinreichend genau erfassen läßt. Außerdem können Umwelteinflüsse und die jeweiligen Betriebsbedingungen den Produktionsprozeß so beeinflussen, daß selbst Produktionsanlagen des gleichen Typs unterschiedliche Leistungen und Faktorverbräuche aufweisen können. Wegen der globalen und nur an der Verfahrenstechnik orientierten Betrachtungsweise fehlt bei Chenery auch die Möglichkeit, Wirkungen einer intensitätsmäßigen Anpassung der Produktionsanlagen im Rahmen der Produktionsfunktion zum Ausdruck zu bringen.

Die Formulierung einer Produktionsfunktion, wie sie Chenery vorschlägt, läßt nicht erkennen, daß die strukturellen Merkmale der produktiven Kombination in geeigneter Weise berücksichtigt werden. Es fehlt der Hinweis, wie im Einzelfall die komplizierten Verflechtungen auf der Einsatz- und Ertragsseite der Faktorkombination im mathematischen Modell der Produktionsfunktion darzustellen sind.

Schließlich muß bezweifelt werden, ob im Rahmen einer ökonomischen Betrachtung des Produktionsprozesses der Faktor Energie jene Sonderstellung hat, die ihm Chenery bei der Formulierung der Engineering Production Function einräumt. Selbstverständlich ist eine Produktion ohne Energiezufuhr, ohne Energiewandlung nicht möglich; für die ökonomisch relevante Leistungserstellung haben jedoch die anderen Faktoren im Kombinationsprozeß die gleiche Bedeutung wie der Faktor Energie. Es spricht daher nichts dagegen, den Produktionsfaktor Energie im Modell der Produktionsfunktion so zu behandeln wie alle übrigen Faktoren der betrachteten produktiven Kombination.

f) Gutenberg-Produktionsfunktion[54])

f1) Darstellung des theoretischen Fundaments

Das charakteristische Merkmal der Gutenberg-Produktionsfunktion besteht darin, daß sie eine produktive Kombination beschreibt, deren Faktoreinsatzmengen nicht frei, d. h. im Sinne einer substitutionalen Kombination variierbar sind. Die Einsatzmenge eines jeden Faktors wird — unabhängig von den Mengen anderer an der Produktion beteiligter Faktoren — ausschließlich von der Produktionsleistung und den technischen Eigenschaften der Produktionsanlagen bestimmt. Daraus geht hervor, daß die der Gutenberg-Produktionsfunktion zugrundeliegende Faktorkombination in ihrer Struktur durch Limitationalität gekennzeichnet ist.

Das Merkmal der Limitationalität hat die Gutenberg-Produktionsfunktion mit der Leontief-Produktionsfunktion gemeinsam. Im Unterschied zu den Untersuchungen Leontiefs bestand das Ziel Gutenbergs darin, im Rahmen der betriebswirtschaftlichen Theorie eine Produktionsfunktion des Betriebes zu entwickeln. Bei der quantitativen Beschreibung des Produktionsprozesses sollten neben der Faktormenge auch die technologischen Gesetzmäßigkeiten der Produktion und die konstruktiven Eigenschaften der Produktionsanlagen Berücksichtigung finden.

Die Aussage der Gutenberg-Produktionsfunktion bezieht sich auf die Faktorkombination des Gesamtbetriebes, indem sie letztlich versucht, den Faktorverzehr in Abhängigkeit von der Beschäftigung des Betriebes darzustellen[55]). Allerdings geht die Untersuchung von einer produktiven Kombination aus, die anstelle der aggregierten Elementarfaktoren Arbeit, Betriebsmittel, Werkstoffe höchst differenzierte Produktionsfaktoren wie Arbeit der Art I, Arbeit der Art II oder Werkstoff der Sorte A bzw. Werkstoff der Sorte B oder Energieträger (wie Gas, Strom, Benzin, Kohle), Werkzeuge (Drehstähle, Fräser), Verschleißteile, Schmiermittel usw. enthält. Analog zur Disaggregation der Faktoren setzt nun eine differenzierende, analytische Betrachtung der industriellen Produktion ein. Gutenberg hat erkannt, daß sich die technologisch begründeten Gesetzmäßigkeiten zwischen Faktorverbrauch und Produktionsleistung nur dann erfassen lassen, wenn der Gesamtbetrieb in technisch selbständige Produktionsanlagen (Betriebsmittel) untergliedert wird. Damit kommt zum Ausdruck, daß der Faktorverzehr nur mittelbar über die dazwischen liegenden Produktionsanlagen eine Abhängigkeit zur Produktionsleistung aufweist. Für diese so entstandenen technischen Aggre-

---

[54]) Gutenberg bezeichnet diese Produktionsfunktion als eine Produktionsfunktion vom Typ B; siehe: Gutenberg, E.: Produktion, a. a. O., S. 314 ff.

[55]) Ebenda, S. 320.

gate[56]) (Teile des Betriebsmittelbestandes) ist es nunmehr möglich, den Zusammenhang zwischen Faktorverbrauch und Aggregatleistung abzuleiten. Gutenberg nennt Funktionen, die diesen Zusammenhang wiedergeben, Verbrauchsfunktionen.

Aus der Tatsache, daß ein Teil der unter dem Elementarfaktor Betriebsmittel subsumierten Faktoren, insbesondere die technischen Aggregate, mit variierbarer Leistungsabgabe, d. h. mit unterschiedlich intensiver Nutzung, am Produktionsprozeß teilnehmen, hält es Gutenberg für zweckmäßig, dafür den Begriff des Potentialfaktors einzuführen. Nach seiner Definition sind als Potentialfaktoren solche Faktoren anzusehen, die mit größerer oder geringerer Intensität genutzt werden können[57]). Außer den Produktionsanlagen (Aggregaten) wird auch der Faktor Arbeit zu den Potentialfaktoren gezählt. Potentialfaktoren repräsentieren ein „Bündel von Leistungen", aus dem so lange Nutzungen entnommen werden können, bis es sich erschöpft hat. Wie schnell dieser Leistungsvorrat verbraucht ist, hängt von der Inanspruchnahme des Potentialfaktors ab. Der Abbau des Leistungspotentials läßt sich oftmals phänomenologisch nicht wahrnehmen, so daß Potentialfaktoren trotz ihres Verbrauches als „bestandsmäßig konstant" angesehen werden.

In der formalen Darstellung lautet die Funktion für den mengenspezifischen Verbrauch[58]) des Faktors ϱ_i im Aggregat j:

(III. 8a) $r_{ij} = f_{ij} (d_j, z_{1j}, z_{2j}, \ldots, z_{\nu j}),$

dabei bedeutet:

r_{ij} (ME/ME): die im Aggregat j auf eine Ausbringungsmengeneinheit bezogene Faktorverbrauchsmenge des Faktors i,

d_j (ME/ZE): Produktionsleistung[59]) des Aggregates j,

$z_{1j} \ldots z_{\nu j}$: Einflußgrößen der z-Situation (technisch-konstruktive Merkmale) des Aggregates j; wie z. B. Hubraum eines Motors, die Art der Ausmauerung eines Ofens usw.

Beschränkt sich die Betrachtung auf einen gegebenen Betriebsmittelbestand, dessen technische Eigenschaften der z-Situation als unveränderlich angenommen werden, so kann sich der Faktorverbrauch nur noch mit einer Variation

---

[56]) Dieser Begriff ist nicht mit dem vor allem in der Volkswirtschaftslehre gebräuchlichen Wort Aggregat als Bezeichnung eines aggregierten, meist in Geldeinheiten ausgedrückten Produktionsfaktors zu verwechseln.

[57]) Gutenberg, E.: Produktion, a. a. O., S. 314, 325.

[58]) Aus den praktischen Beispielen für Verbrauchsfunktionen geht hervor, daß Gutenberg den mengenspezifischen Verbrauch betrachtet; siehe Gutenberg, E.: Produktion, a. a. O., S. 314 (Abb. 20), 322 (Abb. 20 a, 20 b).
An Stelle der mengenspezifischen Faktorverbräuche läßt sich das System der Verbrauchsfunktionen auch auf der Basis von zeitspezifischen Mengengrößen in gleicher Weise entwickeln; siehe: Kilger, W.: Produktions- und Kostentheorie, a. a. O., S. 56 f.

[59]) Die Aggregatleistung kann nach Gutenberg auch z. B. durch Umdrehungszahlen oder Schnittgeschwindigkeiten usw. gemessen werden; siehe: Gutenberg, E.: Produktion, a. a. O., S. 315, 318.

der Aggregatleistung d ändern. Abgesehen von dem konstanten Einfluß der jeweiligen z-Situation des betrachteten Aggregates vereinfacht sich die Verbrauchsfunktion zu der Form:

(III. 8b) $$r_{ij} = f_{ij} (d_j).$$

Besteht nun die Möglichkeit, eine funktionale Beziehung zwischen der Beschäftigung x des Betriebes (ausgedrückt in ME/ZE) und der Aggregatleistung d_j herzuleiten, so kann die Verbindung zwischen Faktorverbrauch und Beschäftigung hergestellt werden. Gilt also für die Aggregatleistung

(III. 8c) $$d_j = \varphi_j(x),$$

dann läßt sich für die Verbrauchsfunktion schreiben:

(III. 8d) $$r_{ij} = f_{ij} (\varphi_j(x)) = \Phi_{ij}(x).$$

Die gesamtbetriebliche Einsatzmenge $\bar{r}_i$ des Faktors ϱ_i ergibt sich durch Summation (Aggregierung) der aggregatbezogenen Faktorverbräuche über sämtliche im Betrieb vorhandenen Aggregate:

(III. 8e) $$\bar{r}_i = \sum_{j=1}^{m} r_{ij} = \sum_{j=1}^{m} f_{ij} (\varphi_j(x)) = \sum_{j=1}^{m} \Phi_{ij} (x).$$

Eine Beziehung von der Form:

(III. 8f) $$\bar{r}_i = \sum_{j=1}^{m} \Phi_{i*j} (x)$$

existiert auch für den Verbrauch der Werkstoffe (Einsatzfaktoren $\varrho_i{}^*$), so daß es nicht erforderlich ist, hier ein besonderes System von Verbrauchsfunktionen zu entwerfen[60]). Umfaßt die produktive Kombination des Betriebes insgesamt n Einsatzfaktoren $\varrho_1 \ldots \varrho_n$, so besteht die Gutenberg-Produktionsfunktion aus einem System von n Gleichungen, das eine Kombination mit der Struktur

$$(\varrho_1 \wedge \varrho_2 \wedge \ldots \wedge \varrho_n) \rightarrow (\xi)$$

beschreibt.

f2) „Substitution" zwischen zeitlicher und intensitätsmäßiger Anpassung der Faktorkombination

Während die Untersuchungen Gutenbergs klar gezeigt haben, daß die industrielle Faktorkombination vorwiegend limitationalen Charakter aufweist, vertreten z. B. Schneider und Danø die Meinung, es sei gerade bei maschinellen Produktionsprozessen eine Substitutionalität der Faktoren zu beobachten. Schneider belegt seine Ausführungen mit einem Beispiel[61]). Die Produktionsmenge X einer Maschine während des Betrachtungszeitraums

---

[60]) Gutenberg unterscheidet zwischen dem mittelbaren und einem unmittelbaren Faktoreinsatz (Werkstoffe) und bringt dies auch formal durch besondere Schreibweise der Verbrauchsfunktionen für Werkstoffe zum Ausdruck; vgl. Gutenberg, E.: Produktion, a. a. O., S. 225.

[61]) Schneider, E.: Einführung in die Wirtschaftstheorie II, a. a. O., S. 170, 195 ff.

von einem Tag soll in km/Tag gemessen werden. Aus der täglichen Produktionszeit t(h) und der Stundengeschwindigkeit z(km/h) läßt sich die tägliche Kilometerleistung als

(III. 8g) $$X = z \, t$$

berechnen. Die Faktormenge des Treibstoffs ist z. B. von der Stundengeschwindigkeit abhängig und bestimmt sich nach der zeitspezifischen Verbrauchsfunktion $y = f(z)$. Die tägliche Treibstoffmenge ergibt sich demnach aus der Multiplikation von zeitspezifischem Faktorverbrauch und Produktionszeit. Auf ähnliche Weise ermittelt Schneider den täglichen Verzehr des Faktors Arbeit entsprechend der anfallenden Nutzungszeit. Da sich eine konstante Tagesproduktion mit mehreren verschiedenen Kombinationen von Stundengeschwindigkeit und Produktionszeit erzielen läßt, ergeben sich für den täglichen Faktorverbrauch bei gleicher Produktion unterschiedliche Faktormengen. Daraus zieht Schneider die Schlußfolgerung: „Die beiden Faktoren ‚Treibstoff' und ‚menschliche Arbeit' sind kontinuierlich substituierbar."[62] Ähnlich argumentiert Danø: „By letting labour and machine-time vary it is possible to get the same amount of output with different combinations of power and machine-plus-operator-time, which are therefore substitutable factors of production."[63]

Unbestreitbar ist hier von einer Substitution zwischen Zeit- und Mengengrößen oder — genauer ausgedrückt — zwischen Produktionszeit und Aggregatleistung (Stundengeschwindigkeit) die Rede. Diese Art von Substitution ist daher nichts anderes als eine Kombination der beiden von Gutenberg bereits dargestellten Anpassungsformen[64], der zeitlichen und der intensitätsmäßigen Anpassung. Die Möglichkeit zu kombinierter Anpassung ist kein Beweis für Substitutionalität der Faktorkombination. Die Ausführungen Gutenbergs machen gerade deutlich, daß derartige Anpassungsvorgänge für die durch Limitationalität gekennzeichnete industrielle Faktorkombination typisch sind.

Diese Art von „Substitutionalität" läßt sich mit den bereits definierten Eigenschaften einer substitutionalen Faktorkombination nicht vereinbaren und muß daher abgelehnt werden. Eine Begründung dafür ergibt sich allein aus der bereits erwähnten Tatsache, daß eine Zeitgröße als Maß für den Faktoreinsatz ungeeignet ist. Wie außerdem nachgewiesen wurde, lassen sich eindeutige Aussagen zum Faktormengenverzehr nur unter den Prämissen einer zeitlich homogenen Produktion machen. Die Annahme variabler Produktionszeit bzw. eines variablen Betrachtungszeitraums verstößt gegen

---

[62] Schneider, E.: Einführung in die Wirtschaftstheorie II, a. a. O., S. 170.

[63] Danø, S.: A Note on Factor Substitution in Industrial Production Processes, a. a. O., S. 167. Mit ähnlichen Argumenten versucht auch Meyer, für die industrielle Produktion die Existenz einer substitutionalen Produktionsfunktion nachzuweisen; vgl.: Meyer, A.: Das Ertragsgesetz in der Industrie, Bern 1951.

[64] Siehe: Gutenberg, E.: Produktion, a. a. O., z. B. Seite 343 ff. (intensitätsmäßige Anpassung), Seite 344 f. (zeitliche Anpassung).

diese für die Produktionstheorie so bedeutsame Voraussetzung. Damit erweist sich das zum Beweis der Faktorsubstitution angeführte Beispiel als
nicht stichhaltig.

f3) Würdigung der Gutenberg-Produktionsfunktion

Die Produktionsfunktion vom Typ B kann zweifellos als wesentliches Fundament für die Weiterentwicklung der betriebswirtschaftlichen Produktionstheorie angesehen werden. In Verbindung mit der Kostentheorie wurde sie
die Basis der unternehmerischen Planungsrechnung und kann damit als
Kristallisationskern für eine umfassende betriebswirtschaftliche Entscheidungstheorie gelten[65]. Trotzdem erscheint es sinnvoll, Modifikationen und
Erweiterungen dieser Produktionsfunktion vorzunehmen, um den Produktionsprozeß in seiner Realität noch besser darstellen zu können.

Ein offenbar nicht geklärtes Problem ergibt sich zunächst aus der Stellung
des Potentialfaktors innerhalb der produktiven Kombination und im Rahmen der Gutenberg-Produktionsfunktion. So betont Kilger, daß für den
Potentialfaktor keine Verbrauchsfunktionen existieren[66], da er nur einem
fixen, kalenderzeit-konstanten Verschleiß unterworfen sei. Im Unterschied
dazu spricht Gutenberg davon, daß das Leistungspotential dieser Faktoren
gerade in Abhängigkeit von deren Nutzung verzehrt werde[67]. Die oftmals
vollzogene Gleichsetzung von Aggregat und Potentialfaktor[68] verwischt
den Unterschied zwischen dem meßbaren Verbrauch an Verschleißteilen
der Maschine und dem der Maschine innewohnenden technischen Potential,
das der Produktion dienstbar ist. Es hat den Anschein, als ob in die so erfolgreiche analytische Betrachtung des Produktionsprozesses die einzelne Produktionsanlage, das technische Aggregat, noch nicht zweckentsprechend einbezogen wurde.

Eine andere Schwierigkeit ergibt sich bei dem Versuch, die Produktionsfunktion des Gesamtbetriebes abzuleiten. Zwar ist der Gedanke einleuchtend, daß mit Hilfe der Funktion $\varphi_j(x)$[69] eine Beziehung zwischen der Beschäftigung des Betriebes und der Aggregatleistung dargestellt werden
kann. Diese Funktion läßt sich nur in wenigen Ausnahmefällen explizit angeben. Sie ist eindeutig bestimmt, wenn z. B. zwischen dem Beschäftigungsgrad x des Betriebes und der Aggregatleistung d_j eine technologisch bedingte Gesetzmäßigkeit besteht. Das ist der Fall, wenn der Betrieb nur aus
einer Produktionsanlage besteht oder wenn die Aggregate des Betriebes
technisch so verkettet sind, daß ihre Produktionsleistung in einem vorgegebenen Verhältnis zur Beschäftigung steht.

---

[65]) Vgl. z. B.: Jacob, H.: Produktionsplanung und Kostentheorie, a. a. O., S. 205 ff.

[66]) Kilger, W.: Produktions- und Kostentheorie, a. a. O., S. 60.

[67]) Gutenberg, E.: Produktion, a. a. O., S. 314.

[68]) Heinen, E.: Kosten, a. a. O., S. 251.

[69]) Gutenberg, E.: Produktion, a. a. O., S. 319 f.

Dagegen ist es z. B. im Fall des Mehrproduktbetriebes mit verbundener Produktion nicht möglich, das System der Funktionen

(III. 8h) $$d_j = \varphi_j (x)$$

allein mit den Mitteln der Produktionstheorie zu bestimmen. Die Einsatzbedingungen der einzelnen Aggregate sind zwar auch hier durch die technologischen Erfordernisse des Produktionsprozesses in bestimmten Grenzen vorgegeben. Innerhalb dieses technischen Einsatzspielraumes wird jedoch die im Einzelfall in Frage kommende Maschinenverwendung, d. h. die erforderliche Produktionszeit und die jeweilige Produktionsleistung d, durch eine am Unternehmensziel orientierte Produktionsplanung des Gesamtbetriebs festgelegt. Eine solche Planung kann sich aber nicht ausschließlich auf Mengengrößen des Faktoreinsatzes stützen, sie ist nur durchführbar, wenn die einzelnen Faktormengen zu Kosten bewertet werden. Eine Faktorbewertung ist notwendig, weil der Faktorverbrauch des einen Faktors gegen den Verbrauch des zweiten Faktors abgewogen werden muß, wenn etwa eine von zwei konkurrierenden Maschinen eine gegebene Produktionsaufgabe durchführen soll. Außerdem fordert die Gegenüberstellung von Erlösen und Kosten eine Planung auf der Grundlage monetärer Größen. Die Einsatzbedingungen der Aggregate, d. h. die geforderten Leistungen d_j, können sich auch bei konstantem Mengengerüst der Produktion bereits ändern, wenn die Faktorpreise variieren, wenn sich also der Bewertungsmaßstab für die Faktorverbrauchsmengen verschiebt.

Aus diesen Überlegungen wird deutlich, daß es gar nicht zweckmäßig ist, eine nur das Mengengerüst darstellende Produktionsfunktion des Gesamtbetriebes zu entwickeln. Die Aufgabe der Produktionstheorie ist vielmehr bereits erfüllt, wenn sie die für eine ökonomisch optimale Planung erforderlichen Daten liefert. Wie die betrieblichen Planungsmodelle der Kostentheorie[70]) zeigen, genügt es, die Produktionsfunktion eines Betriebsteils bzw. einer Einzelmaschine aufzustellen. Jeder Versuch, eine Produktionsfunktion des Gesamtbetriebes auf der Grundlage von Mengenverbrauchsfunktionen herzuleiten, ist daher wenig ergiebig und unnötig.

Einer umfassenden Klärung bedarf auch der Begriff der Aggregatleistung d. Gutenberg erläutert diese Größe, indem er angibt, in welchen Dimensionen sie quantifizierbar ist. Einmal kann sie als (ökonomische) Leistung in Erzeugniseinheiten pro Zeiteinheit gemessen werden, zum anderen soll es möglich sein, die Aggregatleistung anhand (technischer) Größen, wie z. B. Geschwindigkeit oder Umdrehungen, zu quantifizieren, die zugleich angeben, mit welcher Intensität das Aggregat in Anspruch genommen wird[71]). Für die Produktionstheorie ist ebenso wie für die darauf aufbauende Kostentheorie nur ein ökonomisch interpretierbarer Leistungsbegriff sinnvoll, wie er in der Dimension ME/ZE oder in Ausnahmefällen durch die Zahl der Verrichtun-

---

[70]) Vgl. z. B.: Jacob, H.: Produktionsplanung und Kostentheorie, a. a. O., S. 205 ff.
[71]) Gutenberg, E.: Produktion, a. a. O., S. 318.

gen pro Zeiteinheit zum Ausdruck kommt. Daraus entsteht das Problem, eine Brücke zwischen dem ausschließlich von technischen Größen abhängigen Faktorverzehr und der ökonomisch relevanten Aggregatleistung zu schlagen[72]). In der Konzeption Gutenbergs wird dieses Problem insofern umgangen, als eine proportionale Relation zwischen der technischen und der ökonomischen Leistung unterstellt ist. Die Feststellung der Produktionsleistung d einer Drehbank kann somit (bei konstanter Vorschubgeschwindigkeit) sowohl durch die Schnittgeschwindigkeit als auch durch die Anzahl der pro Zeiteinheit gefertigten Drehteile zum Ausdruck gebracht werden; zahlenmäßig unterscheiden sich die davon abgeleiteten Verbrauchsfunktionen nur durch einen Proportionalitätsfaktor.

In diesem Zusammenhang erscheint es zweckmäßig, im mathematischen Ansatz der Verbrauchsfunktionen neben den bekannten Daten der z-Situation weitere, produktionstechnisch relevante Einflußgrößen zu verwenden. Dadurch wäre es möglich, die zeitliche Struktur des Produktionsprozesses[73]), d. h. die im Zeitablauf wechselnde Belastung eines Aggregates, und deren Auswirkungen auf den Faktorverzehr quantitativ zu erfassen. Bei diskontinuierlichen Produktionsprozessen besteht darüber hinaus das Problem, technologisch bedingte Stillstands- und Wartezeiten in geeigneter Weise zu berücksichtigen.

Die in der Realität zu beobachtenden Produktionsprozesse zeigen ferner, daß die Gutenberg-Produktionsfunktion erweitert und verallgemeinert werden muß, um allen praktisch relevanten Produktionsvorgängen gerecht zu werden. So lassen sich z. B. Prozesse der Koppelproduktion mit dem bekannten Modell der Produktionsfunktion vom Typ B nicht darstellen. Schließlich muß auch eine Möglichkeit vorgesehen werden, die Produktionsfunktion substitutionaler Faktorkombinationen in ähnlicher Weise wie im limitationalen Fall produktionstheoretisch anzusetzen. Obwohl die limitationale Faktorkombination im industriellen Produktionsbereich vorherrscht, gibt es eine Reihe von Produktionsprozessen, bei denen eine begrenzte Verminderung der Menge des Einsatzgutes A durch vermehrten Verbrauch des Gutes B ausgeglichen werden kann. Typische Beispiele für diese Art der peripheren Faktorsubstitution sind Energieträger, die teils als Energielieferanten (z. B. für Wärmeenergie), teils als Werkstoffe verwendet werden.

f4) Zur Erweiterung der Gutenberg-Produktionsfunktion

Um die betriebswirtschaftliche Produktionstheorie zu verfeinern und sie noch stärker der technischen Realität anzupassen, wurde von Heinen eine Produktionsfunktion vom Typ C entwickelt[74]). Ähnlich wie bei Gutenberg und Chenery findet das Prinzip der Untergliederung des Kombinationsprozesses

---

[72]) Chenery, H. B.: Process and Production Functions from Engineering Data, a. a. O., S. 298; Heinen, E.: Kosten, a. a. O., S. 218 f.

[73]) Vgl.: Heinen, E.: Kosten, a. a. O., S. 219.

[74]) Ebenda, S. 220 ff.

in Teileinheiten konsequente Anwendung. Die dadurch entstehenden Teil-
kombinationen werden als Elementarkombinationen bezeichnet; sie sind so
abzugrenzen, daß einerseits „sich die Beziehungen zwischen dem Faktorverbrauch und der Leistung im technisch-physikalischen Sinne eindeutig darstellen lassen"[75]) und andererseits „eindeutige Beziehungen zwischen der
technisch-physikalischen Leistung (Potentialfaktorleistung) und der ökonomischen Leistung (Kombinationsleistung) bestehen"[75]). Das Problem, einen
theoretisch einwandfreien Zusammenhang zwischen technisch bedingtem
Faktoreinsatz und ökonomisch relevanter Leistung der Elementarkombination herzuleiten, versucht Heinen mit der Definition von technischen und
ökonomischen Verbrauchsfunktionen zu lösen. Im Prinzip sind die technischen Verbrauchsfunktionen aus den Gutenbergschen Verbrauchsfunktionen entwickelt. Der Ansatz, wie er in der Produktionsfunktion vom Typ B
Verwendung findet, ist jedoch um zwei Gruppen technischer Daten der Produktionsanlage erweitert; er enthält neben den Größen der z-Situation zusätzliche technische Einflußgrößen, die in einer u-Situation und l-Situation
zusammengefaßt sind. Während die Daten der z-Situation die praktisch un-
veränderlichen und konstruktiv vorgegebenen technischen Eigenschaften
eines Aggregates bezeichnen, bilden jene technischen Daten, die nur von Zeit
zu Zeit variiert werden, wie z. B. Umrüsten auf einen anderen Arbeitsgang,
die Datengruppe der u-Situation[76]). Eine dritte Datengruppe, die l-Situation,
umfaßt solche technischen Größen, die laufend situationsbedingten Schwan-
kungen unterliegen, wie Temperatur- und Druckverhältnisse, Feuchtigkeits-
grade, Laufgeschwindigkeiten, Drehzahlen[77]).

Die z-Situation und die u-Situation quantifizieren Tatbestände des industriellen Produktionsprozesses, die bereits im Rahmen der z-Situation Gutenbergs angesprochen werden. Das Modell der Verbrauchsfunktion wurde dagegen durch die Definition der l-Situation erweitert. An die Stelle der von
Gutenberg mit d bezeichneten Aggregatleistung treten nun die Komponenten
der l-Situation. In jenen Fällen, wo die Größe d als technische Einflußgröße
interpretiert werden muß, läßt sich mit Hilfe der l-Situation die produktionstheoretische Aussage besser an die Realität anpassen. Die technische Beanspruchung einer Produktionsanlage kann nunmehr als mehrdimensionale
Funktion wiedergegeben werden. Dies ist vor allem deshalb so bedeutsam,
weil die meisten Produktionsprozesse mehr als eine kurzfristig variierbare
Wirkungsgröße aufweisen. Ein bekanntes Beispiel hierfür ist die Verbren-
nungskraftmaschine: Ihre Inanspruchnahme und die daraus resultierende
Motorleistung hängen nicht nur von der Drehzahl, sondern zugleich vom
Drehmoment ab.

Auf der Grundlage der technischen Verbrauchsfunktion läßt sich die kumulierte Faktorverbrauchsmenge einer Elementarkombination berechnen. Nach

---

[75]) Heinen, E.: Kosten, a. a. O., S. 221.
[76]) Ebenda, S. 225.
[77]) Ebenda, S. 225.

Heinen ist die Elementarkombination so definiert[78]), daß die von ihr hervor-
gebrachte ökonomische Produktionsleistung a priori bekannt ist. Den mathematischen Zusammenhang zwischen dem technischen Faktorverzehr und der
ökonomischen Produktionsleistung bezeichnet Heinen als ökonomische Verbrauchsfunktion. Während die Quantifizierung der ökonomischen Leistung
in diesem Zusammenhang keine Schwierigkeiten bereitet, sieht Heinen ein
wesentliches Problem in der exakten Berechnung des Faktormengenverzehrs.
Er unterstellt, daß ein Aggregat während der Elementarkombinationszeit
unterschiedlichen, im Zeitablauf variierenden Belastungen ausgesetzt ist.
Diesen Sachverhalt bringt die sogenannte Belastungsfunktion in Abhängigkeit von der Produktionszeit t zum Ausdruck. Die Belastung eines Aggregates
wird durch die Komponente L der 1-Situation quantifiziert. Nach Heinen bezeichnet die Größe L die physikalisch-technische Leistung, d. h. den Energiefluß im Verlauf des Produktionsprozesses. Je nach Belastung ändert sich L
im Zeitablauf, so daß $L = L(t)$ ist. Um die technische Verbrauchsfunktion
ohne den Einfluß der zeitabhängigen Belastung darstellen zu können, definiert Heinen eine Momentanverbrauchsfunktion in Abhängigkeit von der während des Zeitintervalls dt konstanten Belastung L. Werden außer der Größe
L sämtliche anderen Daten der z-, u- bzw. 1-Situation als konstant angenommen, dann gilt für die Momentanverbrauchsfunktion der Ansatz:

$$\frac{dr}{dt} = f(L).$$

Die Einschränkungen der Momentanbetrachtung lassen sich aufheben, indem
anstelle der Größe L die Funktion L(t) gesetzt wird. Der während der Be-
trachtungsdauer T kumulierte Faktorverzehr berechnet sich nunmehr aus
dem Integral über die Momentanverbräuche:

$$r = \int_{t=0}^{T} f(L(t))\, dt.$$

Mit diesem Ansatz läßt sich die Faktorverbrauchsmenge auch dann angeben,
wenn der Produktionsprozeß die Bedingungen der zeitlichen Homogenität im
Bezugszeitraum T nicht erfüllt. Die Funktion L(t) kann mit der bereits beim
Quantifizierungsproblem des Faktorverzehrs erwähnten Produktionsgeschwindigkeit v(t) verglichen werden[79]). Auch im vorliegenden Fall muß die
Zeitabhängigkeit der Funktion L(t) a priori bekannt sein, um den Faktorverzehr berechnen zu können.

Mit der Einführung der Belastungsfunktion gelingt es, einen wesentlichen
Teil der technisch-physikalischen Vorgänge des Produktionsprozesses reali-

---

[78]) Hierbei ist zwischen zwei Typen der Elementarkombination, zwischen einer output-fixen
und einer output-variablen, zu unterscheiden. In den Mittelpunkt der Analyse stellt Heinen
die output-fixe Kombination; sie soll auch hier betrachtet werden.

[79]) Vgl. dazu S. 59 ff. dieser Arbeit.

tätsadäquat zu erklären. Es erhebt sich jedoch die Frage, ob die Belastungs-funktion ein autonomes Datum der Produktion ist oder ob die Belastung eines Aggregates nicht durch andere originäre technische Einflußgrößen bereits festgelegt ist. So ist z. B. der Fall denkbar, daß bestimmte Drehzahlen, Vorschubgeschwindigkeiten zusammen mit den Abmessungen einer Dreh-bank und des zu produzierenden Formstückes bereits das Belastungsdiagramm unabänderlich vorgeben. In dieser Situation wäre es sicher zweckmäßiger, die Faktorverbrauchsmenge direkt in Abhängigkeit von diesen Einfluß-größen anzugeben. Außerdem müßte geklärt werden, inwiefern die ökono-mische Leistung der Faktorkombination von einer Veränderung der Be-lastungsverhältnisse beeinflußt wird. Schließlich besteht noch das Problem, technische bzw. ökonomische Verbrauchsfunktionen für Potentialfaktoren ab-zuleiten[80]).

Nach Heinen ergibt sich die gesamtbetriebliche Produktionsfunktion des Typs C, wenn die Einzelverbräuche jeder realisierbaren Elementarkombina-tion, nach Faktorarten getrennt, summiert werden. Die produktionstheore-tische Aussage auf der Grundlage einer summarischen Addition der Faktor-mengen kann nicht befriedigen. Betriebswirtschaftlich relevante Angaben zum Faktorverzehr des Gesamtbetriebes oder eines Betriebsteiles lassen sich erst dann machen, wenn bekannt ist, welche Produktionsaufgaben den ein-zelnen Produktionsanlagen zugewiesen sind, d. h. welche der theoretisch mög-lichen Elementarkombinationen praktisch zum Zuge kommen. Innerhalb des dispositiven Entscheidungsraumes, der durch die technischen Gesetzmäßig-keiten des Produktionsprozesses vorgegeben ist, muß der Faktorverzehr nach den Regeln des ökonomischen bzw. erwerbswirtschaftlichen Prinzips eindeu-tig festgelegt werden. Derartige Dispositionen lassen sich aber nicht allein auf der Grundlage des Mengengerüstes vornehmen. Hierzu ist eine Bewer-tung der Faktormengen, d. h. eine Kostenbetrachtung, erforderlich. Die Pro-duktionsfunktion des Gesamtbetriebes läßt sich daher nur in Verbindung mit einer kostentheoretischen Analyse des Produktionsprozesses ableiten. Sie ist implizit in einem simultanen Planungsmodell der Unternehmung enthalten und wird erst dadurch eindeutig formuliert, daß dieses mathematische Modell des Betriebsprozesses hinsichtlich einer postulierten Zielfunktion opti-miert wird. Solange beim Ansatz der gesamtbetrieblichen Produktionsfunk-tion diese enge Verbindung zwischen Produktions- und Kostentheorie nicht berücksichtigt ist, muß die Aussagefähigkeit einer summarischen Produk-tionsfunktion bezweifelt werden. Heinen begegnet diesem Einwand mit der Feststellung, daß die Produktionstheorie eine ausschließlich erklärende Theo-rie sei und infolgedessen in der Produktionsfunktion alle bestehenden dis-positiven Freiheitsgrade zum Ausdruck kommen müßten[81]).

---

[80]) Auf dieses noch ungelöste Problem der Produktionstheorie macht Heinen aufmerksam; vgl. Heinen, E.: Kosten, a. a. O., S. 255.

[81]) Ebenda, S. 288 (Fußnote 183).

8*

5. Das allgemeine Modell
der betriebswirtschaftlichen Produktionsfunktion

a) Die Bedeutung der bekannten Produktionsfunktionen für die betriebswirtschaftliche Theorie

Im vorangegangenen Abschnitt wurden die bekannten Ansätze zur Produktionsfunktion nebeneinandergestellt, ohne dabei eine abschließende und vergleichende Wertung hinsichtlich ihrer Zweckmäßigkeit und Eignung für die Beantwortung der betriebswirtschaftlichen Fragestellung vorzunehmen. Mit einer zusammenfassenden Rückschau soll diese Beurteilung nun nachgeholt werden, um zugleich jene Probleme aufzuzeigen, die im Rahmen dieser Ansätze nicht gelöst wurden oder keine angemessene Berücksichtigung fanden.

Ein Überblick über die in der Literatur veröffentlichten Produktionsfunktionen zeigt, daß sich alle produktionstheoretischen Ansätze auf die beiden Extremfälle einer substitutionalen bzw. limitationalen Faktorkombination beziehen. Für den viel allgemeineren und durchaus realen Fall einer gemischt-substitutional-limitationalen Faktorkombination fehlt eine Produktionsfunktion. Dieser Mischtyp der produktiven Kombination fand in der Produktionstheorie noch keine Beachtung.

Aus dem Bestreben, eine umfassende, allgemeingültige Produktionstheorie zu entwickeln, erwächst die Aufgabe, auch den Typus einer gemischt-substitutional-limitationalen Produktionsfunktion in das theoretische System einzufügen. Darüber hinaus ist die betriebswirtschaftliche Bedeutung einer Produktionsfunktion vor allem daran zu messen, bis zu welchem Grade sie der betrieblichen Realität gerecht zu werden vermag. Eine beträchtliche Wirklichkeitsnähe ist erforderlich, wenn die Produktions- und Kostentheorie auf alle jene Fragen, insbesondere Planungsfragen, eine Antwort geben soll, die den Unternehmer beschäftigen.

Die Annäherung des theoretischen Ansatzes an die Realität zwingt zu einer differenzierenden Betrachtung des Produktionsprozesses. Voraussetzung dafür ist die räumlich-sachliche und zeitliche Untergliederung des betrieblichen Produktionssektors und des betrieblichen Faktorkombinationsprozesses. Die Untersuchung muß sich demnach auf einzelne, technisch selbständige Produktionseinrichtungen beziehen; der Betrachtungszeitraum ist dabei so zu wählen, daß er mindestens eine Elementarzeit umfaßt und sich auf einen Zeitabschnitt mit einer zeitlich homogenen Produktion bezieht. Damit lassen sich — wie bereits angedeutet[82] — jene technischen Gesetzmäßigkeiten und zwangsläufigen Vorgänge erkennen und quantitativ darstellen, die grundlegende Daten der unternehmerischen Disposition sind.

---

[82] Vgl. S. 34 ff. dieser Arbeit.

Aus dieser Sicht und Deutung der betrieblichen Leistungserstellung folgt einmal, daß eine gesamtbetriebliche Produktionsfunktion auf der Basis von Mengengrößen nicht existiert, da die dispositiven Freiheitsgrade in der Verkettung von technisch selbständigen Teilen des Produktionsbereichs eine eindeutige Zuordnung zwischen Faktorverzehr und Faktorertrag im Rahmen des Gesamtbetriebes nicht zulassen. Zum anderen zwingt eine differenzierende Betrachtungsweise die betriebswirtschaftliche Produktionstheorie zur Berücksichtigung der technisch-naturgesetzlichen Zusammenhänge im Produktionsbereich. Die Erkenntnis, daß nicht nur Faktormengen, sondern auch die Konstellation technischer Daten den Verlauf des Produktionsprozesses bestimmen, legt es nahe, den theoretischen Ansatz für die Produktionsfunktion um eine Reihe zusätzlicher Einflußgrößen der verschiedensten Art zu erweitern.

Werden nun die bekannten Produktionsfunktionen und die ihnen zugrundeliegende Betrachtungsweise des Produktionsprozesses danach überprüft, inwiefern sie den Anforderungen einer realitätsadäquaten betriebswirtschaftlichen Produktionstheorie genügen, so zeigt sich, daß nur zwei Ansätze, die Engineering Production Function von Chenery und die Gutenberg-Produktionsfunktion, den aufgezeigten Anforderungen genügen. Die anderen Produktionsfunktionen (Ertragsgesetz, Cobb-Douglas-Produktionsfunktion, Leontief-Produktionsfunktion) eignen sich nicht, weil sie eine Berücksichtigung der technisch-naturgesetzlichen Bedingung der Produktion in zureichendem Maße nicht gestatten. Aus diesen im Ansatz begründeten Mängeln und aus der Tatsache, daß sie vorwiegend auf der Grundlage aggregierter Faktorkombinationen abgeleitet sind, wird die beschränkte Bedeutung dieser Produktionsfunktionen für die betriebswirtschaftliche Theorie deutlich.

Die von Chenery entwickelte Produktionsfunktion — das wurde bereits gezeigt — berücksichtigt in charakteristischer Weise die technischen Gesetzmäßigkeiten der Produktion. Der theoretische Ansatz ist jedoch in starkem Maße von der makro-ökonomischen Sicht der Leistungserstellung geprägt. Chenery stellt die Gütererzeugung ausschließlich unter den Aspekt der Verfahrenstechnologie; demgegenüber treten die betriebswirtschaftlich relevanten Fragen des Einsatzes und des Betriebes vorhandener Anlagen in den Hintergrund.

Für die betriebswirtschaftliche Theorie erscheint schließlich die Gutenberg-Produktionsfunktion am besten geeignet. Sie ist auf der Grundlage differenzierter Produktionsfaktoren entwickelt und berücksichtigt die technischen Grundlagen des betrieblichen Produktionsprozesses durch Untergliederung des Betriebsmittelbestandes in einzelne technische Aggregate. Das Ziel dieses Ansatzes ist es, die Einsatz- und Betriebsbedingungen einer gegebenen Gruppe von Aggregaten bei Variation ihrer Produktionsleistung zu beschreiben. Darüber hinaus ist für den von Chenery in den Mittelpunkt seiner Betrachtungen gestellten Verfahrensvergleich dadurch eine Möglichkeit geschaffen, daß die Daten der z-Situation einzelner Aggregate in die Produktionsfunktion explizit aufgenommen werden.

Dessenungeachtet ergibt sich eine Reihe von Ansatzpunkten, die Konzeption der Gutenberg-Produktionsfunktion zu erweitern, ihre Wirklichkeitsnähe zu verbessern und ihre unmittelbare praktische Bedeutung zu steigern. Die von Heinen vorgeschlagene Berücksichtigung der l-Situation, d. h. die Aufnahme zusätzlicher Leistungseinflußgrößen in das System der Verbrauchsfunktionen, ist dabei ein Anfang. Aufgabe der folgenden Abschnitte wird es sein, auf dem Fundament der Gutenberg-Produktionsfunktion das Modell einer allgemeinen betriebswirtschaftlichen Produktionsfunktion zu entwickeln.

b) Die produktive Kombination des Betriebes

b1) Untergliederung des betrieblichen Produktionsprozesses

Eine Theorie des betrieblichen Produktionsprozesses muß, wenn sie ein realistisches Bild entwerfen will, auf den technischen Gegebenheiten und naturwissenschaftlichen Gesetzmäßigkeiten aufbauen. Diese Forderung beeinflußt nicht nur mittelbar die Gesamtanlage der betriebswirtschaftlichen Produktionstheorie, sie hat auch unmittelbare Auswirkungen auf die Definition der betriebswirtschaftlichen Produktionsfunktion und der ihr als Grundlage dienenden produktiven Faktorkombination. Technische Zusammenhänge, die im besonderen Maße den Vollzug der Produktion bestimmen, lassen sich nur dann in produktionstheoretische Überlegungen einbeziehen, wenn vor allem die Einsatzfaktoren einer sehr differenzierenden Betrachtung unterworfen werden. Das bedeutet nicht nur, daß die in der volkswirtschaftlichen Theorie verwendeten aggregierten Faktoren sowie die daraus entwickelten Gesetzmäßigkeiten im betrieblichen Bereich ihre Gültigkeit verlieren. Daraus folgt auch: Der Bestand des Betriebes an Betriebsmitteln (insbesondere Produktionsanlagen) ist nicht als einzelner homogener Produktionsfaktor anzusehen, er sollte vielmehr je nach seinem technischen Aufbau in einzelne technologisch selbständige Anlagen, Maschinengruppen bzw. Einzelmaschinen untergliedert werden.

Der Rückgriff auf einzelne Produktionsanlagen bietet die Möglichkeit, eine Produktionsfunktion auf der Grundlage technisch-kausaler Beziehungen zwischen Faktorverzehr bzw. Produktionsertrag einerseits und dem technologischen Mechanismus der Produktion andererseits zu entwickeln. Ohne eine Kenntnis dieser Kausalzusammenhänge im Produktionsprozeß wäre der Produktionsplanung die Basis entzogen. Denn Maßnahmen können nicht geplant werden, wenn ihre ursächlich bedingte Wirkung weder qualitativ noch quantitativ kalkulierbar ist.

Die besondere Bedeutung, welche der betriebswirtschaftlichen Produktionsfunktion als Datum und Grundlage der Planungsrechnung zukommt, soll in diesem Zusammenhang noch einmal hervorgehoben werden. Während eine gesamtwirtschaftliche Produktionsfunktion mit hoch aggregierten Faktoren nicht nur die Gesetze der Technologie pauschal impliziert, sondern zugleich auch die Reaktionen und Verhaltensweisen der einzelnen Unternehmer vorwegnimmt, soll die betriebswirtschaftliche Produktionsfunktion ausschließlich die objektiven, technischen Bedingungen der Leistungserstellung ohne Verfälschung durch dispositive Eingriffe des Menschen wiedergeben und damit Ausgangspunkt und Grundlage solcher Dispositionen sein.

Der betriebliche Produktionssektor sollte daher in solche Segmente aufgeteilt werden, die es gestatten, die objektiven Bedingungen in einem geschlossenen Modell quantitativ zu erfassen. Jedes dieser Segmente repräsentiert eine betriebliche Faktorkombination, die im Zusammenwirken mit anderen produktiven Kombinationen die marktfähige Leistung des Betriebes erzeugt. Damit wird deutlich, daß eine einzige gesamtbetriebliche Produktionsfunktion im allgemeinen nicht existiert; der gesamtbetriebliche Produktionsprozeß wird vielmehr durch eine der Menge aller Segmente entsprechende Vielzahl von Produktionsfunktionen beschrieben[83]).

Praktische Kriterien für eine Segmentgliederung im Produktionsbereich liefern der Aufbau und die technischen Eigenschaften der Produktionseinrichtungen. Für jedes Segment muß es möglich sein, sowohl Faktorverzehr als auch Produktionsertrag den technischen Zustandsgrößen der Produktionseinrichtungen und des Produktionsprozesses zuzuordnen. Diese Bedingung kann dazu zwingen, den Produktionssektor in Einzelmaschinen zu gliedern; je weiter jedoch die technische Verkettung von Maschinen zu Gruppen und ganzen Betriebsteilen fortgeführt ist, um so mehr kann sich eine Aufteilung auf größere Einheiten beschränken. Die zu einem Segment gehörenden Maschinen und Einrichtungen werden mit Gutenberg „Aggregat" genannt. Es ist für die hier betrachtete betriebliche Faktorkombination bezeichnend, daß das technische Aggregat in ihr den Schwerpunkt bildet. Die übrigen zur Produktion benötigten Einsatzfaktoren gruppieren sich um diesen Kern der produktiven Kombination.

Mit der sachlich-räumlichen Untergliederung des Produktionsprozesses (Segmentierung) muß auch eine zeitliche Aufteilung des Produktionsablaufes einhergehen. Die empirische Untersuchung kann sich nur auf einen Zeitabschnitt beziehen, in dem die technischen Bedingungen der Produktion nicht verändert werden. Insbesondere darf während dieses Zeitraumes — von Koppelproduktion abgesehen — nur *ein* Produkt erzeugt werden. Werden in zeitlicher Folge mehrere Erzeugnisse hergestellt, ist die Produktionszeit in Abschnitte mit gleichen Produkten zu unterteilen. Damit sind die Voraussetzungen geschaffen, daß im Betrachtungszeitraum

1. die Bedingungen einer zeitlich homogenen[84]) Produktion erfüllt sind und

---

[83]) Eine ähnliche Forderung hat bereits Lassmann erhoben; vgl.: Lassmann, G.: Besprechungsaufsatz zu Dlugos: Kritische Analyse der ertragsgesetzlichen Kostenaussage, in: ZfhF 1964, S. 108 ff.

[84]) Vgl. S. 64 dieser Arbeit.

2. abgesehen von gekoppelter Produktion nur noch Einproduktproduktion[85]) besteht.

Unter diesen Prämissen ist auch eine im Zeitablauf eindeutige Zuordnung zwischen Verbrauch bzw. Ertrag der Kombination und technischen Einflußgrößen der Produktion möglich.

b2) Quantifizierung des betrieblichen Kombinationsprozesses

Das (technische) Aggregat nimmt eine Sonderstellung in der Faktorkombination der betrieblichen Leistungserstellung ein. Von ihm hängen nicht nur die Einsatzbedingungen der Produktionsfaktoren ab, es koordiniert auch den Faktorverzehr und lenkt den Ablauf des Faktorkombinationsprozesses. Seine Bedeutung läßt sich kaum besser beschreiben als durch einen bildhaften Vergleich, den Gutenberg dafür verwendet: „In ihnen (den Aggregaten; der Verfasser) werden die Beziehungen zwischen Produktmengen und Verbrauchsmengen wie in einem Prisma gebrochen."[86]) Faktormengen und Produktionsmengen sind von der konstruktiven Gestaltung und Auslegung der Anlagen sowie von technischen Zustandsgrößen des Aggregates und des Kombinationsprozesses abhängig. Darüber hinaus wirken äußere Einflüsse der Umwelt sowie Qualitätsmerkmale der Faktoren und Produkte auf die Mengenverhältnisse der Produktion.

Welche Möglichkeiten bestehen nun, die soeben aufgeführten Einflüsse quantitativ darzustellen? Eine formale Quantifizierung ist möglich, wenn geeignete Einflußgrößen definiert werden. Dabei ist es zweckmäßig, drei Datengruppen hinsichtlich ihrer Bedeutung für den Produktionsprozeß zu unterscheiden; sie werden als die Daten der Z-Situation, der V-Situation bzw. der Q-Situation im folgenden ausführlich dargestellt.

1. Die Z-Situation[87]) bezeichnet sämtliche produktionstheoretisch relevanten technischen Eigenschaften des Aggregates und der dadurch realisierten Produktionstechnologie. Dazu zählen die technisch-konstruktiven Merkmale und die Leistungs- bzw. Auslegungsdaten einer Produktionsanlage. Auch gehören dieser Datengruppe Merkmalsgrößen an, die eine qualitative Eignung des Aggregates für eine bestimmte Verfahrenstechnik anzeigen, wie z. B. erreichbare Fertigungstoleranzen, Oberflächenqualitäten usw. Mit den Daten der Z-Situation sollen aber auch solche Veränderungen der Produktionsanlage erfaßt werden, die verhältnismäßig kurzfristig durch technische Umstellung und Umrüstung[88]) einer Produktionseinrichtung eintreten. Damit ist nicht nur die Umrüstung eines Mehrzweckaggregates auf eine andere Verrichtung

---

[85]) Vgl. S. 36 ff. dieser Arbeit.

[86]) Gutenberg, E.: Produktion, a. a. O., S. 316.

[87]) Ebenda, S. 318 f.

[88]) Zur Darstellung dieses Tatbestandes definiert Heinen eine u-Situation; vgl. Heinen, E.: Kosten, a. a. O., S. 225.

bzw. auf die Herstellung eines anderen Produktes gemeint. In diesen Rahmen soll z. B. auch das Hinzuschalten eines zusätzlichen Übersetzungsbetriebes einbezogen werden. So kann etwa das Einlegen eines bestimmten Getriebeganges beim Autofahren als Änderung der Z-Situation des Kraftwagens angesehen werden. Zur Abgrenzung der Z-Situation gegenüber den Daten der Q- und V-Situation soll gelten, daß die Einflußgrößen der Z-Situation solche Tatbestände charakterisieren, die ein Aggregat und dessen produktionstechnisch relevanten Zustand umschreiben.

Die Z-Situation wird durch einen Vektor Z quantifiziert, dessen Komponenten z_1, z_2, ... usw. die entsprechenden Tatbestände in Zahlen ausdrücken. Zur Quantifizierung können Variable herangezogen werden, die kontinuierliche oder diskrete Werte annehmen. In manchen Fällen der Praxis lassen sich auch dichotomisierte Größen mit den Werten 0 bzw. 1 verwenden; eine Z-Komponente ist 1, wenn ein bestimmtes Merkmal vorliegt, im anderen Fall ist ihr Wert 0.

2. Gehören zur Z-Situation solche Daten, die vorgegebene Eigenschaften des Aggregates charakterisieren, so kennzeichnen die Variablen der V-Situation im wesentlichen jene technischen Zustandsgrößen, die den Ablauf und die Geschwindigkeit des Produktionsprozesses betreffen. Hierbei kann es sich einerseits um dynamische Größen, wie Umdrehungszahl, Schnittgeschwindigkeit, Strömungsgeschwindigkeit, Hubzahl je Zeiteinheit, Durchlaufgeschwindigkeit usw., andererseits um statische Größen, wie Druck, Temperatur, Drehmoment, Druck- oder Zugkraft usw., handeln. Die Daten der V-Situation quantifizieren somit die Beanspruchung einer Produktionseinrichtung, sie sind ein Maß für die intensitätsmäßige Anpassung des Aggregates. Von Bedeutung ist dabei, daß die intensitätsmäßige Inanspruchnahme einer Produktionsanlage erfahrungsgemäß nicht durch eine technische Zustandsgröße allein zu umschreiben ist, sondern im allgemeinen in Abhängigkeit von mehreren Einflußgrößen gesehen werden muß.

Besondere Zustandsgrößen können sich auch auf den zeitlichen Ablauf der Produktionsvorgänge innerhalb der Elementarzeit eines diskontinuierlichen Produktionsprozesses beziehen. Bei Chargenprozessen ist es beispielsweise von Bedeutung, zu welchem Zeitpunkt, d. h. in welchem Zeitabstand vom Beginn des Chargierens an, bestimmte Einsatzmaterialien dem Kombinationsprozeß zugeführt werden. In diesem Fall kann die Zeitspanne zwischen Chargenbeginn und Materialeinsatz als Einflußgröße des Produktionsprozesses definiert werden. Derartige Komponenten der V-Situation gestatten es, das Zeitbelastungsbild[89]) eines Elementarvorgangs näherungsweise zu quantifizieren, indem die Dauer und die Stärke der Belastung durch entsprechende Einflußgrößen erfaßt werden.

Neben jenen Einflußgrößen, die den zeitlichen Ablauf eines Produktionsprozesses während der Elementarzeit erfassen, können weitere Zeiteinfluß-

---

[89]) Vgl.: Heinen, E.: Kosten, a. a. O., S. 231.

größen definiert werden. Sie bringen solche Einflüsse auf den Produktionsprozeß zum Ausdruck, die sich nur durch Beobachtung der Faktorkombination während eines sehr großen Zeitraumes feststellen lassen. Als Zeiteinflußgröße kann z. B. die Kalenderzeit oder die tatsächliche Produktionszeit einer Anlage gewählt werden. In Wirklichkeit sind derartige Zeit-
komponenten der V-Situation Ersatzmaßgrößen; sie messen die Wirkung von
Vorgängen, die sehr eng mit dem Zeitablauf korreliert sind, wie z. B.
Alterungsprozesse oder bestimmte Verschleißvorgänge.

Wenn Zeiteinflußgrößen zugelassen werden, verstößt dies — strenggenommen — gegen die Bedingungen des zeitlich homogenen Produktionsprozesses,
da z. B. Alterungsvorgänge auch während der Betrachtungs- und Bezugsperiode fortschreiten. Dieser Einfluß kann jedoch vernachlässigt werden,
wenn die quantitative Wirkung des zeitabhängigen Vorgangs, bezogen auf
den Betrachtungszeitraum, praktisch bedeutungslos ist. Zeiteinflußgrößen dieser Art lassen sich demnach nur verwenden, wenn der Betrachtungszeitraum
so klein ist, daß die Voraussetzungen der zeitlichen Homogenität in ausrei-
chendem Maße erfüllt sind.

Eine weitere Klasse von Komponenten der V-Situation dient dazu, Umwelteinflüsse und deren Wirkung auf den Produktionsprozeß zu quantifizieren.
Meistens handelt es sich dabei um Witterungseinflüsse; sie können durch Luft-
druckwerte, Feuchtigkeits- und Temperaturangaben hinreichend genau umschrieben werden. Schließlich können auch die Eigenschaften des inner-
betrieblichen Standortes einer Produktionsanlage zu den Umwelteinflüssen
gerechnet werden. In diesem Zusammenhang wären z. B. die Bodenfestigkeit
des Standplatzes eines schweren Maschinenaggregates oder auch die schwin-
gungsdämpfenden Eigenschaften des Fundaments einer Präzisionsanlage zu
nennen.

Sämtliche Daten der V-Situation sind durch den Vektor V mit den Komponenten v_1, v_2, ... usw. bezeichnet; auch diese Größen können kontinuierlich variierbar sein oder diskrete Werte annehmen bzw. 0 oder 1 werden.

3. Die letzte Gruppe von Einflußgrößen des betrieblichen Produktionsprozesses umfaßt die Q-Situation. Ihre Daten quantifizieren Qualitätseinflüsse des Faktoreinsatzes und Faktorertrags, soweit sie produktionstheoretisch relevant sind. Dies trifft insbesondere dann zu, wenn Änderungen der
Erzeugnisqualität oder der Faktorqualität den Faktorkombinationsprozeß beeinflussen. Bei der Papierherstellung hängt z. B. der Dampfverbrauch zur
Trocknung der Papierbahn in starkem Maße vom Flächengewicht des
Papiers, d. h. von der Papierqualität, ab. Werden die Daten der Q-Situation
bei der quantitativen Darstellung des Produktionsprozesses explizit berücksichtigt, so hat dies für empirische Untersuchungen eine besondere Bedeutung, da in der Realität die von der Produktionstheorie unterstellte Qualitätskonstanz nicht erreicht wird oder ex post nicht mehr postuliert werden
kann. Mit dem Ansatz der Q-Situation wird die produktionstheoretische Be-

trachtung von einer weiteren wirklichkeitsfremden Prämisse befreit. Die Einflußgrößen der Q-Situation werden durch den Vektor Q mit den Komponenten q_1, q_2, ... usw. wiedergegeben.

b3) Die Faktoren der produktiven Kombination

Im Zusammenhang mit der produktionstheoretischen Begründung des Mengengerüstes der Produktion wurden die Produktionsfaktoren zunächst in Verbrauchsfaktoren und Nutzungsfaktoren unterteilt. Außerdem lassen sich bei den Verbrauchsfaktoren Repetierfaktoren und Potentialfaktoren unterscheiden. Diese Systematik soll auch für die Faktoren der betrieblichen Faktorkombination verwendet werden. Es erscheint jedoch zweckmäßig, zuvor eine nach Sachkriterien geordnete Gruppierung der Faktoren vorzunehmen. Danach lassen sich im industriellen Produktionsbereich insgesamt **6 typische Klassen von Produktionsfaktoren** feststellen:

1. Werkstoffe und Rohteile
2. Hilfsstoffe
3. Energie und Energieträger
4. Verschleißteile
5. Arbeitskräfte für Wartungs- und Instandsetzungsdienste
6. Arbeitskräfte für die Bedienung und Überwachung der Produktionsanlagen.

Bei fast allen Faktoren handelt es sich um Güter, die indirekt eingesetzt werden, also nicht in das Produkt selbst eingehen. Eine Ausnahme bilden Werkstoffe und Rohteile sowie in einigen Fällen der Faktor Energie. Zu der Faktorgruppe „Werkstoffe und Rohteile" zählen daher alle Materialien, die im Verlauf des Produktionsprozesses zum Erzeugnis zusammengefügt bzw. umgeformt werden. Ausnahmsweise kann auch der Faktor Energie ein Bestandteil des Produktes sein (Energiewandlung, endotherme chemische Prozesse); in jedem Fall wird aber die Energie bzw. ein Energieträger indirekt eingesetzt, um den Produktionsprozeß in Gang zu halten, d. h. den Antrieb des Aggregates sicherzustellen. Hilfsstoffe, wie Schmierstoffe, Kühlmittel usw., unterstützen den Produktionsprozeß und verbessern die technischen Bedingungen der Faktorkombination. Verschleißteile sind Bauteile oder Baugruppen des Aggregates, die nach einer bestimmten Produktionszeit oder nach Erstellung einer bestimmten Produktionsmenge ausgewechselt bzw. regeneriert werden müssen, da sie infolge der Abnutzung ihre Aufgabe in der produktiven Kombination nicht mehr erfüllen können. Typische Beispiele für Verschleißteile sind Werkzeuge und bewegte Bauteile des Aggregates, wie Kupplung, Bremse, Lager, Zahnräder, gleitende bzw. rollende Teile. Daneben sind aber auch ruhende Bauteile zu nennen, bei denen infolge länger andauernder Schwingungsbeanspruchung Materialermüdung auftreten kann, so daß sie ersetzt werden müssen. Ähnliches gilt auch für Bauteile, die hohen Temperaturen ausgesetzt sind, wie z. B. Dampfkessel.

Nach einer bestimmten Produktionsdauer machen sich hier infolge der Temperatur- und Druckbelastung Alterungserscheinungen bemerkbar, die eine Minderung der Materialfestigkeit bewirken und dazu zwingen, diesen Teil der Produktionsanlage auszuwechseln. Für die Analyse des Faktorverzehrs folgt daraus: Die Abnutzung eines Aggregates läßt sich nicht global angeben. Theoretisch einwandfrei ist der Faktorverbrauch nur dann zu erfassen, wenn die einzelnen Verschleißteile gesondert betrachtet werden. Produktionsanlagen werden nicht als homogene Produktionsfaktoren verzehrt; sie bestehen aus Einzelteilen, die je nach Belastung durch den Produktionsprozeß schneller oder langsamer verbraucht werden. Eine differenzierende Betrachtung des industriellen Produktionsprozesses zeigt, daß sämtliche Teile, aus denen die Aggregate zusammengesetzt sind, im Prinzip Verschleißteile sind. Der mengenmäßige Verzehr dieser Einzelteile ist im allgemeinen von der durch die V-Situation quantifizierten, intensitätsmäßigen Beanspruchung der Produktionsanlage abhängig. Bei manchen Bauteilen eines Aggregates ist ihr Charakter als Verschleißteil nicht immer offenkundig; denn der Konstrukteur ist bestrebt, eine Maschine so auszulegen, daß die wesentlichen Bauelemente erst zu einem Zeitpunkt verbraucht sind, wenn die gesamte Anlage ohnehin wegen des technischen Fortschritts verschrottet wird[90]).

Schließlich erfordert der betriebliche Produktionsprozeß den Einsatz von Arbeitskräften. Es muß Personal vorhanden sein, um die Produktionsanlagen zu bedienen und den Fabrikationsprozeß zu überwachen. Außerdem müssen Arbeitskräfte zur Verfügung stehen, wenn Wartungs- und Instandsetzungsarbeiten durchzuführen sind. Werden in diesem Zusammenhang Bauteile und Reinigungs- oder Schmiermittel benötigt, so sind diese der Faktorgruppe „Verschleißteile" bzw. der Faktorgruppe „Hilfsstoffe" zuzurechnen.

Mit Hilfe der eingangs erwähnten Systematik lassen sich nunmehr weitere, produktionstheoretisch relevante Merkmale der sachbezogenen Faktorgruppen aufzeigen. Vom Standpunkt des Mengenverzehrs gesehen, bestehen die erwähnten Faktorgruppen im wesentlichen aus Verbrauchsfaktoren. Diese Feststellung steht nicht im Widerspruch zu der Behauptung, daß die in der Gruppe „Arbeitskräfte" zusammengefaßten Faktoren hinsichtlich ihrer kostentheoretischen Bedeutung als Nutzungsfaktoren aufgefaßt werden müssen[91]). Arbeitskräfte sind — produktionstheoretisch betrachtet — Potentialfaktoren, da sie über viele Elementarzeiten der Faktorkombination produktionswirksam zur Verfügung stehen. Die Gruppe „Verschleißteile" besteht ebenfalls nur aus Potentialfaktoren, während sich die Gruppe „Werkstoffe und Rohteile" aus Repetierfaktoren zusammensetzt. Für die beiden übrigen Gruppen „Hilfsstoffe" bzw. „Energieträger und Energie" kann eine Unterscheidung in Repetierfaktoren oder Potentialfaktoren pauschal nicht an-

---

[90]) Kesselanlagen werden z. B. so gebaut, daß ihre Festigkeit nach 20jähriger Betriebszeit gerade noch ausreicht, dem Nenndruck standzuhalten.

[91]) Vgl. dazu S. 55 ff. dieser Arbeit.

gegeben werden. Hilfsstoffe, wie z. B. das Flußmittel bei Lötvorgängen, können bereits während desselben Elementarvorgangs verbraucht werden und gelten dann als Repetierfaktoren. Andere Hilfsstoffe, wie z. B. Kühlmittel, behalten ihre Produktionswirksamkeit über mehrere Elementarzeiten und sind dann als Potentialfaktoren anzusehen. Ähnlich liegen die Verhältnisse bei der Faktorgruppe „Energieträger und Energie"; elektrische Energie, die direkt aus dem Netz bezogen wird, hat den Charakter eines Repetierfaktors. Ist dagegen eine Batterie oder ein Akkumulator der Energieträger, so muß definitionsgemäß von einem Energiepotential, von einem Potentialfaktor gesprochen werden.

Schließlich ist ein weiteres, ideelles Einsatzgut zu betrachten, das für die industrielle Faktorkombination eine besondere Bedeutung hat. Der Produktionsprozeß kommt nicht schon dadurch zustande, daß die benötigten Verbrauchsfaktoren eingesetzt werden. Hinter jeder Faktorkombination steht eine Produktionstechnologie, die in der technischen Konzeption und konstruktiven Gestaltung des Aggregates ihren Ausdruck findet. Zur Produktion bedarf es neben den Verbrauchsfaktoren außerdem der in der Faktorkombination realisierten technischen Idee; diese materiell nicht faßbare Komponente des Produktionsprozesses ist ein Merkmal der gesamten Faktorkombination. Sie soll als ökonomisches Potential der produktiven Kombination bezeichnet werden. Mit dem Kauf einer Produktionsanlage erwirbt der Unternehmer nicht nur die Erstausstattung der Faktorkombination mit Verbrauchsfaktoren, er sichert sich zugleich das ökonomische Potential dieser produktiven Kombination und wird dadurch in die Lage versetzt, z. B. ein patentiertes Produktionsverfahren anzuwenden.

b4) Das Bild der betrieblichen Faktorkombination

Der industrielle Produktionsprozeß und mit ihm die industrielle Faktorkombination sind so vielgestaltig, daß allgemeingültige Aussagen über die Strukturmerkmale der produktiven Kombination nicht möglich sind. Die Erfahrung zeigt, daß sowohl reine als auch gemischte Strukturen vorkommen können. Zwar zeigt sich in vielen Fällen das Bild einer limitationalen Faktorkombination; im Bereich der chemischen Industrie gibt es jedoch Prozesse, die typische Merkmale einer substitutionalen Struktur besitzen. Oftmals ist dabei zu beobachten, daß chemische Werkstoffe und Energieträger sich gegenseitig substituieren. Bezeichnend ist auch die Substituierbarkeit der Energieträger; viele Heizungsanlagen werden beispielsweise zugleich mit festen und gasförmigen Brennstoffen betrieben. Die betriebliche Faktorkombination kann demnach eine limitationale, eine substitutionale oder eine gemischt-limitationale-substitutionale Struktur aufweisen.

Weitere charakteristische Merkmale und Besonderheiten der betrieblichen Faktorkombination sind schematisch in Abbildung 10 a dargestellt. Die globalen Elementarfaktoren Gutenbergs werden in 6 Gruppen spezieller Verbrauchsfaktoren unterteilt. Unter dem Aspekt des Faktoreinsatzes lassen

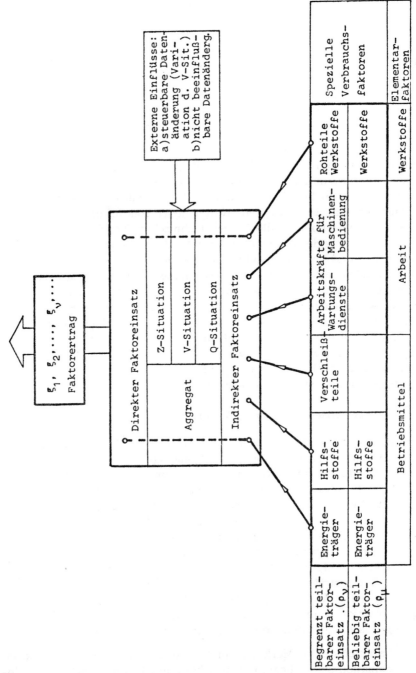

Abbildung 10a

sich innerhalb einiger Faktorgruppen beliebig teilbare Faktoren ϱ_ν und begrenzt teilbare Faktoren ϱ_μ unterscheiden. Nicht alle Gruppen enthalten Faktoren, die in unbegrenzt kleinen physischen Mengen eingesetzt werden können. Bei Arbeitskräften ist dies selbstverständlich, da ein Arbeiter zum gleichen Zeitpunkt nicht mehreren Faktorkombinationen zur Verfügung stehen kann. Im Falle der Mehrmaschinenbedienung wechselt die Arbeitskraft ständig die Faktorkombination, sie wird kurzfristig in mehreren Kombinationen eingesetzt, so daß auch hier nicht von einem beliebig teilbaren Faktoreinsatz gesprochen werden kann[92]). Ebenso lassen sich Verschleißteile nur als komplette Bauteile, also in unteilbaren Mengen, einsetzen. Es wäre technisch wirkungslos, wenn nur der Bruchteil eines Bauelementes eingesetzt würde. Für die übrigen Faktorgruppen kommen beide Formen des Faktoreinsatzes in Frage; hier ist die technische Gestaltung der Produktionsanlage dafür maßgebend, ob ein Faktor in unteilbaren oder in beliebig teilbaren Quanten eingesetzt werden kann.

Im Rahmen der Faktorkombination gruppieren sich die speziellen Verbrauchsfaktoren um die technische Produktionseinrichtung, das Aggregat. Es steuert Einsatz und Verzehr der Faktormengen, koordiniert den Produktionsablauf und bestimmt — ungehemmte Faktorzufuhr vorausgesetzt — den Ertrag des Faktorkombinationsprozesses nach Menge und Qualität. Dabei gehen einige Faktoren oder deren Teile (z. B. Werkstoffe, Energie) direkt in das Produkt ein; die übrigen Faktoren werden indirekt eingesetzt und erfüllen die Aufgabe, den Betrieb der Produktionsanlage aufrechtzuerhalten.

Die Ergiebigkeit des Produktionsprozesses hängt nicht nur vom Faktoreinsatz, von der ausreichenden Bereitstellung der Faktormengen ab; im wesentlichen bestimmen die Daten der Q-, V- und Z-Situation den Ertrag der produktiven Kombination. In der Regel läßt sich der Ablauf des Produktionsprozesses von außen steuern, indem die Daten der V-Situation geändert werden. Dabei ist zwischen jenen Einflußgrößen, die sich autonom, entsprechend den unternehmerischen Dispositionen variieren lassen, und anderen Komponenten der V-Situation, die als unbeeinflußbar hingenommen werden müssen, zu unterscheiden.

Das Ergebnis des Faktorkombinationsprozesses wird durch Produktmenge und Produktqualität bestimmt. Die Daten der Q-Situation erfassen Qualitätsmerkmale sowohl auf der Einsatzseite als auch auf der Ertragsseite der produktiven Kombination. Die Merkmale der Produktqualität sind demnach bereits im Rahmen der Q-Situation berücksichtigt. Im Fall technisch-zwangsläufig gekoppelter Produkte müssen zugleich mehrere Erträge ξ_ν betrachtet werden; sonst genügt es, ein Produkt ξ auf der Ertragsseite der Faktorkombination zu definieren.

---

[92]) Unabhängig von dieser Art des Faktoreinsatzes wird auch der Faktor „Arbeitskraft" in beliebig teilbaren Mengen verzehrt; die jeweils aufgewandte Arbeitszeit ist ein Maß dafür. Wie bereits in Kapitel II dieser Arbeit nachgewiesen wurde, ist es zweckmäßig, zwischen Faktoreinsatz und Faktorverzehr grundsätzlich zu unterscheiden.

b5) Hierarchische Verflechtung der betrieblichen Faktorkombinationen

Das nunmehr vorliegende produktionstheoretische Modell der betrieblichen
Faktorkombination reicht — wie die folgenden Überlegungen zeigen — zur
vollständigen Erklärung des industriellen Produktionsprozesses nicht aus.
Die erwähnte Modellvorstellung bezieht sich auf eine Faktorkombination,
in deren Zentrum ein Aggregat steht, das einen unmittelbaren Beitrag zur
marktfähigen Produktion des Betriebes durch die Erzeugung von Zwischen-
und Endprodukten leistet. Damit bleiben jene technischen Einrichtungen
außerhalb der Betrachtung, die als Hilfsaggregate, wie Druckluftanlage,
Reparaturwerkstätte, Anlagen der Datenverarbeitung und Verwaltung usw.,
den gesamtbetrieblichen Produktionsprozeß unterstützen. Schließlich fehlt
auch für jenen Faktoreinsatz und Faktorverzehr eine produktionstheoretische Erklärung, der weder einem einzelnen Aggregat noch einem bestimmten Produkt sachlich zugeordnet werden kann. In der Regel lassen sich solche Produktionsfaktoren nur mit einer Gruppe von Aggregaten, mehreren
Aggregatgruppen oder dem gesamtbetrieblichen Bestand an Aggregaten in
einen produktionstheoretischen Zusammenhang bringen. Dazu zählen etwa
Fabrikgebäude einschließlich der Heizung, Beleuchtung, Reinigung und In-
standhaltung; ferner gehören in diesen Kreis Verwaltungseinrichtungen,
seien sie nun einer Werkstatt, einer Abteilung oder dem Gesamtbetrieb
angegliedert.

Sowohl für Verwaltungseinrichtungen und technische Hilfseinrichtungen als
auch für Produktionsfaktoren, die mit mehreren selbständigen Faktorkombinationen produktionstheoretisch verflochten sind, läßt sich wegen der fehlen-
den Zurechnungsmöglichkeiten ein unmittelbarer Zusammenhang zwischen
Faktorverzehr und ökonomischer Leistung des einzelnen Aggregates nicht
herstellen. Die erforderlichen Faktormengen und Faktorqualitäten bestimmen sich nach den technischen Erfordernissen der unmittelbar für den Absatzmarkt produzierenden Faktorkombinationen. Eine Gruppe von Maschinen benötigt außer ihren eigenen Einsatzfaktoren weitere technische Einrichtungen, um produzieren zu können: So ist z. B. eine Fabrikhalle mit entsprechenden Abmessungen und Bodenbelastungswerten erforderlich; ebenso
müssen Druckluft und Drucköl für die Maschinen, Heizung und Beleuchtung
für die Arbeitskräfte zur Verfügung stehen. Es werden ein Vorarbeiter, ein
Meister und ein Werkstattbüro einschließlich Schreibkraft notwendig sein.
Darüber hinaus sollte auch eine Reparaturwerkstatt zur Wartung und In-
standsetzung der Maschinen vorhanden sein. Um diesen Sachverhalt produktionstheoretisch darzustellen, ist es zweckmäßig, neben den auf das
Aggregat bezogenen Faktorkombinationen zusätzliche, übergeordnete produktive Kombinationen zu definieren. Die bereits ausführlich dargestellte,
am Aggregat orientierte Faktorkombination soll zur Unterscheidung von
anderen, übergeordneten Kombinationen als primäre Faktorkombination
bezeichnet werden. Übergeordnete produktive Kombinationen, an denen
mehrere primäre Kombinationen beteiligt sind, werden je nach dem Grad

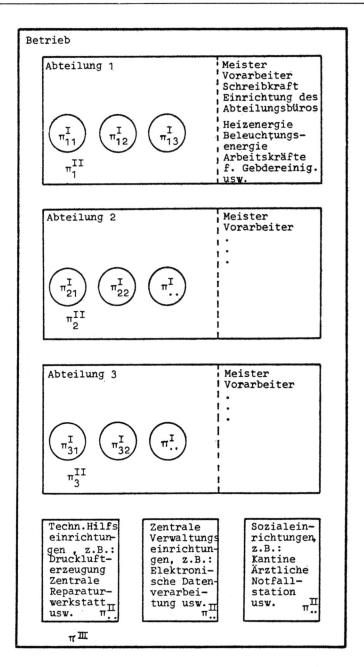

Abbildung 10b

ihrer hierarchischen Verflechtung mit anderen Kombinationen sekundäre, tertiäre usw. Faktorkombinationen[93]) genannt.

In Abbildung 10 b ist ein Beispiel dargestellt, das die Prinzipien für die Definition übergeordneter Faktorkombinationen erläutern soll. Es sei ein Betrieb betrachtet, der aus mehreren Produktionsabteilungen, technischen Spezialabteilungen, einer Abteilung für die zentrale Verwaltung und einer Abteilung für Sozialeinrichtungen bestehen möge. In jeder dieser Abteilungen befinden sich Maschinen und technische Einrichtungen; sie sind die Kristallisationspunkte der primären Faktorkombinationen des Betriebes. Werden mehrere dieser primären Kombinationen zu einer Abteilung zusammengefaßt, so entsteht eine übergeordnete, sekundäre Faktorkombination. In dieser übergeordneten Kombination sind zusätzliche Faktoren enthalten, die sich den untergeordneten Kombinationen einzeln nicht zuordnen lassen; sie sind durch die Gestaltung der übergeordneten Kombination vorgegeben. Dazu würden beispielsweise das Fabrikgebäude der Abteilung, ein Werkstattbüro einschließlich Schreibkraft, der Vorarbeiter und der Meister zählen. Ferner schließt die sekundäre Faktorkombination auch Heizenergie und Beleuchtungsenergie sowie Arbeitskräfte für die Gebäudereinigung und die entsprechenden Reinigungsmittel ein. Sämtliche sekundären Faktorkombinationen sind wiederum Bestandteile einer tertiären Faktorkombination, die im vorliegenden Fall bereits den Gesamtbetrieb darstellt. Innerhalb dieser tertiären Kombination sind zusätzliche Abteilungen mit den Produktionsabteilungen verflochten. Dazu gehören zunächst einige technische Spezialabteilungen, die für den Produktionsprozeß z. B. Druckluft oder Drucköl liefern; außerdem stehen allen Produktionsabteilungen eine gemeinsame Instandsetzungswerkstatt sowie der betriebsinterne Fuhrpark zur Verfügung. In gleicher Weise sind sämtliche Produktionsabteilungen und sonstige Abteilungen mit der zentralen Verwaltung verbunden; schließlich enthält die tertiäre Kombination auch die Sozialeinrichtungen, wie Kantine und ärztliche Notfallstation. Wäre z. B. der Betrieb einem Konzern mit gemeinsamer Verwaltung, gemeinsamem Transportwesen usw. angegliedert, so würde damit eine quartäre Kombination entstehen.

Auf diese Weise läßt sich eine hierarchische Ordnung in das Netz der technischen Verflechtungen innerhalb eines Betriebes bringen. Das System der primären und höher geordneten Faktorkombinationen entwirft zugleich ein Abbild der technischen Querverbindungen und horizontalen Verflechtungen innerhalb des Gesamtbetriebes; damit fügen sich die Bausteine einer analytischen Produktionstheorie wieder zum Mengengerüst des gesamten Produktionssektors der Unternehmung.

Mit den Mitteln einer formalen, abkürzenden Schreibweise lassen sich diese Gedanken folgendermaßen wiedergeben:

---

[93]) Diese Bezeichnungen sind mit den von Heinen geprägten Begriffen „primäre, sekundäre usw. E-Kombination" nicht zu vergleichen; siehe: Heinen, E.: Kosten, a. a. O., S. 261 ff.

Eine primäre Faktorkombination $\pi_\nu{}^\text{I}$ wird (ohne Berücksichtigung der Struktur) als

$$\pi_\nu{}^\text{I} \triangleq (\varrho_{\nu 1}, \varrho_{\nu 2}, \ldots, \varrho_{\nu n})$$

geschrieben; entsprechend gilt für die sekundäre Kombination $\pi_\mu{}^\text{II}$ die Formulierung:

$$\pi_\mu{}^\text{II} \triangleq (\varrho_{\mu 1}, \ldots, \varrho_{\mu m}, \pi_{\mu 1}{}^\text{I}, \pi_{\mu 2}{}^\text{I}, \ldots, \pi_{\mu \nu}{}^\text{I}, \ldots).$$

Für eine tertiäre Kombination $\pi_\lambda{}^\text{III}$ lautet der Ansatz:

$$\pi_\lambda{}^\text{III} \triangleq (\varrho_{\lambda 1}, \ldots, \varrho_{\lambda l}, \pi_{\lambda 1}{}^\text{I}, \ldots, \pi_{\lambda \nu}{}^\text{I}, \ldots, \pi_{\lambda 1}{}^\text{II}, \ldots, \pi_{\lambda \mu}{}^\text{II}, \ldots).$$

Den praktischen und theoretischen Erfordernissen entsprechend können in gleicher Weise noch höher geordnete Faktorkombinationen definiert werden. Allgemeingültige Regeln für die typische Gestalt übergeordneter Faktorkombinationen lassen sich nicht angeben. Die obigen Ansätze sollten beispielhaft zeigen, wie das produktionstheoretische Modell der Faktorkombination eines Gesamtbetriebes aufgestellt werden kann. Im Rahmen der weiteren Ausführungen wird die Problematik höher geordneter Faktorkombinationen nicht erörtert; die Untersuchung beschränkt sich ausschließlich auf primäre Faktorkombinationen. Mit der Bezeichnung Faktorkombination bzw. produktive Kombination ist stets eine primäre Kombination gemeint.

c) Die Faktorverbrauchsfunktion

Eine mathematische Funktion, die den Faktormengenverzehr in Abhängigkeit von den Daten der Q-, V- und Z-Situation angibt, soll als Faktorverbrauchsfunktion[94] bezeichnet werden. Das produktionstheoretische Modell der Faktorverbrauchsfunktion ist umfassender angelegt als die Verbrauchsfunktion der Gutenberg-Produktionsfunktion. Der hier vorgeschlagene Ansatz ist geeignet, limitationale und — nach Erweiterung der mathematischen Funktion — substitutionale Produktionsprozesse quantitativ zu beschreiben. Bezeichnend für die Faktorverbrauchsfunktion ist ferner, daß sie nur den Kausalzusammenhang zwischen dem Faktorverzehr und dem naturgesetzlichen Mechanismus des Produktionsprozesses — dargestellt durch die Daten der Q-, V- und Z-Situation — wiedergibt. Die Verbindung zwischen technisch bedingtem Faktorverzehr und ökonomischer Produktionsleistung wird indirekt, durch die Leistungsfunktion des Produktionsprozesses hergestellt. Das Modell der Leistungsfunktion erfaßt den zahlenmäßigen Zusammenhang zwischen den technisch relevanten Daten der Produktion und der davon kausal abhängigen ökonomischen Produktionsleistung einer betrieblichen Faktorkombination; es wird später ausführlich dargestellt.

Zunächst sei eine limitationale Faktorkombination betrachtet. In diesem Fall ist die Faktorverbrauchsmenge ausschließlich von den technischen Erfordernissen der Produktionsanlage, nicht aber von den verzehrten Mengen

---

[94] Der Begriff Verbrauchsfunktion wird in ähnlichem Zusammenhang bereits von Gutenberg verwendet; vgl.: Gutenberg, E.: Produktion, a. a. O., S. 314 ff.

anderer am Produktionsprozeß beteiligter Faktoren abhängig. Der technische Zustand der Produktionsanlage und die technologischen Bedingungen des Produktionsprozesses kommen in den Komponenten der Q-, V- und Z-Situation zum Ausdruck; für die Faktorverbrauchsfunktion des Faktors ϱ_ν kann auf der Grundlage zeitspezifischer Verbrauchsmengen folgender Ansatz aufgestellt werden:

$$(\text{III. 9a}) \qquad R_\nu = F_\nu (q_1, q_2, \ldots, v_1, v_2, \ldots, z_1, z_2, \ldots).$$

Ein ähnlicher Zusammenhang gilt auch für die mengenspezifische Verbrauchsmenge des Produktionsfaktors ϱ_ν:

$$(\text{III. 9b}) \qquad r_\nu = f_\nu(q_1, q_2, \ldots, v_1, v_2, \ldots, z_1, z_2, \ldots).$$

Die mengenspezifische Faktorverbrauchsfunktion läßt sich jedoch nur im Fall der Einproduktproduktion anwenden. Liegt Koppelproduktion vor, dann fehlt eine einheitliche Leistungsgröße für die Berechnung des mengenspezifischen Faktorverzehrs. Die mengenspezifische Faktorverbrauchsfunktion ist daher bei Koppelproduktion nicht definiert; der Faktorverzehr kann in diesem Fall nur durch zeitspezifische Faktorverbrauchsfunktionen quantifiziert werden.

Das produktionstheoretische Modell der Faktorverbrauchsfunktion beschreibt uneingeschränkt den mengenmäßigen Verzehr der Verbrauchsfaktoren; es gilt für Repetierfaktoren ebenso wie für Potentialfaktoren. Bei der Quantifizierung des Verzehrs von Potentialfaktoren ergeben sich jedoch Besonderheiten, die noch einiger ergänzender Erläuterungen bedürfen. Im Zusammenhang mit der produktionstheoretischen Begründung des Mengengerüstes der Produktion wurde gezeigt, daß sich der mengenmäßige Verbrauch des Potentialfaktors mit Hilfe seiner Lebensdauer[95] bzw. Wirkungsdauer[95] oder Standzeit[96] bestimmen läßt. Die Lebensdauer eines Potentialfaktors ist ebenso wie der Faktorverzehr von den technischen Zustandsgrößen des Produktionsprozesses, d. h. von den Komponenten der Q-, V- und Z-Situation, abhängig. Wird die Wirkungsdauer eines Potentialfaktors ϱ_ν mit D_ν (ZE) bezeichnet, so gilt wegen des Kausalzusammenhangs zwischen der Belastung des Faktors und dessen Wirkungsdauer die Beziehung:

$$(\text{III. 9c}) \qquad D_\nu = h_\nu (q_1, q_2, \ldots, v_1, v_2, \ldots, z_1, z_2, \ldots).$$

Dabei ist auch hier vorausgesetzt, daß der Produktionsprozeß zeitlich homogen ist; d. h. für die Dauer der Wirkungsperiode, die in diesem Fall zugleich Betrachtungsperiode ist, müssen die abhängigen Variablen der Funktion (III.9 c) zeitlich konstant sein.

---

[95] Die Bezeichnung Lebensdauer eignet sich für jene Verschleißteile, die beim Verlust ihrer Produktionswirksamkeit vollständig ersetzt werden müssen. Der Begriff Wirkungsdauer empfiehlt sich für regenerationsfähige Potentialfaktoren.

[96] Diese Bezeichnung wird vor allem bei Schnittwerkzeugen der spanabhebenden Metallbearbeitung verwendet.

Viele Beispiele aus dem Gebiet des Maschinenbaus zeigen, daß die Grundlagen zur Berechnung der Wirkungs- bzw. Lebensdauer von Bauteilen der Produktionsanlagen im wesentlichen bekannt sind. Die Wirkungsdauer einer Fettfüllung zur Schmierung von Wälzlagern[97]) ist z. B. von dem Wälzlagertyp (Z-Situation), von der Drehzahl und der Umgebungstemperatur (V-Situation) abhängig. Bei der spanabhebenden Formung von Metallen wird die Wirkungsdauer eines Drehmeißels, d. h. die kumulierte Eingriffszeit zwischen zwei Schliffen, als Standzeit bezeichnet. Sie wird im wesentlichen durch folgende Einflußgrößen bestimmt[98]): Qualität des Bearbeitungswerkstoffes und Schneidwerkzeugs, Art des Kühlmittels (Q-Situation), Schnittgeschwindigkeit und Vorschubgeschwindigkeit (V-Situation) sowie zulässige Verschleißmarkenbreite des Drehmeißels, Schwingungsdämpfung des Maschinenkörpers und Bewegungsgenauigkeit des Werkstückes, des Werkzeugs und der Werkzeugmaschine (Z-Situation).

Der quantitative Zusammenhang zwischen der Standzeit D (min) und der Schnittgeschwindigkeit v (m/min) lautet[99]):

(III. 9d) $$D = av^{-c};$$

dabei bezeichnen a und c bestimmte Parameter, die von den übrigen Daten der Q-, V- und Z-Situation abhängig sind.

Schließlich sei noch ein Beispiel zur Berechnung der Lebensdauer eines Kupplungsbelages[100]) wiedergegeben. Die Zahl der Betriebsstunden D (h), bis eine Reibkupplung infolge des Verschleißes ihres Belages unbrauchbar wird, läßt sich in Abhängigkeit von folgenden Daten funktional darstellen. Zur Q-Situation können der Verschleißkennwert des Belages A (PSh/cm³) und der Reibwert μ(—) der Kupplung gezählt werden. Die Schalthäufigkeit je Stunde w (1/h) repräsentiert den Einfluß der V-Situation. Wird vorausgesetzt, daß die weiteren technischen Einflußgrößen durch die Auslegung und konstruktive Gestaltung der Kupplung festgelegt sind, so gehören zur Z-Situation: die verschleißbare Belagdicke a (cm), die Reibzeit T (s) bis zum Kraftschluß der Kupplungshälften, die dabei auftretende mittlere Reibgeschwindigkeit v (m/s) und der Anpreßdruck p (kg/cm²) zwischen den beiden Kupplungsteilen. Mit diesen Zustandsgrößen der Kupplung und der Bedienungsweise berechnet sich die Lebensdauer D (h) des Belages nach der Formel

(III. 9e) $$D = 270\ 000\ a\ A/(p\mu v\ T\ w).$$

Mit der Voraussetzung, daß die Daten der Q- und Z-Situation konstant sind, besteht zwischen D und der V-Situation die Beziehung

(III. 9f) $$D = c/w,$$

---

[97]) Mundt, R.: Wälzlager (Kugel-Rollenlager), in: Hütte II A, 28. Auflage, Berlin 1954, S. 85.

[98]) Witthoff, J.: Grundlagen der Zerspanungslehre, in: Betriebshütte I, 5. Auflage, Berlin 1957, S. 296 ff.

[99]) Ebenda, S. 300.

[100]) Niemann, G.: Kupplungen und Gelenke, in: Hütte II A, a. a. O., S. 129.

wobei c (—) eine dimensionslose Konstante ist, die den als unveränderlich vorausgesetzten Einfluß der Q- und Z-Situation wiedergibt.

Die zeitspezifische Faktorverbrauchsmenge des Potentialfaktors läßt sich nunmehr aus der Wirkungsdauer bzw. Lebensdauer des Einsatzgutes bestimmen. Sie ergibt sich aus dem Kehrwert der Größe D, wobei die im Verlauf der Wirkungsdauer physisch verzehrte, kumulierte Faktormenge als 1 (ME), z. B. 1 Stück eines Verschleißteils, gesetzt wird. Für die zeitspezifische Faktormenge des Potentialfaktors ϱ_ν gilt demnach:

(III. 9g) $\qquad R_\nu = 1/D_\nu = 1/h_\nu(Q, V, Z) = F_\nu(Q, V, Z).$

Im Fall der Einproduktproduktion läßt sich in ähnlicher Weise die mengenspezifische Faktorverbrauchsfunktion ableiten. Bezugsgröße des mengenspezifischen Faktorverbrauchs ist die im Verlauf der Wirkungsperiode erzeugte, kumulierte Produktmenge $\overline{X}$ (ME); da sich die technischen Bedingungen während dieser Zeitperiode nicht ändern sollen, ist die Produktmenge eine Konstante des mathematischen Ansatzes. Die mengenspezifische Faktorverbrauchsfunktion eines Potentialfaktors lautet demnach:

(III. 9h) $\qquad r_\nu = R_\nu/\overline{X} = 1/(D_\nu \overline{X}) = f_\nu(Q, V, Z).$

Damit ist gezeigt, daß das Modell der Faktorverbrauchsfunktion auch für Potentialfaktoren gültig ist; zugleich bestätigt diese formale Darstellung der Verbrauchsvorgänge die Zugehörigkeit des Potentialfaktors zum Kreis der Verbrauchsfaktoren.

Nachdem das Modell der Faktorverbrauchsfunktion für eine limitationale Faktorkombination hergeleitet ist, liegt es nahe, auf dieser Grundlage auch den mengenmäßigen Faktorverbrauch substitutionaler Faktoren darzustellen. Substitutionalität setzt voraus, daß die Verbrauchsmenge des einen Faktors nicht nur von den Daten der Q-, V- und Z-Situation abhängt, sondern zugleich von der Menge eines anderen Faktors beeinflußt wird. Besteht z. B. zwischen den beiden Faktoren ϱ_ν und ϱ_μ eine substitutionale Beziehung, so lautet der mathematische Ansatz für die beiden zeitspezifischen Faktorverbrauchsfunktionen in diesem Falle

(III. 9i) $\qquad R_\nu = F_\nu(R_\mu, Q, V, Z)$ und

$\qquad\qquad\quad R_\mu = F_\mu(R_\nu, Q, V, Z);$

da hierbei die Produktionsleistung als Konstante zu betrachten ist, gilt (bei Einproduktproduktion) für die mengenspezifischen Faktorverbrauchsfunktionen

(III. 9j) $\qquad r_\nu = f_\nu(r_\mu, Q, V, Z)$ und

$\qquad\qquad\quad r_\mu = f_\mu(r_\nu, Q, V, Z).$

In gleicher Weise lassen sich auch Faktorverbrauchsfunktionen formulieren, wenn mehr als zwei Faktoren sich gegenseitig substituieren.

d) Die Leistungsfunktion

Im Unterschied zur technologischen Betrachtung des Produktionsprozesses beschäftigt sich die Produktionstheorie nicht mit der technischen, sondern mit der ökonomischen Leistung der produktiven Faktorkombination. Technische Leistungseinheiten wie PS oder MW eignen sich im allgemeinen zur Messung der ökonomischen Leistung nicht, da sie nur einen Teil der betrieblichen Leistungserstellung, die Energietransformation, quantitativ erfassen. Ausnahmen bestehen in jenen Fällen, wo technische und ökonomische Leistung, wie etwa bei der Elektrizitätserzeugung, identisch sind. Die ökonomische Leistung wird anhand der in der Zeiteinheit hergestellten Produktmenge gemessen. Mit Rücksicht auf die Einheitlichkeit des Leistungsbegriffs werden Verrichtungen, wie z. B. Montage- oder Reinigungsarbeiten, die eine Faktorkombination am Werkstück ausführt, dem veredelten Produkt zugerechnet, so daß derartige Produktionsleistungen ebenfalls in Produktmengen gemessen werden können.

Die Forderung nach einem ökonomischen Leistungsbegriff einerseits und die Erkenntnis andererseits, daß nur technisch fundierte Faktorverbrauchsfunktionen der produktionstheoretischen Durchdringung des Produktionsprozesses angemessen sind, werfen das Problem auf, eine Verbindung zwischen Leistung und Faktorverzehr herzustellen[101]). Zur Lösung dieses Problems wird als Bindeglied eine Leistungsfunktion definiert; sie gibt an, welche ökonomische Leistung einem bestimmten, durch die Daten der Q-, V- und Z-Situation quantifizierten Produktionszustand entspricht. Da auch der Faktorverzehr diesem Produktionszustand mit Hilfe der Faktorverbrauchsfunktion zugeordnet ist, läßt sich über die technischen Daten des Produktionsprozesses ein indirekter funktionaler Zusammenhang zwischen Faktorverzehr und ökonomischer Leistung X (ME/ZE) herleiten. Die Leistungsfunktion für das Produkt ξ lautet für den Fall der Einproduktproduktion

(III. 10a) $$X = g(Q, V, Z).$$

Die Einflußgrößen der Q-, V- und Z-Situation gestatten es, sämtliche für die Leistungsabgabe der Faktorkombination relevanten Tatbestände zu berücksichtigen. Mit Hilfe besonderer Zeiteinflußgrößen, wie etwa der Chargendauer, lassen sich auch die Leistungsverhältnisse bei Produktionsprozessen mit verweilzeitabhängiger Ausbeute darstellen. Von den Einflußgrößen der Leistungsfunktion müssen nicht sämtliche mit den Variablen der Faktorverbrauchsfunktionen identisch sein. Sowohl für den Faktorverbrauch als auch für die Produktionsleistung können zusätzliche Freiheitsgrade in der Gestaltung des Produktionsprozesses bestehen. Die ökonomische Leistung eines Chargenprozesses kann z. B. ohne (wesentliche) Änderung der Faktorverbrauchsmengen gesteigert werden, wenn die Zeitpunkte für den Faktorein-

---

[101]) Hinweise auf diese Problematik finden sich bei: Chenery, H. B.: Process und Production Functions from Engineering Data, a. a. O., S. 298; Heinen, E.: Kosten, a. a. O., S. 229.

satz günstig gewählt werden. Unter diesen Bedingungen müßte die Lage der
Einsatzzeitpunkte durch geeignete Einflußgrößen in der Leistungsfunktion
berücksichtigt werden; derartige Einflußgrößen wären aber für die Faktorverbrauchsfunktionen irrelevant. Eine Variation der Leistung (intensitätsmäßige Anpassung) kommt durch entsprechende Anpassung der technischen
Größen des Produktionsprozesses zustande; die intensitätsmäßige Anpassung
erweist sich damit als ein Vorgang, der in der Regel nicht monofunktional
verläuft, sondern das Ergebnis einer Veränderung der gesamten, kurzfristig
variierbaren Datenkonstellation ist.

Bei Mehrproduktproduktion ist für den Ansatz der Leistungsfunktion der
Fall einer losen Koppelung der Produktmengen von Bedeutung. Während
bei starrer Koppelung die Produktionsleistung bereits für jedes Produkt
durch den technischen Zustand des Produktionsprozesses eindeutig festgelegt ist, muß im Falle loser Koppelung der Ansatz für die Leistungsfunktion neben den technischen Einflußgrößen auch die Mengen der gekoppelten
Produkte berücksichtigen. Die zeitspezifische Ausbringungsmenge des einen
Produkts ist dann außer von den technischen Daten des Produktionsprozesses auch von den Ausbringungsmengen der übrigen Koppelprodukte abhängig. Der Ansatz für die Leistungsfunktionen von zwei lose gekoppelten
Produkten ξ_ν und ξ_μ lautet daher

(III.10b) $X_\nu = g_\nu(X_\mu, Q, V, Z)$ bzw.

               $X_\mu = g_\mu(X_\nu, Q, V, Z).$

Sind mehr als zwei Produkte lose gekoppelt, so läßt sich dieser Ansatz entsprechend erweitern. Es ist bemerkenswert, daß hier eine formale Symmetrie
zu dem System der Faktorverbrauchsfunktionen bei substitutionalen Faktoren besteht.

Im Zusammenhang mit der Leistungsfunktion ist auch zu untersuchen, auf
welche Weise das Auftreten von Ausschußmengen[102] quantitativ berücksichtigt werden kann. Ausschußprodukte sind jene Erzeugniseinheiten der
Faktorkombination, die nicht den qualitativen Mindestanforderungen des
Produktionsprozesses genügen[103]. Der Umfang des Ausschußanfalls wird
anhand des dimensionslosen Ausschußfaktors a gemessen; er ist als die auf
eine Erzeugniseinheit entfallende Ausschußmenge definiert und ergibt sich
als Mengenanteil aus dem Quotienten Ausschuß (ME)/Bruttoerzeugung (ME).
Für die Nettoproduktionsleistung X_n(ME/ZE) und die Bruttoproduktionsleistung X_b(ME/ZE) ergibt sich somit die Gleichung:

(III. 10c) $X_n = (1-a)X_b.$

---

[102] Abfallmengen betreffen die Leistungsfunktion nicht; sie werden bereits durch die Faktorverbrauchsfunktionen erfaßt.

[103] Die Frage, ob Ausschußmengen wieder verwertet werden können oder ob sie als Abfall zu
behandeln sind, wird in diesem Zusammenhang nicht berührt.

Analog zur Leistungsfunktion läßt sich auch die Ausschußquote in Abhängigkeit von den technischen Zustandsgrößen der Produktion ausdrücken. Dieser Zusammenhang wird als Ausschußfunktion bezeichnet; sie lautet:

(III. 10d) $$a = h(Q, V, Z).$$

Für den Sonderfall einer losen Koppelung der Produkte kann auch eine gegenseitige Beeinflussung der Ausschußfaktoren vorliegen, so daß der Ansatz bei zwei Produkten ξ_ν bzw. ξ_μ aus den Gleichungen

(III. 10e) $$a_\nu = h_\nu(a_\mu, Q, V, Z) \text{ und}$$
$$a_\mu = h_\mu(a_\nu, Q, V, Z)$$

besteht. Ist der Ausschußfaktor bekannt, so läßt sich aus der Leistungsfunktion, die im allgemeinen die ökonomische Bruttoleistung quantifiziert, vermöge der Gleichungen III. 10c, d, e die für eine Weiterverwendung im Produktionsprozeß geeignete Nettoleistung berechnen.

Neben diesem Ansatz, der den Ausschußfaktor explizit berücksichtigt, läßt sich die Ausschußproduktion auch implizit durch die Formulierung einer Nettoleistungsfunktion erfassen. Dabei werden Zustandsdaten des Produktionsprozesses in Beziehung zu der jeweils erzielbaren Nettoleistung gesetzt. Dieses Vorgehen empfiehlt sich, wenn der Ausschußquotient als konstant gelten kann. Es muß allerdings erwähnt werden, daß die Planungsmodelle der Produktions- und Kostentheorie auf Bruttoleistungsgrößen aufgebaut sind und den Ausschußfaktor explizit im Gleichungssystem der Nebenbedingungen berücksichtigen[104]).

e) Besonderheiten der zeitlichen Struktur von Produktionsprozessen

e1) *Chargenprozesse mit verweilzeitabhängiger Ausbeute*

Die ökonomische Leistung der Faktorkombination ist außer von den spezifischen Einflüssen der Verfahrenstechnologie auch vom zeitlichen Ablauf der Produktion abhängig. Sowohl die Kalenderzeit als auch die kumulierte Produktionszeit eignen sich als Maßgröße, um langfristige Wirkungen der Alterung und Abnutzung von Produktionsanlagen pauschal zu quantifizieren. Auf die Möglichkeit, diese Tatbestände mit Hilfe von Zeiteinflußgrößen im Rahmen der V-Situation zu erfassen, wurde bereits hingewiesen. Prinzipiell lassen sich auf diese Weise auch andere Einflüsse des zeitlichen Ablaufs der Produktion in der Leistungsfunktion berücksichtigen. Mit den folgenden Beispielen sollen einige typische Ansätze in diesem Zusammenhang aufgezeigt werden.

Zunächst sei ein Chargenprozeß mit verweilzeitabhängiger Ausbeute betrachtet. Es wird unterstellt, daß zwischen Produktionsende der einen und Produktionsbeginn der folgenden Charge keine Wartezeit auftritt. Der ver-

---

[104]) Vgl. z. B. Jacob, H.: Produktionsplanung, a. a. O., S. 258 ff.

weilzeitabhängige Chargenprozeß zeichnet sich dadurch aus, daß die mit einer Charge zu erzeugende Produktionsmenge M (ME) bei Konstanz der Q-, V- und Z-Situation und bei vorgegebenen Faktoreinsatzmengen durch Verlängerung der Verweildauer der Einsatzstoffe im Aggregat erhöht werden kann[105]). Eine Verlängerung der Verweildauer ist jedoch nur so lange sinnvoll, bis die technisch maximale Menge erreicht ist. Es leuchtet ein, daß die längste Verweildauer nicht auch die größte Produktionsleistung garantiert. Wird die Verweildauer mit t (ZE) bezeichnet, so kann für die Produktionsmenge der Ansatz

(III. 11a) $M = \Phi(Q, V, Z, t)$

geschrieben werden. Unter der Bedingung, daß die Verweildauer zugleich die Elementarzeit des Produktionsprozesses ist, gilt die Gleichung

(III. 11b) $M/t = \Phi(Q, V, Z, t)/t = g(Q, V, Z, t).$

Die mathematische Formulierung zeigt, wie sich mit Hilfe einer zusätzlichen Zeiteinflußgröße die Leistungsfunktion an die realen Gegebenheiten anpassen läßt. Werden die Daten der Q-, V- und Z-Situation als konstant angenommen, so gilt für die Leistung

(III. 11c) $X = g^*(t).$

Damit läßt sich die jeweils leistungsmaximale Verweilzeit rechnerisch bestimmen.

e2) Nebenzeiten bei diskontinuierlichen Produktionsprozessen

Die Produktionsleistung X einer Faktorkombination ist unter den Bedingungen zeitlich homogener Produktion als das Verhältnis von kumulierter Bruttoproduktionsmenge zu Beobachtungszeitraum definiert. Bei diskontinuierlicher Produktion muß der Betrachtungszeitraum mindestens eine Elementarzeit oder ein Vielfaches davon umfassen. Die während des Beobachtungszeitraums bzw. der Elementarzeit erzeugte kumulierte Produktmenge wird dieser Zeitspanne gleichmäßig zugerechnet, so daß ein quasi-kontinuierlicher Produktionsprozeß betrachtet werden kann. In einigen Fällen diskontinuierlicher Produktion, insbesondere bei zyklischen Produktionsprozessen, kann es nützlich sein, die Elementarzeit in eine Haupt- und Nebenzeit aufzuteilen. Damit läßt sich feststellen, welcher Zeitbedarf für den eigentlichen technologisch notwendigen Produktionsvorgang während der Hauptzeit (z. B. spanabhebende Bearbeitung) erforderlich ist und wieviel Zeit benötigt wird, um das fertige Werkstück in der Nebenzeit abzunehmen, ein neues Rohteil einzuspannen und die Schneidwerkzeuge in Arbeitsstellung zu bringen. Bei einer genauen Kenntnis der Nebenzeit läßt sich die Frage beantworten, ob eine Leistungssteigerung durch Erhöhung der technologi-

---

[105]) Eine Minderung der Ausbeute M bei Ausdehnung der Verweildauer ist ebenso vorstellbar; allerdings besteht dann kein Problem der optimalen Verweilzeit, da die kürzeste, technologisch notwendige Verweildauer bereits leistungsoptimal ist.

schen Produktionsgeschwindigkeit, z. B. durch Änderung der Zerspanungs-
bedingungen, zu erzielen ist oder ob es zweckmäßiger wäre, durch Änderung bestimmter Daten der Z-Situation (Automatisierung der Materialzu-
und -abführung) die Nebenzeiten zu verkürzen und damit die Aggregatleistung zu verbessern. Als weitere Maßnahmen zur Verkürzung von Nebenzeiten kämen z. B. der Einbau eines Eilganggetriebes zur Beschleunigung
von Werkstück- und Werkzeugbewegungen in Frage; mit Hilfe besonderer
konstruktiver Maßnahmen lassen sich die bewegten Teile des Aggregates
ohne Minderung ihrer Festigkeitseigenschaften gewichtsmäßig leichter
bauen, so daß sich infolge einer Verminderung der trägen Massen höhere
Beschleunigungen und Geschwindigkeiten und damit kürzere Nebenzeiten
erreichen lassen. Auf diese Weise konnte z. B. eine Automobilfabrik die
Produktionsleistung einer automatischen Fertigungsstraße um mehr als
100 % steigern. Dort, wo es sinnvoll ist, sollte daher in der Leistungsfunktion
der Einfluß von technologisch nicht notwendigen Nebenzeiten explizit berücksichtigt werden.

Die Dauer eines vollen Arbeitsspiels, d. h. einer Elementarzeit, betrage t
(ZE), davon seien Δt (ZE) als Nebenzeit zu veranschlagen. Damit berechnet
sich die auf die Hauptzeit $(t - \Delta t)$ (ZE) bezogene Produktionsleistung X_0
(ME/ZE) aus dem Verhältnis von Produktmenge M (ME) zu Hauptzeit; es
gilt:

(III. 11d)
$$X_0 = \frac{M}{t - \Delta t}.$$

Durch Erweiterung des Quotienten in Gleichung (III.11 d) mit t läßt sich eine
Beziehung zwischen der auf die Elementarzeit bezogenen Gesamtleistung X
und X_0 herstellen:

(III. 11e)
$$X_0 = \frac{M}{t - \Delta t} \frac{t}{t} = \frac{M}{t} \frac{t}{t - \Delta t} = X \frac{t}{t - \Delta t}.$$

Wird der Ausdruck

(III. 11f)
$$\frac{t - \Delta t}{t} = \eta(t, \Delta t) \leq 1$$

als Zeitwirkungsgrad η eines Elementarvorgangs bezeichnet, so gilt für die
modifizierte Leistungsfunktion

(III. 11g)
$$X = \eta X_0 = \eta(t, \Delta t) \, g_0 \, (Q, V, Z).$$

Welchen Einfluß hat nun die Nebenzeit, d. h. der Zeitwirkungsgrad eines
diskontinuierlichen Produktionsprozesses, auf den Faktorverzehr? Die während der gesamten Elementarzeit verzehrte Faktormenge $\bar{R}$ (ME) setzt sich
aus den kumulierten Verbrauchsmengen der Haupt- bzw. Nebenzeit, $\bar{R}_0$ bzw.
$\bar{R}^*$, zusammen. Die Menge $\bar{R}_0$ hängt außer von der Beanspruchung des Aggregates auch von der Dauer der Hauptzeit $(t - \Delta t)$ ab. Der Verbrauch während
der Nebenzeit ergibt sich aus dem konstanten, zeitspezifischen Leerlaufver-

brauch R* (ME/ZE) und der Dauer der Nebenzeit Δt. Für die Summe aus beiden Verbrauchsmengen gilt demnach:

(III. 11h) $\overline{R} = \overline{R}_0 + R^* = (t-\Delta t) R_0 (Q, V, Z) + \Delta t R^*.$

Durch Division mit der Dauer der Elementarzeit t entsteht die zeitspezifische Verbrauchsfunktion:

(III. 11i) $R = \dfrac{t-\Delta t}{t} \, f_0(Q, V, Z) + \dfrac{\Delta t}{t} \, R^*.$

Sie läßt sich mit Hilfe des Zeitwirkungsgrades η folgendermaßen formulieren:

(III. 11j) $R = \eta f_0(Q, V, Z) + (1-\eta)R^*.$

Das zweite Glied der Summe zeigt den Einfluß der Nebenzeit auf den Zuwachs des zeitspezifischen Faktorverbrauches. Die Steigerung des Faktorverbrauches hängt von zwei Größen, dem Zeitwirkungsgrad und dem Leerlaufverbrauch je Zeiteinheit, ab. Ein günstiger Zeitwirkungsgrad und/oder ein niedriger Leerlaufverbrauch können den Faktorverzehr vermindern.

Nebenzeiten werden in der Praxis häufig dadurch herabgesetzt, daß bauliche Veränderungen an den Produktionsanlagen vorgenommen werden. Insofern ist der Zeitwirkungsgrad von den Daten der Z-Situation abhängig. Die Verbesserung des Zeitwirkungsgrades kann als irreversible Leistungsanpassung der Faktorkombination angesehen werden. Sie ist z. B. für die mechanische Fertigung in der metallverarbeitenden Industrie typisch und steht gegenüber der kurzfristig variablen und reversiblen intensitätsmäßigen Anpassung im Vordergrund.

e3) Zeitverluste beim Einsatz begrenzt teilbarer Faktoren

Für unbegrenzt teilbare Einsatzfaktoren ist es charakteristisch, daß ihre im Kombinationsprozeß verzehrten Faktormengen synchron mit dem Ablauf des Produktionsprozesses und in der Regel ohne Produktionszeitverluste laufend ersetzt und nachgeschoben werden. Müssen dagegen begrenzt teilbare Faktoren ersetzt werden, so tritt im allgemeinen dabei eine Produktionsunterbrechung ein, weil die Produktionsanlage so lange stillgelegt werden muß, bis der verbrauchte Faktor entfernt und der neue Faktor als Ganzes in die Kombination eingegliedert ist. Dies gilt insbesondere für Potentialfaktoren: Das Auswechseln eines abgenutzten Verschleißteils oder die Ersetzung von stumpf gewordenen Bearbeitungswerkzeugen verursacht gewöhnlich eine aus technischen Gründen nicht vermeidbare Stillstandzeit für das Aggregat. Dadurch können sich zum Teil erhebliche Leistungsminderungen ergeben. Zwar lassen sich solche Verlustzeiten durch dispositive Maßnahmen einschränken, indem Wartungen und Instandsetzungsreparaturen z. B. außerhalb der regulären Produktionszeit ausgeführt oder gleichzeitig mehrere Verschleißteile nach Plan ausgewechselt werden. Es ist jedoch nicht möglich, derartige Produktionsunterbrechungen grundsätzlich zu vermeiden.

Eine Betrachtung der Leistungsseite des Produktionsprozesses sollte daher diesen Tatbestand berücksichtigen.

Es soll nun untersucht werden, auf welche Weise die Leistungsfunktion den Zeiteinfluß begrenzt teilbarer Faktoren erfassen kann. Der Faktor ϱ_ν sei ein Verschleißteil, dessen Lebensdauer D_ν (ZE) von den (zeitlich konstanten) Daten des Produktionsprozesses bestimmt wird. Mit der Ersetzung bzw. Regeneration des verbrauchten Faktors ist ein Produktionszeitverlust von S_ν (ZE) verbunden. Als Betrachtungszeitraum wird eine Periode von der Länge $(D_\nu + S_\nu)$ (ZE) gewählt, da sich nach dieser Zeit die Faktorkombination bezüglich des Faktors ϱ_ν wieder in ihrem Ausgangszustand befindet. Die auf diese Periode bezogene Effektivleistung X (ME/ZE) ergibt sich aus der während der Produktionszeit D_ν bei konstanter Q-, V- und Z-Situation erzielten Leistung X_0 (ME/ZE) unter Berücksichtigung eines Zeitwirkungsgrades η; der formale Ansatz lautet:

(III. 11k)
$$X = \frac{D_\nu}{D_\nu + S_\nu} X_0 = \eta X_0.$$

Nun ist aber

(III. 11l) $D_\nu = D_\nu(Q, V, Z)$ und damit $\eta = \eta\,(Q, V, Z, S_\nu)$;

außerdem gilt:

(III. 11m) $X_0 = g_0(Q, V, Z)$;

damit kann für die Leistungsfunktion geschrieben werden:

(III. 11n) $X = \dfrac{D_\nu(Q, V, Z)}{D_\nu(Q, V, Z) + S_\nu}\; g_0(Q, V, Z)$

$= \eta(Q, V, Z, S)\, g_0\,(Q, V, Z).$

Wie aus Gleichung (III. 11m) hervorgeht, besteht nunmehr für die Leistungsfunktion das folgende Maximierungsproblem: Die Leistung X hängt von zwei gegeneinander gerichteten Einflüssen ab: Intensitätsmäßige Anpassung durch entsprechende Variation der V-Situation steigert gemäß der Funktion g_0 die Leistung des Kombinationsprozesses, vermindert aber zugleich die Lebensdauer D_ν und hat daher auf lange Sicht eine Erhöhung des Anteils an Stillstandszeiten, d. h. eine Minderung der Effektivleistung, zur Folge. Es gibt daher einen Punkt der intensitätsmäßigen Anpassung, an dem die Effektivleistung ihr Maximum erreicht, so daß eine weitere intensitätsmäßige Steigerung zu einer Leistungsminderung führen würde.

Ein Beispiel aus der Praxis mag diesen Sachverhalt erläutern: Im Karrosseriebau eines Automobilwerkes ist eine Exzenterpresse eingesetzt, die mit einer Hubzahl v (Hübe/min) Platinen stanzt. Bei einer Produktionssteigerung sollte die Leistung der Stanzpresse durch Verdoppelung der Hubzahl den neuen Erfordernissen angepaßt werden. Da die Leistung mit der Hubzahl proportional verknüpft ist, stellte sich zunächst die erwartete Leistungssteigerung ein. Als Folge der Intensitätssteigerung nutzte sich jedoch die

Kupplung der Presse in so kurzer Zeit ab, daß die reparaturbedingten Produktionszeitverluste den Leistungsgewinn aufzehrten und die Effektivleistung unter den ursprünglichen Wert absank.

Die bezüglich einer intensitätsmäßigen Anpassung maximale Effektivleistung läßt sich mit Hilfe der Differentialrechnung bestimmen. Um die Rechnung nicht zu komplizieren, soll eine Leistungsfunktion betrachtet werden, deren Daten der Q- und Z-Situation als konstant vorausgesetzt sind. Die V-Situation umfasse nur eine variable Einflußgröße v, die Produktionsverlustzeit sei S, so daß für die Leistungsfunktion der folgende vereinfachte Ansatz gegeben ist:

(III. 11o) $$X = g(v)\, \eta\,(v, S) = g(v)\, \frac{D(v)}{D(v) + S}.$$

Wird die nach v differenzierte Leistungsfunktion X' zu Null, so läßt sich das leistungsmaximale v mit Hilfe der Beziehung

(III. 11p) $$X' = g'(v)D(v)^2 + S(g'(v)D(v) + g(v)D'(v)) = 0$$

bestimmen. Durch Umformen entsteht die Beziehung

(III. 11q) $$\frac{g'(v)D(v)^2}{g'(v)D(v) + g(v)D'(v)} = -\,S.$$

Wird der auf der linken Seite der Gleichung (III. 11q) stehende Ausdruck durch die Funktion $\Phi\,(v)$ ersetzt, so gilt die Formulierung

(III. 11r) $$\Phi(v) = -\,S,$$

d. h. die leistungsmaximale Intensität v_{max} ist dann erreicht, wenn die Funktion $\Phi\,(v_{max})$ den Wert $-S$ annimmt.

Mit Hilfe eines Diagramms der Funktion $\Phi\,(v)$ läßt sich der Einfluß der Produktionsverluste auf die leistungsmaximale Intensität sichtbar machen. Die technisch maximal erreichbare Intensität muß nicht mit der leistungsmaximalen Intensität zusammenfallen. Aus der Gestalt der Funktion $\Phi\,(v)$ geht hervor, daß sich die leistungsmaximale Intensität um so mehr in Richtung auf die technisch minimale Intensität verschiebt, je größer die reparaturbedingte Produktionsverlustzeit S ist.

An dem folgenden Zahlenbeispiel, das auf den Fall der erwähnten Stanzpresse zutreffen könnte, lassen sich die Zusammenhänge anschaulich demonstrieren. Die Intensitätsvariable v mißt die Produktionsgeschwindigkeit der Presse in der Dimension (Hübe/min). Für die Funktion g (v) soll die Gleichung:

(III. 11s) $$g(v) = 1\ v\ (\text{Stück/min})$$

gelten, und die Standzeit D (h) der Kupplung möge in Abhängigkeit von v durch die Parabel

(III. 11t) $$D(v) = 224 - 32\ v^2\ (\text{h})$$

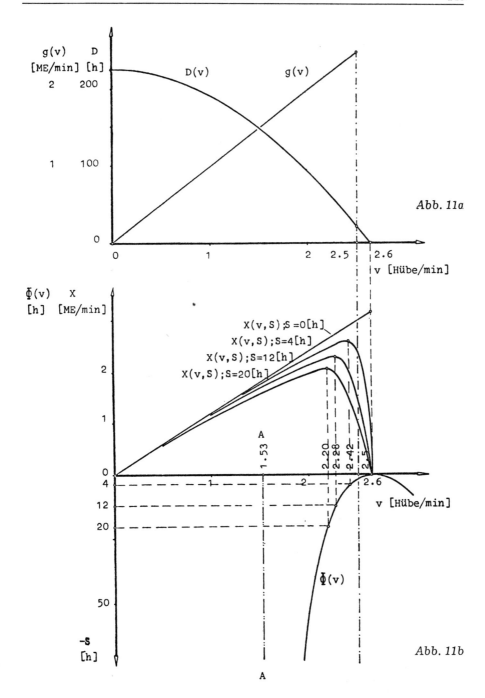

Abb. 11a

Abb. 11b

wiedergegeben werden. Der technisch realisierbare Variationsbereich wird durch die Intensitäten $v_{min} = 0$ und $v_{max} = 2.5$ begrenzt. In Abbildung 11 a sind die Daten des Problems graphisch dargestellt. Den Verlauf der Funktion Φ (v) zeigt die Abbildung 11 b, wobei auf der negativen Ordinatenachse die Dauer S der Produktionsunterbrechung abzulesen ist. Würde bei einem Ausfall der Kupplung kein Produktionszeitverlust auftreten, so könnte die Intensität theoretisch bis 2.6 (Hübe/min) gesteigert werden; allerdings liegt dieser Wert außerhalb des technisch realisierbaren Variationsbereiches. Ist eine Produktionsunterbrechung von $S = 4$ (h) in Kauf zu nehmen, so läßt sich die maximale Effektivleistung nur noch bei einer Intensität von $v_4 = 2.42$ (Hübe/min) erzielen; für $S = 12$ (h) bzw. 20 (h) lauten die Werte der leistungsmaximalen Intensität $v_{12} = 2.28$ bzw. $v_{20} = 2.20$ (Hübe/min). Unter Berücksichtigung der erwähnten Produktionszeitverluste sind die entsprechenden Leistungsfunktionen in Abhängigkeit von der Intensität im positiven Quadranten des Diagramms in Abbildung 11 b eingezeichnet. Aus den Kurvenbildern der Leistungsfunktion geht hervor, daß das Leistungsmaximum mit Zunahme der Produktionsverlustzeiten abnehmende Werte aufweist. Diese Maxima müssen naturgemäß unterhalb der Leistungsfunktion für $S = 0$ liegen. Nimmt S sehr große Werte an, so nähert sich der leistungsmaximale Intensitätspunkt der Asymptote AA an die Funktion Φ (v), d. h. dem Abszissenwert 1.53, an. Daraus folgt, daß Intensitätswerte unterhalb von 1.5 immer noch vor dem Leistungsmaximum liegen; d. h. eine intensitätsmäßige Anpassung zwischen 0 und 1.5 bringt in jedem Fall einen Zuwachs an Effektivleistung.

Jenseits dieses Punktes ist die Leistungssteigerung bei intensitätsmäßiger Anpassung von der Dauer der nicht vermeidbaren Produktionsunterbrechung gemäß der Funktion Φ (v) abhängig.

Zusammenfassend läßt sich also feststellen, daß mit dem Ersetzen bzw. Regenerieren von begrenzt teilbaren Faktoren Produktionszeitunterbrechungen auftreten können, die zu einer Beschränkung des ökonomisch sinnvollen Bereichs einer Leistungsanpassung führen.

Sind mehrere begrenzt teilbare Faktoren an der Faktorkombination beteiligt, so muß derjenige Faktor gefunden werden, der die leistungsmaximale Intensität am stärksten beschränkt. Dieser bezüglich des Zeitnutzungsgrades als Engpaßfaktor zu bezeichnende Produktionsfaktor begrenzt die Produktionsleistung der gesamten Kombination.

f) Das Modell

Werden die Faktorverbrauchsfunktionen und die Leistungsfunktion(en) einer primären Faktorkombination zu einem Gleichungssystem zusammengefaßt, so entsteht das Modell der betriebswirtschaftlichen Produktionsfunktion[106]).

---

[106]) Für die Produktionsfunktion hierarchisch höher geordneter Faktorkombinationen lassen sich ähnliche Modelle entwickeln.

Da weder eine idealtypische Faktorkombination des Betriebes noch ein allgemein verbindlicher Funktionsansatz für das Gleichungssystem angegeben werden kann, muß im Einzelfall auf der Basis dieses Modells die individuelle Produktionsfunktion hergeleitet werden. Allgemeingültigkeit weist daher nur der methodische Ansatz auf; die quantitative Aussage betrifft ausschließlich die jeweils betrachtete konkrete Faktorkombination.

Ein vergleichsweise einfaches Modell der Produktionsfunktion weist die limitationale Faktorkombination bei Einproduktproduktion auf. Zwischen dem Faktorverbrauch einer aus n Faktoren bestehenden produktiven Kombination und dem Faktorertrag gilt für diesen Fall die Zuordnung

$$(\varrho_1 \wedge \varrho_2 \wedge \ldots \wedge \varrho_n) \to (\xi).$$

Das Modell besteht somit aus einer Leistungsfunktion und insgesamt n Faktorverbrauchsfunktionen; zur Ergänzung der Leistungsfunktion wird außerdem eine Ausschußfunktion hinzugefügt. Auf der Grundlage zeitspezifischer Mengengrößen lautet das Modell:

(III. 12a)
$$X = g\,(Q, V, Z)$$
$$a = h\,(Q, V, Z)$$
$$R_1 = f_1\,(Q, V, Z)$$
$$\cdot$$
$$\cdot$$
$$\cdot$$
$$R_n = f_n\,(Q, V, Z).$$

Die gleiche Gestalt weist das Modell bei einer Verwendung mengenspezifischer Faktormengen auf.

Es läßt sich nun zeigen, daß in diesem Ansatz auch die Gutenberg-Produktionsfunktion als Spezialfall enthalten ist. Gutenberg betrachtet eine Zahl von technischen Aggregaten, die den Kern einzelner primärer Faktorkombinationen darstellen. Solche Faktorkombinationen weisen limitationale Struktur auf; Einflüsse der Q-Situation werden mit der Prämisse „Qualitätskonstanz für Faktoreinsatz und Faktorertrag" aus der Betrachtung herausgenommen. Außerdem wird die Z-Situation als konstant vorausgesetzt, so daß als Variable im Funktionsansatz nur noch die Daten der V-Situation zu berücksichtigen sind, wobei deren Einfluß vereinfachend durch eine einzige Größe d quantifiziert wird. Mit der weiteren Unterstellung, daß die ökonomische Leistung des Aggregates zur Größe d proportional ist[107]), vereinfacht sich die Leistungsfunktion zu der Beziehung

(III. 12b)
$$X = ad.$$

Beide Größen unterscheiden sich nur durch einen Umrechnungsfaktor (Maßstabsfaktor) a, so daß d sowohl zum Maß für die ökonomische Leistung als auch zur Quantifizierung der technischen Inanspruchnahme des Aggregates dienen kann. Damit läßt sich auch der scheinbare Widerspruch in der teils

---

[107]) Vgl. z. B.: Gutenberg, E.: Produktion, a. a. O., S. 318 f.

technischen, teils ökonomischen Dimension für d erklären. Ob die Größe d ein technisches Datum des Produktionszustandes, wie Drehzahl, Hubzahl oder Durchsatzgeschwindigkeit, zum Ausdruck bringt oder ob sie eine ökonomische Leistung in (ME/ZE) quantifiziert, ist unter diesen Bedingungen nur eine Maßstabsfrage, d. h. von der Wahl der Dimensionierung abhängig. Damit kann auf die Leistungsfunktion verzichtet werden. Einen der Ausschußfunktion vergleichbaren Zusammenhang bezieht Gutenberg in seine Betrachtungen nicht ein, so daß nur noch das System der Faktorverbrauchsfunktionen in Abhängigkeit von der Größe d bestehenbleibt. Werden anstelle der zeitspezifischen die mengenspezifischen Faktormengen für den Ansatz verwendet, so entsteht das von Gutenberg definierte System der Verbrauchsfunktionen, auf denen die Produktionsfunktion vom Typ B aufgebaut ist.

Ein verallgemeinertes Modell der betriebswirtschaftlichen Produktionsfunktion weist die substitutionale Faktorkombination mit lose gekoppelten Produkten auf. Werden mit Hilfe eines Faktoreinsatzes aus n Faktoren insgesamt m lose gekoppelte Produkte erzeugt, so gilt die Zuordnung

$$(\varrho_1 \vee \varrho_2 \vee \ldots \vee \varrho_n) \rightarrow (\xi_1 \vee \xi_2 \vee \ldots \vee \xi_m).$$

Das Modell besteht, wie aus der Struktur hervorgeht[108]), aus m Leistungsfunktionen einschließlich der entsprechenden Ausschußfunktion und n Faktorverbrauchsfunktionen. Auf der Grundlage zeitspezifischer Mengengrößen hat das Gleichungssystem der Produktionsfunktion die folgende Gestalt:

I. Leistungsfunktionen

(III. 12c) $X_1 = g_1 (X_\lambda, Q, V, Z); \quad \lambda = 2, 3, \ldots, m.$

$X_\mu = g_\mu (X_\lambda, Q, V, Z); \quad \lambda = 1, 2, \ldots, \mu{-}1, \mu{+}1, \ldots, m.$

$X_m = g_m (X_\lambda, Q, V, Z); \quad \lambda = 1, 2, \ldots, m{-}1.$

II. Ausschußfunktionen

(III. 12d) $a_1 = h_1 (a_\lambda, Q, V, Z); \quad \lambda = 2, 3, \ldots, m.$

$a_\mu = h_\mu (a_\lambda, Q, V, Z); \quad \lambda = 1, 2, \ldots, \mu{-}1, \mu{+}1, \ldots, m.$

$a_m = h_m (a_\lambda, Q, V, Z); \quad \lambda = 1, 2, \ldots, m{-}1.$

---

[108]) Vgl. dazu die Ausführungen auf S. 81 ff. dieser Arbeit.

III. Faktorverbrauchsfunktionen

(III. 12e) $R_1 = f_1 \ (R_\lambda, Q, V, Z); \quad \lambda = 2, 3, \ldots, n.$

.

.

$R_\nu = f_\nu \ (R_\lambda, Q, V, Z); \quad \lambda = 1, 2, \ldots, \nu{-}1, \nu{+}1, \ldots, n.$

.

.

$R_n = f_n \ (R_\lambda, Q, V, Z); \quad \lambda = 1, 2, \ldots, n{-}1.$

Das Modell enthält alle übrigen Modelle entsprechend strukturierter Faktorkombinationen als Spezialfälle. So geht dieses Gleichungssystem in eine limitationale Produktionsfunktion über, wenn die Koeffizienten der R_λ in den Faktorverbrauchsfunktionen zu Null werden. In gleicher Weise läßt sich die Leistungsfunktion an eine starre Koppelung der Produktmenge anpassen, wenn die mit X_λ verbundenen Koeffizienten verschwinden. Im Fall der Einproduktproduktion reduziert sich das System der Leistungs- und Ausschußfunktionen auf je eine Gleichung. Daneben besteht die Möglichkeit, den Ansatz der Leistungsfunktion(en) im Bedarfsfall durch die Berücksichtigung von Zeitwirkungsgraden usw. theoretisch auszubauen.

Auf der Grundlage des verallgemeinerten Modells einer Produktionsfunktion lassen sich nunmehr die Begriffe von Substitutionalität und Limitationalität präzise umreißen. Diese erneute Begriffserklärung erweist sich als notwendig, da die bekannten, traditionellen Definitionen auf Produktionsfunktionen zurückgreifen, die nur Mengengrößen, aber keine technischen Einflußgrößen enthalten. Eine ausschließlich an Mengengrößen des Faktorverzehrs und des Faktorertrages orientierte Begriffsbestimmung reicht für das um technische Daten erweiterte Modell der Produktionsfunktion nicht aus. Die strukturellen Merkmale der Faktorkombination sollen nunmehr folgendermaßen definiert sein:

Limitationalität liegt vor, wenn der Faktorverzehr nur von den technischen Daten des Produktionsprozesses, d. h. den Komponenten der Q-, V- und Z-Situation, abhängt.

Substitutionalität besteht dagegen, wenn der Faktorverzehr außer von den technischen Daten auch von den Verbrauchsmengen anderer an der Kombination beteiligter Faktoren bestimmt wird.

In Analogie zu dieser Deutung lassen sich auch die Kennzeichen des Faktorertrages hinsichtlich starrer bzw. loser Koppelung der Produkte definieren.

Starre Koppelung der Produkte im Sinne einer technisch vorgegebenen Limitationalität ist dann gegeben, wenn die Produktmengen nur von den Daten der Q-, V- und Z-Situation abhängen.

Lose Koppelung liegt dagegen vor, wenn die Produktionsmengen nicht nur
von den technischen Zustandsgrößen des Produktionsprozesses, sondern
auch von den Mengen der übrigen gekoppelten Produkte abhängen.

Die strukturellen Merkmale der Einsatz- und Ertragsseite einer Faktorkombination, wie Limitationalität, Substitutionalität, starre oder lose Koppelung,
kommen — wie die Modelle der Produktionsfunktion zeigen — auch im
mathematischen Ansatz des Gleichungssystems der Faktorverbrauchs- und
Leistungsfunktionen zum Ausdruck. Wenn eine Isomorphie zwischen der
empirischen Realität und dem Formalmodell bestehen soll, muß das mathematische Gleichungssystem ein Abbild dieser Strukturverflechtungen des
Faktorkombinationsprozesses sein. Aus dieser Feststellung läßt sich jedoch
nicht der Umkehrschluß ziehen, ein empirisch, z. B. durch eine ökonometrische Analyse gefundener Funktionalzusammenhang sei ein Beweis für das
Bestehen bestimmter Strukturmerkmale einer Faktorkombination. Ob z. B.
Limitationalität oder Substitutionalität eine Faktorkombination auszeichnet,
kann nur aus den sachlichen Bedingungen des betrachteten Produktionsprozesses begründet werden.

Kapitel IV

Die Kosten-Leistungs-Funktion

1. Der Übergang von der Mengenbetrachtung zur Kostenbetrachtung

Die enge Verbindung von Produktionstheorie und Kostentheorie wird sichtbar, wenn die Betrachtung des betrieblichen Produktionsprozesses von der Mengenanalyse zur Kostenanalyse übergeht. Eine quantitative Darstellung des Produktionsprozesses auf der Grundlage von Kosten ermöglicht es, den heterogenen Faktorverzehr in kommensurablen Geldgrößen auszudrücken. Damit lassen sich die Verbrauchsmengen der einzelnen Faktoren einer produktiven Kombination zu einheitlichen Faktorbündeln zusammenfassen. Die Kostenbetrachtung vermittelt auch die Grundlagen dafür, daß die primäre Faktorkombination dem ökonomischen Prinzip entsprechend in den Prozeß der gesamtbetrieblichen Leistungserstellung eingegliedert wird.

Der Kostenbegriff wird durch eine Mengen- und eine Wertkomponente gekennzeichnet[1]). Bestimmungsmerkmal der Mengenkomponente ist der Verzehr materieller und immaterieller Güter und Dienstleistungen[2]). Der Kostenbetrag ergibt sich, wenn die Verzehrsmenge zu dem Preis des Einsatzgutes bewertet wird. Die Bewertung von Kostengütern wirft tiefgreifende Probleme der Kostenwerttheorie[3]) auf. Sie sollen in diesem Zusammenhang nicht angeschnitten werden. Im folgenden gilt die Voraussetzung, daß der Wertansatz für die Gütermengen und Dienstleistungen bekannt ist und als vorgegebenes Datum in die Überlegungen einbezogen werden kann.

Für das Entstehen der Kosten ist der Verzehr von Wirtschaftsgütern eine notwendige Voraussetzung; als weitere, hinreichende Bedingung muß aber die Leistungsbezogenheit des Verzehrvorganges hinzukommen. Der Grundsatz der Leistungsbezogenheit prägt den Kostenbegriff in charakteristischer Weise. Das Kostenverursachungsprinzip, wonach Kosten nur dann vorliegen, wenn der Verbrauch von Gütern durch die Leistungserstellung „verursacht" wird, folgt ebenfalls aus dem Grundsatz der Leistungsbezogenheit. Der Ter-

---

[1]) Gutenberg, E.: Produktion, a. a. O., S. 326; Heinen, E.: Kosten, a. a. O., S. 58 ff.

[2]) Nach: Kosiol, E.: Kritische Analyse der Wesensmerkmale des Kostenbegriffs, in: Betriebsökonomisierung durch Kostenanalyse, Absatzrationalisierung und Nachwuchserziehung, Festschrift für R. Seyffert, hrsg. von E. Kosiol und F. Schlieper, Köln und Opladen 1958, S. 34 f.

[3]) Heinen, E.: Kosten, a. a. O., S. 309 ff.

minus Kosten-„Verursachung" kann jedoch nicht im Sinne einer mechanisch-kausalen Beziehung zwischen Leistungsabgabe und Kostenentstehung verstanden werden. Aus der bereits im Rahmen der produktionstheoretischen Analyse festgestellten Finalität zwischen Gütereinsatz und Leistungserstellung folgt, daß Kostenentstehung teleologisch gesehen werden muß. Der Güterverzehr ist im Sinne des Kostenverursachungsprinzips somit eine causa finalis, eine Zweckursache der Kosten.

Das Kostenverursachungsprinzip wurde durch Kosiol definitorisch erweitert und als Kosteneinwirkungsprinzip[4] formuliert, um eine der betrieblichen Realität in vollem Umfang angemessene Erklärung der Kostenentstehung zu gewährleisten. Das erweiterte Prinzip läßt sich in der folgenden Fragestellung formulieren: Welcher Güterverbrauch wirkt als causa efficiens (Wirkungsursache) im Produktionsprozeß auf die Leistungserstellung ein, so daß diese ohne ihn (den Güterverbrauch) nicht zustande kommt? Auf dieser Grundlage läßt sich auch der Kostencharakter z. B. des kalenderzeitabhängigen Güterverzehrs, der Nutzung materieller und immaterieller Güter, wie Miete von Produktionsanlagen, Inanspruchnahme von Rechten usw., sowie von Steuern und Abgaben theoretisch einwandfrei feststellen[5].

Eine im Kern vergleichbare Erweiterung des Kostenverursachungsprinzips stammt von Koch, der ein Leistungsentsprechungsprinzip definiert und es mit der Komplementarität, d. h. Zweckverbundenheit zwischen Kosten und Leistung, begründet[6].

Sämtliche drei Prinzipien, das Kostenverursachungsprinzip, das Kosteneinwirkungsprinzip und das Leistungsentsprechungsprinzip, bringen den Grundsatz der Leistungsbezogenheit zum Ausdruck. Wird dieser Grundsatz der Leistungsbezogenheit auf den Produktionsprozeß der primären Faktorkombination angewandt, so lassen sich die kostentheoretisch relevanten Kostenarten der Produktion bestimmen. Entsprechend der Kostenentstehung können demnach vier Kostenartengruppen[7] unterschieden werden:

1. Kosten des Verzehrs von Verbrauchsfaktoren, wie z. B. Werkzeugkosten, Energiekosten, Materialkosten usw.,

---

[4] Kosiol, E.: Kostenrechnung, Wiesbaden 1964, S. 29.

[5] Einen ähnlichen Inhalt weist die mehr kasuistische Kostendefinition Gutenbergs auf: „Unter Kosten sind deshalb Sachgüter, Werkstoffe, Arbeitsleistungen, Dienstleistungen, multipliziert mit ihren Preisen zuzüglich bestimmter Steuern und öffentlicher Abgaben zu verstehen." (Gutenberg, E.: Produktion, a. a. O., S. 326.)

[6] Koch, H.: Das Prinzip der traditionellen Stückkostenrechnung, in: ZfB 1965, S. 331 f; Koch sieht allerdings gravierende Unterschiede zwischen dem Kosteneinwirkungsprinzip und seinem Leistungsentsprechungsprinzip, da er Kausalzusammenhänge prinzipiell negiert, während Kosiol von einer causa efficiens spricht (siehe S. 328).

[7] Für alle hier summarisch aufgezählten Kostenarten wird vorausgesetzt, daß es sich im Einzelfall um leistungsbezogene Kosten der primären Faktorkombination handelt; so werden z. B. Steuern und Abgaben nur in Ausnahmefällen als derartige Kosten in Erscheinung treten.

2. Kosten der Nutzung von materiellen Wirtschaftsgütern, wie z. B. Maschinenmiete, Dienstleistungskosten, Lohnkosten usw.,

3. Kosten der Nutzung von immateriellen Wirtschaftsgütern, wie z. B. Patentgebühren, Versicherungsgebühren usw.,

4. Steuern und Abgaben für Konzessionen.

Diese Aufzählung macht deutlich, daß nicht sämtliche Produktionskosten durch das produktionstheoretisch relevante Mengengerüst des Faktorverzehrs begründet werden können. Die Produktionstheorie schafft nur für die Kosten der Verbrauchsfaktoren das Fundament zur Bestimmung der Mengenkomponente. Für alle übrigen Kosten läßt sich die Kostenhöhe durch eine Multiplikation der Faktorverbrauchsmenge mit dem Faktorpreis nicht ermitteln. Wie im Falle der Steuern und Abgaben oder der Kosten für die Nutzung immaterieller Güter handelt es sich um Produktionskosten, die unabhängig vom physischen Mengenverzehr des Faktorkombinationsprozesses entstehen. Die Kosten der Nutzungsfaktoren sind ebenfalls von dem produktionstheoretisch feststellbaren Mengenverzehr unabhängig, da sie durch Miet- und Nutzungsverträge begründet sind. Es ist deshalb zweckmäßig, zwischen produktionstheoretisch begründbaren Kosten und anderen Kosten zu unterscheiden, die nicht in eine physische Mengenkomponente und eine Wertkomponente aufgespalten werden können.

Die sachlich-räumliche Unterteilung des betrieblichen Produktionssektors in primäre und höher geordnete Faktorkombinationen kann kostenrechnerisch als Kostenstellengliederung aufgefaßt werden[8]). Die Produktionsfunktion einer Faktorkombination gibt die Mengenkomponente der Verbrauchsfaktorkosten an. Diese Kosten und die übrigen, produktionstheoretisch nicht begründbaren Kosten sind Kostenstelleneinzelkosten der jeweils betrachteten Faktorkombination. Dementsprechend sind die Kostenstelleneinzelkosten hierarchisch höher geordneter Faktorkombinationen jeweils Kotenstellengemeinkosten der niedrigeren Faktorkombinationen. Damit besteht völlige Übereinstimmung zwischen den produktionstheoretischen Grundlagen der Kostentheorie und den neueren Erkenntnissen der Kostenrechnung.

Wird nur die primäre Faktorkombination ohne ihre Verflechtung mit höher geordneten Faktorkombinationen als Kostenplatz betrachtet, dann sind nur Kostenstelleneinzelkosten zu berücksichtigen. Die z. B. während einer Elementarzeit anfallenden Kosten lassen sich im Falle der Einproduktproduktion voll dem Kostenträger, d. h. der in dieser Zeit produzierten Erzeugnismenge, zuordnen, so daß eindeutig eine Beziehung zwischen Produktionskosten und der Produktionsleistung einer Faktorkombination hergeleitet werden kann.

---

[8]) Auf die Möglichkeit, ein hierarchisch geordnetes Kostenstellensystem zu entwerfen, hat bereits Riebel (1959) hingewiesen; siehe: Riebel, P.: Das Rechnen mit Einzelkosten und Deckungsbeiträgen, in ZfhF 1959, S. 223 ff.; vgl. dazu auch: Kosiol, E.: Kostenrechnung, a. a. O., S. 168 ff.

2. Zur Definition der Kosten-Leistungs-Funktion

Eine Kosten-Leistungs-Funktion hat die Aufgabe, den Zusammenhang zwischen Produktionsleistung und Produktionskosten der primären betrieblichen Faktorkombination quantitativ zu beschreiben. Werden mit K (GE/ZE) die zeitspezifischen und mit k (GE/ME) die mengenspezifischen, d. h. die auf eine Produkteinheit bezogenen Kosten der Produktion bezeichnet und wird für die Produktionsleistung die Größe X (ME/ZE) gesetzt, so gilt für die

zeitspezifische Kosten-Leistungs-Funktion: $K = K(X)$,

und für die

mengenspezifische[9]) Kosten-Leistungs-Funktion: $k = k(X)$.

Zwischen beiden Kostengrößen k (Stückkosten) und K (Zeitkosten) gilt definitionsgemäß die Beziehung

(IV. 1a) $k = K/X$ bzw. $K = Xk$.

Die Leistungsgröße X kann je nach theoretischer Zweckmäßigkeit entweder die Bruttoleistung oder die um den Ausschußanteil verminderte Nettoleistung bezeichnen.

Die Bedeutung der Kosten-Leistungs-Funktion liegt darin, daß sie der betrieblichen Planung als grundlegendes Datum des Produktionssektors dienen soll. Sie muß daher die Kosten-Leistungs-Beziehungen des Fertigungsbereiches der Unternehmung in einer der Planung adäquaten Weise wiedergeben. Damit kann die Kostenrechnung neben der Kontrollfunktion auch die ihr zukommende Lenkungsfunktion[10]) erfüllen. Aus dieser Zweckbestimmung der Kosten-Leistungs-Funktion ergibt sich ihre kostentheoretische Begründung und begriffliche Abgrenzung.

In der Kosten-Leistungs-Funktion sind jene Kosten der primären Faktorkombination zusammengefaßt, die nach dem Grundsatz der Leistungsbezogenheit mit der Abgabe ökonomischer Leistung verbunden sind. Es kann sich hierbei nur um Kostenstelleneinzelkosten der produktiven Kombination handeln. Die Kosten der sekundären, tertiären und weiterer, hierarchisch höher geordneter Faktorkombinationen sind für die primäre Faktorkombination Gemeinkosten. Sie können in der Kosten-Leistungs-Funktion nicht berücksichtigt werden, da zwischen ihnen und der Produktionsleistung der primären Faktorkombination wegen fehlender Zurechnungsmöglichkeiten eine eindeutige Beziehung nicht besteht. Falls diese Gemeinkosten nicht unabänderlich fix sind, können sie im Rahmen eines Simultanplanungsmodells angesetzt werden, das die Verflechtungen primärer Faktorkombinationen zu den hierarchisch höher geordneten produktiven Kombinationen durch entsprechende Gleichungssysteme darstellt.

---

[9]) Im Falle der Koppelproduktion lassen sich mengenspezifische Größen wegen des Fehlens einer äquivalenten Bezugsgrundlage nicht einwandfrei definieren.

[10]) Schmalenbach, E.: Kostenrechnung und Preispolitik, 7. Auflage, Köln und Opladen 1956, S. 21 ff.

Die Aussage der Kosten-Leistungs-Funktion ist sachlich auf den Bereich der primären Faktorkombination beschränkt und hängt insoweit von den im Zeitablauf sich ändernden Bedingungen des Faktorkombinationsprozesses ab. Es kann durchaus vorkommen, daß eine Wiederholung des gleichen Produktionsvorgangs zu einem späteren Zeitpunkt andere Kosten-Leistungs-Daten ergibt, weil beispielsweise alterungsbedingte Verschleißerscheinungen den Produktionsprozeß beeinträchtigen und dadurch leistungsmindernd und/oder kostensteigernd wirken. Derartige, auf lange Frist wirksame Änderungen der technischen Produktionsverhältnisse lassen sich durch Zeiteinflußgrößen[11]) erfassen; sie können neben der Produktionsleistung X als zusätzliche Variablen im Modell der Kosten-Leistungs-Funktion in Erscheinung treten. Auf den expliziten Ansatz dieser Variablen kann im allgemeinen jedoch verzichtet werden, wenn zeitabhängige Einflüsse während der Gültigkeitsdauer der Kosten-Leistungs-Funktion so unbedeutend sind, daß sie vernachlässigt werden können. Um die Darstellung des Kosten-Leistungs-Zusammenhangs zu vereinfachen, ist es zweckmäßig, die zeitliche Gültigkeit der Kostenaussage auf einen Zeitraum zu beschränken, in dem langfristige Zeiteinflüsse praktisch bedeutungslos sind.

Die Kosten-Leistungs-Funktion soll Bestandteil der Datengrundlage für die betriebliche Planung sein. Aus dieser Zweckbestimmung folgt, daß nur solche Kosten für den Kosten-Leistungs-Zusammenhang der Faktorkombination relevant sind, die im Rahmen der Planung beeinflußt werden können. Die Entscheidung darüber, welche Kosten in diesem Sinne dispositiv variabel sind und welche Kosten den Charakter von Fixkosten haben, hängt von den für die primäre Faktorkombination relevanten Kosteneinflußgrößen ab. Wird die technische Gestaltung der produktiven Kombination als gegeben vorausgesetzt und sind die Preise für den Verzehr und die Nutzung von Faktoren ebenfalls fest vorgegeben, so bestimmen sich die Produktionskosten der Faktorkombination danach, wie sie zur Bewältigung einer bestimmten Produktionsaufgabe eingesetzt wird. In der Kostentheorie werden die beiden Einsatzmöglichkeiten als intensitätsmäßige bzw. zeitliche Anpassung bezeichnet; werden beide Anpassungsmaßnahmen zugleich verwirklicht, so liegt kombinierte Anpassung vor. Bei vorgegebener Produktionsaufgabe hängen die Produktionskosten der primären Faktorkombination somit im wesentlichen von zwei Entscheidungsvariablen ab: der tatsächlichen Produktionszeit t (ZE) und der verlangten Produktionsleistung X (ME/ZE), d. h. den Komponenten der zeitlichen und intensitätsmäßigen Anpassung.

Soll im Planungszeitraum T (ZE) die Produktionsaufgabe erfüllt werden, insgesamt $\overline{X}$ (ME) eines bestimmten Erzeugnisses herzustellen, so entwickeln sich die kumulierten Produktionskosten $\overline{K}$ (GE) der Faktorkombination entsprechend einer Funktion $\overline{K}$ (t, X). Vorausgesetzt, daß eine kombinierte An-

---

[11]) Diese **Zeiteinflußgrößen** quantifizieren Veränderungen am Mengengerüst der Produktion; sie wurden bereits im Rahmen des produktionstheoretischen Modells der Faktorkombination entsprechend berücksichtigt.

passung technisch realisiert werden kann, gilt für die Kostenfunktion folgender Ansatz[12]):

(IV. 1b) $\qquad \overline{K}(t, X) = tK(X)$ bzw. $\overline{K}(t, X) = tXk(X)$.

Dieser Zusammenhang besteht auch, wenn aus technischen Gründen entweder nur zeitlich oder nur intensitätsmäßig angepaßt werden kann. Im Falle reiner intensitätsmäßiger Anpassung ist die Funktion $\overline{K}$ nur noch von X abhängig, da t zwangsläufig den Wert T annimmt; bei reiner zeitlicher Anpassung ist dagegen die Größe X eine Konstante der Kostenfunktion $\overline{K}$.

Als Sonderfall ist in diesem Zusammenhang die quantitative Anpassung (Fall B)[13]) zu erwähnen. Sie liegt dann vor, wenn die produktive Kombination vorübergehend stillgelegt wird; d. h. die Produktionsanlage geht vom Zustand der Leistungsabgabe in einen Ruhezustand über. Definitionsgemäß kommt dieser Übergang in den aktuellen Werten der Entscheidungsvariablen t bzw. X zum Ausdruck.

Im Zustand der Produktion muß sowohl

$$t > 0 \text{ als auch } X > 0$$

gelten. Der Ruhezustand wird mathematisch dadurch ausgedrückt, daß die Gleichungen

$$t = 0 \text{ und/oder } X = 0$$

erfüllt sind. In manchen Fällen kommt der Produktionsprozeß bereits dann zum Stillstand, wenn X eine technisch vorgegebene Mindestleistung X_{min} unterschreitet. Aus der folgenden, definitionsgemäß bestehenden Identität

(IV. 1c) $\qquad\qquad tK(X) = tXk(X)$

geht hervor, daß im Fall des Ruhezustandes für X und t bestimmte Bedingungen erfüllt sein müssen, damit die Gleichung (IV.1 c) nicht verletzt wird. Im Ruhezustand fallen keine variablen Produktionskosten an, d. h. auf beiden Seiten der Gleichung (IV.1 c) muß das mathematische Produkt den Wert Null ergeben. Dabei können zwei Fälle unterschieden werden:

$$\text{a) } t = 0 \rightarrow X \geq 0$$

$$\text{b) } X = 0 \rightarrow t = 0.$$

Unter der Voraussetzung, daß die Kosten-Leistungs-Funktionen K(X) bzw. k(X) für X = 0 positive Werte aufweisen, erfüllen die beiden Fälle a) bzw. b) genau die obige Gleichung (IV.1 c). Daraus folgt: Wird der Ruhezustand durch t = 0 angedeutet, so gilt die Identität (IV.1 c) auch dann, wenn X einen von null verschiedenen Wert hat. Dagegen muß im Falle X = 0 bzw.

---

[12]) Vgl. dazu S. 25 f. dieser Arbeit und die dort zitierte Literatur. Dieser Funktionsansatz ergibt sich aus der Tatsache, daß es am kostengünstigsten ist, eine Produktionsanlage während der gesamten Produktionszeit t mit derselben Intensität X zu betreiben. Die Größe X ist also ihrerseits keine Funktion von t.
Siehe: Jacob, H.: Produktionsplanung, a. a. O., S. 216.

[13]) Siehe: Gutenberg, E.: Produktion, a. a. O., S. 343 f.

X $<$ X$_{min}$ aus Gründen der bereits festgelegten Definitionen die Größe t Null werden, wenn Gleichung (IV.1 c) erhalten bleiben soll. Diese notwendige Ergänzung des Definitionssystems ist einleuchtend; denn die Entscheidungsvariable t ist nur für t $>$ 0 ein Maß der tatsächlichen Produktionszeit, d. h. sie gibt jene Zeitspanne an, in der die Faktorkombination ökonomische Leistung abgibt. In allen anderen Fällen, insbesondere für X $=$ 0 bzw. X $<$ X$_{min}$, befindet sich die Produktionsanlage im Ruhezustand, so daß bereits aus sachlichen Gründen t den Wert null erhalten muß[14]).

Am Beispiel der zeitspezifischen Kosten-Leistungs-Funktion soll nun untersucht werden, welche Kriterien die variablen, im Rahmen des Kosten-Leistungs-Zusammenhangs erfaßten Kosten auszeichnen. Gegenstand der Betrachtung ist eine produktive Kombination, die kombiniert angepaßt werden kann. Es ist zunächst zweckmäßig, die variablen Produktionskosten in zwei Gruppen aufzuteilen. Die erste Gruppe enthält alle zeitspezifischen Kosten K$_L$ (GE/ZE), deren Höhe ausschließlich von der Produktionsleistung X funktional abhängt; d. h. diese Kosten verschwinden, wenn X den Wert 0 erreicht. Diese Abhängigkeit läßt sich folgendermaßen darstellen:

(IV. 1d) $K_L = K_L(X)$, wobei $K_L(X = 0) = 0$.

Diese Kostenfunktion geht stets durch den Ursprung eines Kosten-Leistungs-Diagramms. Dadurch sind die leistungsvariablen Kosten bzw. der leistungsvariable Kostenanteil eines Kosten-Leistungs-Zusammenhangs sehr einfach zu bestimmen. In der zweiten Gruppe befinden sich dagegen jene Kosten, die in dem konstanten Glied des mathematischen Funktionsansatzes der Kosten-Leistungs-Funktion zum Ausdruck kommen. Diese leistungskonstanten zeitspezifischen Kosten K$_C$ (GE/ZE) können kostentheoretisch als Bereitschaftskosten gedeutet werden. Sie entstehen dafür, daß die Faktorkombination ihre unmittelbare Produktionsbereitschaft erhalten kann. In diesem Sinne hat fast jede Produktionskostenart einen leistungsvariablen und einen leistungskonstanten Kostenanteil. Der Bereitschaftskostenanteil der Energiekosten entspricht z. B. jenem Energieverbrauch, der notwendig ist, um alle beweglichen Teile einer Produktionsanlage im Leerlauf in Gang zu halten.

Auch wenn diese Bereitschaftskosten leistungskonstant sind, haben sie nicht den Charakter von Fixkosten. Sie fallen nicht an, wenn die Produktions-

---

[14]) Die zwangsläufige Koppelung der Größe X mit der Größe t kann durch eine spezielle Definition der Kosten-Leistungs-Funktion umgangen werden. Dabei muß für die zeitspezifische Kosten-Leistungs-Funktion folgendes gelten:

$$K(X) = \begin{cases} > 0 \text{ für } X \geq X_{min} \\ = 0 \text{ für } X < X_{min} \end{cases}, \text{ wobei } X_{min} > 0.$$

Die Zeitkosten-Leistungs-Funktion müßte demnach als unstetige Funktion definiert werden, die z. B. für die Intensität 0 oder Intensitäten kleiner als X$_{min}$ den Wert 0 aufweist. Diese Definition ist zwar weniger anschaulich, sie hat aber formale Vorteile, da nunmehr sämtliche Kosten der Kosten-Leistungs-Funktion von der Intensität X funktional abhängig sind. Zu diesen funktional von X abhängigen Kosten zählen damit auch jene Kosten, die im relevanten Leistungsbereich X $>$ X$_{min}$ leistungskonstant sind, wie z. B. Zeitlöhne. Dadurch könnten fixe und variable Kosten der Faktorkombination ausschließlich nach dem Kriterium ihrer funktionalen Abhängigkeit von X unterschieden werden.

anlage stillgelegt wird, d. h. wenn t den Wert null erreicht, und wachsen proportional, wenn die Produktionszeit t innerhalb des Planungszeitraumes ausgedehnt wird. Damit wird deutlich, daß es sich hier um planungsvariable Kosten handelt, deren Höhe von der Entscheidungsvariablen t funktional abhängt. Dies kommt ebenfalls in dem folgenden Ansatz der kumulierten Produktionskosten $\overline{K}$ (t, X) zum Ausdruck:

(IV. 1e) $\overline{K}(t, X) = t(K_C + K_L(X))$.

Die Komponente tK_C enthält die leistungskonstanten, aber produktionszeitabhängigen Kosten, das Glied $tK_L(X)$ bezeichnet die leistungs- und produktionszeitabhängigen Kosten. Beide Kostengruppen sind von den Entscheidungsvariablen X und/oder t funktional abhängig; sie gelten daher als jene variablen Kosten, die in der Kosten-Leistungs-Funktion zusammengefaßt sind.

In der leistungskonstanten Komponente K_C der Kosten-Leistungs-Funktion sind auch jene zeitabhängigen Kosten enthalten, die definitionsgemäß leistungskonstant sind, wie z. B. Zeitlohnkosten oder Kosten des Materialverschleißes, soweit sie ausschließlich von der Anzahl der Produktionsstunden abhängen. Dagegen zählen z. B. kalenderzeitabhängige Kosten, wie z. B. Monats- oder Jahresmieten, Abschreibungen auf Alterungsverschleiß oder wirtschaftliche Veraltung einer Faktorkombination, nicht zu diesen leistungskonstanten Kosten.

Darüber hinaus können bestimmte Kosten für ein Planungsproblem dispositiv variabel, für ein anderes Planungsproblem dagegen fix sein. Ein Beispiel dafür sind Zeitlöhne: Wenn die arbeitsrechtlichen Vorschriften Kurzarbeit nicht vorsehen und die Arbeitskräfte stillgelegter Produktionsanlagen nicht in andere, produzierende Faktorkombinationen eingegliedert werden können, dann fallen Lohnkosten auch bei vorübergehenden Produktionsunterbrechungen an. In diesem Fall sind die produktionszeitabhängigen Lohnkosten nicht Bestandteile der Kosten-Leistungs-Funktion, da sie im Rahmen der (kurzfristigen) Produktionsplanung durch eine Variation der Größen X bzw. t nicht beeinflußt werden können. Sämtliche für die Kosten-Leistungs-Funktion relevanten Kostenarten lassen sich demnach nicht kategorisch angeben. Die in Frage kommenden Kosten müssen danach bestimmt werden, welche Bedingungen das einzelne Planungsproblem stellt.

Schließlich ist auf eine weitere Kostengruppe zu verweisen, die zwar mit dem Einsatz der primären Faktorkombination im Betrieb zusammenhängt, jedoch nicht in der Kosten-Leistungs-Funktion berücksichtigt wird. Es handelt sich z. B. um Anlaufkosten oder um Kosten, die beim Umrüsten auf ein anderes Produktionsprogramm entstehen. Anlaufkosten müssen per definitionem ausgeschlossen werden, da sie während eines zeitweise bestehenden Übergangszustandes der Faktorkombination anfallen, für den die Aussage der Kosten-Leistungs-Funktion nicht gültig ist. Umrüstkosten werden ebenfalls nicht erfaßt, da sie von den Entscheidungsvariablen X bzw. t nicht unmittelbar abhängen. Erst das betriebliche Simultanplanungsmodell gestattet es, diese akzessorischen Wirkungen der betrieblichen Produktion in kostentheoretisch geeigneter Weise zu berücksichtigen.

Nunmehr kann die Definition der Kosten-Leistungs-Funktion in den folgenden Sätzen zusammengefaßt werden:

Die Kosten-Leistungs-Funktion gibt die Summe aller Kostenstelleneinzelkosten der primären betrieblichen Faktorkombination an, die

1. nach dem Grundsatz der Leistungsbezogenheit mit dem Produktionsprozeß im Zusammenhang stehen und

2. von der Produktionszeit und/oder der ökonomischen Produktionsleistung der Faktorkombination funktional abhängen.

Diese Definition gilt sowohl für die zeitspezifische als auch für die mengenspezifische Kosten-Leistungs-Funktion. Beide Funktionen unterscheiden sich nur durch die mathematische Umformung; die kostentheoretische Aussage ist in beiden Formulierungen die gleiche.

3. Quantitative Bestimmung der Kosten-Leistungs-Funktion

a) Kosten des Faktorverzehrs

Sowohl die Arten als auch die Mengen des Faktorverzehrs ergeben sich aus der produktionstheoretischen Betrachtung. Sämtliche für den Produktionsprozeß erforderlichen Einsatzfaktoren[15] gehen aus der produktiven Kombination hervor; den produktionsnotwendigen Mengenverzehr gibt die Produktionsfunktion an. Werden die Faktorpreise mit p_ν (GE/ME) und die zeitspezifischen Faktormengen mit R_ν (ME/ZE) bezeichnet, so berechnen sich die zeitspezifischen Einzelkosten des Faktorverzehrs K_F (GE/ZE) aus der Summation:

(IV. 2a)
$$K_F = \sum_{\nu=1}^{n} p_\nu \, R_\nu.$$

Anstelle des zeitspezifischen Faktorverzehrs kann auch im Falle der Einproduktproduktion der mengenspezifische Verbrauch angesetzt werden, so daß für die mengenspezifischen Einzelkosten des Faktorverzehrs k_F (GE/ME) die Beziehung

(IV. 2b)
$$k_F = \sum_{\nu=1}^{n} p_\nu \, r_\nu$$

gilt.

---

[15] Die Beantwortung der Frage, ob die Kosten des Faktors Werkstoff in die Kosten-Leistungs-Funktion einzubeziehen sind, hängt von der kostentheoretischen Problemstellung ab und läßt sich nicht allgemeingültig geben. Bei der Planung mehrstufiger Produktionsprozesse werden die Werkstoffkosten in der Regel der ersten Produktionsstufe zugerechnet, während die Kosten-Leistungs-Funktionen der weiterverarbeitenden Stufen keine Rohstoffkosten enthalten.

Die Verbindung zwischen den Kosten des Faktorverzehrs und der entsprechenden Produktionsleistung wird durch die Leistungsfunktion hergestellt. Werden die technischen Zustandsvariablen der Q-, V- und Z-Situation in den Faktorverbrauchsfunktionen durch die ökonomische Produktionsleistung X ersetzt, so ergeben sich die Einzelkosten-Leistungs-Funktionen des produktionstheoretisch begründbaren Güterverzehrs. Am Beispiel eines einfachen Produktionsmodells soll dieses Verfahren erläutert werden. Das Produktionsmodell einer Einproduktproduktion wird unter den Bedingungen konstanter Q- und Z-Situation betrachtet. Die V-Situation soll aus nur einer Variablen v bestehen; sie gibt z. B. die Umdrehungszahl der Hauptantriebswelle eines Aggregates an. Auf der Grundlage zeitspezifischer Mengengrößen lautet das Gleichungssystem für insgesamt n Faktoren:

(IV. 2c) $X = g(v)$

$$R_\nu = f_\nu(v) \qquad \nu = 1, 2, \ldots, n.$$

Mit der Voraussetzung, daß die Leistungsfunktion eindeutig umkehrbar ist, läßt sich v in X ausdrücken, und für die Faktorverbrauchsfunktion gilt die Beziehung:

(IV. 2d) $R_\nu = f_\nu(\bar{g}(X)) = \bar{f}_\nu(X).$

Für die aus dem Verbrauchsmengengerüst des Produktionsprozesses abgeleitete Kosten-Leistungs-Funktion läßt sich damit der Ansatz

(IV. 2e) $$K_F(X) = \sum_{\nu=1}^{n} p_\nu R_\nu = \sum_{\nu=1}^{n} p_\nu \bar{f}_\nu(X)$$

angeben.

Die Voraussetzungen einer eindeutigen Zuordnung zwischen Faktormengen und Produktionsleistung liegen jedoch für Produktionsmodelle im allgemeinen nicht vor. Mehrdeutige Zuordnungen gibt es nicht nur bei substitutionalen Faktorkombinationen; schon eine aus mehreren Komponenten bestehende V-Situation zeigt, daß mit verschiedenen Datenkonstellationen, d. h. bei unterschiedlichem Faktorverzehr, die gleiche Leistung entstehen kann. Hier muß eine weitere Bedingung hinzukommen, um die im Modell enthaltene Mehrdeutigkeit auf eine eindeutige Zuordnung zwischen Faktorverbrauch und ökonomischer Leistung zu reduzieren. Für die Kosten-Leistungs-Funktion ist daher zu fordern, daß sie dem ökonomischen Prinzip entsprechend zu jeder Produktionsleistung die Minimalkostenkombination bezüglich der variierbaren Größen der Produktionsfunktion angibt. Die Kosten-Leistungs-Funktion — so muß ergänzend zur Definition hinzugefügt werden — gibt den jeweils kostenminimalen Zusammenhang zwischen Produktionskosten und Produktionsleistung wieder. Zu jeder Leistungsstufe der Produktion ist nunmehr die kostenminimale Datenkonstellation im Rahmen der technischen Variationsmöglichkeiten des Aggregates zu berechnen. Die Gestaltung des technischen Vollzugs der Produktion bei Leistungsvariation wird damit nicht nur von technologischen Gegebenheiten, sondern auch vom Preisgefüge der Einsatzfaktoren beeinflußt.

Das mathematische Problem zur Herleitung der kostenminimalen Kosten-Leistungs-Funktion läßt sich folgendermaßen darstellen. Gegeben ist das allgemeine zeitspezifische Produktionsmodell einer Einproduktproduktion

(IV. 2f)
$$X = g(Q, V, Z)$$
$$R_\nu = f_\nu(R_\varkappa, Q, V, Z)$$
$$\nu = 1, 2, \ldots, n; \varkappa = 1, 2, \ldots, \nu - 1, \nu + 1, \ldots, n.$$

Die Kosten-Leistungs-Funktion des Faktorverzehrs ergibt sich aus dem Ansatz

(IV. 2g)
$$K_F(X) = \min_{(R_\varkappa, Q, V, Z)} \left\{ \sum_{\nu=1}^{n} p_\nu f_\nu(R_\varkappa, Q, V, Z) \right\}$$

unter der Bedingung

$$X = g(Q, V, Z).$$

Mit der Unterstellung, daß die Variablen R, Q, V und Z des Problems für einzelne Werte von X weder nach oben noch nach unten beschränkt sind, läßt sich eine Kostenminimierung mit Hilfe des Verfahrens des Lagrangeschen Multiplikators λ erreichen[16]). Aus der bedingten Funktion (Gleichung (IV.2 g)) wird die unbedingte Lagrange-Funktion L:

(IV. 2h)
$$L(X) = \sum_{\nu=1}^{n} p_\nu f_\nu(R_\varkappa, Q, V, Z) - \lambda(X - g[Q, V, Z])$$

entwickelt. Für vorgegebene Werte von X läßt sich mit Hilfe der Differentialrechnung das Minimum der Funktion (falls ein solches existiert) bezüglich $R_\varkappa$, Q, V und Z bestimmen. Auf diese Weise können beliebige Punkte der Kosten-Leistungs-Funktion ermittelt werden.

Die mathematischen Voraussetzungen für eine Anwendung des Multiplikatorverfahrens von Lagrange sind in der Realität jedoch selten erfüllt. Im allgemeinen sind die Daten der Q-, V- und Z-Situation auf einen technisch zulässigen Variationsbereich beschränkt. Außerdem bestehen auch für die Faktorverbrauchsmengen ähnliche Einschränkungen; insbesondere gilt die Forderung, daß negative Werte ausgeschlossen sind. Außer dem Gleichungssystem des Produktionsmodells müssen daher zu den Nebenbedingungen des Optimierungsproblems eine Reihe von Ungleichungen hinzugefügt werden, die den Variationsbereich für die Steuerung des Produktionsprozesses vorgeben. Die Ausdehnung des zulässigen Variationsbereichs braucht nicht nur von den technischen Erfordernissen der Produktion begrenzt zu sein; eine Beschränkung kann auch notwendig sein, um den Gültigkeitsbereich eines approximativen Produktionsmodells zwingend vorzuschreiben.

Für ein verallgemeinertes Produktionsmodell bei Koppelung der Produktmengen lautet der vollständige Ansatz zur Bestimmung der Kosten-Leistungs-Funktion des Faktorverzehrs:

---

[16]) Zum Verfahren des Lagrangeschen Multiplikators vgl. z. B. Mangoldt, H. v. und K. Knopp: Einführung in die höhere Mathematik, 12. Auflage, Stuttgart 1965, S. 394 ff.

(IV. 2i) $$K_F(X_1, X_2, \ldots, X_\mu, \ldots, X_m) = \min \left\{ \sum_\nu p_\nu R_\nu \right\}$$

unter den Bedingungen

$$X_\mu = g_\mu(X_\varkappa, Q, V, Z); \quad \mu = 1, 2, \ldots, m; \quad \varkappa \neq \mu.$$

$$R_\nu = f_\nu(R_\varkappa, Q, V, Z); \quad \nu = 1, 2, \ldots, n; \quad \varkappa \neq \nu.$$

$$Q_{min} \leq Q \leq Q_{max}$$

$$V_{min} \leq V \leq V_{max}$$

$$Z_{min} \leq Z \leq Z_{max}$$

$$R_{\varkappa, min} \leq R \leq R_{\varkappa, max}.$$

Die bei loser Koppelung mehrdimensionale Kosten-Leistungs-Funktion läßt sich punktweise durch Vorgabe der geforderten zeitspezifischen Produktmengen berechnen. Dabei sind die Kosten außer von der Leistung auch von den als konstant vorgegebenen Begrenzungsparametern Q_{min}, Q_{max}, V_{min}, V_{max} usw. abhängig.

Da für die Art der Funktionalzusammenhänge bisher keine Einschränkungen gemacht wurden, sind theoretisch auch Produktionsmodelle zugelassen, für die z. B. eine Lösung nicht existiert oder mit den bekannten numerischen Lösungsverfahren nicht berechnet werden kann. Ein Produktionsmodell, das einen realen Produktionsprozeß hinreichend zu beschreiben vermag, wird naturgemäß eine Lösung für den obigen Ansatz aufweisen. Im allgemeinen muß versucht werden, das Minimierungsproblem mit Hilfe der Verfahren der mathematischen Programmierung[17]) zu lösen. Angesichts der erfolgreichen praktischen Anwendung der linearen Programmierung ist es jedoch zweckmäßig, das reale Produktionsmodell durch lineare bzw. stückweise lineare Funktionen anzunähern[18]). Schließlich besteht noch die Möglichkeit, durch systematisches Abtasten des Variationsbereichs der variablen Größen, d. h. durch Simulation[19]) des Produktionsprozesses mit Hilfe des Produktionsmodells für bestimmte Leistungsforderungen, die Kostenminimalpunkte der Kosten-Leistungs-Funktion näherungsweise zu gewinnen.

b) Produktionstheoretisch nicht begründbare Einzelkosten

Es wurde bereits darauf hingewiesen, daß die Kosten-Leistungs-Funktion nach dem Grundsatz der Leistungsbezogenheit auch solche Kosten einschließt, deren Entstehung oder zumindest deren Höhe sich nicht aus dem produktionstheoretisch fundierten Faktorverbrauch ableiten läßt. Die Kosten, von denen die Rede ist, resultieren vielmehr aus gesetzlichen Bestimmungen

---

[17]) Mit dieser Bezeichnung sind Verfahren gemeint, die es gestatten, eine Funktion unter Berücksichtigung von Gleichungen und Ungleichungen zu optimieren.
Vgl. z. B.: Krelle, W. und H. P. Künzi: Lineare Programmierung, Zürich 1958; dieselben: Nichtlineare Programmierung, Berlin - Göttingen - Heidelberg 1962.
[18]) Vgl. dazu z. B.: Kuck, C. H.: Eine Methode zur Aufstellung von mathematischen Modellen industrieller Anlagen, in: Regelungstechnik 1963, S. 169 f.
[19]) Vgl. dazu S. 282 ff. dieser Arbeit.

über die Entrichtung von Steuern, Gebühren und Abgaben; sie ergeben sich auch aus vertraglichen Verpflichtungen, die der Unternehmer zugunsten der Leistungserstellung eingeht. An Kostenarten in diesem Zusammenhang können z. B. Steuern, Abgaben, Gebühren, Versicherungsprämien und Mieten für die Inanspruchnahme von Nutzungsfaktoren, d. h. für die Entgegennahme von Dienstleistungen, genannt werden. Zusammenfassend lassen sich im wesentlichen drei Entstehungsgründe für derartige Kosten nennen:

1. Gesetzliche Bestimmungen

2. Vertragliche Verpflichtungen

   a) Verträge zur Nutzung immaterieller Güter (Patente, Versicherungsschutz)

   b) Verträge zur Nutzung materieller Güter und Dienstleistungen

Um als Bestandteile der Kosten-Leistungs-Funktion gelten zu können, müssen derartige Kosten zwei Bedingungen erfüllen: Sie müssen einmal als Kostenstelleneinzelkosten der primären Faktorkombination anfallen und zum anderen dispositiv variabel sein, also entweder von der Produktionsleistung oder von der Produktionszeit abhängen und entsprechend beeinflußbar sein.

Durch Gesetz begründete Kosten, wie Steuern[20]), Abgaben für Konzessionen usw., sind jedoch nur unter den genannten Bedingungen als Einzelkosten der Kosten-Leistungs-Funktion zu behandeln. Diese Bedingungen sind erfüllt, wenn als Besteuerungsgrundlage z. B. die Produktionsmengen oder Produktionszeiten (nicht jedoch Kalenderzeiträume) einer primären Kombination herangezogen werden. Ähnliche Voraussetzungen sind gegeben, wenn als Wertbasis z. B. die Produktionskosten des Faktorverbrauchs für die Besteuerung verwendet werden. In diesem Fall führt z. B. eine Steigerung der Produktionskosten (konstante Faktorpreise vorausgesetzt) als Folge der intensitätsmäßigen Anpassung zur Erhöhung der produktionsabhängigen Steuern; hier liegt somit eine indirekte Leistungsabhängigkeit der Steuern vor.

Ob Gebühren für Patente oder Prämien für die Aufrechterhaltung eines Versicherungsschutzes zu den Kosten der Kosten-Leistungs-Funktion zu rechnen sind, hängt von den vertraglichen Verpflichtungen ab. Zunächst muß es sich dabei um Stelleneinzelkosten der primären Faktorkombination handeln, d. h. ein Versicherungsschutz oder das Recht zur Nutzung eines Patentes bezieht sich ausschließlich auf die betrachtete Produktionsanlage und den damit ausgeführten Produktionsprozeß. Außerdem müssen die Prämie bzw. die Gebühren als dispositiv variabel gelten, d. h. sie hängen von der zeitlichen oder/und intensitätsmäßigen Inanspruchnahme der Produktionsanlage oder von der kumulierten Produktionsmenge ab.

---

[20]) Vgl. dazu: Wysocki, K. v.: Der Einfluß von Steuern auf Produktions- und Kostenfunktionen, in: ZfB 1964, S. 15 ff.; Wöhe, G.: Betriebswirtschaftliche Steuerlehre, Band II, 2. Halbband, 2. Auflage, Frankfurt 1965, S. 65 ff.

Während Steuern, Versicherungsprämien oder Patentgebühren als Kosten-arten der Kosten-Leistungs-Funktion eine geringere praktische Bedeutung beizumessen ist, kommt den Kosten aus Nutzungsverträgen größeres Gewicht zu. Kosten dieser Art entstehen, wenn einer oder mehrere Faktoren — ver-einigt zu einem Faktorbündel — zum Gebrauch gemietet werden, um zusam-men mit den bereits vorhandenen Faktoren im Rahmen der betrieblichen Faktorkombination die geforderte Produktionsleistung zu erstellen. Die Nut-zung gemieteter Faktoren kann auch als Entgegennahme von Dienstleistun-gen interpretiert werden, wobei die Mietkosten als Entgelt für den von den Nutzungsfaktoren an die Produktion abgegebenen Leistungsbeitrag anzu-sehen sind. Ein Zusammenhang zwischen der zur Verfügung gestellten Dienstleistung und der Mietkostenhöhe läßt sich jedoch in der Regel nicht begründen, da eine isolierte Zurechnung des Leistungsbeitrags wegen der Verflechtungen innerhalb der Faktorkombination nicht möglich ist. Für die kostentheoretische Untersuchung ist daher nicht die Beziehung zwischen den Mietkosten und dem Leistungsbeitrag des Nutzenfaktors, sondern die Ab-hängigkeit der Nutzungskosten von der Gesamtleistung einer Faktorkombi-nation von Interesse. Derartige Nutzungskosten können aus der Nutzung materieller Faktoren, wie Maschinen (Leasing) und Arbeitskräfte, entstehen.

Quantitativ lassen sich die produktionstheoretisch nicht begründbaren Kosten der Leistungserstellung als Einzelkosten-Leistungs-Funktionen im Gefüge der Kosten-Leistungs-Funktion berücksichtigen. Die Kosten können dabei von der Produktionsleistung funktional abhängen, sich auf die Pro-duktionsmenge beziehen oder nach der Produktionszeit berechnet werden.

Auf der Grundlage zeitspezifischer bzw. mengenspezifischer Kostengrößen gilt im Falle allgemeiner Leistungsabhängigkeit für die Einzelkosten-Lei-stungs-Funktion

(IV. 3a) $$K_E = f(X) \text{ bzw. } k_E = f(X)/X;$$

dabei impliziert f (X) bereits den Kostensatz für eine Leistungseinheit. Für die Aufspaltung der Kosten in eine Mengen- und eine Wertkomponente be-steht in diesem Zusammenhang keine Notwendigkeit.

Wird die tatsächliche Produktionszeit t (ZE) als Berechnungsgrundlage ge-wählt, so lautet der Ansatz

(IV. 3b) $$K_E = K_0 \text{ bzw. } k_E = K_0/X,$$

wobei K_0 (GE/ZE) ein auf die Produktionszeiteinheit bezogener Kostensatz ist.

Stellt die kumulierte Produktionsmenge M (ME) die Berechnungsgrundlage der Kosten dar und wird eine Produktionsdauer t von der Länge 1 (ZE) be-trachtet, so gilt wegen der Beziehung

(IV. 3c) $$M = Xt = X$$

für den Ansatz der Einzelkosten-Leistungs-Funktion

(IV. 3d) $K_E = k_0 X$ bzw. $k_E = k_0$,

wobei k_0 (GE/ME) den Kostensatz pro Erzeugniseinheit angibt.

Der Verlauf dieser Einzelkosten-Leistungs-Funktion ergibt sich aus dem mathematischen Ansatz. Zeitspezifische Kostenfunktionen (Zeitkosten) sind Parallelen zur X-Achse für produktionszeitbezogene und Ursprungsgeraden für produktmengenbezogene Kosten. Mengenspezifische Kosten (Stück-kosten) verlaufen parallel zur X-Achse für produktionsmengenbezogene Kosten und haben im Falle produktionszeitbezogener Kosten den Kurven-verlauf einer Hyperbel. Zur Gestalt der Kostenfunktionen bei allgemeiner Leistungsabhängigkeit (Gleichung (IV.3 a)) lassen sich spezielle Angaben nicht machen.

Der vollständige Ansatz einer Kosten-Leistungs-Funktion ergibt sich nun-mehr aus der Summe der Kosten des Faktorverbrauchs und den produk-tionstheoretisch nicht begründbaren Einzelkosten $K_{E,\nu}$ bzw. $k_{E,\nu}$. Die Kosten-Leistungs-Funktion $K(X)$ berechnet sich demnach aus dem Ansatz

(IV. 3e) $$K(X) = \sum_{\nu=1}^{n} p_\nu R_\nu(X) + \sum_{\nu=1}^{e} K_{E,\nu}(X)$$
               bzw.

$$k(X) = \sum_{\nu=1}^{n} p_\nu r_\nu(X) + \sum_{\nu=1}^{e} k_{E,\nu}(X).$$

Dabei sind die Kosten des Faktorverbrauchs durch Kostenminimierung des Produktionsmodells zu bestimmen, während die Einzelkosten-Funktionen sich unmittelbar aus den jeweiligen Bestimmungen und Verträgen ergeben.

4. Zum Verlauf der Kosten-Leistungs-Funktion

a) Die Form der Faktorverbrauchsfunktion

Der Kurvenverlauf der Kosten-Leistungs-Funktion wird ihrem Aufbau ent-sprechend außer von den Faktorpreisen sowohl von der Form der Faktor-verbrauchsfunktionen und der Leistungsfunktion als auch von der Gestalt der produktionstheoretisch nicht begründbaren Einzelkostenfunktionen ge-prägt. Während der Verlauf der zuletzt genannten Einzelkostenfunktionen bereits im grundsätzlichen dargestellt wurde, soll zunächst die Frage unter-sucht werden, in welchem Rahmen Aussagen zur Form der Faktorver-brauchsfunktionen möglich sind.

Zweifellos ist die Zahl aller denkbaren Kurvenverläufe von Faktorver-brauchsfunktionen so groß wie die Menge aller Funktionen, die es gestatten, den Faktorverzehr approximativ zu quantifizieren. Für die kostentheoreti-sche Aussage sind jedoch einige typische Kurvenformen von Bedeutung. Zur

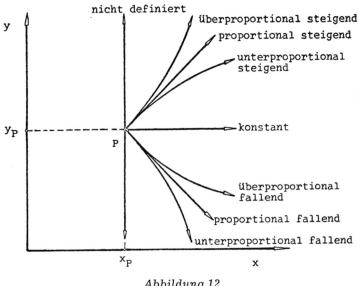

Abbildung 12

geometrischen Charakterisierung des Kurvenverlaufs einer Funktion finden die in Abbildung 12 veranschaulichten Begriffe Anwendung[21]). Die Kurvenstücke bezeichnen charakteristische Formen des Kurvenverlaufs einer im Punkt P stetigen und differenzierbaren Funktion $y = f(x)$. Überproportionale Kurvenstücke weisen Linkskrümmung (gegen den Uhrzeigersinn) auf, unterproportionale Kurvensegmente sind nach rechts gekrümmt.

Um die Erörterung nicht durch Schwierigkeiten bei der zeichnerischen Darstellung zu beeinträchtigen, wird für die Untersuchung ein Modell der Produktionsfunktion mit nur einer Variablen v ausgewählt, dessen Gleichungen sich in einem zweidimensionalen Koordinatensystem wiedergeben lassen. Die Leistungsfunktion möge die Gestalt $X = 1\,v$ aufweisen, so daß der Faktorverbrauch in direkter funktionaler Abhängigkeit von der Produktionsleistung ausgedrückt werden kann. Die Betrachtung geht zunächst von einer mengenspezifischen Faktorverbrauchsfunktion aus, die nach Multiplikation mit dem Faktorpreis eine Stückkosten-Leistungs-Funktion darstellt. Die Funktion des mengenspezifischen Verbrauchs eines Faktors ϱ_v hat unter den obigen Bedingungen die Gestalt

(IV. 4a) $r_v = f_v(v) = f_v(X).$

Da weder negative Faktormengen noch negative Leistungen vorkommen, ist nur der Kurvenverlauf im positiven I. Quadranten eines (r, v)- bzw. (r, X)-

---

[21]) Auf eine Verwendung der in der Kostentheorie gebräuchlichen Begriffe, wie degressiv, progressiv, unterlinear, überlinear usw., wird verzichtet, da derartige Bezeichnungen außer der an sich wertfreien geometrischen Aussage zugleich einen speziellen kostentheoretischen Tatbestand implizieren. Siehe z. B. Henzel, F.: Kosten und Leistung, a. a. O., S. 192 ff.

Koordinatensystems kostentheoretisch von Bedeutung. Der Untersuchungsbereich wird zusätzlich durch die technischen Variationsgrenzen des Aggregates bezüglich der Größe v eingeschränkt. Erfahrungsgemäß hat jede Maschine eine Minimalintensität v_{min}, die nicht unterschritten, und eine Maximalintensität v_{max}, die im Interesse der Betriebssicherheit nicht überschritten werden kann. Zwischen diesen beiden Begrenzungspunkten spannt sich der technische Variationsbereich[22]) des Aggregates; er schließt alle technisch realisierbaren Intensitätspunkte ein. Die weitere Diskussion kann sich auf diesen Kostenbereich beschränken; der Kurvenverlauf außerhalb dieses Bereiches ist ohne kostentheoretische Relevanz.

Das Bild einer plausiblen, mengenspezifischen Faktoreinsatzfunktion könnte z. B. U-Form aufweisen (vgl. Abbildung 13); d. h. innerhalb des Variationsbereichs existiert ein Intensitätspunkt, in welchem sich der Produktionsprozeß mit dem geringsten Faktorverbrauch pro Erzeugniseinheit durchführen läßt. Unterhalb und oberhalb dieser Optimalintensität v_{opt} steigt der

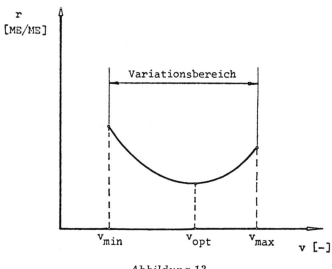

Abbildung 13

Faktorverbrauch an und erreicht an den Endpunkten der Intensitätsskala ein lokales Maximum. Die Faktorverbrauchskurve besteht demnach aus einem überproportional fallenden und einem überproportional steigenden Segment. Sie kann z. B. entweder durch die Parabel

(IV. 4b) $$r_1 = a_1 - b_1X + c_1X^2$$

$$(a_1, b_1, c_1 > 0)$$

oder durch Überlagerung einer Hyperbel und einer ansteigenden Geraden mit dem Ansatz

---

[22]) Vgl. Jacob, H.: Zur neueren Diskussion um das Ertragsgesetz, a. a. O., S. 604 f.

(IV. 4c) $$r_2 = a_2 + b_2X + c_2/X$$

$$(a_2, b_2, c_2 > 0)$$

näherungsweise wiedergegeben werden. Wegen der Beziehung $R = rX$ lauten die Ansätze für die zeitspezifische Faktorverbrauchsfunktion

(IV. 4d)   Ansatz I: $R_1 = a_1X - b_1X^2 + c_1X^3$ bzw.

(IV. 4e)   Ansatz II: $R_2 = a_2X + b_2X^2 + c_2$.

Beide Funktionsansätze unterscheiden sich in den konstanten Gliedern. Der aus einer Parabel zweiter Ordnung abgeleitete Ansatz I weist keine Konstante auf; das braucht jedoch nicht zu bedeuten, daß beide Funktionen im relevanten Variationsbereich zu quantitativ verschiedenen Aussagen führen. Der tatsächliche Kurvenverlauf kann durch beide Funktionen in einem rechts vom Nullpunkt liegenden Bereich hinreichend angenähert werden (vgl. Abbildung 14). Allerdings läßt sich der aus einer Hyperbel entwickelte Ansatz II kostentheoretisch besser begründen, da er die explizite Erfassung eines zwar produktionszeitabhängigen, aber leistungskonstanten Faktorverbrauchs gestattet. Insofern ist Ansatz II zur Quantifizierung von Faktorverbrauchsfunktionen bzw. Kosten-Leistungs-Funktionen besser geeignet.

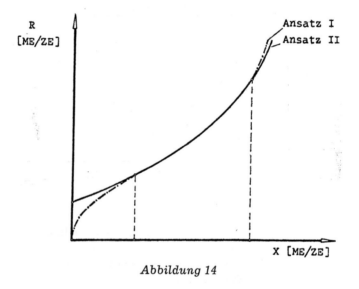

Abbildung 14

Die Kostentheorie kennt zwar U-förmige Stückkostenkurven (mengenspezifische Kosten-Leistungs-Funktionen), sie geht jedoch bei zeitspezifischen bzw. zeitraumbezogenen Kosten von ausschließlich steigenden Kurvenverläufen aus. Dies hängt wohl damit zusammen, daß zeitbezogene Kosten immer als Gesamtkosten der Produktion bei wechselnder Beschäftigung (gemessen in Ausbringung pro Zeiteinheit bzw. Zeitraum) aufgefaßt werden.

Im Fall einer einstufigen Einproduktproduktion, für welche der Produktionssektor aus nur einem Aggregat besteht, repräsentiert die zeitspezifische Kosten-Leistungs-Funktion zugleich die Funktion der gesamten variablen Kosten des Betriebes. Es soll nun geprüft werden, unter welchen Bedingungen die zeitspezifische Kosten-Leistungs-Funktion einen ausschließlich steigenden Verlauf nimmt. Zur Vereinfachung des Problems gilt die Annahme, daß der Produktionsprozeß, wie im Falle der Elektrizitätserzeugung, im wesentlichen durch eine Faktorverbrauchsfunktion beschrieben werden kann. Da eine Multiplikation der Faktorverbrauchsfunktion mit dem Faktorpreis nur zu einer Maßstabsverschiebung führt, die das Vorzeichen des Steigungsmaßes nicht beeinflußt, kann auf die Untersuchung der entsprechenden Kosten-Leistungs-Funktion verzichtet werden; es genügt vielmehr, die zeitspezifische Faktorverbrauchsfunktion zu betrachten. Die erste Ableitung lautet für beide Ansätze

(IV. 4f) $$R_1' = a_1 - 2b_1X + 3c_1X^2 \text{ bzw.}$$
$$R_2' = a_2 + 2b_2X.$$

Aus den Ungleichungen

(IV. 4g) $$a_1 - 2b_1X + 3c_1X^2 > 0 \text{ bzw.}$$
$$a_2 + 2b_2X > 0$$
$$\text{für} \quad X_{min} \leq X \leq X_{max}$$

läßt sich eine Abschätzung für die Koeffizienten a_1, b_1, c_1 bzw. a_2, b_2 angeben, so daß ein ausschließlich ansteigender Verlauf innerhalb des Variationsbereichs für die Faktorverbrauchsfunktion und damit für die Kosten-Leistungs-Funktion gewährleistet ist.

Da die Ungleichung (IV.4 g) des Ansatzes II für $X = X_{min}$ ihren kleinsten Wert annimmt, muß in diesem Fall die Bedingung

(IV. 4h) $$b_2 > - a_2/2X_{min}$$

erfüllt sein, wenn die zeitspezifische Kosten-Leistungs-Funktion einen ausschließlich steigenden Verlauf aufweisen soll. Nun läßt sich aber a priori ein allgemeingültiger Beweis dafür nicht erbringen, daß die durch Gleichungen (IV.4 g) bzw. (IV.4 h) gesetzten Schranken für die Koeffizienten nicht unterschritten werden.

Damit liegt ein zumindest stückweise fallender Verlauf der zeitspezifischen Kosten-Leistungs-Funktion, d. h. ?-förmiger Kurvenverlauf, durchaus im Bereich des Möglichen. In diesem Fall überwiegt die Abnahme der Faktorverbrauchsmenge infolge einer durch Intensitätssteigerung bewirkten Verbesserung der technischen Produktionsbedingungen den durch Erhöhung des Ausstoßes zwangsweise erforderlichen Mehrverbrauch der Faktoren. Die Abbildung 15 a bzw. 15 b zeigt den Verlauf zweier mengen- bzw. zeitspezifischer Faktoreinsatzfunktionen auf der Grundlage des Ansatzes I. Die mengenspezifischen Funktionen lauten:

$$r_1 = 400 - 10X + 0.1X^2 \text{ und } r_2 = 400 - 12X + 0.1X^2;$$

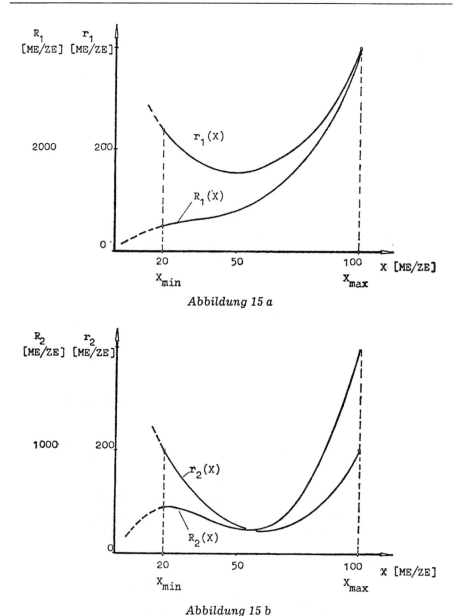

Abbildung 15 a

Abbildung 15 b

der Variationsbereich erstreckt sich von $X_{min} = 20$ bis $X_{max} = 100$, und die obere Schranke für b ergibt den Wert 11, so daß die Funktion r_1 einen steigenden und die Funktion r_2 einen teils fallenden, teils steigenden Verlauf der entsprechenden zeitspezifischen Faktorverbrauchsfunktion erwarten läßt. Damit kann festgestellt werden, daß bei Beschäftigungsänderung durch ausschließlich intensitätsmäßige Anpassung in besonderen Fällen eine produktionstheoretisch begründete Kostenregression[23]) auftreten kann. Liegt eine regressive Gesamtkostenkurve des Betriebes vor, so wäre es jedoch ökonomisch sinnlos, bei einer Beschäftigung links vom Kostenminimum zu produzieren. Es ist in diesem Fall kostengünstiger, bei hoher Beschäftigung zu produzieren und Überschußmengen gegebenenfalls zu vernichten[24]).

b) Einfluß der Faktorpreise auf den Verlauf der Kosten-Leistungs-Funktion

Für die Planung praktisch bedeutsam sind vor allem diejenigen Kosten-Leistungs-Funktionen, welche ausschließlich fallende mengenspezifische Kosten (Stückkosten) aufweisen. Die kostenoptimale Intensität liegt dabei am oberen Endpunkt des Variationsbereichs (vgl. Abbildung 16). An der zeit-spezifischen Kosten-Leistungs-Funktion wird diese Besonderheit dadurch sichtbar, daß der Fahrstrahl mit der geringsten Steigung durch den Kosten-punkt der maximalen Leistung gelegt werden kann. Die Bedeutung degres-siver Stückkosten für die Planung besteht darin, daß sie aus ökonomischen Gründen die Möglichkeit intensitätsmäßiger Anpassung ausschließen, wenn zugleich zeitliche Anpassung vorgenommen werden kann. Sind nämlich die technischen Voraussetzungen für eine zeitliche Anpassung der Faktorkombi-nation gegeben, so folgt aus dem ökonomischen Prinzip, daß zunächst mit der stückkostenminimalen Intensität produziert wird. Wenn die Möglichkeiten der zeitlichen Anpassung ausgeschöpft sind, läßt sich eine weitere Steigerung der Produktionsmenge durch intensitätsmäßige Anpassung desselben Aggre-gates oder — falls es kostengünstiger ist — durch den Einsatz einer weiteren

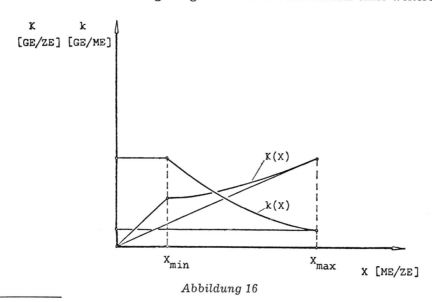

Abbildung 16

---

[23]) Der Begriff geht auf Schmalenbach zurück; siehe: Schmalenbach, E.: Kostenrechnung und Preispolitik, a. a. O., S. 70.

[24]) Fallen jedoch Vernichtungskosten an, so kann es kostengünstiger sein, bereits in der Zone der Kostenregression zu produzieren.

Produktionsanlage erzielen[25]). Besteht nun für die Faktorkombination ein degressiver Stückkostenverlauf, so liegt die kostengünstigste Intensität (Optimalintensität) an der technischen Leistungsgrenze des Aggregates. Eine intensitätsmäßige Anpassung rechts von der Optimalintensität ist daher nicht zu realisieren. Für Leistungsvariationen kommt nur die zeitliche Anpassung in Frage. Damit ist gezeigt, daß ein bestimmter Verlauf der Kosten-Leistungs-Funktion den rational handelnden Unternehmer dazu zwingt, auf die intensitätsmäßige Anpassung seiner Produktionsanlagen zu verzichten. Diese Überlegungen mögen auch erklären, warum im Industriebetrieb die zeitliche Anpassung sehr häufig, die intensitätsmäßige Anpassung jedoch nur in seltenen Fällen anzutreffen ist.

Wird vorausgesetzt, daß die degressive Stückkosten-Leistungs-Funktion einen monoton fallenden Verlauf aufweist, so läßt sich die Eigenschaft der Kostendegression nachweisen, indem die Steigung der Kostenfunktion am Punkt ihrer technischen Maximalintensität untersucht wird. Wenn das Steigungsmaß der Kostenkurve in diesem Punkt den Wert null oder einen negativen Wert annimmt, dann kann daraus auf Kostendegression geschlossen werden. Es ist daher zu klären, unter welchen Voraussetzungen die mengenspezifische Kosten-Leistungs-Funktion diese Bedingungen der Degression erfüllt. Da über den Verlauf der Faktorverbrauchsfunktionen generelle Aussagen nicht möglich sind, soll die anstehende Frage im wesentlichen durch eine Untersuchung des Einflusses der Preisrelationen[26]) zwischen den Faktorarten beantwortet werden. In diesem Zusammenhang sind auch die produktionstheoretisch nicht begründbaren Einzelkosten-Leistungs-Funktionen zu berücksichtigen, da sie bereits Preise für die Nutzung materieller und immaterieller Wirtschaftsgüter implizieren.

Um die Analyse übersichtlicher zu gestalten, wird unterstellt, daß die Faktorverbrauchsfunktionen bereits in Abhängigkeit von der ökonomischen Produktionsleistung X dargestellt sind. Für die mengenspezifische Faktorverbrauchsfunktion eines Faktors ϱ_ν gilt damit der Ansatz:

(IV. 5a) $$r_\nu = f_\nu(X).$$

Bei insgesamt n Einsatzfaktoren mit den Preisen p_ν und m Einzelkosten-Leistungs-Funktionen $k_{E,\mu}$ hat die mengenspezifische Kosten-Leistungs-Funktion die Gestalt

(IV. 5b) $$k(X) = \sum_{\nu=1}^{n} p_\nu\, f_\nu(X) + \sum_{\mu=1}^{m} k_{E,\mu}(X).$$

Soll eine Aussage über die Steigung dieser Funktion im Punkt der Maximalleistung gemacht werden, so ist ihre erste Ableitung an der Stelle $X = X_{max}$

---

[25]) Siehe dazu: Jacob, H.: Produktionsplanung, a. a. O., S. 217 ff. Ein mathematischer Beweis für die Richtigkeit dieser Planungsregel wird auf S. 179 dieser Arbeit gegeben.

[26]) Dieses Problem wird bereits bei: Gutenberg, E.: Produktion, a. a. O., S. 403 f., angeschnitten.

zu untersuchen. Wird eine monotone Funktion vorausgesetzt, so läßt eine negative Steigung auf einen degressiven Kostenverlauf schließen.

Die Differentiation ergibt

(IV. 5c)
$$k'(X) = \sum_{\nu=1}^{n} p_\nu \, f_\nu'(X) + \sum_{\mu=1}^{m} k_{E}', {}_\mu(X).$$

Für $X = X_{max}$ soll die vereinfachende Schreibweise

$$f_\nu' = f_\nu'(X_{max}) \text{ und } k_{E}, {}_\mu = k_{E}', {}_\mu(X_{max})$$

gelten.

Damit ist das Kriterium

(IV. 5d)
$$\sum_\nu p_\nu \, f_\nu' + \sum_\mu k_{E}', {}_\mu \lesseqgtr 0$$

zu prüfen. Die Glieder der Summation werden nun nach ihrem Vorzeichen sortiert und in zwei Gruppen unterteilt, so daß alle Kostenfunktionen mit fallender Tendenz solchen mit steigender Tendenz gegenübergestellt werden können. Werden die negativen Differentiale mit dem Index g und die positiven Differentiale mit dem Index s bezeichnet, so lautet das Kriterium

(IV. 5e)
$$\sum_{\nu=1}^{ng} p_{g\nu} \, f_{g\nu}' + \sum_{\mu=1}^{mg} k_{Eg\mu} \lesseqgtr \sum_{\nu=n_g+1}^{n} p_{s\nu} \, f_{s\nu}' + \sum_{\mu=m_g+1}^{m} k_{Es\mu}'$$

Ist die linke Seite größer als die rechte, so gilt das Zeichen $>$, und es besteht ein ausschließlich fallender Verlauf der mengenspezifischen Kosten-Leistungs-Funktion. Die Faktorpreise spielen hier die Rolle einer Gewichtung für die fallenden bzw. steigenden Tendenzen der produktionstheoretisch fundierten Einzelkosten-Funktionen. Ein Faktor, der eine degressiv verlaufende mengenspezifische Verbrauchsfunktion aufweist und mit einem sehr hohen Preis belastet ist, kann die Wirkung sämtlicher progressiven Einflüsse aufheben. Ähnliche Wirkung üben jene zeitspezifischen Einzelkosten aus, die leistungskonstant, aber produktionszeitabhängig sind. Die daraus abgeleitete mengenspezifische Kostenfunktion zeigt den bekannten Degressionseffekt entsprechend der Hyperbel

(IV. 5f)
$$k_E(X) = K_0/X$$

und dem negativen Differential

(IV. 5g)
$$k_E'(X) = -K_0/X^2.$$

Aus Gleichung (IV.5 g) geht hervor, daß Einzelkosten-Leistungs-Funktionen dieser Gestalt einen erheblichen Einfluß auf die Degressionstendenz der Stückkostenkurve ausüben können. Je größer der konstante Zeitkostensatz K_0 (GE/ZE) ist, um so mehr gewinnen die degressiven Kosteneinflüsse das Übergewicht, und es entsteht eine degressiv verlaufende mengenspezifische Kosten-Leistungs-Funktion.

Diese Erörterung konnte somit zeigen, daß die Stückkostendegression außer durch die Gestalt der Faktorverbrauchsfunktionen im besonderen Maße durch die Faktorpreise und durch produktionszeitabhängige, leistungskonstante Zeitkostenbestandteile hervorgerufen werden kann. Sind im Industriebetrieb diese Degressionsbedingungen z. B. infolge hoher (variabler) Bereitschaftskosten erfüllt, so tritt die intensitätsmäßige Anpassung der Aggregate zwangsläufig in den Hintergrund zugunsten einer zeitlichen bzw. quantitativen Anpassung.

c) Nomographische Darstellung der Kosten-Leistungs-Funktion

Der quantitative Einfluß der verschiedenen Kostenbestandteile auf den Verlauf der Kosten-Leistungs-Funktion läßt sich anhand eines Nomogramms übersichtlich darstellen. Die Prinzipien dieser Darstellungsart sollen am Beispiel einer mengenspezifischen Kosten-Leistungs-Funktion aufgezeigt werden. Mit Rücksicht auf die Übersichtlichkeit des Problems wird ein Produktionsprozeß betrachtet, dessen Verlauf monovariabel von einer Intensitätsgröße v abhängt, während die übrigen Komponenten der Q-, V- und Z-Situation als unveränderlich vorausgesetzt sind. Der Faktorkombinationsprozeß wird durch die Leistungsfunktion $X = \alpha v$ charakterisiert, so daß für die Faktorverbrauchsfunktion vereinfachend

$$\text{(IV. 6a)} \qquad r = g\,(v) = f(X)$$

geschrieben werden kann. Im Rahmen der vorliegenden Kostenbetrachtung kommt dazu noch eine produktionstheoretisch nicht begründbare Einzelkosten-Leistungs-Funktion von der Form

$$\text{(IV. 6b)} \qquad k_E\,(X) = K_0 \,/\, X.$$

Es könnte sich bei diesem Beispiel um eine Faktorkombination zur Drucklufterzeugung handeln, wobei ein Luftkompressor von einem Dieselmotor angetrieben wird. Die ökonomische Produktionsleistung X des Aggregates kann in Luftmengeneinheiten je Zeiteinheit (ME/ZE) gemessen werden. Zu den in diesem Zusammenhang relevanten Verbrauchsfaktoren zählt im wesentlichen Kraftstoff, der in Abhängigkeit von der Motordrehzahl v verbraucht wird. Die Einzelkosten-Leistungs-Funktion ist so zu erklären, daß die Kompressoranlage einschließlich Bedienungspersonal und Wartung zu einem festen Stundensatz K_0 (GE/ZE) gemietet ist. Wird der Preis des Treibstoffs mit p bezeichnet, so gilt für den Ansatz der mengenspezifischen Kosten-Leistungs-Funktion

$$\text{(IV. 6c)} \qquad k\,(X) = p\,f\,(X) + K_0/X.$$

Im Nomogramm (Abbildung 17) ist sowohl die Faktorverbrauchsfunktion f (X) als auch die Funktion 1/X dargestellt. Durch graphische Multiplikation der Funktionswerte mit p bzw. K_0 und anschließende Addition entsteht das Bild der Kosten-Leistungs-Funktion. Die Multiplikation vollzieht sich als Spiegelung der Ordinatenwerte an den Preisstrahlen, während die Addition so erfolgt, daß die gespiegelten Ordinatenlinien (vgl. Pfeilmarkierungen) mit Hilfe von entsprechenden 45°-Strahlen in das Kostendiagramm projiziert werden. Durch Drehung der Preisgeraden läßt sich die Bedeutung

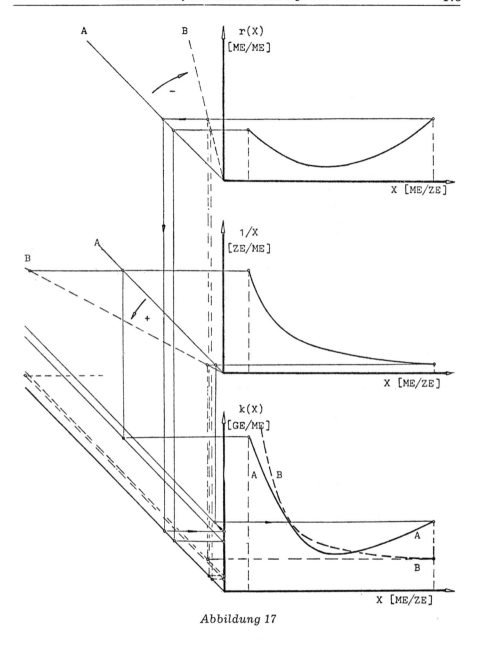

Abbildung 17

unterschiedlicher Preisstellung auf dem Beschaffungsmarkt sichtbar machen. Der Kostenverlauf AA ergibt sich, wenn die Preissituation A, d. h. $p = 1$ (GE/ME) und $K_0 = 1$ (GE/ZE), vorliegt. Aus der U-förmigen Kostenkurve entsteht der degressive Kostenverlauf BB, wenn eine Preissituation B mit $p = 0.25$ (GE/ME) und $K_0 = 2$ (GE/ZE) gegeben ist. Hier wird deutlich der Einfluß der Beschaffungspreise auf den Kostenverlauf vor Augen geführt.

Die Nomogrammtechnik läßt sich auch bei komplizierteren Produktionsmodellen mit mehr als einer kontrollierbaren Veränderlichen anwenden. In diesem Fall sind für jeden Einsatzfaktor entsprechend der Zahl der seinen Mengeneinsatz bestimmenden Komponenten der Q-, V- und Z-Situation Einzeldiagramme zu zeichnen, die den partiellen Einfluß einer jeden relevanten Prozeßvariablen auf den Faktorverbrauch wiedergeben. Durch graphische Addition der partiellen Faktormenge läßt sich zu jeder Kombination von Prozeßvariablen die Faktoreinsatzmenge ermitteln. In gleicher Weise kann auch eine Zuordnung zwischen den Variablen der Leistungsfunktion und der Produktionsleistung punktweise konstruiert werden. Durch Spiegelung der Faktormengen an den Preisgeraden und anschließende Addition der Kostengrößen entstehen die Kosten des Faktorverzehrs in Abhängigkeit von einer bestimmten Konstellation der Prozeßvariablen. Dieser Datensituation läßt sich mit Hilfe der Leistungsfunktion die ökonomische Produktionsleistung zuordnen und so die Kosten-Leistungs-Funktion des Faktorverzehrs konstruieren. Nun müssen dazu noch die produktionstheoretisch nicht begründbaren Einzelkosten-Leistungs-Funktionen addiert werden, so daß das vollständige Bild der Kosten-Leistungs-Funktion entsteht.

Die Anwendbarkeit dieses Verfahrens ist jedoch bei komplexen, multivariablen Produktionsmodellen stark eingeschränkt, da mit zunehmender Zahl der Prozeßvariablen die Übersichtlichkeit verlorengeht und der ursprüngliche Vorteil einer graphischen Darstellung sich in das Gegenteil verkehrt. Dazu kommen erhebliche Schwierigkeiten bei mehrdeutigen Produktionsmodellen, da die kostenoptimale Kosten-Leistungs-Funktion des Faktorverzehrs nur durch systematisches Probieren bestimmt werden kann. Die Anwendung der Nomogrammtechnik ist daher in erster Linie für monovariable Produktionsmodelle von Bedeutung.

d) Einflüsse der Leistungsfunktion auf den Kostenverlauf

Die Untersuchungen zum Verlauf der Kosten-Leistungs-Funktion bezogen sich bisher auf ein vereinfachtes, monovariables Modell der Produktionsfunktion. Von der Leistungsfunktion wurde angenommen, daß sie linear ist und einen proportionalen Zusammenhang zwischen der ökonomischen Produktionsleistung und der variierbaren Komponente der V-Situation beschreibt. Anhand der folgenden nomographischen Darstellung soll am Beispiel der mengenspezifischen Kosten-Leistungs-Funktion gezeigt werden, wie sich der Kostenverlauf ändert, wenn bei einer monovariablen Leistungsfunktion die Prämisse der Linearität (Proportionalität zur Intensitätsvariablen) aufgegeben wird. Um die zweidimensionale zeichnerische Darstellung nicht zu komplizieren, beziehen sich die Überlegungen in erster Linie auf ein monovariables Produktionsmodell. Die Faktorverbrauchsfunktionen können dabei beliebige Funktionen der Intensitätsvariablen v sein. Werden die Faktormengen zu ihren Preisen bewertet und als Einzelkosten des Faktorverzehrs summiert, so entsteht eine Kostenfunktion, die den Kostenverlauf

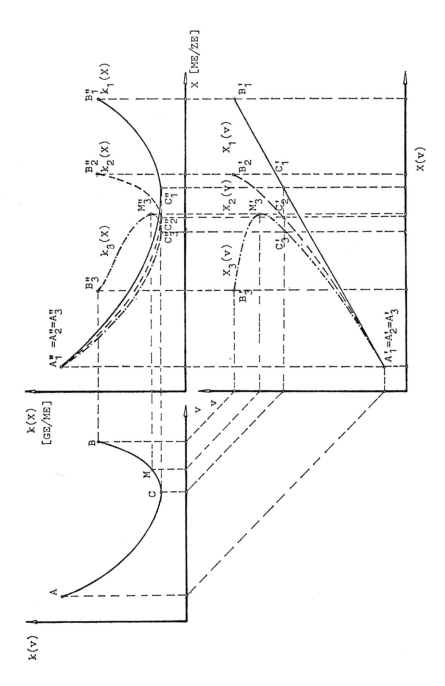

Abbildung 18

in Abhängigkeit von der intensitätsmäßigen Inanspruchnahme des betrachteten Aggregates wiedergibt. Falls im Produktionsmodell mehrdeutige Faktorverbrauchsfunktionen vorkommen, so daß bei einer bestimmten Intensität mehrere Faktormengenkombinationen realisiert werden können, so läßt sich mit Hilfe der Minimalkostenkombination jedem v-Wert ein eindeutiger Kostenbetrag zuordnen. Eine auf diese Weise gewonnene mengenspezifische Kostenfunktion (Stückkostenfunktion) k(v) ist in Abbildung 18 im linken Kurvendiagramm eingezeichnet. Weitere, produktionstheoretisch nicht begründbare Einzelkosten-Leistungs-Funktionen sind von der Betrachtung ausgeschlossen, da Auswirkungen der Leistungsfunktion nur die Kosten des Faktorverzehrs unmittelbar betreffen. In einem zweiten Schaubild sind die Bilder von drei möglichen Leistungsfunktionen wiedergegeben. Die Funktion $X_1(v)$ repräsentiert einen proportionalen Zusammenhang mit der Intensitätsgröße, während die Funktion $X_2(v)$ mit zunehmender Intensität eine Leistungsabnahme, d. h. einen unterproportional steigenden Verlauf, aufweist. Schließlich zeigt die Funktion $X_3(v)$ das Beispiel einer mehrdeutigen Leistungsfunktion; d. h. innerhalb eines bestimmten Intensitätsbereiches läßt sich die gleiche Leistung mit verschiedenen Werten von v realisieren. Es kann sich dabei z. B. um eine Produktionsanlage handeln, deren technischer Wirkungsgrad sich bei höchster Intensität so verschlechtert, daß sie eine geringere Ausbeute und damit eine kleinere Produktionsleistung hervorbringt, als dies bei mittlerer Intensität der Fall ist. Eine mehrdeutige Leistungsfunktion kann auch auftreten, wenn im Rahmen der Leistungsbetrachtung ein Zeitwirkungsgrad[27] berücksichtigt wird. Werden nämlich mit zunehmender Intensitätssteigerung die Verlustzeiten bei einem Produktionsprozeß so groß, daß dadurch der intensitätsabhängige Leistungszuwachs aufgezehrt wird, dann ergibt sich für die Effektivleistung X_0 ebenfalls eine mehrdeutige Funktion $X_0(v)$.

Die Zuordnung von Kosten- und Leistungsgrößen läßt sich graphisch mit Hilfe der im Nomogramm angedeuteten Projektionsstrahlen vornehmen. Dabei wird die Kostenhöhe durch horizontale Parallelen in das Kosten-Leistungs-Diagramm projiziert, während die Intensitätswerte durch Spiegelung an der Leistungsfunktion in die entsprechenden Leistungsgrößen übergeführt werden und als vertikale Parallelen die Abszissenwerte des Kosten-Leistungs-Schaubildes bezeichnen. Um z. B. den Punkt C_1'' zu konstruieren, wird die (horizontale) Parallele zur Abszissenachse durch den Punkt C_1 als Koordinate des Ordinatenwertes benutzt. Durch Projektion des zu C_1 gehörenden Intensitätswertes auf die v-Achse des Leistungsdiagramms ergibt sich der entsprechende Leistungswert als Abstand zwischen C_1' und der Achse. Eine (vertikale) Parallele zur v-Achse liefert die Koordinate des Abszissenwertes für den Punkt C_1'' im Kosten-Leistungs-Diagramm. Auf diese Weise lassen sich beliebige Punkte der Kostenkurve k (v) in eine Kosten-Leistungs-Funktion k (X) transponieren.

---

[27] Vgl. dazu das Zahlenbeispiel auf S. 141 f. dieser Arbeit.

Den drei unterschiedlichen Leistungsfunktionen entsprechend ergeben sich drei Kosten-Leistungs-Funktionen. Ihre Kurvenbilder entstehen aus einer verschieden starken Verzerrung des Abszissenmaßstabes durch die Leistungsfunktion. Während die proportionale Leistungsfunktion X_1 (v) das ursprüngliche Bild des Kostenverlaufs k (v) in der Querrichtung gleichmäßig streckt bzw. staucht (vgl. k_1 (X)), verzerrt die gekrümmte Leistungsfunktion X_2 (v) das Bild des Kostenverlaufs ungleichmäßig; im Bereich einer starken Krümmung der Leistungsfunktion ist die Stauchung in Abszissenrichtung größer. Als Folge der mehrdeutigen Leistungsfunktion X_3 (v) entsteht die nach links zurückgebogene, doppeldeutige Kosten-Leistungs-Funktion k_3 (X). Da jeder Intensität eindeutig ein Kostenbetrag entspricht, aber zum Teil mit zwei Intensitäten die gleiche Leistung X realisiert wird, gibt es Leistungswerte, denen damit zwei Kostenbeträge zugeordnet sind. Nach dem ökonomischen Prinzip ist der obere Ast der Kosten-Leistungs-Funktion vom Endpunkt B_3'' bis zur senkrechten Tangente M'' an der Grenze der Maximalleistung kostentheoretisch irrelevant. Es zeigt sich hier, daß der vorgegebene technisch realisierbare Variationsbereich im Falle einer intensitätsmäßigen Anpassung durch das erreichbare Maximum der Leistungsfunktion aus ökonomischen Gründen erheblich beschränkt wird.

Die nomographische Bestimmung von Kosten-Leistungs-Diagrammen aus intensitätsabhängigen Kostenverläufen und einer Leistungsfunktion läßt sich selbstverständlich auch für zeitspezifische Kosten-Leistungs-Funktionen durchführen. Dieses Verfahren hat vor allem für monofunktionale Produktionsmodelle praktische Bedeutung. Bei mehrdimensional variierbaren Produktionsprozessen empfiehlt sich die Verwendung eines numerischen Ansatzes zur Berechnung kostenminimaler und eindeutiger Kosten-Leistungs-Funktionen des Faktorverzehrs.

5. Die Aggregation von Kosten-Leistungs-Funktionen zur gesamtbetrieblichen Kostenfunktion

Werden einzelne primäre Faktorkombinationen im Rahmen des gesamtbetrieblichen Produktionsprozesses eingesetzt, so sind zwei Bedingungen zu berücksichtigen: Einmal muß jedes Aggregat und die damit verbundene Faktorkombination so in den betrieblichen Produktionssektor eingegliedert werden, daß es den technischen Anforderungen genügt. Zum anderen sollte der technische Einsatzspielraum einer Produktionsanlage entsprechend der unternehmerischen Zielsetzung genutzt werden, indem die Faktorkombination an eine vorgegebene Produktionsaufgabe kostenoptimal angepaßt wird. Aus beiden, den technischen und den ökonomischen Gegebenheiten der Leistungserstellung, leiten sich diejenigen Gesetzmäßigkeiten her, nach denen einzelne Kosten-Leistungs-Funktionen zur gesamtbetrieblichen Kostenfunktion aggregiert werden. Während die Kosten-Leistungs-Funktion ein Bestandteil der durch den Betriebsmittelbestand vorgegebenen Datenstruktur des Betriebes ist, hängt der gesamtbetriebliche Kostenverlauf von der jeweiligen unternehmerischen Planung und Disposition ab.

Wird ein ökonomisch rationales Verhalten des Unternehmers unterstellt, so können Gesamtkosten der Produktion nur im Rahmen eines kostentheoretischen Planungsmodells der Unternehmung definiert werden. Es erweist sich somit im allgemeinen als wenig ergiebig, einen bestimmten (mathematisch formulierten) Kostenverlauf als für den Industriebetrieb repräsentativ nachweisen zu wollen. Trotzdem soll auf der Grundlage vereinfachender Annahmen aufgezeigt werden, wie sich eine bestimmte Datensituation im betrieblichen Produktionssektor auf die Gesamtkostenentwicklung auswirkt.

Die Untersuchung ist auf eine statische Betrachtung der betrieblichen Leistungserstellung beschränkt; sie bezieht sich auf einen homogenen Betrachtungszeitraum, wobei zeitliche und kostenmäßige Verflechtungen zu vorausgegangenen oder folgenden Perioden vernachlässigt sind. Gegenstand der Betrachtung ist eine Einproduktunternehmung mit einstufiger Produktion, wobei mehrere funktionsgleiche, aber kostenverschiedene Aggregate der Leistungserstellung zur Verfügung stehen. Die Aggregate können durch Änderung der Produktionsdauer innerhalb des Betrachtungszeitraumes, d. h. zeitlich[28]), oder durch Variation der Produktionsleistung, d. h. intensitätsmäßig[29]), an wechselnde Beschäftigungslagen des Betriebes angepaßt werden. Außerdem besteht die Möglichkeit, Aggregate zeitweise stillzulegen oder stillgelegte Aggregate erneut zur Produktion heranzuziehen (quantitative Anpassung, Fall B)[30]). Wird ein Betrachtungszeitraum (BZ) von der Länge 1 (ZE) zugrunde gelegt, so ist die Beschäftigung des Betriebes im vorliegenden Fall als die pro Zeiteinheit ausgebrachte Produktmenge $X(ME/BZ)$ definiert; die Gesamtkosten der Produktion sind demnach zeitspezifische Kosten K_g mit der Dimension (GE/BZ). Aufgabe der Untersuchung ist es nun, die Entwicklung der gesamten Produktionskosten bei variierender Beschäftigung, d. h. den Verlauf der zeitspezifischen Kostenfunktion $K_g(X)$ zwischen Null und der technisch realisierbaren Maximalbeschäftigung X_{max}, tendenziell zu beschreiben. Zur Beantwortung dieser Frage, ob linearer, degressiv oder progressiv steigender Verlauf oder ob eine fragezeichenförmig gekrümmte Kurve vorliegt, genügt es, das Steigungsmaß, d. h. die Grenzkosten innerhalb des Beschäftigungsintervalls, zu bestimmen. Aus dem ökonomischen Prinzip folgt, daß die Aggregate des Betriebes nach Maßgabe der Minimalkostenkombination an die Beschäftigungslage anzupassen sind. Dabei können die Anpassungsmaßnahmen einzeln oder gemeinsam, d. h. in der Form reiner oder kombinierter Anpassung, angewandt werden. Die Gesamtkostenkurve ist daher als eine Zuordnung der geringsten Kosten zu jeder realisierbaren Beschäftigung aufzufassen. Ihr Kostenverlauf wird zunächst ohne die Be-

---

[28]) Gutenberg, E.: Produktion, a. a. O., S. 344 ff.

[29]) Ebenda, S. 343 ff.

[30]) Ebenda, S. 344 ff., 359 f., 367 ff.

rücksichtigung von Anlaufkosten bzw. intervallfixen Kosten[31]) bei quantitativer Anpassung untersucht; später wird diese Prämisse aufgehoben.

Mit steigender Beschäftigung werden die Aggregate gemäß dem ökonomischen Prinzip in der Reihenfolge ihrer Kostengünstigkeit eingesetzt. Kriterium dieser Rangordnung ist das Minimum der mengenspezifischen Kosten-Leistungs-Funktion (Stückkostenfunktion), d. h. die Aggregate mit den geringsten Stückkosten werden zuerst zur Leistungserstellung herangezogen[32]). Den Beweis[33]) für die Richtigkeit dieser Rangordnung liefert die Berechnung der kostenminimalen, kombinierten, d. h. zeitlichen und intensitätsmäßigen Anpassung eines Aggregates an unterschiedliche Ausbringungsmengen pro Betrachtungszeitraum. Jedes Aggregat ist durch eine zeitspezifische Kosten-Leistungs-Funktion $K(X)$ charakterisiert. Die Produktionsleistung des Aggregates X (ME/ZE) ist ein Maß für die intensitätsmäßige Anpassung; die Größe t (ZE) gibt die Produktionszeit während des Betrachtungszeitraumes und damit den Umfang der zeitlichen Anpassung an. Sollen im Betrachtungszeitraum von der Länge 1 (ZE) insgesamt M (ME/BZ) kostenminimal hergestellt werden, so ist die Kostenfunktion

(IV. 7a)
$$K_g = K(X)\, t$$

unter der Bedingung

$$M = Xt$$

zu minimieren, wobei $0 \leq t \leq 1$ ist. Die unbedingte Lagrange-Funktion F lautet dann

(IV. 7b)
$$F = K(X)\, t - \lambda\, (Xt - M) \overset{!}{=} \min.$$

Durch Nullsetzen der partiellen Ableitungen nach X, t und λ ergibt sich

(IV. 7c)
$$\frac{\partial F}{\partial X} = K'(X)t \; - \; \lambda t = 0 \quad \text{oder} \quad K'(X) = \lambda$$

$$\frac{\partial F}{\partial t} = K(X) \; - \; \lambda X = 0 \quad \text{oder} \quad K(X)/X = k(X) = \lambda$$

$$\frac{\partial F}{\partial \lambda} = Xt \quad - \; M = 0 \quad \text{oder} \quad Xt = M.$$

Wird die Größe λ eliminiert, so folgt zur Berechnung der Optimalintensität die Beziehung

(IV. 7d)
$$K'(X) = k(X).$$

Die gesuchte Intensität ist dort erreicht, wo die Grenzkosten den Durchschnittskosten gleich sind, d. h. wo die Stückkostenkurve ihr Minimum erreicht. Damit ist eine der beiden Entscheidungsvariablen, nämlich X, fest-

---

[31]) Gutenberg, E.: Produktion, a. a. O., S. 367 ff.

[32]) Jacob, H.: Produktionsplanung, a. a. O., S. 217 ff.

[33]) Ein anderer als der nun folgende Beweis findet sich bei: Pack, L.: Die Elastizität der Kosten, Wiesbaden 1966, S. 232 ff.

gelegt. Die Produktion unterschiedlicher Mengen läßt sich damit nur noch mit Hilfe zeitlicher Anpassung ausführen. Es ist somit bewiesen, daß unter kostenoptimalen Bedingungen zunächst nur zeitlich angepaßt werden soll, wobei als Aggregatleistung das Minimum der mengenspezifischen Kosten-Leistungs-Funktion zu wählen ist. Erst wenn die Möglichkeiten zeitlicher Anpassung erschöpft sind, weil z. B. die Produktionszeit die Länge des Betrachtungszeitraums annimmt, kann eine Produktionsmengensteigerung nur noch durch intensitätsmäßige Anpassung erreicht werden. Diese Anpassungsform wird insoweit angewandt, bis das Grenzkostenniveau das Durchschnittskostenminimum des nächstfolgenden kostengünstigsten Aggregates oder die obere Grenze des technischen Variationsbereiches für das bereits produzierende Aggregat erreicht. Je kostenungünstiger die Aggregate sind, desto stärker erhöht sich das Grenzkostenniveau. Wenn das Genzkostenniveau der produzierenden Aggregate das Durchschnittskostenminimum eines weiteren Aggregates erreicht, wird dieses zunächst zeitlich angepaßt. Bei weiterer Beschäftigungssteigerung sind alle produzierenden Aggregate, die noch nicht das Leistungsmaximum erreicht haben, simultan intensitätsmäßig anzupassen, so daß das Grenzkostenniveau für alle diese Aggregate gleich hoch liegt[34]. Aus der Entwicklung des Grenzkostenniveaus innerhalb des technisch realisierbaren Beschäftigungsintervalls wird deutlich, daß die Gesamtkostenfunktion nur proportional oder überproportional ansteigen kann. Eine degressiv ansteigende Kostenfunktion $K_g(X)$ ist unter den hier vorliegenden Prämissen also nicht denkbar, weil die Grenzkosten nur zunehmen oder höchstens gleichbleiben können; abnehmende Grenzkosten, d. h. degressiv steigende Kostenverläufe, sind wegen der Bedingungen der Minimalkostenkombination ausgeschlossen. Die Gesamtkostenfunktion kann unter Berücksichtigung gesamtbetrieblicher Fixkosten in Höhe von K_0 (GE/BZ) die in Abbildung 19 dargestellte Kurvenform aufweisen. Der Verlauf der Kurve K_I entsteht, wenn mehrere durchschnittskostengleiche Aggregate zeitlich angepaßt werden. Einen für kombinierte Anpassung kostenverschiedener Aggregate (ohne intervallfixe Kosten) typischen Verlauf zeigt die Kurve K_{II}. Die Segmente AB bzw. CD verlaufen linear und weisen auf zeitliche Anpassung hin. Dagegen sind die gekrümmten Kurvenabschnitte BC bzw. DE auf intensitätsmäßige Anpassung eines oder mehrerer Aggregate zurückzuführen. Schließlich ist zu erwähnen, daß die Funktion $K_g(X)$ im allgemeinen nicht in jedem Punkt differenzierbar ist, d. h. sie weist Knicke und Ecken auf[35].

Der Nachweis eines linear bis progressiv steigenden Verlaufs der betrieblichen Gesamtkostenkurve beruhte auf der Prämisse, daß intervallfixe Kosten nicht existieren bzw. vernachlässigt werden können. Für die folgende Betrachtung ist diese Unterstellung aufgehoben, d. h. mit dem Einsatz einer weiteren, bisher stillgelegten Produktionsanlage (quantitative Anpassung,

---

[34] Jacob, H.: Produktionsplanung, a. a. O., S. 217 ff.

[35] Sehr anschaulich wird dieser Sachverhalt anhand eines Grenzkostendiagramms bei: Jacob, H.: Produktionsplanung, a. a. O., S. 219, vor Augen geführt.

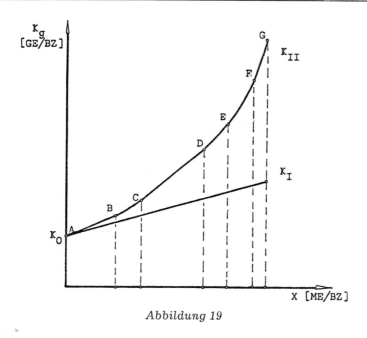

Abbildung 19

Fall B) ist im Betrachtungszeitraum ein je nach Aggregat unterschiedlich großer Fixkostenblock in Kauf zu nehmen. Von der Höhe dieser intervallfixen Kosten hängt es nun ab, in welchem Maße sie oder die ausbringungsvariablen Kosten den Verlauf der gesamtbetrieblichen Kostenkurve bestimmen.

Um den Einfluß intervallfixer Kosten deutlich sichtbar zu machen, wird angenommen, daß die Sprungkosten der quantitativen Anpassung größer sind als der ausbringungsabhängige Kostenzuwachs bei maximaler zeitlicher und intensitätsmäßiger Anpassung der betrachteten Produktionsanlage. Die oben dargestellte Grenzkostenanalyse liefert damit nicht mehr das einzige, ausschlaggebende Kriterium für die Planung der Einsatzreihenfolge der Aggregate. Als zusätzliches Entscheidungskriterium spielen nun die Sprungkosten eine wesentliche Rolle; ihr Einfluß auf die Kostenoptimierung läßt sich mit den Mitteln der Marginalanalyse nicht berücksichtigen, da die Kostenkurve in den Ansatzpunkten der Fixkostenblöcke nicht differenzierbar ist.

An einem Zahlenbeispiel soll nunmehr gezeigt werden, wie die gesamtbetriebliche Kostenkurve bei zunehmender Beschäftigung verlaufen kann, wenn beim Einsatz einer stillgelegten Produktionsanlage sprungfixe Kosten auftreten. Dabei ist vor allem zu untersuchen, ob die Tendenz einer überproportional steigenden Kostenentwicklung auch unter diesen Bedingungen zu beobachten ist oder ob im Unterschied zu Abbildung 19 Beschäftigungsintervalle mit unterproportional steigenden Kosten auftreten können. Um die Überschaubarkeit des folgenden Beispiels zu gewährleisten, wird ein Einproduktbetrieb mit einstufiger Produktion betrachtet. Es stehen insgesamt drei Produktionsanlagen mit unterschiedlichen Fixkostenblöcken und unterschiedlichen variablen, d. h. ausbringungsabhängigen Produktionskosten zur Verfügung. Die variablen Produktionskosten hängen von der Wahl der Anpassungsmaßnahmen ab. Im folgenden wird unterstellt, daß nur zeitliche Anpassung möglich sein soll. Die grundsätzlichen Schlußfolgerungen aus dem Zahlenbeispiel gelten auch für den Fall, daß kombinierte Anpassungsmaßnahmen durchgeführt werden, da es hier vor allem auf das Verhältnis der variablen zu den fixen Kosten ankommt.

Die für eine Produktionsplanung relevanten Daten der drei Aggregate sind in der folgenden Tabelle 3 wiedergegeben. In der Spalte „Fixe Kosten" sind jene Kostenbeträge verzeichnet, die en bloc auftreten, wenn das betreffende Aggregat die Produktion aufnimmt. Wird das Aggregat wieder stillgelegt, dann sollen diese Sprungkosten in voller Höhe abgebaut werden können. Der Betrag der variablen Kosten hängt von der Produktionsmenge des Aggregates und von der Wahl der Anpassungsmaßnahmen ab. Da nur zeitliche Anpassung möglich ist, verläuft die Produktionskostenkurve im Intervall der zeitlichen Anpassung linear.

Aggregat Nr.	Fixe Kosten (GE)	Variable Kosten bei maximaler zeitlicher Anpassung (GE)	Ausbringungsmenge bei maximaler zeitlicher Anpassung (ME)
1	100	100	300
2	200	70	800
3	270	30	900

Tabelle 3

Aus diesen Kosten-Leistungs-Daten des Betriebsmittelbestandes läßt sich dem ökonomischen Prinzip entsprechend die Gesamtkostenkurve des Betriebes entwickeln. Dabei besteht das Problem, für jede im Planungszeitraum technisch erzielbare Beschäftigung den kostenminimalen Einsatz der Aggregate zu bestimmen; d. h. es ist die kostengünstigste Einsatzreihenfolge der Aggregate bei variierender Beschäftigung festzulegen. In einem derart einfachen Beispiel läßt sich diese Fragestellung durch systematisches Probieren beantworten. Aus sämtlichen Einsatzkombinationen der Produktionsanlagen, die eine bestimmte Ausbringungsmenge erzeugen können, muß die kostengünstigste ausgewählt werden. Ist diese kostenoptimale Auswahl der Aggregate für den gesamten Variationsbereich der Beschäftigung ermittelt, dann liegt die Kurve der gesamtbetrieblichen, dispositionsabhängigen Produktionskosten fest.

In der folgenden Tabelle 4 ist der kostenoptimale Einsatz der Produktionsanlagen dargestellt. Bis zu einer Gesamtausbringung von 900 (ME/BZ) ist es

Beschäftigungs-intervall (ME/BZ)		Aggre-gate-Kombi-nation	Fix-kosten (GE/BZ)	Variable Kosten bei maximaler zeitlicher Anpassung (GE/BZ)	Gesamtkosten-intervall (GE/BZ)	
von	bis				von	bis
1	300	1	100	100	100	200
301	800	2	200	70	226	270
801	900	3	270	30	297	300
901	1200	3+1	370	130	400	500
1201	1700	3+2	470	100	526	570
1701	2000	3+2+1	570	200	670	770

Tabelle 4

am günstigsten, jeweils nur eine der drei Anlagen zu betreiben. Wegen der niedrigeren Fixkosten ist zunächst Anlage 1 und dann Anlage 2 einzusetzen; im Beschäftigungsbereich zwischen 800 und 900 (ME/BZ) produziert Anlage 3 zu den niedrigsten Kosten. Größere Ausbringungsmengen lassen sich durch die Kombination mehrerer Anlagen erzielen. Es sind folgende Einsatzkombi-nationen möglich: Anlage 1 und Anlage 2, Anlage 1 und Anlage 3, Anlage 2 und Anlage 3 oder Anlage 1, Anlage 2 und Anlage 3. Ein Kostenvergleich der vier möglichen Kombinationen zeigt, daß die Anlagen 3 und 1 bis zu einer Beschäftigung von 1200 (ME/BZ) am kostengünstigsten produzieren, während die Anlagen 3 und 2 im Beschäftigungsintervall zwischen 1201 und 1700 die niedrigsten Produktionskosten aufweisen. Die Kombination von Anlage 2 und Anlage 1 sollte nicht realisiert werden, da sie von der Kombination der Anlagen 3 und 1 dominiert wird. Im letzten Intervall vor der Vollbeschäfti-gung werden sämtliche drei Aggregate eingesetzt; die mit den höchsten variablen Kosten belastete Anlage 1 wird nunmehr als letztes Aggregat zur Produktion herangezogen.

Das Bild der betrieblichen Produktionskostenkurve ist in Abbildung 20 wiedergegeben. Wegen des Einflusses der intervallfixen Kosten zeigt die Kurve keinen glatten Verlauf, ihr Bild gleicht vielmehr dem einer Treppen-kurve. Infolgedessen versagt eine lokale Grenzkostenbetrachtung, um den Kostenverlauf zu charakterisieren. Eine Aussage zur Kostenentwicklung läßt sich daher nur über die generelle Entwicklungstendenz der Kostenkurve machen. Wie das Bild des Kostenverlaufes zeigt, lassen sich Beschäftigungs-intervalle nachweisen, die eine unterproportional steigende Kostenentwick-lung bei zunehmender Beschäftigung erkennen lassen. Dies gilt insbesondere für die Kurvenabschnitte ABB'CC'D und D'EE'F. Tendenzen einer über-proportional steigenden Kostenentwicklung sind in der Umgebung größerer Kostensprünge festzustellen, so z. B. in den Kurvenabschnitten C'DD' bzw. EFF'. Damit ist gezeigt, daß im Zusammenhang mit aggregatfixen Sprungkosten sowohl tendenziell überproportional als auch unterproportio-

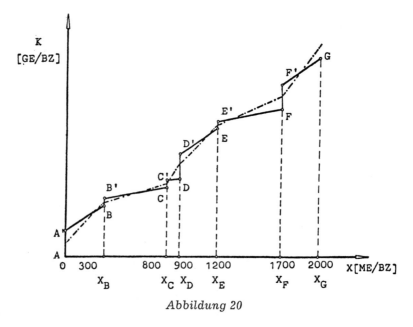

Abbildung 20

nal steigende Produktionskostenkurven des Betriebes auftreten können. Insbesondere können diese Tendenzen auch zu einem S-förmigen Kostenverlauf führen. Dieses Bild der Kostenkurve wäre unter den Bedingungen der kombinierten Anpassung ohne die Berücksichtigung von Sprungkosten nicht denkbar.

Die für den einstufigen Einproduktbetrieb zutreffenden Aussagen zur Gesamtkostenkurve behalten für den allgemeinen Fall des mehrstufigen Mehrproduktbetriebes prinzipiell ihre Gültigkeit. Allerdings wird dann die aufgezeigte Kostenentwicklung durch zusätzliche Effekte als Folge einer kostenmäßigen und kapazitätsmäßigen Verflechtung der Produkte und Produktionsstufen beeinflußt. Damit wird wiederum unterstrichen, daß es idealtypische und repräsentative Gesamtkostenverläufe nicht gibt. Wenn nun anhand empirischer Arbeiten in überwiegender Zahl lineare Gesamtkostenverläufe[36] nachgewiesen werden, so kann dies mindestens für den Einproduktbetrieb auf zweifache Weise erklärt werden. Treten keine intervallfixen Kosten auf, so läßt sich linearer Kostenverlauf auf zeitliche Anpassung bzw. zeitliche und quantitative Anpassung durchschnittskostengleicher Aggregate zurückführen. Der Verzicht auf intensitätsmäßige Anpassung braucht nicht nur technische Gründe zu haben, er kann auch ökonomisch begründet sein, wenn die Produktionsanlagen ausschließlich fallende mengenspezifische Kosten-Leistungs-Funktionen (Stückkostenverläufe) aufweisen. Sind intervallfixe Kosten zu berücksichtigen, so ergibt sich eine lineare Tendenz auch als Grenzfall einer unterproportional bzw. überproportional steigenden Kostenentwicklung.

---

[36]) Johnston, J.: Statistical Cost Analysis, a. a. O., S. 149.

Kapitel V

Methoden zur empirischen Ermittlung der Kosten-Leistungs-Funktion

1. Problemstellung der empirischen Untersuchung

Die Kosten-Leistungs-Funktion entsteht aus der Aggregation zahlreicher Einzelfunktionen, von denen ein Teil sich aus dem Mengengerüst der Faktorkombination ableiten läßt, während der Rest produktionstheoretisch nicht erklärt werden kann. Kostenfunktionen der letzteren Gruppe lassen sich im allgemeinen ohne Schwierigkeiten quantifizieren; ihr Funktionsansatz ist im Rahmen der bestehenden Abmachungen, Bestimmungen und organisatorischen Regelungen der Unternehmung vorgegeben. Weitaus komplizierter ist das Problem, den Faktorkombinationsprozeß mengenmäßig zu beschreiben. Werden die Faktorpreise als konstante, vorgegebene Daten vorausgesetzt, so besteht das Problem der empirischen Ermittlung von Kosten-Leistungs-Funktionen im wesentlichen darin, das Mengengerüst der Faktorkombination in einem praktischen Fall darzustellen. Als theoretischer Ansatz für das Mengengerüst kann das bereits entwickelte Produktionsmodell, d. h. die Produktionsfunktion der primären betrieblichen Faktorkombination, dienen.

Zur quantitativen Beschreibung der Gleichungen dieses Modells sollten jedoch zweierlei Informationen vorliegen: Es muß bekannt sein, welcher Funktionstyp herangezogen werden kann, um den Zusammenhang zwischen Faktorverbrauch und den Komponenten der Q-, V- und Z-Situation im betrachteten Fall darzustellen. Ferner bedarf es einer Methode, die Koeffizienten einer als plausibel anerkannten Funktion numerisch zu ermitteln. In manchen Fällen kann außerdem noch die Frage gestellt werden, ob und welche zusätzlichen Einflußgrößen oder Wirkungszusammenhänge das Produktionsverhalten einer Faktorkombination mitbestimmen.

Bei der Bewältigung dieser Aufgabe können verschiedene Wege eingeschlagen werden. Naheliegend wäre es, deduktiv vorzugehen und z. B. Faktorverbrauchsfunktionen aus den technischen Gesetzmäßigkeiten der industriellen Produktion herzuleiten.

Ein solcher Vorschlag hätte nur dann Aussicht auf Verwirklichung, wenn es gelingt, den Kombinationsprozeß auf der Grundlage chemischer und physikalischer Gesetze zu beschreiben. Das setzt voraus, daß die unübersehbare Fülle der Kausalitätsbeziehungen des betrieblichen Produktionsprozesses identifiziert und berechnet werden kann. In der Praxis des Betriebes dürfte es jedoch aussichtslos sein, für das komplizierte und von Zufälligkeiten be-einflußte Zusammenwirken von Mensch, Maschine und Umwelt eine Gesetz-mäßigkeit zu suchen, die den Charakter eines unumstößlichen Naturgesetzes besitzt. Es wird nur in seltenen Ausnahmefällen die Möglichkeit bestehen, für das Produktionsverhalten einer Faktorkombination den Funktionstyp zu deduzieren und die Funktionsparameter etwa aus den Daten der Z-Situa-tion der Produktionsanlage zu berechnen.

Als Ausweg bieten sich experimentelle Untersuchungen einer Faktorkombi-nation unter Labor- bzw. Prüfstandsbedingungen an[1]). Solche Messungen werden aus technischen Gründen der Qualitätskontrolle, z. B. bei Automobil-fabriken für den Benzinverbrauch der Verbrennungsmotoren, durchgeführt. Auch Kraftwerke untersuchen regelmäßig mit Hilfe besonderer Meßeinrich-tungen den Energiewirkungsgrad der Turbinen. Solche und ähnliche Mes-sungen haben wesentliche Nachteile für eine Verwendung als betriebliche Planungsunterlagen. Einmal erfassen sie in der Regel nur den Verzehr eines einzigen Produktionsfaktors, nämlich den Energieverbrauch bzw. die Energieverwertung; zum anderen finden sie unter Laborbedingungen statt und können daher über den durchschnittlichen Betriebszustand einer Faktor-kombination wenig aussagen. Die Anwendung standardisierter Unter-suchungs- und Meßbedingungen hat zwar den Vorteil absoluter Vergleich-barkeit mit anderen entsprechenden Meßergebnissen für sich, sie eignet sich aber zur Beantwortung der betriebswirtschaftlichen Fragestellung nicht; denn die Kosten-Leistungs-Funktion soll über die Produktion Aufschluß geben, wie sie sich im täglichen Geschehen des Betriebes unter Berücksich-tigung aller Umwelteinflüsse vollzieht. Die anstehende Frage sollte daher durch Sammlung und Auswertung von Betriebsdaten beantwortet werden. Eine Ableitung der numerischen Produktionsfunktion müßte somit von betrieblichen Aufzeichnungen ausgehen, wie sie unter normalen Produktions-bedingungen registriert worden sind. Damit werden zwar die Aussagen des Produktionsmodells auf die untersuchte Faktorkombination beschränkt, sie haben aber den Vorzug, wirklichkeitsnahe Planungs- und Kontrollwerte zu liefern.

Zweifellos bedarf auch dieser dritte Weg des vorwiegend induktiv geprägten Vorgehens der kritischen Betrachtung. Mit der Verwendung von Betriebs-werten und Betriebsaufschreibungen wird nicht nur Wirklichkeitsnähe er-reicht, es ist auch möglich, Meßreihen über lange Zeiträume zu sammeln und auszuwerten. Trotzdem sollte nicht übersehen werden, daß normalerweise, d. h. ohne besondere Meß- und Registrierapparaturen[2]), das Beobachtungs-material fehlerhaft und ungenau ist. Dies betrifft besonders handschriftliche Aufzeichnungen, deren Aussagewert durch Ablesefehler an den Meßein-

---

[1]) Der Versuch, aus technischen Normverbrauchskurven Unterlagen für die betriebswirt-schaftliche Planung zu gewinnen, wurde bereits von Pack unternommen; siehe: Pack, L.: Die Elastizität der Kosten, a. a. O., S. 557 ff.

[2]) Die vorliegenden empirischen Untersuchungsergebnisse stützen sich auf Beobachtungs-material, das ohne besondere Einrichtungen, mit den betriebsüblichen Geräten gemessen und meistens handschriftlich registriert worden ist.

richtungen, durch Schreib- bzw. Übertragungsfehler oder durch lückenhafte Datenregistrierung zum Teil erheblich gemindert wird. Einer automatischen Erfassung und Speicherung aller relevanten Zustandswerte des Produktionsprozesses mit Hilfe von Datenverarbeitungsanlagen kommt in diesem Zusammenhang wesentliche Bedeutung zu. Die integrierte Datenverarbeitung in den Betrieben kann nur auf dem Fundament einer systematischen Überwachung des Mengenverzehrs aufgebaut werden.

Ist die Frage nach geeigneten empirischen Daten geklärt, dann besteht die nun folgende Aufgabe darin, ein der untersuchten Faktorkombination gemäßes Produktionsmodell aufzustellen. Gelingt es, aus dem Beobachtungsmaterial sowohl die Funktionen des Modells als auch deren Parameter zu bestimmen, so ist die Aufgabe im wesentlichen gelöst.

2. Das Schätzproblem

a) Die Methode Stevens'

Bei der Bestimmung von Funktionszusammenhängen aus Beobachtungsdaten wird bisweilen die Methode Stevens'[3] erwähnt[4]. Nach dem Vorschlag von Stevens soll der Typus einer Funktion (Linearität, Exponentialfunktion usw.) aus dem Bild der in ein Koordinatensystem eingezeichneten Beobachtungswerte abgelesen werden. Davon abgesehen, daß ein derartiges Vorgehen bei mehrdimensionalen Funktionen scheitert, fehlt ein Test für die Richtigkeit des vermuteten Zusammenhangs. So bleibt dem Formgefühl des Betrachters die Beurteilung überlassen. Zur Berechnung der Funktionsparameter wird die in der analytischen Geometrie gebräuchliche Punktprobe verwendet. Sind z. B. drei Koeffizienten zu bestimmen, so werden die erforderlichen drei Bestimmungsgleichungen dadurch gewonnen, daß in die Gleichung der vermuteten Funktion anstelle der Funktionsveränderlichen jeweils die Werte von drei (möglichst weit auseinander liegenden) Beobachtungen einzusetzen sind. Eine Auflösung des Gleichungssystems nach den Funktionsparametern liefert die gesuchten Zahlenwerte. Liegen nun im Falle des eben erwähnten Beispiels mehr als drei Beobachtungen vor, so kann deren Aussage bei der Bestimmung der gesuchten Funktion keine Berücksichtigung finden, da nur drei Gleichungen zu erfüllen sind. Mit Hilfe der Methode Stevens' gelingt es nicht, den vollen Informationsgehalt des empirischen Datenmaterials zu erfassen und auszuwerten. Insbesondere kann nicht entschieden werden, ob die Abweichungen einzelner Beobachtungswerte vom angenommenen Kurvenverlauf zufälliger Natur sind oder ob es sich dabei um die Wirkungen zusätzlicher Einflußgrößen handelt. Die

---

[3] Stevens, H.: Einflußgrößenrechnung. Die Erfassung funktionaler Zusammenhänge in der industriellen Technik unter Anwendung mathematischer Formeln, schaubildlich-rechnerischer Hilfsmittel und ihre Darstellung in Diagrammen und Nomogrammen, Düsseldorf 1939.

[4] Eine ausführliche und kritische Auseinandersetzung mit der Methode Stevens' findet sich bei Hall, R.: Das Rechnen mit Einflußgrößen im Stahlwerk, a. a. O., S. 15 ff., 33 f.

Methode Stevens' ist damit den an der Wahrscheinlichkeitstheorie orientierten Methoden der Parameterschätzung eindeutig unterlegen und erweist sich für die Auswertung empirischer Daten als ungeeignet.

b) Der ökonometrische Ansatz

Grundlage des ökonometrischen, an der Wahrscheinlichkeitstheorie orientierten Ansatzes ist die Interpretation der zu schätzenden Funktionen als ein System stochastischer Gleichungen[5]). Damit verfolgt die Ökonometrie das Ziel, aus dem vorliegenden Beobachtungsmaterial ex post den wesentlichen mathematischen Zusammenhang sichtbar zu machen. Alle im einzelnen nicht faßbaren bzw. zufälligen Wirkungen und Einflüsse, die ebenfalls im Datenmaterial zum Ausdruck kommen, werden unter einer Zufallsvariablen subsumiert. Durch (additives) Hinzufügen dieser Zufallsvariablen zu einer mathematischen Relation wird die Möglichkeit einer wahrscheinlichkeitstheoretischen Interpretation geschaffen.

Eine Zufallsvariable kann mit bestimmter Wahrscheinlichkeit zufällig verschiedene Werte annehmen. Das Verteilungsgesetz gibt für mögliche Werte der Zufallsvariablen die entsprechenden Eintreffenswahrscheinlichkeiten an. Die Beobachtung einer Zufallsvariablen, die z. B. N mal bestimmte Werte angenommen hat, liefert eine Stichprobe vom Umfang N. Mit der Unterstellung, daß eine solche empirisch gewonnene Stichprobe die Grundgesamtheit aller durch die Zufallsvariable realisierbaren Werte repräsentiert, lassen sich aus den Stichprobenwerten Aussagen zum Verteilungsgesetz der stochastischen Variablen machen. Für ökonometrische Untersuchungen werden gewöhnlich bestimmte Eigenschaften des Verteilungsgesetzes, wie z. B. Normalverteilung, als selbstverständliche Voraussetzung postuliert[6]).

Die vorliegende Aufgabenstellung einer quantitativen Beschreibung des betrieblichen Faktorkombinationsprozesses kann nunmehr mit Hilfe eines stochastischen Produktionsmodells neu formuliert werden. Produktionstheoretische Grundlage ist das bereits entwickelte Produktionsmodell der betrieblichen Faktorkombination. Es sei zunächst der allgemeinste Ansatz einer substitutionalen Faktorkombination bei variabel gekoppelter Produktion betrachtet. Durch Hinzufügen der Zufallsvariablen v_μ zu den Leistungsfunktionen und u_ν zu den (zeitspezifischen) Faktorverbrauchsfunktionen lautet das Gleichungssystem einer Faktorkombination aus n Faktoren, die m Koppelprodukte erzeugt:

---

[5]) Siehe dazu: Menges, G.: Ökonometrische Diskussion eines Produktionsmodells, in: ZfhF 1958, S. 297 ff.; derselbe: Ökonometrie, Wiesbaden 1961; Gollnick, H.: Die Stellung der Ökonometrie in der wirtschaftswissenschaftlichen Forschung, in: Weltwirtschaftliches Archiv 1962/I, S. 79 ff.

[6]) Dieses Postulat folgt aus dem Gaußschen Fehlermodell; vgl. dazu z. B.: Waerden, B. L. van der: Mathematische Statistik, Berlin - Göttingen - Heidelberg 1957, S. 105 ff.

$$(V. 1) \quad X_1 - g_1 \quad (X_\lambda, Q, V, Z) = v_1; \quad \lambda \neq 1$$

$$X_\mu - g_\mu \quad (X_\lambda, Q, V, Z) = v_\mu; \quad \lambda \neq \mu \quad \Big\} \quad \mu = 1, 2, \ldots, m$$

$$X_m - g_m \quad (X_\lambda, Q, V, Z) = v_m; \quad \lambda \neq m$$

$$R_1 - f_1 \quad (R_\lambda, Q, V, Z) = u_1; \quad \lambda \neq 1$$

$$R_\nu - f_\nu \quad (R_\lambda, Q, V, Z) = u_\nu; \quad \lambda \neq \nu \quad \Big\} \quad \nu = 1, 2, \ldots, n$$

$$R_n - f_n \quad (R_\lambda, Q, V, Z) = u_n; \quad \lambda \neq n$$

Werden die Leistungen $X_1, X_2, \ldots, X_m$ als Bruttoleistungen angesetzt, d. h. unterbleibt eine explizite Berücksichtigung des Ausschußanteils, so ist die Definition besonderer Ausschußfunktionen zweckmäßig:

$$(V. 2) \quad a_1 - h_1 (Q, V, Z) = w_1 \, [7]$$

$$a_\mu - h_\mu (Q, V, Z) = w_\mu$$

$$a_m - h_m (Q, V, Z) = w_m.$$

Die Veränderlichen X, R, a sowie die Größen der Q-, V- und Z-Situation sind nichtstochastische Variable; die Symbole u_ν, v_μ und w_μ bezeichnen dagegen die Zufallsvariablen des Problems. Sie werden im Rahmen der stochastischen Interpretation des Gleichungssystems als echte Zufallsvariable im wahrscheinlichkeitstheoretischen Sinne behandelt, obwohl sie im praktischen Fall eine Reihe von Einflüssen repräsentieren, die in der empirischen Realität nicht immer den theoretischen Voraussetzungen genügen.

Diese zuletzt genannten Variablen bringen im wesentlichen drei Gruppen von Störeinflüssen zum Ausdruck:

1. zufällige Einflüsse,
2. Beobachtungs- und Meßfehler[8],

---

[7] Von einer Interdependenz zwischen den Ausschußfaktoren der Art

$$a_\mu = h_\mu (a_\lambda, Q, V, Z); \quad \lambda \neq \mu$$

soll hier abgesehen werden.

[8] Es existieren Verfahren, Meß- und Beobachtungsfehler explizit im wahrscheinlichkeitstheoretischen Ansatz zu berücksichtigen. Da jedoch meistens die Größe des Meßfehlers unbekannt ist, wird auf die Anwendung dieser Verfahren verzichtet. Allerdings besteht damit die Möglichkeit, daß verzerrte Schätzwerte berechnet werden.
Siehe dazu z. B.: Johnston, J.: Econometric Methods, New York - San Francisco - Toronto - London 1963, S. 148 ff.

3. nicht (direkt) meßbare bzw. unbekannte, latente Einflüsse und Spezifikationsfehler[9]).

Im theoretisch einwandfreien Idealfall sollten die stochastischen Variablen ausschließlich Zufallseinflüsse erfassen. Bei empirischem Datenmaterial kann jedoch davon ausgegangen werden, daß sich die Wirkungen sämtlicher drei Einflüsse überlagern und somit den Zufallscharakter dieser Variablen verfälschen. Solange es nicht möglich ist, die drei Einflußkomponenten zu trennen und sie gesondert zu messen, muß der durch die Verfälschung entstandene, oftmals praktisch bedeutungslose Schätzfehler hingenommen werden.

Die nichtstochastischen Veränderlichen des ökonometrischen Modells werden in endogene und exogene Variable unterteilt. Zur ersten Gruppe der endogenen Variablen gehören die Zielgrößen des Modells, das für jede Zielgröße eine Gleichung besitzen muß. Die Zielgrößen werden durch die Modellgleichungen erklärt und sind von den Einflußgrößen ihrer Gleichung funktional abhängig. Zu den Einflußgrößen zählen in jedem Fall die exogenen Variablen. Sie bringen Einflüsse zum Ausdruck, die von außen auf das Modell einwirken. Exogene Größen werden daher nicht durch das Modell erklärt. Ihr Einfluß bewirkt Veränderungen der endogenen Variablen, wobei die Änderung einer endogenen Größe keine Rückwirkungen auf irgendeine exogene Größe haben soll. In manchen Fällen befinden sich auch endogene Variable unter den Einflußgrößen einer Gleichung, weil die Zielgröße außer mit den exogenen Größen auch noch mit endogenen Größen durch einen Funktionalzusammenhang verbunden ist. Zwischen der (endogenen) Zielgröße und den anderen endogenen Größen besteht damit ein interdependenter Zusammenhang: Die endogenen Variablen des Modells beeinflussen sich gegenseitig.

Der ökonometrisch relevante Funktionalzusammenhang zwischen endogenen und exogenen Variablen kann durch ein Kausalverhältnis begründet sein, wobei die exogenen Größen Änderungen der endogenen Größen kausal verursachen. Daraus darf jedoch nicht der Umkehrschluß gezogen werden, ein ökonometrisch evidenter Zusammenhang zwischen der Zielgröße und den Einflußgrößen sei der Beweis für ein Kausalverhältnis. Der Nachweis einer funktionalen Abhängigkeit zwischen zwei Beobachtungsgrößen mit Hilfe statistischer Methoden liefert keine Aussage über die tatsächlichen Vorgänge, die diese Abhängigkeit bewirken; insofern kann auch ein Finalverhältnis einen ökonometrisch nachweisbaren Funktionalzusammenhang ergeben. Kausalzusammenhänge können daher nur auf der Grundlage der A-priori-Kenntnisse über die dem Modell zugrundeliegenden Tatbestände nachgewiesen werden[10]).

---

[9]) Unter dem Begriff des Spezifikationsfehlers (specification error) wird die Tatsache verstanden, daß in einer Gleichung eines Modells bestimmte Einflußgrößen des Gesamtmodells aus mangelnden A-priori-Kenntnissen nicht entsprechend berücksichtigt werden. Siehe dazu z. B.: Johnston, J.: Econometric Methods, a. a. O., S. 229 f.

[10]) Bei der Existenz kausaler Abhängigkeiten in einem Modell müssen allerdings bestimmte mathematische Gesetzmäßigkeiten des Gleichungssystems erfüllt sein. Siehe dazu: Simon,

Im vorliegenden Produktionsmodell können die Größen der Q-, V- und Z-Situation als die Gruppe der exogenen Variablen angesehen werden. Von ihnen wird angenommen, daß sie als Zustandsvariable des Produktionsprozesses sowohl den Faktorverbrauch als auch den Ertrag der produktiven Kombination erklären. Die technischen Gegebenheiten der industriellen Produktion lassen es darüber hinaus plausibel erscheinen, einen Kausalzusammenhang zwischen den Prozeßvariablen und den Faktor- bzw. Produktmengen zu unterstellen[11]). Als endogene Variable des ökonometrischen Produktionsmodells werden daher im allgemeinen die Faktormengen R_1, R_2, ..., R_n und die Produktmengen X_1, X_2, ..., X_m sowie die Ausschußfaktoren a_1, a_2, ..., a_m betrachtet.

Neben dem vorwiegend statistischen Problem, aus einer zufälligen, durch das empirische Datenmaterial repräsentierten Stichprobe die wahren Zusammenhänge und funktionalen Abhängigkeiten zu schätzen, besteht unabhängig davon für jeden ökonometrischen Ansatz ein Identifikationsproblem[12]). Voraussetzung für die ökonometrische Analyse ist die Identifizierbarkeit des zu untersuchenden Modells. Ein identifizierbares Modell zeichnet sich dadurch aus, daß seine Parameter eindeutig aus den Beobachtungswerten der Variablen geschätzt werden können.

Das Identifikationsproblem entsteht, weil es unmöglich ist, den Einfluß mehrerer Variablen auf eine andere festzustellen, wenn sich sämtliche Variablen des Modells gleichzeitig ändern, d. h. sich die allgemeinen Bedingungen des im Modell abgebildeten Zufallsgeschehens in dauernder unkontrollierbarer Bewegung befinden. Die Möglichkeit, mit Hilfe eines kontrollierten Experimentes, z. B. durch Fixierung gewisser Einflußgrößen auf einen bestimmten Wert, identifizierbare Einflüsse und Wirkungen zu erzielen, ist vielfach, insbesondere bei makroökonomischen Untersuchungen, nicht gegeben. Auch im Falle betrieblicher Produktionsuntersuchungen ist das Experiment in der Regel ausgeschlossen. Dazu kommt, daß, wie im vorliegenden Fall, ein Beobachtungsmaterial auszuwerten ist, bei dessen Erfassung die zukünftigen ökonometrischen Fragestellungen entweder unbekannt waren oder nicht vermutet werden konnten. Daher besteht die Aufgabe, ein Produktions-

H. A.: Causal Ordering and Identifiability, in: Studies in Econometric Method, Monograph No. 14 der Cowles Commission for Research in Economics, hrsg. von WM. C. Hood und T. C. Koopmans, New York - London 1962, S. 49 ff.

[11]) Ob diese Unterstellung richtig ist, muß im konkreten Fall jeweils überprüft werden. Bei einzelnen Produktionsprozessen kann es durchaus vorkommen, daß eine Zustandsvariable der Q-, V- bzw. Z-Situation durch den Einsatz bestimmter Faktormengen beeinflußt wird. In diesem Fall kehrt sich das Kausalitätsverhältnis um, so daß das ökonometrische Produktionsmodell modifiziert werden muß. Dadurch können ausnahmsweise Q-, V- bzw. Z-Komponenten die Bedeutung von endogenen Größen erlangen, während Faktormengen den Charakter von exogenen Variablen annehmen.

[12]) Siehe dazu: Menges, G.: Ökonometrie, a. a. O., S. 48 f., 72 ff.; Johnston, J.: Econometric Methods, a. a. O., S. 240 ff. Siehe insbesondere: Koopmans, T. C.: Identification Problems in Economic Model Construction, in: Studies in Econometric Method, a. a. O., S. 27 ff.; Ferschl, F.: Die Identifikation struktureller Beziehungen, in: Statistische Vierteljahresschrift 1956, S. 141 ff.

modell zu entwickeln, das dem empirischen Datenmaterial angepaßt ist und zugleich identifiziert werden kann.

Ein Modell ist identifizierbar, wenn sämtliche seiner Gleichungen identifizierbar sind. Das bedeutet, daß in bestimmten Gleichungen bestimmte Variable nicht auftreten dürfen. Ein Modell, in welchem sämtliche Variablen (exogene und endogene) in jeder Gleichung vorkommen, ist nicht identifizierbar und daher eine ökonometrisch wertlose Konstruktion. Das bereits dargestellte ökonometrische Produktionsmodell muß daher mit Hilfe von A-priori-Beschränkungen identifizierbar gemacht werden, so daß bestimmte Koeffizienten in den einzelnen Gleichungen Null sind und deren Variablen vom Funktionsansatz ausgeschlossen werden.

Für Modelle, die aus linearen[13]) Gleichungssystemen bestehen, wurden bereits Kriterien[14]) zum Nachweis der Identifizierbarkeit angegeben. Eine notwendige, jedoch nicht hinreichende Bedingung, die als Abzählkriterium bekannt ist, soll hier kurz wiedergegeben werden[15]).

Die Gleichung eines statischen ökonometrischen Modells ist identifizierbar, wenn die Ungleichung

(V. 3a) $$M - m \geq h - 1$$

gilt; dabei bedeutet:

  $M =$ Zahl der exogenen Variablen des Modells

  $m =$ Zahl der exogenen Variablen der betreffenden Gleichung

  $h =$ Zahl der endogenen Variablen der betreffenden Gleichung.

Für den Fall:

(V. 3b) $$M - m < h - 1$$

ist die betreffende Gleichung nicht identifizierbar bzw. unteridentifiziert. Sie ist dagegen gerade identifiziert für

(V. 3c) $$M - m = h - 1$$

und überidentifiziert, wenn

(V. 3d) $$M - m > h - 1$$

gilt.

Eine weitere, mit dem Identifikationsproblem zusammenhängende Eigenschaft des ökonometrischen Modells zeigt an, welches Schätzverfahren zur numerischen Bestimmung der Parameter herangezogen werden sollte: Die

---

[13]) Die ökonometrische Behandlung nichtlinearer Modelle wurde in der Literatur bisher kaum untersucht; infolgedessen lassen sich konkrete Aussagen zum allgemeinen Identifikationsproblem in diesem Rahmen nicht machen.

[14]) Siehe z. B. Menges, G.: Ökonometrie, a. a. O., S. 82 ff.; Koopmans, T. C.: Identification Problems in Economic Model Construction, a. a. O., S. 37 f.

[15]) Notwendig und hinreichend für den Nachweis der Identifizierbarkeit ist das „Rangkriterium"; vgl. z. B. Johnston, J.: Econometric Methods, a. a. O., S. 251.

Entscheidung hängt zunächst davon ab, ob es sich um ein rekursives oder um ein interdependentes Modell[16]) handelt. Die allgemeinere Formulierung ökonometrischer Gleichungssysteme führt auf den Ansatz interdependenter Modelle; rekursive Gleichungssysteme können als deren Spezialfall angesehen werden[17]). Interdependenz liegt vor, wenn in einem Modell endogene Variable nicht nur durch exogene Variable, sondern simultan durch andere endogene Variable erklärt werden[18]).

Das setzt zwangsläufig voraus, daß in einer Gleichung mehr als eine endogene Variable auftreten. Das bereits erwähnte Produktionsmodell ist daher ein typisches interdependentes Modell. Die Interdependenz wird sowohl durch die Kopplung der Produkte als auch durch die substitutionale Struktur der Faktorkombination begründet.

Ein rekursives Modell zeichnet sich demnach durch Gleichungen aus, in denen nur jeweils eine endogene Variable existiert, die von ausschließlich exogenen Größen abhängig ist und durch sie dargestellt wird. Für rekursive Gleichungen besteht ein Identifikationsproblem nicht, da sie immer identifizierbar sind. Das typische Beispiel eines rekursiven Produktionsmodells läßt sich auf der Grundlage einer limitationalen Faktorkombination ohne Koppelproduktion entwickeln. Sowohl die Leistungsfunktion als auch die Faktorverbrauchsfunktionen sind in diesem Fall ausschließlich von den exogenen Variablen der Q-, V- und Z-Situation abhängig.

$$(V. 4) \qquad \begin{aligned} X &- g\,(Q, V, Z) = v \\ R_1 &- f_1(Q, V, Z) = u_1 \\ &\quad . \\ &\quad . \\ R_n &- f_n(Q, V, Z) = u_n \end{aligned}$$

Daraus wird deutlich, daß strukturelle Merkmale der Faktorkombination bzw. das Auftreten von Koppelproduktion den rekursiven oder interdependenten Charakter des ökonometrischen Produktionsmodells vorbestimmen[19]). Daraus folgt:

Die mathematischen Methoden zur Schätzung der Modell-Koeffizienten müssen der Struktur der Faktorkombination angepaßt werden.

Während für das rekursive Modell die Methode der kleinsten Quadrate oder die „Regressionsanalyse" anzuwenden ist, kommen für interdependente

---

[16]) Siehe z. B.: Bentsel, R. und B. Hansen: On Recursiveness and Interdependency in Economic Models, in: The Review of Economic Studies 1954—55, S. 153 ff.

[17]) Menges, G.: Ökonometrie, a. a. O., S. 56.

[18]) Interdependenz bedeutet mathematisch, daß die Funktionaldeterminante des Modells ungleich Eins ist; siehe dazu z. B. Menges, G.: Ökonometrie, a. a. O., S. 54.

[19]) Auf die Beziehung zwischen Identifizierbarkeit und „Produktionstypen" hat bereits Menges aufmerksam gemacht; allerdings stehen seine Überlegungen in einem völlig anderen Zusammenhang. Seine Betrachtungsweise orientiert sich am Produktionsprozeß des Gesamtbetriebes; sie ist daher synthetisch und steht in einem gewissen Widerspruch zu der hier verfolgten Konzeption. Vgl. dazu Menges, G.: Ökonometrische Diskussion eines Produktionsmodells, a. a. O., S. 306 f.

Gleichungssysteme nur die Verfahren der Simultanschätzung in Frage. Das bedeutet z. B., daß im Fall einer substitutionalen Faktorkombination die geläufige LS-Methode[20]) nicht zum Ziel führt. Ein Grenzfall stellt das interdependente, aber gerade identifizierte Modell dar. Dessen Parameterschätzungen liefern sowohl nach der (indirekten) LS-Methode[21]) wie auch nach den Simultanschätzmethoden dieselben Ergebnisse. Die wichtigsten, für interdependente lineare Gleichungssysteme entwickelten Schätzverfahren sind unter den folgenden Bezeichnungen bekannt geworden:

1. Full-Information-Nondiagonal-Maximum-Likelihood-Method (= FIML-Methode)[22]),

2. Limited-Information-Single-Equation-Maximum-Likelihood-Method (= LISE-Methode)[23]) und

3. Two-Stage-Least-Squares-Method (=TLS-Methode)[24]).

Die FIML-Methode zeichnet sich vor den anderen Verfahren dadurch aus, daß sie sämtliche Gleichungen des gesamten Modells zur Bestimmung der Parameter berücksichtigt. Bei der Schätzung wirken diese Gleichungen restriktiv, da in den einzelnen Gleichungen nur ein Teil der im Modell insgesamt vorhandenen Variablen enthalten ist. Demgegenüber verwenden Schätzungen nach der LISE-Methode bzw. nach der TLS-Methode nur die Restriktionen der untersuchten Gleichung. Daraus wird die theoretische Überlegenheit der FIML-Methode erkennbar; allerdings ist ihre Anwendung mit einem erheblichen Mehraufwand an Rechenarbeit verbunden. Im Rahmen der vorliegenden Arbeit wurde als Kompromiß die LISE-Methode eingesetzt, falls entsprechende Voraussetzungen vorlagen. Allerdings kann in einigen Fällen die Anwendung dieser Methode nicht befriedigen, da sie sehr empfindlich auf Spezifikationsfehler des Modells reagiert und bei kleinen Änderungen des Modellaufbaus zum Teil entgegengesetzte Ergebnisse liefern kann. Die praktischen Arbeiten mit einem betrieblichen Produktionsmodell haben — das kann nachträglich festgestellt werden — gezeigt, daß in erster Linie rekursive Gleichungssysteme für die industrielle Produktion typisch sind. Darin zeigt sich die überragende Bedeutung der LS-Methode; ihre Voraussetzungen und der wahrscheinlichkeitstheoretische Ansatz sollen im folgenden ausführlicher dargestellt werden. Eine Wiedergabe der Simultanschätzungs-Methode würde hier zu weit führen. Nachdem die LS-Methode ebenso wie die erwähnten Simultanschätzverfahren dem Prinzip

---

[20]) LS bedeutet Least squares; LS-Methode = Methode der kleinsten Quadrate.

[21]) Vgl. dazu z. B. Johnston, J.: Econometric Methods, a. a. O., S. 253; Menges, G.: Ökonometrie, a. a. O., S. 98 f.

[22]) Chernoff, H. und N. Divinsky: The Computation of Maximum Likelihood Estimates of Linear Structural Equations, in: Studies in Econometric Method, a. a. O., S. 236 ff.

[23]) Anderson, T. W. und H. Rubin: Estimation of the Parameters of a Single Equation in a Complete System of Stochastic Equations, in: The Annals of Mathematical Statistics 1949, S. 49 ff.; siehe auch: Klein, L. R.: A Textbook of Econometrics, Evanston - New York 1956, S. 169 ff.

[24]) Theil, H.: Economic Forecasts and Policy, 2. Auflage, Amsterdam 1961, S. 204 ff., 326 ff.

der Maximum-Likelihood-Schätzung entsprechen, haben die Ausführungen zum wahrscheinlichkeitstheoretischen Ansatz für beide Verfahren Gültigkeit.

3. Die ökonometrische Analyse

a) Zur ökonometrischen Aufgabenstellung

Nachdem die grundsätzlichen Fragen im Zusammenhang mit der Aufstellung des ökonometrischen Produktionsmodells geklärt sind, folgt der Vergleich des theoretischen Ansatzes mit den empirischen Beobachtungen. Diese Konfrontation kann drei Ziele haben[25]):

    1. Hypothesenprüfung,

    2. Parameterschätzung,

    3. Prognose.

Die Hypothesenprüfung hat zu entscheiden, ob die Voraussetzungen der Modellgrundlagen und des Modellaufbaus mit den Beobachtungen der Realität übereinstimmen. Mit Hilfe der Testtheorie kann im Einzelfall geprüft werden, ob die theoretischen Hypothesen empirisch bestätigt werden. So entsteht die endgültige Gestalt des konzipierten Modells erst im Verlauf der ökonometrischen Rechnung. Unter Berücksichtigung bereits vorliegender Ergebnisse wird es in einer dem verfügbaren Datenmaterial angemessenen Weise ständig verbessert.

Mit der Schätzung aller im Modell enthaltenen Parameter ist eines der Ziele der ökonometrischen Analyse erreicht. Darüber hinaus muß aber zu jedem Wert die entsprechende Genauigkeit seiner Schätzung bestimmt werden. Eine Parameterschätzung ohne diese zusätzlichen Angaben wäre wertlos.

Unter Prognose versteht die Ökonometrie die Vorhersage zukünftiger Beobachtungswerte. Für die vorliegende Untersuchung handelt es sich grundsätzlich darum, außerhalb des empirisch belegbaren Beobachtungsfeldes Angaben über die Lage weiterer Beobachtungspunkte zu machen.

b) Schätzmethoden

b1) *Eigenschaften guter Schätzungen*

Die Methoden zur Auswertung des empirischen Beobachtungsmaterials sollten erwartungstreue und effiziente Schätzwerte der gesuchten Parameter liefern[26]). Eine Schätzung heißt erwartungstreu bzw. unverzerrt, wenn ihre Erwartung dem wahren Wert gleich ist; im entgegengesetzten Fall wird von

---

[25]) Vgl. Menges, G.: Ökonometrie, a. a. O., S. 49.

[26]) Nach Menges, G.: Ökonometrie, a. a. O., S. 88 ff.; siehe insbesondere Cramér, H.: Mathematical Methods of Statistics, Princeton 1961; Schmetterer, L.: Einführung in die mathematische Statistik, Wien 1956.

einer Verzerrung (englisch: bias) gesprochen. Erwartungtreue Schätzungen sind effizient, wenn ihre Streuung um den wahren Wert kleiner ist als die Streuung jeder anderen erwartungstreuen Schätzung. Wo diese strengen Bedingungen für die Qualität der Schätzungen nicht zutreffen, sollten Schätzungen bei großem Stichprobenumfang mindestens die folgenden asymptotischen Eigenschaften aufweisen: Konsistenz, asymptotische Effizienz und asymptotische Normalität. Eine Schätzung heißt konsistent, falls sie bei wachsendem Stichprobenumfang mit Wahrscheinlichkeit gegen den wahren Parameter konvergiert. Asymptotische Normalität liegt vor, wenn die Wahrscheinlichkeitsverteilung eines Parameters mit Zunahme der Stichprobe eine Normalverteilung beliebig gut approximiert. Eine asymptotisch effiziente Schätzung ist dadurch charakterisiert, daß sie bei großen Stichproben die kleinste Streuung aller asymptotisch normalen Parameterschätzungen aufweist.

Wird die Methode der kleinsten Quadrate (LS-Methode) zur Schätzung eines linearen rekursiven Modells herangezogen, so liefert sie erwartungstreue und konsistente Schätzwerte. Die bereits erwähnten Simultanschätzmethoden für lineare Gleichungssysteme sind auf der Grundlage des Maximum-Likelihood-Prinzips entwickelt. Sie gestatten es, konsistente, asymptotisch effiziente und asymptotisch normal verteilte Schätzungen zu berechnen. Allerdings wird dabei vorausgesetzt, daß die Zufallsvariablen des Modells eine Normalverteilung aufweisen.

b2) *Voraussetzungen für die Anwendung der bekannten Schätzmethoden*

Die bekannten ökonometrischen Methoden zur Berechnung von Schätzwerten der gesuchten Parameter setzen in der Regel die Existenz eines Modells mit linearen Gleichungen voraus. Darüber hinaus erfordert der wahrscheinlichkeitstheoretische Ansatz, daß gewisse Annahmen über die Eigenschaft der Zufallsvariablen erfüllt sind. Im Fall eines rekursiven Modells, das die Anwendung der im folgenden ausführlich behandelten LS-Methode gestattet, lassen sich die wichtigsten Voraussetzungen folgendermaßen charakterisieren: Die Zufallsvariable gehört einer Normalverteilung an, die den Erwartungswert Null und eine noch unbekannte Streuung aufweist. Von der Streuung wird gefordert, daß sie für jeden Wert, den die exogenen Variablen annehmen können, konstant ist. Das Verteilungsgesetz der Zufallsvariablen soll zeitlich invariant sein, d. h. es darf sich nicht ändern, wenn innerhalb eines Beobachtungszeitraums zu verschiedenen Zeitpunkten Beobachtungen angestellt werden.

Als weitere, wesentliche Voraussetzung wird schließlich gefordert, daß die Zufallsgrößen stochastisch unabhängig sind[27]).

---

[27]) Statistische Tests zur Nachprüfung der Hypothesen über Normalverteilung und stochastische Unabhängigkeit der Zufallsvariablen werden auf S. 216 ff. dieser Arbeit behandelt.

4. Methode der kleinsten Quadrate (LS-Methode, Regressionsanalyse)

a) Der wahrscheinlichkeitstheoretische Ansatz

Die LS-Methode eignet sich zur Schätzung rekursiver Gleichungen; außerdem liefert sie bei gerade identifizierten Modellen mit Hilfe des indirekten Ansatzes, der reduzierten Form[28]), gute Parameterschätzungen. Da auf die Darstellung von Verfahren zur Schätzung interdependenter Modelle im Rahmen dieser Arbeit verzichtet wird, soll sich die folgende Betrachtung ausschließlich auf die Anwendung der LS-Methode auf rekursive Modelle beschränken.

Jedes rekursive Modell kann durch die isolierte Schätzung einer jeden seiner Gleichungen in den Parametern bestimmt werden. Eine rekursive Gleichung besteht aus einer endogenen und beliebig vielen exogenen Variablen; sie muß dem statistischen Ansatz entsprechend linear in den Parametern sein. Werden die endogene Variable mit y, die endogenen Variablen mit x_i und die Zufallsvariable mit u bezeichnet, so lautet die stochastische Gleichung:

$$(V.5) \qquad y = p_0 + \sum_{i=1}^{m} p_i x_i + u.$$

Aufgabe der Ökonometrie ist es, die Parameter p_0 und p_i als gute Schätzungen aus einer vorliegenden Stichprobe vom Umfang n zu bestimmen und Angaben über die Verläßlichkeit der Schätzwerte zu machen. Für sämtliche n Beobachtungen der Stichprobe soll die Beziehung

$$(V.6) \qquad y_j - p_0 - \sum_{i=1}^{m} p_i x_{ij} = u_j; \ j = 1, 2, \ldots, n.$$

gelten.

Die Parameter werden nach der Vorschrift berechnet, daß die summierten Quadrate der Residuen u_j den kleinsten Wert annehmen. Es muß also gelten:

$$(V.7a) \qquad \sum_{j=1}^{n} u_j^2 \overset{!}{=} \min \text{ bzw.}$$

$$(V.7b) \qquad \sum_{i=1}^{n} (y_j - \sum_{j=1}^{n} p_i x_{ij} - p_0)^2 \overset{!}{=} \min.$$

Wird die Gleichung (V.7 b) partiell nach den zu schätzenden Parametern p_0 und p_i differenziert, so entsteht durch Nullsetzen der Differentiale das System der Normalgleichungen. Die Lösung dieses linearen Gleichungs-

---

[28]) Siehe dazu z. B.: Menges, G.: Ökonometrie, a. a. O., S. 96 ff.; Johnston, J.: Econometric Mehods, a. a. O., S. 231 ff.; Waerden, R. L. van der: Mathematische Statistik, a. a. O., S. 124 ff.; Wilks, S. S.: Mathematical Statistics, New York - London 1962, S. 283 ff.

systems ergibt die gesuchten Werte[29]). Aus dem Ansatz (Gleichung V.7 b) ist außerdem erkennbar, daß die Rechnung nicht die Beobachtungswerte selbst benutzt, sondern auf die daraus berechnete Momentenmatrix zurückgreift. Die aus dem empirischen Datenmaterial statistisch verwertbare Information läßt sich also auf die quadratische und symmetrische Momentenmatrix der Dimension (m + 1, m + 1) komprimieren.

Nach Voraussetzung soll die Zufallsvariable u, repräsentiert durch die Residuen u_j (j = 1, 2, ..., n), einer Normalverteilung mit der (konstanten) Streuung σ und dem Mittelwert 0 angehören. Die Dichtefunktion der Normalverteilung lautet entsprechend den zugrundeliegenden Annahmen:

$$(V. 8) \qquad f(u_1, u_2, \ldots, u_n, \sigma) = \sigma^{-n}(2\pi)^{-n/2} \exp\left(- \sum_{j=1}^{n} u_j^2 / 2\sigma^2\right).$$

Mit der Forderung, daß die Summe der quadrierten Residuen ihr Minimum annimmt, erreicht die Dichtefunktion ihren größten Wert. Die aus diesem Prinzip abgeleiteten Werte für die Schätzparameter repräsentieren mit größter Wahrscheinlichkeit den empirisch relevanten Funktionalzusammenhang.

Die Schätzung der Parameter einer Linearkombination bezüglich einer davon abhängigen und vom Zufall beeinflußten Zielgröße wird als lineare Regression bezeichnet. Daher ist die Methode der kleinsten Quadrate auch unter der Bezeichnung Regressionsanalyse bekannt. Zusammenfassend läßt sich über die Qualität der hiermit erzielbaren Schätzungen sagen, daß sie unter den genannten Voraussetzungen erwartungstreue, effiziente und asymptotisch normal verteilte Werte liefern. Sie sind im Sinne des Maximum-Likelihood-Prinzips beste Schätzungen überhaupt. Verletzen die Residuen u_j die Bedingungen gegenseitiger stochastischer Unabhängigkeit, so geht die Effizienz zwar verloren, es besteht aber immer Konsistenz und asymptotische Effizienz für die Schätzwerte. Auch im Falle nicht normal verteilter Residuen behalten wegen des zentralen Grenzwertsatzes[30]) die Schätzwerte ihre asymptotischen Eigenschaften.

---

[29]) Die obige Gleichung (V. 7 a bzw. V. 7 b) kann auch im Rahmen eines Modells der quadratischen Programmierung minimiert werden. Diese Methode hat den Vorzug, daß zugleich einschränkende Nebenbedingungen beachtet werden können. Es läßt sich dadurch sicherstellen, daß z. B. bestimmte Koeffizienten des zu schätzenden Modells nur innerhalb eines technisch sinnvollen Bereiches vorkommen dürfen. Im Optimierungsmodell können auf diese Weise zusätzliche A-priori-Kenntnisse wirklichkeitsgetreu berücksichtigt werden. Die mit Hilfe dieses Verfahrens berechneten Schätzwerte lassen sich jedoch nicht in gleicher Weise wahrscheinlichkeitstheoretisch interpretieren wie die Ergebnisse der LS-Methode. Insbesondere bereitet die Schätzung der Varianzen Schwierigkeiten; aus diesen Gründen wurde auf die Anwendung dieses Verfahrens hier verzichtet. Zur Methode der quadratischen Programmierung siehe z. B. bei: Krelle, W. und H. P. Künzi: Nichtlineare Programmierung, a. a. O. Hinweise auf die Anwendungsmöglichkeiten des Schätzverfahrens finden sich bei: Meyer, J. R. und R. R. Glauber: Investment Decisions, Economic Forecasting and Public Policy, Boston 1964, S. 238 f.

[30]) Siehe z. B.: Waerden, B. L. van der: Mathematische Statistik, a. a. O., S. 98 ff.

b) Transformation der zu schätzenden Funktion

Der Ansatz für Schätzungen nach der Methode der kleinsten Quadrate ist auf eine in den Parametern lineare Funktion der exogenen Variablen beschränkt. Damit lassen sich aber nicht nur die Parameter linearer Funktionen schätzen. Die Regressionsanalyse kann auf jeden Funktionsansatz angewandt werden, der mit Hilfe einer Transformation bzw. Variablensubstitution auf eine in den Parametern lineare Funktion zurückzuführen ist. Um dieses Verfahren zu zeigen, sei die Funktion

$$(V.\,9a) \qquad F(y, x_1, x_2, \ldots, x_m) = f(y) - p_0 - \sum_{\mu=1}^{m_1} p_{1\mu} g_{1\mu}(X_1) - \sum_{\mu=1}^{m_2} p_{2\mu} g_{2\mu}(X_2) - \ldots - \sum_{\mu=1}^{m_m} p_{m\mu} g_{m\mu}(X_m)$$

betrachtet. Wird die Funktion f (y) durch v und die Funktion $g_{1\mu}$, $g_{2\mu}$, ..., $g_{m\mu}$ durch entsprechende Variable $w_{1\mu}$, $w_{2\mu}$, ..., $w_{m\mu}$ substituiert, so entsteht daraus die Funktion

$$(V.\,9b) \qquad v = p_0 + \sum_{i=1}^{m} \sum_{\mu=1}^{m_1} p_{i\mu}\, w_{i\mu}.$$

Mit Hilfe der LS-Methode lassen sich auch für diesen Ansatz die Parameter p_0 bzw. p_i bestimmen. Grundlage der Rechnung ist jedoch nicht mehr die Momentenmatrix der ursprünglichen beobachteten Werte für y bzw. x_1, x_2, ..., x_m, sondern eine Momentenmatrix der v bzw. $w_{1\mu}$, $w_{2\mu}$, ..., $w_{m\mu}$. Aus diesem Grunde muß zur Berechnung der Momente auf sämtliche Daten des Beobachtungsmaterials die vorausgegangene Transformation des Funktionsansatzes entsprechend angewandt werden. Die transformierten Beobachtungswerte für v ergeben sich demnach aus der Beziehung

$$(V.\,10a) \qquad v_j = f(y_j);$$

analog dazu gilt für die Beobachtungswerte der Größen w_i

$$(V.\,10b) \qquad w_{i\mu j} = g_{i\mu}(x_{ij}).$$

Die Ansätze f (y) bzw. $g_{i\mu}$ (x_i) können beliebige Funktionen, z. B. trigonometrische Funktionen, Exponentialfunktionen oder logarithmierte Funktionen, sein[31]. Für die ökonometrische Untersuchung im Bereich der betriebswirtschaftlichen Produktionstheorie reichen Polynome mit den Gliedern x, x^2, x^3 und $1/x$ im allgemeinen aus, so daß vorwiegend Transformationen von der Form

$$(V.\,11a) \qquad v = y,\ w_{i1} = x_i,\ w_{i2} = x_i^2,\ w_{i3} = x_i^3\ \text{bzw.}\ w_{i4} = 1/x_i$$

vorkommen[32].

---

[31] Eine kleine Systematik dieser Transformationen ist zu finden bei: Hellwig, Z.: Linear Regression and its Application to Economics, aus dem Polnischen übersetzt von J. Stadler, Oxford - London - New York - Paris 1963, S. 180 ff.

[32] In manchen Veröffentlichungen wird auf die Bedeutung von orthogonalen Polynomen als erstrebenswerte Regressionsansätze hingewiesen; vgl. dazu z. B.: Knüppel, H., A. Stumpf und B. Wiezorke: Mathematische Statistik in Eisenhüttenwerken, Teil I: Regressionsanalyse, in: Archiv für das Eisenhüttenwesen 1958, S. 521 ff. Die statistisch verwertbare Information des

Als Beispiel für die Anwendung der Regressionsanalyse auf einen derart transformierten Ansatz soll die Faktorverbrauchsfunktion eines Produktionsprozesses betrachtet werden. Es handelt sich um eine limitationale Faktorkombination der Papiererzeugung. Einer der Einsatzfaktoren ist Heizdampf zur Aufwärmung der Trockenzylinder einer Papiermaschine. Es soll der zeitspezifische Dampfverbrauch D (t/h) in Abhängigkeit von den Größen der V- und Q-Situation dargestellt werden.

Aufgrund von Voruntersuchungen ist bekannt, daß sowohl die Laufgeschwindigkeit I (m/min) als auch das Flächengewicht des Papiers G (g/m²) die zeitspezifische Dampfmenge beeinflussen. Außerdem spielt die Zahl der auf eine bestimmte Produktionsmenge entfallenden Papierbahnabrisse eine Rolle; die Rißquote r ist auf eine Tonne Fertigpapier bezogen und hat die Dimension (1/t). Somit kann die Faktorverbrauchsfunktion als

(V. 11b) $$D = F(I, G, r)$$

geschrieben werden. In der Annahme, daß der Dampfverbrauch linear und quadratisch vom Flächengewicht abhängt, wird die Transformation

(V. 11c) $$w_{G1} = G \text{ und } w_{G2} = G^2$$

durchgeführt. Damit lautet die zu schätzende Regressionsfunktion

(V. 11d) $$D = p_0 + p_1 I + p_{21} w_{G1} + p_{22} w_{G2} + p_3 r.$$

Aus dem ebenfalls transformierten Beobachtungsmaterial berechnet sich die nunmehr gültige Momentenmatrix, mit deren Hilfe die gesuchten Parameter bestimmt werden. Die numerische Rechnung ergibt die folgende explizite Faktorverbrauchsfunktion:

(V. 11e) $$D = -5.30 + 0.03I + 0.13G - 0.00038G^2 + 0.73r.$$

Das Ergebnis bestätigt den Einfluß der Q- und V-Situation auf den Faktorverzehr. Die negative Konstante deutet an, daß die Funktion für $I = G = r = 0$ einen offensichtlich sinnlosen Funktionswert liefern würde. Der Geltungsbereich dieses Regressionsansatzes ist daher auf Werte beschränkt, für welche die Faktorverbrauchsfunktion durch den vorliegenden Ansatz hinreichend gut dargestellt werden kann.

c) Kriterien für die Beurteilung eines Regressionsansatzes

Die praktische Verwendbarkeit eines Schätzwertes hängt von der Zuverlässigkeit ab, mit der dieser aus den empirischen Daten geschätzt werden kann. Daneben erhebt sich bei der Schätzung einer ganzen Gleichung die Frage, ob der zunächst vorgeschlagene Regressionsansatz den empirischen

---

Datenmaterials wird dadurch jedoch nicht berührt; der Vorteil eines Ansatzes mit orthogonalen Polynomen liegt nur in der Vereinfachung der Rechentechnik, wenn eine zweidimensionale Funktion y = f(x) durch ein Polynom höheren Grades zu approximieren ist. Siehe dazu z. B.: Waerden, B. L. van der: Mathematische Statistik, a. a. O., S. 142 f.; Ostle, B.: Statistics in Research, Ames/Iowa 1963, S. 192 ff.

Sachverhalt am besten wiedergibt. Liegen entsprechende A-priori-Kenntnisse vor, die dazu zwingen, einen ganz bestimmten Funktionsansatz zu wählen, und sind die daraufhin berechneten Schätzwerte sehr ungenau und unsicher, so gibt es für diesen Fall nur die Feststellung, daß sich mit dem verfügbaren Datenmaterial der gewünschte Zusammenhang nicht bestätigen läßt. Während hier wegen des untauglichen Beobachtungsmaterials die statistische Untersuchung abgebrochen werden muß, gibt es eine weitaus größere Zahl von Fällen, in denen ein ausreichendes A-priori-Wissen für den „richtigen" Regressionsansatz fehlt. Die zunächst plausibel erscheinende Funktion muß in diesem Fall anhand der Regressionsergebnisse so verbessert werden, daß sie die empirisch beobachteten Zusammenhänge mit möglichst guter Genauigkeit wiedergibt. Eine Verbesserung des Regressionsansatzes bezieht sich nicht nur auf die Entscheidung, ob lineare bzw. quadratische Glieder im Regressionspolynom zu besseren Ergebnissen führen, sie muß auch dazu beitragen, daß aus einer Vielzahl möglicher exogener Einflußgrößen die empirisch relevanten ausgewählt werden.

Das Maß für die Zuverlässigkeit eines Schätzwertes ist seine Varianz bzw. sein Standardfehler oder seine Standardabweichung. Aus dem statistischen Ansatz der Kleinst-Quadrate-Methode folgt, daß die Schätzwerte für die Funktionsparameter normal verteilte Zufallsgrößen sind. Ihre Standardabweichung begrenzt unterhalb und oberhalb vom geschätzten Erwartungswert eine Zone, innerhalb deren rund zwei Drittel aller möglichen Werte für die Regressionskoeffizienten liegen.

Sind das Verteilungsgesetz (z. B. Normalverteilung) und dessen Parameter, d. h. Mittelwert (Erwartungswert) und Streuung, bekannt, so können mit Hilfe der Testtheorie bestimmte Hypothesen über den wahren Wert des Parameters auf ihre Stichhaltigkeit geprüft werden. Im Rahmen der Regressionsanalyse interessiert vor allem, ob der berechnete Regressionskoeffizient signifikant von Null verschieden ist. Diese Problemstellung ist identisch mit der Fragestellung: Hat die mit dem untersuchten Regressionskoeffizienten verknüpfte Einflußgröße einen statistisch belegbaren Einfluß im Rahmen des gegebenen Funktionsansatzes? Exogene Variable, deren Einfluß nicht sicher nachweisbar ist, können dadurch aus dem Regressionsansatz ausgeschieden werden. Solange nicht zwingende A-priori-Kenntnisse die Einbeziehung einer Variablen erfordern, ist mit Hilfe dieses Signifikanztests ein Kriterium gegeben, um eine Auswahl der relevanten Einflußgrößen aus der Menge aller möglichen exogenen Variablen zu treffen.

Die grundsätzliche Bedeutung dieses Tests für die Signifikanz des Einflusses einer exogenen Variablen wird deutlich anhand der folgenden Interpretation des Regressionskoeffizienten. Besteht ein echter Zusammenhang zwischen der Zielgröße y und insgesamt m Einflußgrößen x_i mit den Regressionskoeffizienten a_i, so läßt sich dieser Ansatz ausführlich so schreiben[33]):

---

[33]) Siehe z. B.: Mordecai, E. und K. A. Fox: Methods of Correlation and Regression Analysis, 3. Auflage, New York - London 1961, S. 176 ff.

(V. 12) $y = a_{y \, . \, 1, \, 2, \, \ldots, \, m} + a_{y1 \, . \, 2, \, 3, \, \ldots, \, m} \, x_1 + a_{y2 \, . \, 3, \, 4, \, \ldots, \, m1} \, x_2$

$+ \ldots + a_{yi \, . \, i+1, \, \ldots \, m, \, 1 \, \ldots \, i-1} \, x_i + \ldots + a_{ym \, . \, 1 \, \ldots \, m-1} \, x_m$

Die ausführliche Schreibweise z. B. für den Koeffizienten $a_{y1 \, . \, 2 \, \ldots \, m}$ der Variablen x_1 soll zum Ausdruck bringen, daß er den partiellen Einfluß von x_1 bezüglich y quantifiziert, wenn die übrigen Einflußgrößen x_2, x_3, $\ldots$, x_m als konstant angenommen werden. Es ist daher naheliegend, generell von einem partiellen Regressionskoeffizienten zu sprechen. (Das konstante Glied des Ansatzes $a_{y \, . \, 1, \, 2, \, \ldots, \, m}$ wird ähnlich interpretiert als quantitativer Einfluß auf die Zielgröße y unter der Bedingung, daß sämtliche Regressionsvariablen fixiert sind.) Es läßt sich damit anschaulich zeigen, daß die Einbeziehung einer weiteren Variablen z in den Regressionsansatz im allgemeinen die Schätzwerte der Regressionskoeffizienten ändern wird; denn meistens ist

$$a_{yi \, . \, i+1, \, \ldots, \, m, \, 1, \, \ldots, \, i-1} \neq a_{yi \, . \, z, \, i+1, \, \ldots \, m, \, 1, \, \ldots, \, i-1}.$$

In Analogie zum (partiellen) Regressionskoeffizienten wird in der Statistik der partielle Korrelationskoeffizient definiert. Er wird entsprechend notiert als

$$r_{yi \, . \, i+1, \, \ldots, \, m, \, 1, \, \ldots, \, i-1}$$

und bezeichnet die (bereinigte) Korrelation zwischen den Variablen y und x_i unter der Bedingung, daß der Einfluß der Größen x_1, x_2, $\ldots$, x_{i-1}, x_{i+1}, $\ldots$, x_m von der Korrelation ausgeschlossen ist. D. h. dieser Korrelationskoeffizient quantifiziert den partiellen Zusammenhang einer linearen Abhängigkeit zwischen x_i und y, wenn ein Teil der Variation von y bereits durch eine Linearkombination der übrigen Einflußgrößen erklärt ist. Der partielle Korrelationskoeffizient bringt also genau wie der Regressionskoeffizient den individuellen Einfluß einer Variablen auf die Zielgröße zum Ausdruck. Für den Fall, daß y nur in Abhängigkeit von einer einzigen Einflußgröße untersucht wird, geht der partielle Korrelationskoeffizient in den einfachen Korrelationskoeffizienten über.

Außer den beiden erwähnten Verfahren, den Einfluß einer exogenen Variablen auf die Zielgröße sichtbar zu machen, ergibt die Anwendung einer Varianzanalyse[34] auf das Regressionsproblem eine dritte Interpretationsmöglichkeit. Aus dem statistischen Ansatz der Kleinst-Quadrate-Methode folgt, daß die nach einer Regression verbleibende Reststreuung der Zielgröße möglichst klein werden soll. Jede weitere Einflußgröße, die in den Regressionsansatz aufgenommen wird, reduziert diese Restvarianz. Das Ausmaß der Varianzreduktion gibt an, welchen Beitrag die betreffende Einflußgröße zur Erklärung der Zielgröße leisten kann. Aufgabe der Varianzanalyse ist es, den auf die einzelnen Einflußgrößen entfallenden Anteil an der erklärbaren Restvarianz der Zielgröße festzustellen. Zahlenmäßig läßt sich dieser Varianzanteil an dem folgenden Streuungsverhältnis ablesen. Es ist

---

[34] Siehe dazu z. B.: Linder, A., Statistische Methoden, 3. Aufl., Basel - Stuttgart 1960, S. 186 ff.; Ostle, B., a. a. O., S. 182, 340 f.; Johnston, J.: Econometric Methods, a. a. O., S. 126 f.

ein Maß für die Bedeutung der Einflußgröße z im Rahmen eines Regressionsansatzes, der bereits die Größen x_1, x_2, ..., x_m umfaßt, und lautet (unter Berücksichtigung der Freiheitsgrade):

$$\frac{S_y^2 . x1, \ldots, xm - S_y^2 . z, x1, \ldots, xm}{S_y^2 . x1, \ldots, xm} \quad \frac{n - m - 2}{1}$$

Die Größen $S_y^2 . x1, \ldots, xm$ bzw. $S_y^2 . z, x1, \ldots, xm$ sind bedingte Varianzen; sie geben die nicht erklärte Reststreuung der Zielgröße y unter der Bedingung an, daß ein Teil der unbedingten Varianz von y durch die Einflußgrößen x_i bzw. z und x_i erklärt wird.

Diese Untersuchung sollte zeigen, daß die Regression einer Zielgröße auf eine Linearkombination von Einflußgrößen nach drei Gesichtspunkten beurteilt werden kann. Dabei ergeben sich keinesfalls unterschiedliche Aussagen zum gleichen Sachverhalt, vielmehr wird das Prinzip der kleinsten Quadrate unter verschiedenem Blickwinkel betrachtet. Sämtliche drei Interpretationen beziehen sich auf dieselbe mathematische Grundlage; sie sind quantitativ identisch und lassen sich durch Umrechnung ineinander überführen[35]).

Die Prüfung des quantitativen Einflusses einer exogenen Variablen auf die endogene Zielgröße im Rahmen eines Regressionsansatzes bezüglich ihrer statistischen Signifikanz ist demnach gleichbedeutend mit dem Test einer der drei Hypothesen:

1. Partieller Regressionskoeffizient ist Null.

2. Partieller Korrelationskoeffizient ist Null.

3. Reduktion der bedingten Varianz ist Null.

Im Falle des Regressionskoeffizienten a_i wird die Hypothese $H : a_i = 0$ gegen die Alternative $A : a_i \neq 0$ geprüft[36]). Als Prüfgröße dient das Quadrat des Quotienten aus Schätzwert a_i und Standardabweichung s_i

$$\left(\frac{a_i}{s_i} \right)^2 .$$

Diese Größe gehorcht der F-Verteilung mit den Freiheitsgraden 1 bzw. n-m-1, wenn n den Stichprobenumfang und m die Zahl der exogenen Variablen angibt[37]). Bezeichnet die Größe $F^\epsilon_{(1, n-m-1)}$ den Wert der F-Verteilung bei

---

[35]) Eine zusammenhängende mathematische Darstellung findet sich zu diesem Problem nicht; Hinweise dazu stehen bei: Johnston, J.: Econometric Methods, a. a. O., S. 52 ff., 115 ff.; Ostle, B., a. a. O., S. 174, 182 f., 227 ff., 340.

[36]) Es handelt sich also um einen zweiseitigen Test, d. h. der wahre Wert kann größer oder kleiner als Null sein.

[37]) Die Prüfgröße für den Regressionskoeffizienten wird meistens als einfacher Quotient angegeben; sie ist in diesem Falle t-verteilt. Hier wird davon Gebrauch gemacht, daß die quadrierten Werte einer t-Verteilung mit n Freiheitsgraden denen einer F-Verteilung mit (1, n) Freiheitsgraden entsprechen; siehe z. B.: Waerden, B. L. van der, a. a. O., S. 248.

einem bestimmten Irrtumsniveau ε und den Freiheitsgraden 1 bzw. n-m-1 und gilt die Ungleichung

(V. 13a)
$$\left(\frac{a_i}{s_i}\right)^2 \geq F^\varepsilon_{(1,\, n-m-1)},$$

so kann die Hypothese H : $a_i = 0$ zugunsten der Alternative A : $a_i \neq 0$ bei einer Irrtumswahrscheinlichkeit von ε abgelehnt werden; d. h. der Einfluß von x_i ist statistisch signifikant. Das Niveau der Irrtumswahrscheinlichkeit wird vorgegeben; es kann z. B. 0.05, 0.01 oder 0.001 betragen. Die Werte der Prüfgrößen für den partiellen Korrelationskoeffizienten und die Varianzreduktion sind mit den Prüfungswerten des Regressionskoeffizienten identisch. Soll z. B. der Einfluß einer zusätzlichen exogenen Variablen z auf einen bereits bestehenden Regressionsansatz y = f (x_1, x_2, ..., x_m) auf dem Signifikanzniveau ε bestätigt werden, so gilt die Beziehung:

(V. 13b)
$$\frac{a_{yz}^2 \cdot x_1 \cdots x_m}{s_{yz}^2 \cdot x_1 \cdots x_m} = \frac{(n-m-2)\, r_{yz}^2 \cdot x_1 \cdots x_m}{1 - r_{yz}^2 \cdot x_1 \cdots x_m} =$$

$$\frac{(n-m-2)\,(S_y^2 \cdot x_1 \cdots x_m - S_y^2 \cdot z, x_1 \cdots x_m)}{S_y^2 \cdot z, x_1 \cdots x_m} \geq F^\varepsilon \,(1,\, n-m-2)$$

Im Beispiel der Faktorverbrauchsfunktion lassen sich die folgenden Signifikanzwerte feststellen[38]):

i	x_i	a_i	s_i (absolut)	s_i (% von a_i)	Prüfgröße	Irrtums- wahrschein- lichkeit[39])
1	I	+ 0.02	0.0019	9.5	111.4	< 10^{-4}
2	G	+ 0.13	0.010	8.0	157.4	< 10^{-4}
3	G^2	− 0.00038	0.000044	11.4	76.6	< 10^{-4}
4	r	+ 0.73	0.34	47.0	4.5	0.03396

Tabelle 5

Wird ein Niveau von höchstens 5 % Irrtumswahrscheinlichkeit ε zugrunde gelegt, so sind sämtliche Einflußgrößen als signifikant anzusehen. Der Schätzwert für den Koeffizienten des Abrißfaktors weist die größte Un-

---

[38]) Zu jedem Wert der Prüfgröße für den F-Test wurde eine genaue Irrtumswahrscheinlichkeit berechnet, so daß zu jedem ε die Gleichung

$$\left(\frac{a_i}{s_i}\right)^2 = F^\varepsilon{}_{(1,\, n-m-1)}$$

gilt. Zur numerischen Darstellung der F-Verteilung siehe z. B. Waerden, B. L. van der, a. a. O., S. 238 f.

[39]) Die Freiheitsgrade sind 1 bzw. 441.

genauigkeit auf und hat demzufolge auch das ungünstigste Irrtumsniveau. Ein identischer Test kann z. B. für die Größe r auch mit Hilfe des partiellen Korrelationskoeffizienten durchgeführt werden. Er weist einen Wert von

$$r_{Dr. I, G, G}2 = 0.1008$$

auf; für die Prüfgröße wird ein Wert von

$$\frac{441 \cdot 0.1008^2}{1—0.1008^2} = \frac{4.41}{0.99} \sim 4.5$$

berechnet. Ebenso führt die Varianzanalyse zum gleichen Ergebnis. Die Restvarianzen betragen

ohne Berücksichtigung der Abrißquote: $S^2_{D. I, G, G}2 = 278.738$,

mit Berücksichtigung der Abrißquote: $S^2_{D. r, I, G, G}^2 = 275.908$.

Für die Prüfgröße ergibt sich:

$$\frac{441 \cdot (278.738 — 275.908)}{275.908} = \frac{2.83}{0.63} \sim 4.5.$$

Zusätzlich zur Prüfung der Signifikanz einzelner Einflußgrößen interessiert auch ein Test über die Stichhaltigkeit des gesamten Regressionsansatzes. Dieses Problem läßt sich durch Beantwortung der Frage lösen, ob zwischen der Zielgröße und der Linearkombination insgesamt ein statistisch gesicherter Zusammenhang besteht. Auch hier gibt es mehrere Wege des Vorgehens. Einmal kann der multiple Korrelationskoeffizient, der den gesuchten Zusammenhang zum Ausdruck bringt, bezüglich seiner Verschiedenheit von Null geprüft werden. Außerdem läßt sich diese Frage mit Hilfe der Varianzanalyse beantworten.

Der multiple Korrelationskoeffizient $r_{y.x1, \ldots, xm}$ mißt die lineare Abhängigkeit der Zielgröße y von der Linearkombination der exogenen Einflußgrößen $x_1, \ldots, x_m$. Sein quadrierter Wert ist unter der Bezeichnung multiples Bestimmtheitsmaß[40]) bekannt. Die Relevanz eines statistischen Zusammenhangs zwischen der endogenen und den exogenen Variablen drückt sich in dem Anteil der durch die Regression erklärten Varianz aus. Das Bestimmtheitsmaß ist ein rechnerischer Wert für diesen Varianzanteil. Die Prüfgröße für den Test der Hypothese $H : r_{y.x1, \ldots, xm} = 0$ gegen die Alternative : $r_{y.x1, \ldots, xm} \neq 0$ läßt sich analog zu der des partiellen Korrelationskoeffizienten berechnen; auch sie gehorcht der F-Verteilung, so daß damit die Irrtumswahrscheinlichkeit bei einer Verwerfung der Hypothese bekannt ist.

Ein weiteres Testverfahren bietet sich in der Varianzanalyse an. Hier wird geprüft, ob der Regressionsansatz die ursprüngliche Varianz S_y^2 der Zielgröße auf die Reststreuung $S_y^2 . x1, \ldots, xm$ signifikant reduziert hat. Werden die entsprechenden Freiheitsgrade bei den Prüfgrößen und der F-Verteilung

---

[40]) Diese Bezeichnung verwendet z. B. Linder, A., a. a. O., S. 171.

berücksichtigt, so läßt sich die folgende Beziehung für den Nachweis einer signifikanten Regression angeben:

$$(V. 13c) \quad \frac{r_y^2 \cdot x_1, \ldots, x_m \, (n-m-1)}{m \, (1-r_y^2 \cdot x_1, \ldots, x_m)} = \frac{(S_y^2 - S_y^2 \cdot x_1, \ldots, x_m) \, (n-m-1)}{m \, S_y^2 \cdot x_1, \ldots, x_m}$$

$$\geq F_m^{\varepsilon}, \, n-m-1$$

Wird das vorgegebene Niveau der Irrtumswahrscheinlichkeit von z. B. 5 % infolge eines zu niedrigen Wertes für die Prüfgrößen überschritten, so muß der gesamte Regressionsansatz als nicht stichhaltig abgelehnt werden. Die Feststellung eines signifikanten Regressionsansatzes entspricht auch einer Zurückweisung der Hypothese $H : a_1 = a_2 = \ldots = a_i = \ldots = a_m = 0$; damit findet diese Prüfung ihre völlige Entsprechung in dem Verfahren zur Prüfung von individuellen Regressionseinflüssen.

Auf das Zahlenbeispiel angewandt, liefert ein Signifikanztest des gesamten Regressionsansatzes die folgenden Werte: Für das multiple Bestimmtheitsmaß gilt

$$r_D^2 \cdot {}_{I, \, G, \, G^2, \, r} = 0.508,$$

so daß die Prüfgröße lautet:

$$\frac{0.508 \cdot 441}{4 \cdot (1-0.508)} = 113.8.$$

Als Varianzen wurden ermittelt:

$$S_D^2 \qquad\qquad = 560.630,$$
$$S_D^2 \cdot {}_{I, \, G, \, G^2, \, r} = 275.908.$$

Damit gilt für die Prüfgröße

$$\frac{(560.630 - 275.908) \cdot 441}{4 \cdot 275.908} = \frac{284.722 \cdot 441}{4 \cdot 275.908} = 113.8.$$

Das Niveau der Irrtumswahrscheinlichkeit ε für einen Wert von 113.8 der F-Verteilung bei 4 bzw. 441 Freiheitsgraden ist $< 10^{-4}$. Die im Rahmen des vorliegenden Regressionsansatzes nicht erklärbare Varianz der Zielgröße beträgt also 275.908; das entspricht einem Standardfehler des mit Hilfe der Regressionsfunktion berechneten Dampfverbrauches von 0.791 (t/h).

d) Ermittlung des besten Regressionsansatzes

Aufgabe der Regressionsanalyse ist es, nicht nur einen signifikanten, sondern den „besten" Regressionsansatz nachzuweisen. Kriterien für einen „besten" Regressionsansatz lassen sich nicht so schematisch angeben und so einfach quantifizieren, wie es für den Fall der Signifikanzprüfung möglich war. Es wäre auch verfehlt, in diesem Zusammenhang absolute Maßstäbe für die Bewertung von Regressionsansätzen geben zu wollen. Die Beurteilung einer Regressionsanalyse soll sich daher nicht schematisch an den Signifikanzkriterien orientieren; sie kann jeweils nur im Rahmen der theoretischen und praktischen Überlegungen erfolgen, die zum Untersuchungsgegenstand und zum empirischen Erfahrungswissen vorliegen.

Das Problem, den „besten" Regressionsansatz zu finden, existiert nicht, wenn A-priori-Kenntnisse ausreichen, um anhand theoretischer Untersuchungen sowohl die ausschließlich relevanten Einflußgrößen als auch den Funktionstyp der zu schätzenden Gleichung festzulegen. In vielen praktischen Fragestellungen reicht das deduzierbare Wissen dafür nicht aus. Es muß dann versucht werden, aus dem vorliegenden empirischen Datenmaterial durch Induktion sowohl auf den „richtigen", d. h. plausiblen Funktionstyp als auch auf die günstigste Kombination der bedeutsamen Einflußgrößen zu schließen. Für die folgenden empirischen Untersuchungen trifft der letztere Fall zu. Als Kriterien für einen „guten" bzw. den „besten" Regressionsansatz sollten folgende Eigenschaften einer Regression herangezogen werden:

1. Der Test für den Einfluß einer exogenen Variablen und für die Relevanz der Linearkombination des Regressionsansatzes ist auf einem vorgegebenen Niveau von z. B. höchstens 5 % Irrtumswahrscheinlichkeit signifikant.

2. Die Regressionskoeffizienten weisen den geringsten prozentualen Standardfehler auf, bzw. ihr Standardfehler übersteigt die geforderte Grenze von z. B. 20 % nicht.

3. Die Zielgröße wird durch einen Regressionsansatz aus signifikanten Einflußgrößen am besten erklärt, d. h. der Regressionsansatz weist bei signifikanten Regressionskoeffizienten das größte multiple Bestimmtheitsmaß auf.

4. Die Regressionsgleichung bietet eine ausreichende theoretische Plausibilität für die untersuchte Fragestellung.

Sowohl das Kriterium (2) als auch (3) sind nicht identisch mit dem Signifikanzkriterium (1), da bei der Anwendung der Testverfahren die Zahl der Freiheitsgrade, d. h. der Stichprobenumfang und die Zahl der im Regressionsansatz zusammengefaßten Variablen, eine Rolle spielt. Auch Kriterium (2) und Kriterium (3) können sich zum Teil widersprechen, da eine Hinzunahme jeder weiteren (auch einer nichtsignifikanten) Einflußgröße zur Varianzreduktion beiträgt. In manchen Fällen muß daher zugunsten eines vertretbaren Koeffizientenfehlers auf die Verminderung der nicht erklärten Streuung der Zielgröße verzichtet werden. Schließlich kann das Kriterium (4) dazu Anlaß geben, eine signifikante Regression aus theoretischen Erwägungen abzulehnen.

Eine erfolgversprechende Anwendung dieser Kriterien setzt voraus, daß eine Vielzahl von Regressionsansätzen zur untersuchten Fragestellung berechnet wird. In der Regel können zwar alle exogenen Variablen angegeben werden, die im Rahmen des empirischen Materials zur Erklärung der Zielgröße in Betracht kommen. Die beste Kombination dieser Einflußgrößen muß jedoch anhand der erwähnten Kriterien ausgewählt werden. Ebenso läßt sich der am besten geeignete Funktionstyp nur dadurch bestimmen, daß aus den verschiedenen Ansätzen des Regressionspolynoms mit linearen, quadratischen usw. Gliedern der theoretisch und praktisch günstigste ausgewählt wird. Das praktische Problem bei der Ermittlung des „besten" Regressionsansatzes besteht also darin, aus einer vorgegebenen Menge von theoretisch plausiblen exogenen Variablen diejenige Untermenge zu bestimmen, welche den Kriterien 1 bis 4 am besten entspricht. Eine umfassende Lösung zu diesem Problem müßte davon ausgehen, zunächst für jede mögliche Kombination dieser Variablen zu einer Untermenge den entsprechenden Regressionsansatz zu berechnen. Dieser Weg ist jedoch wegen der meistens sehr erheblichen Zahl von Kombinationen nicht gangbar. Es sind daher Methoden vorgeschlagen worden, die es gestatten, den besten Ansatz durch systematische Auswahl geeigneter Kombinationen von Regressionsvariablen zu bestimmen[41].

Für die Anwendung der Regressionsanalyse auf das empirische Datenmaterial wird ein Verfahren[42] benutzt, das die Auswahl der wesentlichen Einflußgrößen nach dem Prinzip der Varianzanalyse vornimmt. Einzelne Variablen werden in den Regressionsansatz aufgenommen oder gegen andere, theoretisch plausible exogene Einflußgrößen ausgetauscht, wenn dadurch die nicht erklärte Varianz der Zielgröße signifikant reduziert wird.

Mit der Festlegung bestimmter Signifikanzgrenzen läßt sich zu einem vorgegebenen Niveau der Irrtumswahrscheinlichkeit ein Regressionsansatz berechnen, der für die Auswahl des „besten" Ansatzes anhand der Kriterien 2 bis 4 in Frage kommt.

Zur Demonstration des Auswahlverfahrens sei ein Regressionsproblem betrachtet, für das insgesamt $(m + n)$ exogene Variable zur Erklärung der Zielgröße y plausibel erscheinen. Aus der Menge der fraglichen exogenen Variablen seien bereits m Variable ausgewählt und in einem signifikanten Regressionsansatz zusammengefaßt, so daß n Variable noch außerhalb des Ansatzes stehen. Einflußgrößen, die in den Regressionsansatz einbezogen wurden, seien als x-Variable, solche, die sich außerhalb der Regression befinden, seien als z-Variable bezeichnet. Es sind nun folgende zwei Fragen zu prüfen:

    1. Wird der Regressionsansatz im Rahmen der Signifikanzgrenzen durch die Aufnahme einer z-Variablen verbessert?

---

[41] Vgl. dazu Matt, G.: Die schrittweise Regressionsanalyse und ihre Anwendungsmöglichkeiten im kaufmännischen Bereich, in: Ablauf- und Planungsforschung 1963, S. 254 ff.; Efroymson, M. A.: Multiple Regression Analysis, in: Mathematical Methods for Digital Computers, hrsg. von A. Ralston und H. S. Wilf, New York - London 1962, S. 191 ff.; Knüppel, H., A. Stumpf und B. Wiezorke, a. a. O., S. 521 ff.

[42] Dieses Verfahren baut zum Teil auf den Konzeptionen von Efroymson auf; es wurde jedoch in wesentlichen Punkten verbessert (z. B. zusätzliche Berechnung der partiellen Korrelationskoeffizienten und bedingten Varianzen) und so geändert, daß mit größerer Sicherheit die optimale Kombination der relevanten Einflußgrößen bestimmt werden kann.

2. Ist es möglich, durch Austausch einer oder mehrerer x-Variablen gegen eine z-Variable eine noch günstigere Streuungserklärung (Varianzreduktion) für die Zielgröße zu erreichen?

Entscheidungskriterien für beide Fragestellungen sind zunächst die partiellen Korrelationskoeffizienten der z-Variablen bezüglich y unter der Bedingung, daß ein Teil der Varianz von y bereits durch die x-Variablen gemeinsam erklärt ist. Ausgewählt wird jene z-Variable, deren partielle Korrelation

$$r_{yzj \, . \, x1, x2, \ldots, xm}$$

den größten Betrag aufweist und den Signifikanzanforderungen genügt. Mit der Einbeziehung jener am besten korrelierten z-Variablen wird der Regressionsansatz um eine Einflußgröße erweitert, und sämtliche Regressionskoeffizienten müssen neu berechnet werden. Damit kann die Situation eintreten, daß eine (oder mehrere) x-Variable(n) ihre bisher noch ausreichende Signifikanz verliert (verlieren) und daher aus dem Ansatz wieder auszuscheiden ist (sind). Es liegt hier also der in Fragestellung 2 angedeutete Austausch einer oder mehrerer x-Variablen gegen eine z-Variable vor.

Der Grund für den Austausch exogener Variablen im Regressionsansatz ist in der Multikolinearität[43]) dieser Variablen zu sehen. Darunter ist die gegenseitige (lineare) Abhängigkeit der erklärenden Einflußgrößen zu verstehen. Das statistische Maß für diese gegenseitige Beeinflussung der Regressionsvariablen bilden die inneren Bestimmtheitsmaße der Regression. Sie sind identisch mit dem Quadrat eines multiplen Korrelationskoeffizienten, der den Zusammenhang zwischen einer exogenen Variablen x_i und einer Linearkombination aus den übrigen im Regressionsansatz enthaltenen exogenen Variablen ausdrückt. Das innere Bestimmtheitsmaß der Variablen x_i läßt sich demnach als

$$r_{xi}^2 \, \cdot \, x1, x2, \ldots, x2 \, \cdot \, -1, \, xi+1, \ldots, xm$$

schreiben. Stochastisch unabhängige Variable haben das innere Bestimmtheitsmaß Null. In diesem Fall liegt keine gegenseitige Abhängigkeit vor, und ein Hinzufügen bzw. Weglassen solcher Variablen im Regressionsansatz ändert weder die Werte der Regressionskoeffizienten noch deren Varianz. Bei zunehmender gegenseitiger Abhängigkeit der Regressionsvariablen ändern sich die Regressionskoeffizienten und deren Signifikanzkriterien mit jeder neuen Variablenkombination in der Regression[44]). Starke Multikolinearität bewirkt daher eine Instabilität der Regressionsansätze. Es können mehrere Variablenkombinationen statistisch gleichwertig sein, auch wenn sie sachlich anhand der ausgewählten Einflußgrößen sehr unterschiedliche Tatbestände zum Ausdruck bringen. In diesem Fall ist das Ziel anzustreben, solche Kombinationen von Einflußgrößen zu finden, die möglichst unabhängig sind und gleichzeitig die Zielgröße umfassend erklären können.

---

[43]) Siehe dazu z. B.: Johnston, J.: Econometric Methods, a. a. O., S. 201 ff.

[44]) Goldberger, A. S. und D. B. Jochems: Note on Stepwise Least Squares, in: JASA 1961, S. 105 ff.

Eine sehr hohe Multikolinearität tritt jedoch zwangsläufig auf, wenn sowohl lineare als auch quadratische Glieder in einer Regression auftreten. Diese Abhängigkeit folgt aus der „künstlich" vorgenommenen Quadrierung der Beobachtungsdaten und ist aus der mathematischen Verwandtschaft zwischen dem linearen und dem quadratischen Glied einer Einflußgröße zu erklären. Es wurde in Veröffentlichungen behauptet, hohe innere Bestimmtheitsmaße hätten eine nach unten verzerrte Schätzung des Standardfehlers der Regressionskoeffizienten zur Folge[45]), so daß der Signifikanztest in diesen Fällen angezweifelt werden müsse. Johnston hat diese Ansicht widerlegt[46]). Es wäre jedoch aussichtslos, bei inneren Bestimmtheitsmaßen von 1.0 eine Regressionsrechnung vorzunehmen, weil dann für das System der Normalgleichungen aus mathematischen Gründen eine Lösung nicht existiert.

Mit Hilfe des bereits genannten Auswahlprinzips läßt sich nun durch schrittweises Erweitern des Regressionsansatzes um je eine z-Variable eine Folge von geeigneten, statistisch begründeten Ansätzen berechnen. Das Verfahren, bei dem der Regressionsansatz schrittweise aufgebaut wird, beginnt damit, daß als erste x-Variable diejenige in die Regression aufgenommen wird, welche die größte einfache Korrelation zur Zielgröße aufweist. Anschließend wird bei jedem weiteren Schritt die Einbeziehung zusätzlicher z-Variablen bzw. der Austausch von x-Variablen gegen eine z-Variable geprüft. Der schrittweise Aufbau endet, wenn keine der z-Variablen die Signifikanzgrenzen überspringen kann. Zur Ergänzung des Aufbauverfahrens wird ein Abbauverfahren herangezogen, das ebenfalls nach dem erwähnten Auswahlprinzip arbeitet. Es beginnt jedoch mit einem Regressionsansatz, der sämtliche theoretisch plausiblen Regressionsvariablen bereits enthält. In den folgenden Schritten werden so viele x-Variable ausgeschieden, bis sämtliche Regressionskoeffizienten den Signifikanzbedingungen genügen. Auch hier kann ein Variablentausch eintreten, indem eine bereits ausgeschiedene und nunmehr zur z-Variablen gewordene Einflußgröße wieder in den Ansatz aufgenommen wird. Das zuletzt genannte Abbauverfahren hat den Vorteil, daß es bestimmte Fälle von Multikolinearität in den Regressionsansätzen zuläßt, die beim Aufbauverfahren wegen scheinbar unzureichender Signifikanz ausgeschieden werden. Dies trifft für eine Variable zu, die für sich allein betrachtet keine Signifikanz aufweist, deren Einfluß aber dann gesichert ist, wenn sie zusammen mit einer oder mehreren (ebenfalls nicht signifikanten) Variablen in die Regression einbezogen wird. Da beim Aufbauverfahren nur jeweils eine z-Variable, nicht dagegen eine Gruppe von z-Variablen gleichzeitig aufgenommen wird, kann diese Situation somit nicht erfaßt werden, und die Regressionsrechnung endet vorzeitig. Solche Fälle gegenseitiger Beeinflussung der exogenen Variablen treten meistens bei linearen und quadratischen Ansätzen der Einflußgrößen auf. Dies hängt da-

---

[45]) Stone, J. R. N.: The Analysis of Market Demand, in: Journal of the Royal Statistical Society 1945, S. 296 ff.

[46]) Johnston, J.: Econometric Methods, a. a. O., S. 205 f.

mit zusammen, daß im Bereich der waagerechten Tangente einer Parabel sowohl der lineare Einfluß als auch der entgegengesetzte quadratische Einfluß vorhanden sein müssen, um ein fast waagerechtes (allenfalls leicht gekrümmtes) Kurvenstück mit Hilfe eines Regressionsansatzes zu approximieren.

Um die Zahl aller für die Auswahl der „besten" Regressionen in Betracht kommenden Ansätze nicht einzuschränken, werden für die praktischen Rechnungen beide Methoden, das Abbauverfahren und das Aufbauverfahren, auf das zu lösende Regressionsproblem angewandt.

Am Beispiel der Faktorverbrauchsfunktion für den zeitspezifischen Dampfverbrauch ist das Aufbauverfahren in Tabelle 6 dargestellt. Für den ersten Regressionsschritt wird die Einflußgröße G ausgewählt, da sie die größte signifikante Korrelation zur Zielgröße D aufweist. Mit dieser Regression reduziert sich die nicht erklärte Varianz entsprechend dem multiplen Bestimmtheitsmaß um rund 30 %; der Standardfehler von D geht von 1.1 auf 0.9 zurück. Im zweiten Regressionsschritt wird auf der Grundlage des Auswahlprinzips die Größe I in den Regressionsansatz einbezogen. Beide Regressionskoeffizienten sind gegen Null gesichert. Der Standardfehler von D wird erneut reduziert und weist den Wert von 0.86 auf, wobei das multiple Bestimmtsheitsmaß auf 0.42 steigt. Am partiellen Korrelationskoeffizienten für r läßt sich der Einfluß gegenseitiger Abhängigkeit zwischen den exogenen Variablen aufzeigen. Wegen des Einflusses der im Regressionsansatz bereits enthaltenen Größen variiert der Koeffizient von -0.21 (Iteration 0) bis $+0.011$ (Iteration 2); seine Signifikanz geht dabei verloren, und die Irrtumswahrscheinlichkeit erreicht ihren höchsten Wert mit rund 81 %. Im Verlauf des dritten Regressionsschrittes, wobei die Einflußgröße G^2 ausgewählt wird, erreicht die partielle Korrelation von r mit 3 % Irrtumswahrscheinlichkeit wieder signifikante Werte. Wäre nun eine Signifikanzgrenze von z. B. 1 % Irrtumswahrscheinlichkeit vorgegeben, so müßte die Regressionsrechnung ohne eine Berücksichtigung von r abgebrochen werden. Da hier jedoch Irrtumswahrscheinlichkeiten von 5 % als zulässig gelten sollen, wird im vierten Regressionsschritt die Größe r in den Ansatz aufgenommen. Das multiple Bestimmtheitsmaß zeigt eine nicht erklärbare Varianz von rund 50 % an, und der verbleibende Standardfehler von D beträgt 0.8 gegenüber einem Anfangswert von 1.1. Die inneren Bestimmtheitsmaße sind bei allen Regressionsschritten, die sich auf einen Ansatz mit mehr als einer Einflußgröße beziehen, signifikant von Null verschieden, d. h. es kann in allen Fällen von einer linearen Abhängigkeit gesprochen werden. Besonders hoch ist das innere Bestimmtheitsmaß der Größen G und G^2; hier zeigt sich der bereits angedeutete Zusammenhang zwischen dem linearen und dem quadratischen Ansatz einer Zielgröße. Hohe innere Bestimmtheitsmaße beeinflussen die Schätzungen der Regressionskoeffizienten und ihre Varianzen nicht; die Schätzwerte der Regressionskoeffizienten sind jedoch stark von der betreffenden Kombination der Einflußgrößen im Regressionsansatz abhängig. Am deutlichsten wird dieser Effekt am Regressionskoeffizienten für G sichtbar,

| Variable | Exogene Variable | | | | | | Zielgröße D | | | Iteration |
	Partielle Korrelation	Signifikanz Irrtumswahrscheinlichkeit	Regressionskoeffizient	Signifikanz Irrtumswahrscheinlichkeit	Inneres Bestimmtheitsmaß	Signifikanz Irrtumswahrscheinlichkeit	Nicht erklärte Reststreuung	Multiples Bestimmtheitsmaß	Signifikanz Irrtumswahrscheinlichkeit	
I	− 0.219	$< 10^{-4}$					1.122			0
G	+ 0.543	$< 10^{-4}$								
G²	+ 0.496	$< 10^{-4}$								
r	− 0.213	$< 10^{-4}$								
I	+ 0.425	$< 10^{-4}$	+ 0.0216	$< 10^{-4}$	—	—	0.944	0.295	$< 10^{-4}$	1
G	− 0.355	$< 10^{-4}$								
G²	− 0.083	0.0804								
r										
I	− 0.373	$< 10^{-4}$	+ 0.0197	$< 10^{-4}$	0.638	$< 10^{-4}$	0.855	0.422	$< 10^{-4}$	2
G	+ 0.011	0.8097	+ 0.0405	$< 10^{-4}$	0.638	$< 10^{-4}$				
G²										
r										
I			+ 0.0191	$< 10^{-4}$	0.638	$< 10^{-4}$	0.794	0.503	$< 10^{-4}$	3
G			+ 0.121	$< 10^{-4}$	0.981	$< 10^{-4}$				
G²			− 0.000362	$< 10^{-4}$	0.9808	$< 10^{-4}$				
r	+ 0.101	0.0340								
I			+ 0.020	$< 10^{-4}$	0.655	$< 10^{-4}$	0.791	0.508	$< 10^{-4}$	4
G			+ 0.127	$< 10^{-4}$	0.983	$< 10^{-4}$				
G²			− 0.000381	$< 10^{-4}$	0.982	$< 10^{-4}$				
r			+ 0.725	0.0340	0.157	0.0340				

Tabelle 6

der ohne Berücksichtigung von G^2 (Iteration 2) einen Wert von 0.04 aufweist. Die Aufnahme von G^2 in die Regression steigert diesen Wert auf 0.12.

Es muß nun noch die Frage geklärt werden, ob die Anwendung des Abbauverfahrens bei diesem Regressionsproblem zu anderen Ergebnissen geführt hätte. Eine Nachprüfung erfolgt dadurch, daß der vollständige Regressionsansatz schrittweise zurückverfolgt wird. Dabei muß geprüft werden, ob jeweils die Kriterien des Ausscheidens der am wenigsten signifikanten Variablen und des Austausches gegen eine bereits ausgeschiedene Einflußgröße zu den gleichen Regressionsschritten geführt hätten, wie sie im Aufbauverfahren ausgeführt wurden. Im vorliegenden Fall führen beide Verfahren zu dem gleichen Ergebnis und zu der gleichen schrittweisen Entwicklung des Regressionsansatzes.

e) Konfidenzintervalle für die Schätzung der Zielgröße

Die Anwendung eines Regressionsansatzes bei der Planung ist naturgemäß nur dann sinnvoll, wenn gleichzeitig die Genauigkeit bekannt ist, mit der die fraglichen Planungswerte vorausbestimmbar sind. Werden in einer Regressionsfunktion die exogenen Variablen mit aktuellen Werten x_{i0} besetzt, so läßt sich damit ein entsprechender Wert $\bar{y}_0$ für die Zielgröße berechnen. Dieser Rechnungswert wird infolge des Einflusses der Zufallsvariablen u nicht immer mit dem tatsächlichen Wert y_0 übereinstimmen. Eine Aussage über die Größe von y_0 läßt sich daher nur im Rahmen eines Prognoseintervalls machen. Innerhalb dieser Prognose- bzw. Toleranzgrenzen liegen mit einer bestimmten Wahrscheinlichkeit die Werte der Regressionsfunktion für x_{10}, $x_{20}, \ldots, x_{m0}$.

Maßgebend für die Ausdehnung des Toleranzintervalls ist die Streuung S_w^2, mit der die Zielgröße y_0 vorausgesagt werden kann. Unter den als zutreffend vorausgesetzten Annahmen über den Regressionsansatz, wie z. B. Normalverteilung der Zufallsvariablen, gehören die Funktionswerte y_0 der Regression einer Normalverteilung an mit dem Erwartungswert $\bar{y}_0 = a_0 + \sum\limits_{i=1}^{m} a_i x_{i0}$ und der Varianz S_w^2. Es kann daher für die Zufallsgröße y_0 die folgende Abschätzung angegeben werden. Mit einer Wahrscheinlichkeit α gilt die Ungleichung[47])

$$(V.\,14a) \qquad \bar{y}_0 - \sqrt{F_{(1,\,n-m-1)}^{(1-\alpha)/2}\, S_w^2} \leq y_0 \leq \bar{y}_0 + \sqrt{F_{(1,\,n-m-1)}^{(1-\alpha)/2}\, S_w^2}$$

Innerhalb dieser Schranken liegen $100\,\alpha\,\%$ aller möglichen Werte für y_0. Zu jeder Regressionsfunktion läßt sich damit in Abhängigkeit von den Werten der exogenen Variablen eine Konfidenzzone bzw. ein Toleranzintervall konstruieren, für das eine entsprechende Wahrscheinlichkeitsaussage gilt.

---

[47]) $F_{(1,\,n-m-1)}^{(1-\alpha)/2}$ bezeichnet den Wert der F-Verteilung für eine Irrtumswahrscheinlichkeit $(1-\alpha)/2$ bei (1) und $(n-m-1)$ Freiheitsgraden.

Die Varianz S_w^2 setzt sich aus zwei Streuungskomponenten zusammen. Sie enthält die nicht erklärte Streuung der Zielgröße $S_y^2 \cdot x_1, \ldots, x_m$, d. h. die Streuung der Zufallsvariablen u. Dazu kommt die Streuung S_k^2; sie ergibt sich aus dem gemeinsamen Schätzfehler, mit dem die Regressionskoeffizienten behaftet sind. Die Ungenauigkeit der Koeffizientenschätzung wird durch die Varianz-Kovarianz-Matrix σ der Regressionskoeffizienten angegeben. Ihre Matrixelemente S_{ij} messen die Kovarianz zwischen den Regressionskoeffizienten der Variablen x_i bzw. x_j; die Diagonalelemente S_{ii} enthalten den Standardfehler ($s_i = \sqrt{S_{ii}}$) der Koeffizienten a_i. Außer den Zufallsabweichungen der Koeffizientenschätzung üben die aktuellen Werte x_{i0} einen Einfluß auf S_k^2 aus, der als Abweichung von ihrem Mittelwert ($x_{i0} - \overline{x}_i$) gemessen wird. Zur Berechnung von S_k^2 gilt die Beziehung:

$$(V.\,14b) \qquad S_k^2 = \frac{S_y^2 \cdot x_1, \ldots, x_m}{n} + \sum_i \sum_j (x_{i0} - \overline{x}_i)(x_{j0} - \overline{x}_j) \, S_{ij}.$$

Da nach Voraussetzung die Varianz der Zufallsvariablen von einer Variation der x_{i0} unabhängig ist, besteht zwischen $S_y^2 \cdot x_1, \ldots, x_m$ und S_k^2 keine Kovarianz, und S_w^2 ergibt sich aus der Summe beider Varianzen:

$$(V.\,14c) \qquad\qquad S_w^2 = S_y^2 \cdot x_1, \ldots, x_m + S_k^2$$

Werden die Reststreuung von y sowie die Varianzen und Kovarianzen als unabänderliche Daten eines Regressionsansatzes angesehen, so ist S_w^2 eine Funktion der x_{i0}, und S_w^2 wird um so größer, je weiter sich die aktuellen Werte der Einflußgrößen von ihrem Mittelwert entfernen. Das bedeutet: Die Genauigkeit der Prognose, ausgedrückt durch die Breite des Toleranzintervalls, nimmt mit der Distanz zu den durchschnittlich beobachteten Werten der exogenen Variablen ab.

Im Fall einer Regressionsfunktion mit nur einer Einflußgröße wird die Konfidenzzone durch eine Hyperbel zu beiden Seiten der Regressionslinie begrenzt. Für eine mehrdimensionale Regression reichen die Möglichkeiten der geometrischen Darstellung nicht aus. Daher wird für die zeichnerische Wiedergabe der Regressionsfunktionen im Rahmen der empirischen Untersuchung das folgende Verfahren angewandt: Die Regressionsfunktion wird jeweils nur in Abhängigkeit einer Einflußgröße bei Konstanz aller anderen Variablen zeichnerisch dargestellt, wobei zusammengehörende lineare und quadratische Glieder usw. zusammengefaßt werden. Um die Konfidenzzonen in einem zweidimensionalen Diagramm wiedergeben zu können, werden für die aktuellen Werte der übrigen, nicht dargestellten Einflußgrößen deren Mittelwerte angenommen. Dadurch verschwinden die Varianzen und Kovarianzen der Regressionskoeffizienten von den als konstant betrachteten Einflußgrößen. Das Regressionsdiagramm zeigt daher eine Regressionsfunktion mit ihrem Konfidenzintervall für den Fall, daß eine Einflußgröße variiert, während die übrigen Einflußgrößen konstant gehalten sind und ihren Mittelwert annehmen.

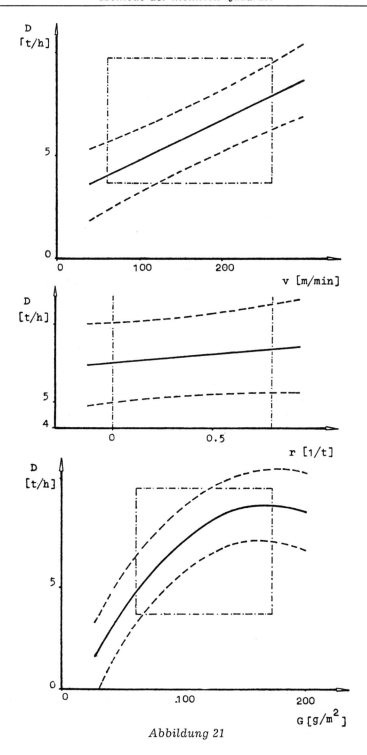

Abbildung 21

Die bereits berechnete Faktorverbrauchsfunktion läßt sich entsprechend ihren Einflußgrößen in drei Diagrammen (vgl. Abbildung 21) wiedergeben, wobei jeweils die Intensität I, das Flächengewicht G und der Abrißfaktor r als Veränderliche zu berücksichtigen sind. Alle Darstellungen zeigen eine Konfidenzzone, innerhalb deren 95 % aller möglichen Werte der Zielgröße liegen. Außerdem ist jener Bereich markiert, der alle für die Regressionsrechnung verfügbaren Beobachtungswerte einschließt. Naturgemäß lassen sich Prognosen außerhalb dieses Bereiches nicht vornehmen, da oftmals die Bedingungen der untersuchten Grundgesamtheit in diesen externen Gebieten keine Gültigkeit haben. Für die praktische Anwendung des Regressionsansatzes ist daher diese Begrenzung von größter Bedeutung. Diese Darstellungsweise vermittelt zugleich einen Eindruck von der Genauigkeit, mit der z. B. der Faktorverbrauch quantitativ bestimmt werden kann. Außerdem wird deutlich, in welchem Ausmaß durch die Variation einer Einflußgröße die Zielgröße, hier der Dampfverbrauch, beeinflußt werden kann. Die zeichnerische Darstellung des Dampfverbrauchs in Abhängigkeit vom Rißfaktor zeigt z. B., daß das Konfidenzintervall erheblich größer ist als die Zunahme der Faktorverbrauchsmenge bei erhöhter Abrißhäufigkeit.

f) Prüfung einiger Voraussetzungen der Regressionsanalyse

f1) Stochastische Unabhängigkeit der Residuen

Die Güte der statistischen Schätzungen hängt nicht nur von der Wahl des richtigen methodischen Ansatzes ab, sie wird im gleichen Maße von den Eigenschaften der Zufallsvariablen u beeinflußt. Es wurde bereits auf die Voraussetzungen hingewiesen, die erfüllt sein müssen, um beste Schätzungen zu erhalten. In dem Maße, wie diese Annahmen nicht mit dem empirischen Beobachtungsmaterial übereinstimmen, wird die Qualität der Schätzungen beeinträchtigt. Es können in besonders ungünstigen Fällen sowohl unrichtige Schätzwerte ermittelt als auch aufgrund unhaltbarer Signifikanztests falsche Schlußfolgerungen gezogen werden. Daher ist es unumgänglich, mit Hilfe entsprechender Testverfahren die Gültigkeit der Voraussetzungen für die Schätzungen am Beobachtungsmaterial nachzuweisen. Die beiden wichtigsten Bedingungen für die Anwendung der Kleinst-Quadrate-Methode zur Gewinnung von Maximum-Likelihood-Schätzungen sind die stochastische Unabhängigkeit der beobachteten Zufallsgrößen u_j und ihre Eigenschaft, einer gemeinsamen Normalverteilung mit konstanter Varianz anzugehören.

Den Grad der stochastischen Unabhängigkeit der Residuen mißt die Autokorrelation eines Regressionsansatzes. Insbesondere bei Zeitreihenanalysen, und um solche handelt es sich bei ökonometrischen Untersuchungen meistens, ist die Gefahr autokorrelierter Residuen besonders groß. Autokorrelierte Residuen, d. h. stochastisch abhängige Zufallsglieder in dem Regressionsansatz, beeinträchtigen zwar die Schätzungen der Erwartungswerte für die Regressionskoeffizienten nicht, sie haben aber falsche Schätzungen der

Varianzen zur Folge und führen daher zu unhaltbaren Signifikanztests[48]). Es ist somit von erheblicher Bedeutung, ob der Nachweis für das Fehlen von Autokorrelation gelingt. Als geeigneter Test für die stochastische Unabhängigkeit kann das Verfahren von Durbin-Watson herangezogen werden[49]). Sind u_j die Residuen bei der Anwendung des ermittelten Regressionsansatzes auf das Datenmaterial mit n Beobachtungen, so läßt sich die folgende d-Statistik berechnen:

$$(V.\,15) \qquad d = \frac{\displaystyle\sum_{j=2}^{n} (u_j - u_{j-1})^2}{\displaystyle\sum_{j=1}^{n} u_j^2}$$

Durbin und Watson haben für ihre Prüfgröße die Werte einer unteren Schranke d_u und einer oberen Schranke d_o tabelliert, die sowohl die Zahl der Beobachtungen n als auch die Anzahl der exogenen Variablen m als Freiheitsgrade berücksichtigen. Je nach Lage von d zu den Schranken läßt sich eine Aussage über das Vorliegen von Autokorrelation machen. Es sind dabei drei Fälle zu unterscheiden:

1. $d \leq d_u$, positive Autokorrelation liegt vor;

2. $d_u < d < d_o$, der Test ist unentschieden und liefert keine Aussage;

3. $d \geq d_o$, stochastische Unabhängigkeit kann angenommen werden.

Für die Regression der Dampfverbrauchsfunktion erreicht die d-Statistik einen Wert von 0.98. Die Schranken sind bei n = 446 und m = 4 als $d_u = 1.6$ und $d_0 = 1.78$ angegeben[50]). Die d-Statistik liegt im Invervall unterhalb d_u, so daß hier von stochastischer Unabhängigkeit der Residuen nicht gesprochen werden kann.

f2) Normalität der Residualverteilung

Die wahrscheinlichkeitstheoretische Interpretation der Kleinst-Quadrate-Methode gründet sich auf die Annahme, daß die Zufallsvariable u eine Normalverteilung aufweist. Eine empirische Realisation der Residualverteilung ist durch die Residuen des Regressionsansatzes gegeben. Wird die Regressionsfunktion auf jede Beobachtung des vorliegenden Datenmaterials angewandt, berechnen sich die Zufallsabweichungen aus den Differenzen zwischen den geschätzten und den beobachteten Werten der Zielgröße. Die empirisch nachgewiesenen Zufallsabweichungen repräsentieren somit eine

---

[48]) Vgl. dazu: Johnston, J.: Econometric Methods, a. a. O., S. 177 ff.

[49]) Durbin, J. und G. S. Watson: Testing for Serial Correlation in Least Squares Regression, Teil I, in: Biometrica 1950, S. 409 ff., Teil II, in: Biometrica 1951, S. 159 ff.; siehe auch: Theil, H. und A. L. Nagar: Testing the Independence of Regression Disturbances, in: JASA 1961, S. 793 ff.

[50]) Durbin, J. und G. S. Watson: Teil II, a. a. O., S. 162.

Stichprobe der Zufallsveränderlichen u; von dieser durch die Stichprobe repräsentierten empirischen Verteilung kann auf die Wahrscheinlichkeitsverteilung der Zufallsgröße geschlossen werden.

Die Existenz normal verteilter Residuen hat insbesondere für Signifikanztests und bei der Angabe von Toleranzintervallen eine Bedeutung. Sämtliche Prüfverfahren und Abschätzungen unterstellen für die untersuchten Zufallsvariablen (z. B. die Regressionsparameter) eine Normalverteilung. Diese wird auf der Grundlage normal verteilter Residuen hergeleitet, da die bei der Regressionsrechnung vorkommenden linearen Transformationen der Zufallsabweichungen den Verteilungstypus nicht ändern. Läßt sich der Nachweis für die Normalverteilung der Zufallsabweichungen nicht erbringen, so ist die Signifikanzprüfung nicht wertlos. Nach dem zentralen Grenzwertsatz kann z. B. der F-Test auch dann ohne größeren Fehler Anwendung finden, wenn über die Verteilung der beobachteten Größen nichts bekannt ist[51].

Eine Darstellung der empirischen Residualverteilung verfolgt im Rahmen der vorliegenden produktionstheoretischen Untersuchungen auch den Zweck, das Ausmaß und die Größenordnung der Abweichungen aufzuzeigen. Die Residuen lassen erkennen, wie groß im Einzelfall der Unterschied zwischen den mit Hilfe der Regressionsanalyse gewonnenen Planungsdaten und den tatsächlichen Meßwerten ist. Allerdings sollte bei der Beurteilung dieser Frage berücksichtigt werden, daß die Meßwerte ihrerseits mit Fehlern behaftet sind und somit auch zu große Abweichungen anzeigen können.

Die im folgenden erwähnten Verfahren zur Prüfung einer empirischen Verteilung auf Normalität setzt die Existenz unabhängiger Zufallsgrößen voraus. Für einen Test auf Normalverteilung kommen im wesentlichen drei Verfahren in Frage: der Test von Kolmogoroff[52], die Momentenmethode[53] und die χ^2-Methode[54]. Im Rahmen der empirischen Untersuchungen wird vornehmlich die χ^2-Methode verwendet, bisweilen stützt sich die Prüfung auch auf die Momentenmethode. Es werden dabei Schiefe und Exzeß der zu prüfenden Wahrscheinlichkeitsverteilung aus den Momenten der empirischen Verteilung geschätzt. Für eine Normalverteilung müssen beide Größen Null sein. Unter Zuhilfenahme der Varianzen kann eine normal verteilte Testgröße mit dem Mittelwert 0 und der Streuung 1 konstruiert werden, die es gestattet, eine signifikante Verschiedenheit von Null nachzuweisen, was zur Ablehnung der Normalverteilung führen würde. Die χ^2-Methode dagegen benutzt nicht die speziellen Eigenschaften der Normalverteilung, sie ist zur Prüfung beliebiger Verteilungstypen anwendbar. Der Bereich, in welchem die Beobachtungsgrößen liegen, wird in gleiche Intervalle geteilt, außerdem wird festgestellt, mit welcher Häufigkeit diese besetzt sind. Ein Vergleich dieser empirischen Häufigkeitsverteilung mit der Dichtefunktion der erwähnten

---

[51] Siehe dazu: Waerden, B. L. van der, a. a. O., S. 246 f.

[52] Ebenda, S. 67 ff.

[53] Cramér, H., a. a. O., S. 341 ff.; Waerden, B. L. van der, a. a. O., S. 230.

[54] Waerden, B. L. van der, a. a. O., S. 230 f; Cramér, H., a. a. O., S. 437 ff.

Verteilung liefert den χ^2-Test, in dem für jedes der Intervalle die Abweichungen der empirischen von der aufgrund der Verteilung zu erwartenden theoretischen Häufigkeit festgestellt wird. Als Testgröße dienen die über alle Intervalle summierten χ^2-Werte; je größer die Abweichungen insgesamt sind, desto stärker wächst die Testgröße, und die Wahrscheinlichkeit für eine Übereinstimmung nimmt ab bzw. wird Null.

In Abbildung 22 ist die empirische Häufigkeitsverteilung der Residuen für das Beispiel der Faktorverbrauchsfunktion dargestellt. Eine Anwendung des Regressionsansatzes auf das Datenmaterial ergibt Abweichungen zwischen — 2.19 und + 2.82 (t/h).

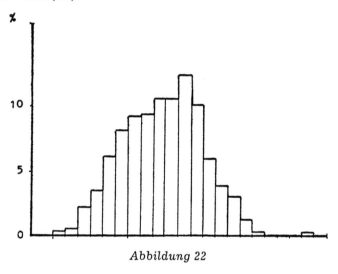

Abbildung 22

Die Ergebnisse des Tests auf Normalverteilung der Residuen mit Hilfe der χ^2-Methode sind in Tabelle 7 dargestellt. Aus dem Unterschied zwischen den beobachteten und den nach dem Gesetz der Normalverteilung erwarteten Klassenhäufigkeiten geht hervor, daß die empirische Häufigkeitsverteilung nur unwesentlich vom Bild der Normalverteilung abweicht. Dies wird auch durch die Summe der χ^2-Werte bestätigt, sie erreicht 9.1 bei 12 Freiheitsgraden. Ein Vergleich mit der χ^2-Tabelle zeigt, daß die Irrtumswahrscheinlichkeit für eine Ablehnung der Normalverteilung in diesem Fall weit unter 10 % liegt. Damit läßt sich die Behauptung aufrechterhalten, daß die Residuen normal verteilt sind[55]).

---

[55]) Die Prüfung der empirischen Häufigkeitsverteilung nach der Momentenmethode liefert für die nicht gruppierten Residuen folgende Werte:

	Schiefe	Exzeß	Prüfgröße
Mittelwert	— 0.056	— 0.22	0.48
Streuung	0.116	0.23	0.96

Wie die Prüfgrößen zeigen, sind die Erwartungswerte für Schiefe und Exzeß der Residualverteilung nicht signifikant von Null verschieden. Damit sind zwei wesentliche Merkmale der Normalverteilung gegeben, so daß auch in diesem Fall die Annahme normal verteilter Residuen nicht zurückgewiesen werden kann.

Klasseneinteilung von	bis	Beobachtete Häufigkeiten	Erwartete Häufigkeiten	χ^2
$-\infty$	-1.69	5	7.21	0.68
-1.69	-1.44	10	8.05	0.47
-1.44	-1.19	16	14.30	0.20
-1.19	-0.94	28	22.98	1.10
-0.94	-0.69	36	33.41	0.20
-0.69	-0.44	41	43.93	0.20
-0.44	-0.19	42	52.25	2.01
-0.19	$+0.06$	52	56.21	0.32
$+0.06$	$+0.32$	52	54.70	0.13
$+0.32$	$+0.57$	55	48.15	0.97
$+0.57$	$+0.82$	45	38.34	1.16
$+0.82$	$+1.07$	27	27.61	0.01
$+1.07$	$+1.32$	17	17.99	0.05
$+1.32$	$+1.57$	13	10.60	0.54
$+1.57$	$+\infty$	7	10.27	1.04
Summe		446	446.00	9.09

Tabelle 7

g) Signifikanzprüfung bei artmäßigen Qualitätsmerkmalen

Der Einfluß von Qualitätsänderungen der Produktionsfaktoren und Produkte wird im Produktionsmodell der betriebswirtschaftlichen Faktorkombination durch die Daten der Q-Situation berücksichtigt. Die Komponenten des Vektors Q können sowohl zahlenmäßige als auch artmäßige Qualitätsmerkmale bezeichnen. Für das ökonometrische Modell haben zahlenmäßige Merkmale die Bedeutung von exogenen Variablen. Sie sind zusätzliche Einflußgrößen, die zur Erklärung der Zielgrößen beitragen. Im Regressionsansatz werden diese Qualitätseinflußgrößen in gleicher Weise behandelt wie z. B. die Variablen der V-Situation.

Bei artmäßigen Merkmalen kann ähnlich verfahren werden, wenn sie mit Hilfe von 0—1-Variablen quantifiziert sind[56]). Derartige Variable sind so definiert, daß ihnen der Wert 1 zugewiesen wird, wenn das betreffende artmäßige Merkmal festzustellen ist, und sie den Wert 0 erhalten, wenn das Merkmal fehlt. Sie gehen als sogenannte Scheinvariable (dummy variables) in den Regressionsansatz ein[57]). Ist der zugehörige Regressionskoeffizient signifikant von Null verschieden, so ist daran zu erkennen, daß das betreffende artmäßige Merkmal einen wesentlichen Einfluß auf die betreffende Zielgröße ausübt.

---

[56]) Vgl. dazu S. 46 ff. dieser Arbeit.
[57]) Siehe: Johnston, J.: Econometric Methods, a. a. O., S. 221 ff.

Für die empirische Untersuchung des Mengengerüstes der Produktion hat der Einfluß artmäßiger Merkmale insofern eine Bedeutung, als nicht sämtliche Qualitätseigenschaften durch zahlenmäßige Merkmale wiedergegeben werden können. In manchen Fällen ist es aus praktischen Gründen unmöglich, sämtliche wesentlich erscheinenden Qualitätseinflüsse einzeln zu bestimmen und zu messen. Während somit nur ein Teil der gesamten Q-Situation zahlenmäßig zu erfassen ist, bleibt ein Komplex von Qualitätseigenschaften, der sich nur mit der Feststellung umschreiben läßt, er sei im Vergleich mit anderen Produkten oder Einsatzgütern typisch für das Erzeugnis A oder den Produktionsfaktor B.

Gelingt es jedoch, alle Qualitätseinflüsse, die für eine bestimmte Faktorkombination im Rahmen ihrer qualitativen Kapazität wesentlich sind, mit Hilfe der Q-Situation zu quantifizieren, so besteht die Möglichkeit, ein Produktionsmodell zu entwickeln, das zugleich für das gesamte Produktionsprogramm dieser produktiven Kombination repräsentativ ist. Die sortenabhängigen Unterschiede der Produkte kommen in den einzelnen Komponenten der Q-Situation zum Ausdruck. Soll das Produktionsmodell für eine Produktsorte spezifiziert werden, so ist nur erforderlich, daß den entsprechenden Daten der Q-Situation die für diese Sorte maßgebenden, konstanten Werte zugeordnet werden.

Somit ist es möglich, für eine ganze Gruppe von Produkten ein gemeinsames empirisches Produktionsmodell zu entwickeln. Dies hat den Vorteil, daß die Datensituation des betrieblichen Produktionsbereiches erheblich einfacher und zugleich umfassender dargestellt werden kann.

Es ist klar, daß eine Gruppe von Produkten, deren Herstellungsprozesse durch ein gemeinsames Produktionsmodell beschrieben werden, eine gewisse qualitative Homogenität aufweisen muß. Diese Bedingung ist zum Teil bereits dadurch erfüllt, daß die Produktgruppe nur solche Erzeugnisse umfaßt, die von einer bestimmten Produktionsanlage z. B. ohne Änderung der Z-Situation hergestellt werden können. Darüber hinaus müssen weitere Gemeinsamkeiten innerhalb einer derartigen Produktgruppe bestehen: Die Q-Situation darf nur solche Komponenten enthalten, die für alle Produkte gleichermaßen relevant sind. Spielen artmäßige Merkmale eine Rolle, die individuelle Qualitätseigenschaften der einzelnen Produkte betreffen, so wäre es unzweckmäßig, ein gemeinsames Modell aufzustellen, da nunmehr die Homogenität der Produktgruppe nicht mehr gewährleistet ist. In diesem Fall besteht nur die Möglichkeit, ein individuelles Produktionsmodell aus dem empirischen Datenmaterial zu bestimmen; spezielle Qualitätsmerkmale, die den Herstellungsprozeß dieses Produktes kennzeichnen, kommen implizit in den Regressionskoeffizienten des entsprechenden Modells zum Ausdruck.

Demnach kann die geforderte Homogenität einer Produktgruppe dadurch geprüft werden, daß die Signifikanz möglicher, artmäßiger Merkmale der einzelnen Produkte untersucht wird. Ist der Einfluß artmäßiger Merkmale eines Produktes empirisch relevant, so weicht das individuelle Produktionsmodell dieses Erzeugnisses vom durchschnittlichen Produktionsmodell der gesamten Gruppe ab. Der Herstellungsprozeß dieses Produktes muß in einem gesonderten Modell dargestellt werden.

Am Beispiel der bereits untersuchten Dampfverbrauchsfunktion kann nun ebenfalls geprüft werden, ob sie als empirisches Produktionsmodell für eine Produktgruppe dienen kann. Für den bereits bekannten Regressionsansatz wurde angenommen, daß als einzige Komponente der Q-Situation das Flächengewicht G des Papiers ausreicht, sämtliche von der betreffenden Papiermaschine erzeugten Papiersorten hinreichend zu beschreiben. Die Richtigkeit dieser Unterstellung läßt sich dadurch überprüfen, daß systematisch für sämtliche Papiersorten ein Test über die Signifikanz ihrer artmäßigen Merkmale durchgeführt wird. Für die beiden Papiersorten A und B ergibt sich z. B. folgendes Bild: Die spezifischen, produktbezogenen artmäßigen Merkmale werden mit Hilfe einer 0-1-Variablen A bzw. B quantifiziert. Der Regressionsansatz hat die Gestalt:

$$D_A = a_0 + a_1 I + a_2 G - a_3 G^2 + a_4 A$$
$$(\pm\ 65\ ^0/_0)$$

$$D_B = b_0 + b_1 I + b_2 G - b_3 G^2 + b_4 B$$
$$(\pm\ 19\ ^0/_0).$$

Der große Standardfehler der Einflußgröße A von 65 $^0/_0$ deutet an, daß ein individueller Einfluß des Produktes A empirisch nicht signifikant ist. Dieses Produkt weist also die für ein gemeinsames Produktionsmodell erforderliche qualitative Homogenität auf. Im Unterschied zu Papiersorte A ist der individuelle Einfluß des Produktes B im Modell der Dampfverbrauchsfunktion signifikant. Hier werden Qualitätseigenschaften sichtbar, die sich nicht allein durch die Q-Komponente Papiergewicht erfassen lassen. Der Produktionsprozeß des Produktes B könnte demnach nicht durch ein gemeinsames empirisches Produktionsmodell dargestellt werden. In diesem Zusammenhang ist gleichfalls bedeutsam, daß der Abrißfaktor seine Signifikanz verliert, wenn in den Regressionsansatz artmäßige Merkmale der Produkte einbezogen werden. Diese Erscheinung läßt sich damit erklären, daß das Abrißverhalten ein Bestandteil des artmäßigen Merkmalskomplexes bestimmter Produkte ist.

Mit Hilfe der 0-1-Variablen können systematisch alle Produkte des Produktionsprogramms auf ihre qualitative Homogenität geprüft werden. Als Ergebnis läßt sich dann eine Produktgruppe auswählen, für die ein gemeinsames empirisches Produktionsmodell existiert. Die Darstellung des empirisch relevanten Mengengerüstes vereinfacht sich dadurch erheblich; zugleich lassen sich die quantitativen Interdependenzen zwischen den einzelnen Produkten des Produktionsprogramms einer Faktorkombination sichtbar machen.

Ähnliche Überlegungen können auch für den Fall angestellt werden, daß z. B. für eine Gruppe von Produktionsanlagen des gleichen Typs ein gemeinsames Produktionsmodell aufgestellt werden soll. Eine ausreichende qualitative Homogenität dieser Anlagen ist dadurch gegeben, daß es sich um konstruktionstechnisch gleiche Aggregate handelt. Unterschiede zwischen den mit diesen Anlagen gebildeten Faktorkombinationen können sich z. B. aus der unterschiedlichen Qualität des Bedienungspersonals oder aus besonderen Umwelteinflüssen ergeben, die im einzelnen nicht erfaßbar sind. Auch in diesem Fall kann mit Hilfe des Ansatzes von 0-1-Variablen in den Regressionsfunktionen des Produktionsmodells geklärt werden, ob zusätzliche, artmäßige und für eine Anlage typische Merkmale die Homogenität dieser Aggregatgruppe stören[58]).

5. Das praktische Auswertungsverfahren

Neben der Auswahl geeigneter mathematisch-statistischer Verfahren erfordert eine empirische Untersuchung die Bewältigung umfangreicher Datenverarbeitungsaufgaben. Es ist in diesem Zusammenhang zu erwähnen, daß für die einzelnen Untersuchungsobjekte zwischen 20 000 und 500 000 Beobachtungswerte vorlagen, die für eine statistische Analyse aufbereitet werden mußten. In einer knappen Skizze soll daher der Ablauf des für die empirische Untersuchung verwendeten Auswertungsverfahrens dargestellt werden.

Das Verfahren läßt sich, wie Abbildung 23 zeigt, in eine Folge von Arbeitsstufen unterteilen.

Stufe I: Vor Beginn der Auswertung werden alle im Laufe des Untersuchungszeitraums gesammelten Betriebsaufzeichnungen auf ihre Verwendbarkeit geprüft. Brauchbare Aufzeichnungen müssen anschließend auf Informationsträgern festgehalten werden, so daß sie von einer Datenverarbeitungsanlage gelesen werden können. Nur in seltenen Fällen ist das betriebliche Zahlenmaterial auf Lochkarten oder Lochstreifen festgehalten. Meistens müssen die Daten aus handschriftlichen Betriebsaufschreibungen exzerpiert werden. Oft besteht auch nur die Möglichkeit, z. B. durch Ausmessen oder Planimetrieren von Meßwertkurven die relevanten Faktorverbrauchs- bzw. Leistungsmengen usw. zu gewinnen. Von der neu angelegten Datenurliste werden die Informationen auf Lochkarten übertragen. Es ist klar, daß jedes Versäumnis und jede Ungenauigkeit in dieser ersten Arbeitsphase die Qualität der gesamten Auswertung erheblich beeinträchtigt, wenn nicht sogar in Frage stellt. Mangelhafte bzw. unvollständige Betriebsaufschreibungen, Übertragungsfehler oder unzulängliche Auswertung der Kurvendiagramme tragen dazu bei, die nicht erklärbare Varianz der Regressionsansätze zu vergrößern. Unter Berücksichtigung dieses Sachverhaltes gewinnt die automa-

---

[58]) Ein Anwendungsbeispiel zu dieser Fragestellung ist auf S. 274 ff. dieser Arbeit angegeben.

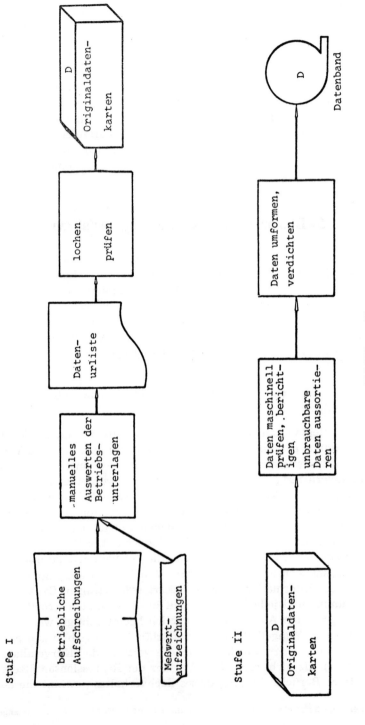

Abbildung 23

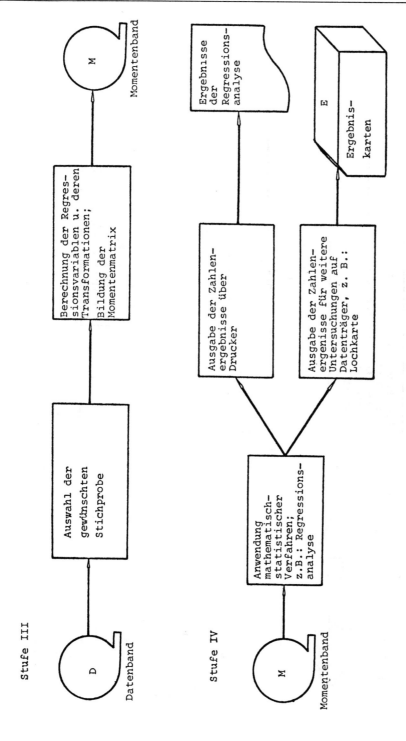

Stufe III

Datenband

Momentenband

Auswahl der
gewünschten
Stichprobe

Berechnung der Regres-
sionsvariablen u. deren
Transformationen;
Bildung der
Momentenmatrix

Stufe IV

Momentenband

Anwendung
mathematisch-
statistischer
Verfahren;
z.B.: Regressions-
analyse

Ausgabe der Zahlen-
ergenisse über
Drucker

Ausgabe der Zahlen-
ergenisse für weitere
Untersuchungen auf
Datenträger, z. B.:
Lochkarte

Ergebnisse
der
Regressions-
analyse

Ergebnis-
karten

Abbildung 23 (Fortsetzung)

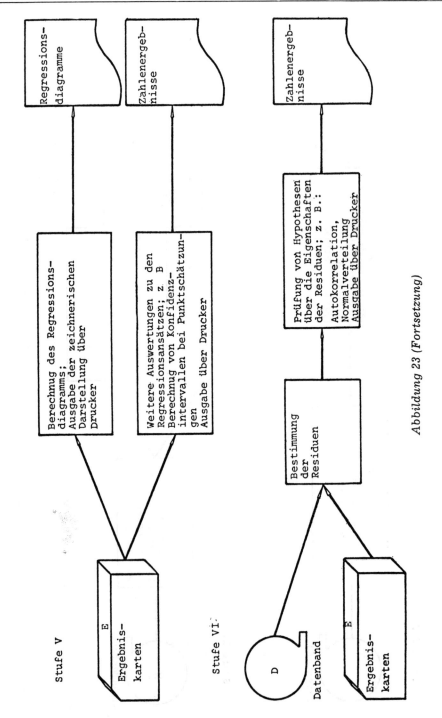

Abbildung 23 (Fortsetzung)

tische Erfassung von Betriebsdaten an Bedeutung. Die technischen Voraussetzungen können heute geschaffen werden, um das erforderliche Zahlenmaterial automatisch zu erfassen und es auf geeigneten Datenträgern, z. B. Magnetbändern, zu speichern oder direkt an einen zentralen Rechner zu liefern.

Stufe II: Mit der Übernahme des Datenmaterials auf Lochkarten können die folgenden Arbeiten in vollem Umfang dem Rechenautomaten übertragen werden. Es besteht nunmehr die Möglichkeit, durch geeignete Prüfprogramme weitere Fehlermöglichkeiten auszuschließen. So erfolgt eine nochmalige, maschinelle Kontrolle der gesamten Daten; es wird z. B. festgestellt, ob für alle Beobachtungen die Beobachtungswerte vollzählig vorhanden sind bzw. ob sie innerhalb eines bestimmten, technisch vorgegebenen Intervalls liegen. Ferner ist es zweckmäßig, jetzt schon eine Umformung bzw. Verdichtung der Daten vorzunehmen, indem z. B. eine Reihe von Zahlenangaben kumuliert oder zu Durchschnittswerten zusammengefaßt wird. Zur Speicherung des kontrollierten Zahlenmaterials finden Magnetbänder Verwendung, da die statistische Analyse sich im wesentlichen eines seriellen Datenzugriffs bedient.

Stufe III: Die auf dem „Datenband" gespeicherten Informationen stellen eine Datenmatrix von n Zeilen und m Spalten dar. In jeder Zeile ist eine Beobachtung mit je m Beobachtungswerten enthalten. Die Spalten der Matrix bezeichnen somit alle Werte, die für eine Beobachtungsgröße im Laufe des Untersuchungszeitraumes festgestellt wurden. Können sämtliche Beobachtungen einer gemeinsamen Grundgesamtheit zugeordnet werden, so repräsentiert die Datenmatrix eine Stichprobe im statistischen Sinne. Handelt es sich um Beobachtungsmaterial, das Stichproben verschiedener Grundgesamtheiten umfaßt, so müssen die einer bestimmten Grundgesamtheit angehörenden Beobachtungen ausgewählt und zu einer speziellen Stichprobe zusammengefaßt werden. Wenn z. B. das empirische Beobachtungsmaterial Produktionsdaten mehrerer, verschiedener Anlagen enthält, so ist es erforderlich, alle Beobachtungswerte, die einem Aggregat zugeordnet sind, zu einer Stichprobe zu vereinigen. Eine derartige Auswahl der Stichproben ist für alle Auswertungen Voraussetzung, die sich auf eine spezielle Grundgesamtheit beziehen.

An die Datenauswahl schließt sich in Stufe III die Aufstellung der Momentenmatrix an. Es werden die Momente sämtlicher Einflußgrößen und deren Transformationen, die für eine Regressionsanalyse in Frage kommen, berechnet[59]). Zusammen mit ihren Mittel- und Extremalwerten, dem Stichprobenumfang und bestimmten Angaben über das Sortierkriterium der Stichprobe usw. werden die Momente in der sogenannten „Momentenmatrix" zusammengefaßt und auf dem „Momentenband" gespeichert. Dieses Verfah-

---

[59]) Zum numerischen Verfahren siehe z. B.: Mordecai, E., und K. A. Fox, a. a. O., S. 489 ff.; Efroymson, M. A., a. a. O., S. 191 ff.

ren hat den Vorteil, daß für spätere Regressionsrechnungen das zeitraubende Durcharbeiten des Datenbandes wegfällt, da in der Momentenmatrix alle erforderlichen Informationen enthalten sind. So gelingt es, die statistisch relevante Aussage von einigen hunderttausend Beobachtungswerten auf eine quadratische Matrix[60]) zu komprimieren. Dieser Vorzug macht sich vor allem bei der Auswertung großer Datenmengen bemerkbar, da immer wieder neue Regressionsansätze unabhängig von den Originaldaten berechnet werden können[61]).

Stufe IV: Auf der Grundlage des „Momentenbandes" folgt die Berechnung der Regressionsansätze. Die Ergebnisse werden zunächst schriftlich ausgegeben; in besonderen Fällen erfolgt die Ausgabe auch über einen zusätzlichen Informationsträger, z. B. über Lochkarten. Diese Ergebniskarten dienen als Eingabedaten für weitere statistische Untersuchungen.

Stufe V: Mit Hilfe der Regressionsergebnisse werden die Regressionsfunktionen mit den entsprechenden Konfidenzzonen zeichnerisch dargestellt. Als weitere Auswertung können sich daran Hypothesenprüfungen, z. B. über die Identität mehrerer Regressionsfunktionen, anschließen.

Stufe VI: In der letzten Arbeitsstufe werden Untersuchungen über die Eigenschaften der Residuen durchgeführt. Zur Berechnung der Residuen sind sowohl die Ergebniskarten als auch das Datenband erforderlich. Die Ergebniskarten liefern die Regressionsfunktion, das Datenband gibt die aktuellen Werte der exogenen Variablen und der Zielgröße an. Das Residuum jeder Beobachtung ergibt sich aus der Differenz zwischen dem berechneten und dem aktuellen Wert der Zielgröße. Sind die Residuen bekannt, so können Hypothesen über das Vorhandensein einer Autokorrelation bzw. über den Typ der Residualverteilung geprüft werden.

Damit sind die wesentlichen Eigenschaften des für die empirische Untersuchung entwickelten Auswertungsverfahrens dargestellt. Durch zweckentsprechende Programmierung dieses Auswertungsverfahrens kann erreicht werden, daß sämtliche wesentlichen Arbeiten automatisch und ohne manuellen Eingriff ablaufen können.

---

[60]) Wegen der Symmetrie der Momentenmatrix genügt es, eine Hälfte der Matrix zu speichern.

[61]) Es ist in diesem Zusammenhang bemerkenswert, daß andere statistische Verfahren, wie z. B. die Simultanschätzungsmethoden, ebenfalls die Momentenmatrix als Ausgangsdatum benutzen.

Kapitel VI

Ergebnisse aus betrieblichen Untersuchungen

1. Elektrizitätserzeugung im Dampfkraftwerk

a) Technologische Grundlagen der untersuchten Faktorkombination

Gegenstand dieser Untersuchung ist die Produktion elektrischer Energie in einem Dampfkraftwerk, das Strom an das öffentliche Netz liefert. Die Produktion vollzieht sich als Energiewandlungsprozeß, der folgendermaßen schematisch beschrieben werden kann: Chemische Energie, die in den Brennstoffen Kohle bzw. Öl gebunden ist, wird im Verlauf eines exothermen Verbrennungsvorgangs als Wärme freigesetzt und an den Dampferzeuger abgegeben. Zur Übertragung der Wärmeenergie dient Wasser, das bei seiner Verdampfung im Dampferzeuger die verfügbare Wärmemenge aufnimmt. Der hochgespannte Dampf wird zur Turbine geführt und treibt deren Rotor an. Dabei gibt der Dampfstrom seine Wärmeenergie in Form von Druck- und Bewegungsenergie an die Turbinenwelle ab. Der Stromgenerator ist mit der Turbinenwelle schlupffrei gekoppelt und wandelt die mechanische Energie in elektrischen Strom um, der über einen Transformator in das Netz eingespeist wird.

Die primäre, betriebliche Faktorkombination des Dampfkraftwerkes ist durch die häufig anzutreffende Blockbauweise vorgegeben. Blockbauweise bei Kraftwerken bedeutet, daß mehrere Blöcke, bestehend aus Dampferzeuger, Turbine und Generator, zu einem Betrieb zusammengefaßt werden. Jeder Block ist ein Kraftwerk im kleinen und wird meistens unabhängig von den anderen Turbosätzen eines Werkes betrieben. Die Maschinen eines Blocks sind technisch starr miteinander gekoppelt. Ihr Produktionsverhalten wird von der Leistungsabgabe der Gesamtanlage bestimmt. Eine weitere technische Differenzierung des Turbosatzes in kleinere Aggregate bringt aus produktionstheoretischer Sicht keinen Vorteil; es ist daher zweckmäßig, den gesamten Kraftwerkblock einschließlich seiner Hilfsmaschinen als einheitliches Aggregat aufzufassen, das den Kern der primären Faktorkombination für die Elektrizitätserzeugung bildet.

Die empirische Untersuchung stützt sich auf Betriebsdaten eines Blocks mit einer elektrischen Maximalleistung von 130 MW[1]). Abbildung 24 zeigt in vereinfachter, schematischer Darstellung den Aufbau und die Wirkungs-

---

[1]) MW = Megawatt, entsprechend 10⁶ Watt.

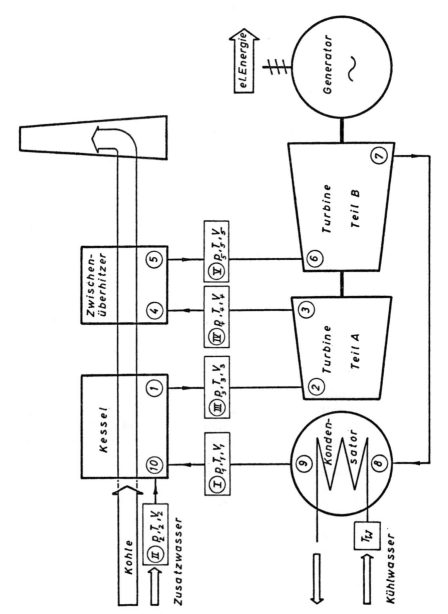

Abbildung 24

weise dieser Anlage. Die Heizenergie der Kohlefeuerung wird aus thermodynamischen Gründen in zwei Stufen an den Wasserdampf abgegeben. In
Punkt 1 verläßt der Heißdampf den Kessel und wird im Teil A der Turbine
teilweise entspannt. Anschließend gelangt der abgekühlte Dampf bei Punkt
4 in den Zwischenüberhitzer und entnimmt den Flammengasen der Feuerung
erneut Wärmeenergie. Der überhitzte Dampf durchströmt nunmehr den Teil
B der Turbine und tritt anschließend in den Kondensator ein. Der Kondensator ist die unterste Temperaturstufe des nutzbaren Wärmegefälles; die
thermodynamisch nicht mehr verwertbare Wärmemenge wird dem Dampf
durch das Kühlwasser entzogen, so daß er kondensiert. Das Kondenswasser
wird bei Punkt 10 dem Kessel zugeführt, und der thermische Kreisprozeß
nimmt wieder seinen Anfang. Zum Ausgleich von Leckverlusten im Wasser-
Dampf-Kreislauf wird Zusatzwasser in den Kessel geleitet.

Für die Formulierung des hier dargestellten Produktionsmodells sind einige
Vorbetrachtungen erforderlich. So ist zu klären, in welchen Mengengrößen
Faktorverzehr und Produktionsleistung gemessen werden sollen. Ferner be-
darf die Frage einer Erörterung, welche Produktionsfaktoren im Modell
quantitativ berücksichtigt werden können und welche Einflußgrößen der Q-,
V- und Z-Situation in den Ansatz einzubeziehen sind.

Die Produkteinheit des Kraftwerkblocks ist eine Megawattstunde (MWh);
sie mißt eine bestimmte, an den Verbraucher abgegebene Menge elektrischer
Energie. Wird die kumulierte Produktion eines Betrachtungszeitraumes T (h)
mit $\overline{X}$ bezeichnet und in der Dimension MWh angegeben, so kann die pro
Zeiteinheit erstellte Produktmenge, d. h. die Leistung der Faktorkombination,
als

(VI. 1a) $$X(MW) = \overline{X}/T(MWh/h)$$

geschrieben werden. Als Maß für die Leistungseinheit X wird die Dimension
1 MW gewählt.

Das Produktionsverhalten, d. h. die Leistungsabgabe der Faktorkombination,
wird im wesentlichen durch den Einsatz thermischer Energie bestimmt. Die
zugeführte Wärmeenergie ergibt sich aus dem Dampfdurchsatz bzw. dem
Kohleverbrauch. Weitere Produktionsfaktoren der Kombination sind neben
den im Maschinenaggregat zusammengefaßten Faktoren z. B. Wartungsarbeit, Schmiermittel, Zusatzwasser und Bedienungsarbeit. Erfahrungsgemäß
ist der Mengenverbrauch dieser Faktoren zeitlich konstant, d. h. eine Leistungsabhängigkeit liegt entweder nicht vor, oder sie ist quantitativ so wenig
bedeutsam, daß sie vernachlässigt werden kann. Aus diesem Grunde wurde
nur ein Teilmodell der Faktorkombination, bestehend aus einer Leistungsfunktion und der Faktorverbrauchsfunktion für Wärmeenergie, empirisch
untersucht.

Die Anlage wird mit Kohle beheizt, und es wäre naheliegend, die Menge
des Einsatzfaktors Kohle im Rahmen des Produktionsmodells funktional
erklären zu wollen. Eine Verwirklichung dieses Vorhabens stößt jedoch auf

erhebliche Schwierigkeiten. Die Kohlenmenge ist nur dann ein Maß für den Faktorverzehr, wenn zugleich ihr Heizwert bekannt ist. Da der Heizwert der Feuerungskohle sehr unterschiedlich sein kann, lassen sich aussagefähige Mengengrößen nur unter Berücksichtigung des Heizwertes angeben. Für die vorliegende Untersuchung wäre somit eine laufende Bestimmung der Kohlenmengen und ihrer Heizwerte erforderlich gewesen. Wegen des damit verbundenen technischen Aufwandes[2]) mußte auf eine Messung dieser Daten verzichtet werden. Daher wird anstelle des Kohleverbrauchs der Wärmeverbrauch der Turbine als Maß für den Faktorverzehr herangezogen. Die Kosten für die Erzeugung einer Wärmeeinheit sind bekannt, so daß die Wärmeverbrauchsfunktion zur Bestimmung der Kosten-Leistungs-Funktion gleichermaßen gut geeignet ist.

Die zeitspezifische Energieverbrauchsmenge E wird in Gcal/h[3]) gemessen; entsprechend gilt für den mengenspezifischen Einsatz

(VI. 1b) $e = E/X (Gcal/MWh)$.

Der Wärmeverbrauch des Blocks kann nur indirekt, d. h. mit Hilfe einer thermodynamischen Rechnung, aus dem Zustand der eingesetzten Dampfmengen ermittelt werden. In Abbildung 24 sind diejenigen Meßstellen im Leitungsnetz des Turbosatzes aufgezeichnet, die zur Bestimmung der eingesetzten und verbrauchten Wärmemenge erforderlich sind. Der spezifische Wärmeinhalt des Dampfes wird allgemein als Enthalpie i bezeichnet und hat die Dimension kcal/kg[4]). Die Enthalpie ist jeweils vom Dampfzustand abhängig und wird als Funktion der beiden Zustandsgrößen Druck p (kg/cm²)[5]) und Temperatur t (° Celsius) in Tabellenwerken[6]) angegeben.

Der Wärmeinhalt q (Gcal) einer Dampfmenge d (10^3 kg) berechnet sich als

(VI. 2a) $q = 10^{-3} \, d \, i = 10^{-3} \, d \, i \, (p, t)$.

Fließt nun stündlich die Menge D (10^3 kg/h) Dampf in die Turbine, so werden damit in der Zeiteinheit Q (Gcal/h) Wärmeeinheiten verbraucht. Es gilt entsprechend

(VI. 2b) $Q = D \, i \, (p, t)$.

Zur Feststellung der Wärmemenge, die vom Kessel an das System abgegeben wird, genügt es, die Wärmeaufnahme des Wassers beim Durchströmen des Dampferzeugers zu bestimmen. Die Wärmeaufnahme entspricht der Wärmedifferenz zwischen dem Dampfzustand beim Eintritt (Punkt 10) in den Kessel

---

[2]) Die Heizwertbestimmung beruht auf einer chemischen Analyse der Kohle und verursacht einen beträchtlichen Aufwand, so daß es nicht möglich war, solche Messungen laufend durchzuführen.

[3]) Gcal = Gigakalorie, entsprechend 10^9 cal.

[4]) kcal = Kilokalorie, entsprechend 10^3 cal.

[5]) Der Druck wird meistens als Absolutdruck in ata gemessen.

[6]) Siehe z. B.: Koch, W. und E. Schmidt: VDI-Wasserdampftafel, 3. Aufl., München und Berlin 1952.

und am Austritt (Punkt 1) aus dem Kessel. Eine ähnliche Überlegung gilt für den Zwischenüberhitzer; die Wärmeaufnahme berechnet sich entsprechend aus der Differenz der Dampfzustände in den Punkten 4 bzw. 5.

An den Meßpunkten I bis V wurden die Zustandswerte des Dampfstroms stündlich gemessen, im gleichen Rhythmus wurden auch die Kühlwasser-temperatur T_W ($°$ Celsius) und die Generatorleistung X (MW) festgehalten. Aufgrund der durchschnittlich herrschenden Betriebsverhältnisse kann an-genommen werden, daß der Ablauf des Faktorkombinationsprozesses in die-ser relativ kurzen Zeitspanne sich zeitlich homogen vollzieht. Damit ist eine Durchschnittsbildung bezüglich der Produktionszeit und der Produktions-menge gerechtfertigt. Damit läßt sich zur Feststellung des stündlichen, d. h. zeitspezifischen Wärmeverbrauchs Q (Gcal/h) die folgende Wärmebilanz auf-stellen.

Für die im Kessel stündlich aufgenommene Wärmeenergie ΔQ_K gilt:

(VI. 2c) $$\Delta Q_K = Q_{III} - Q_I - Q_{II}$$

oder

(VI. 2d) $$\Delta Q_K = D_3 \, i_3 \, (p_3, t_3) - D_1 \, i_1 \, (p_1, t_1) - D_2 \, i_2 \, (p_2, t_2).$$

Für die im Zwischenüberhitzer stündlich aufgenommene Wärmemenge ΔQ_Z gilt:

(VI. 2e) $$\Delta Q_Z = Q_V - Q_{IV}$$

oder

(VI. 2f) $$\Delta Q_Z = D_5 \, i_5 \, (p_5, t_5) - D_4 \, i_4 \, (p_4, t_4).$$

Unter Berücksichtigung der Dimensionen für D, i, p und t ergibt sich für Q (Gcal/h)

(VI. 2g) $$Q = 10^{-3} \, (\Delta Q_K + \Delta Q_Z).$$

Die mengenspezifische Wärmeverbrauchsmenge q (Gcal/MWh) berechnet sich mit Hilfe der Produktionsleistung zu

(VI. 2h) $$q = Q/X \; (Gcal/(hMW)).$$

b) Das Modell der Produktionsfunktion

Nunmehr kann das (verkleinerte) Produktionsmodell aufgestellt werden. Zustandsgrößen zur technologischen Bestimmung des Faktorkombinations-prozesses sind, soweit sie registriert wurden, die Drehzahl n der Generator-welle, das Drehmoment M der Turbine, die Kühlwassertemperatur T_W und das Lebensalter der Anlage, charakterisiert durch die Kalenderzeit L. Ein-flußgrößen, die den Zustand des Dampferzeugers einschließlich der Feuerung und der Qualität des Brennstoffes betreffen, werden aus den bereits erwähn-ten Gründen nicht berücksichtigt.

Die Leistungsfunktion beschreibt hier eine technisch kausale Gesetzmäßigkeit, die a priori bekannt ist und nicht von Zufallseinflüssen gestört wird. Sie ergibt sich aus der Beziehung

(VI. 3a) $$X = a n M,$$

wobei a ein Umrechnungsfaktor für die unterschiedlich dimensionierten Größen ist. Die Generatordrehzahl n bestimmt die Frequenz des erzeugten Drehstroms und wird auf einen konstanten Wert von 60 Hertz geregelt; Leistungsvariationen sind nur durch Änderung des Turbinendrehmoments möglich. Zwischen Drehmoment und Leistung besteht somit eine proportionale Beziehung, und mit der Generatorleistung ist auch das Drehmoment bis auf den Proportionalitätsfaktor bekannt.

Der Faktorverbrauch wird im Unterschied zur Leistung von Zufallseinflüssen und den Größen der Q-, V- und Z-Situation bestimmt. Dazu zählen das Turbinendrehmoment M, die Kühlwassertemperatur T_W und das Lebensalter L des Aggregates. Für den zeitspezifischen Faktorverbrauch kann die Funktion

(VI. 3b) $$Q = f (M, T_W, L)$$

aufgestellt werden. Mit Hilfe der A-priori-Kenntnisse über die Leistungsfunktion läßt sich wegen der Proportionalität zwischen Leistung und Drehmoment die Größe M durch X ausdrücken, so daß eine direkte Beziehung zwischen Faktorverbrauch und Leistung hergestellt werden kann:

(VI. 3c) $$Q = f (X, T_W, L) \quad \text{bzw.} \quad q = g (X, T_W, L).$$

Die Größe X wird damit formal zu einer exogenen Variablen; im vorliegenden Fall ist dies auch real zutreffend, da die Aggregatleistung autonom nach dem Leistungsbedarf des Netzes festgesetzt wird. Im Vergleich zu dem theoretischen Ansatz eines Produktionsmodells der primären Faktorkombination könnte die Einflußgröße X der V-Situation, die Variable L der Z-Situation und die Größe T_W als Qualitätsmerkmal des Einsatzfaktors Kühlwasser der Q-Situation zugeordnet werden.

Es würde für diesen Fall also einen nutzlosen Umweg bedeuten, Leistungsfunktion und Faktorverbrauchsfunktion getrennt zu bestimmen und dann durch nachträgliche Variablensubstitution den Faktorverbrauch als Funktion der Leistung herzuleiten. Da Meßwerte über die Größe des Turbinendrehmomentes nicht vorlagen, wäre ein derartiges Vorgehen ohnehin zum Scheitern verurteilt.

c) Die ökonometrische Rechnung

Aufgabe der Ökonometrie ist es, das aus nur einer Gleichung bestehende, rekursive Produktionsmodell von der Form

(VI. 4a) $$Q - f (X, T_W, L) = u \quad \text{bzw.}$$
$$q - g (X, T_W, L) = v$$

zu schätzen, d. h. es ist sowohl ein plausibler Funktionsansatz als auch dessen Parametervektor zu bestimmen. Da über den wahren mathematischen Ansatz der beiden Faktorverbrauchsfunktionen keine Informationen vorliegen, wird die vermutete Abhängigkeit durch ein Polynom approximiert. Der Regressionsansatz beschränkt sich dabei auf lineare und quadratische Glie-

Zeilen-Nr.	Regressionskriterien			Endogene Variable	Z-Situation		V-Situation			Q-Situation	
	$p\chi^2$	d	MB		L	L^2	X	X^2	1/X	T_W	$T_W{}^2$
0	1	2	3	4	5	6	7	8	9	10	11
1	0	1.80	0.926	Q 3.8	$+$** L 51.0	$-$** L^2 47.0		$+$ X^2 0.6		$-$ T_W 8.8	$+$ $T_W{}^2$ 6.2
2	0	1.80	0.926	Q 3.8				$+$ X^2 0.6		$-$ T_W 6.8	$+$ $T_W{}^2$ 6.0
3	0	1.82	0.182	4.2	$+$** L 45.9	$-$** L^2 44.1	$-$ X 6.6	$+$ X^2 6.8		$-$ T_W 9.1	$+$ $T_W{}^2$ 6.5
4	0	1.81	0.180	4.2			$-$ X 6.6	$+$ X^2 6.8		$-$ T_W 7.3	$+$ $T_W{}^2$ 6.4
5	0	1.84	0.201	4.2	$+$** L 45.1	$-$** L^2 43.3	$+$ X 7.0		$+$ 1/X 6.0	$-$ T_W 9.1	$+$ $T_W{}^2$ 6.6
6	0	1.84	0.199	4.2			$+$ X 7.0		$+$ 1/X 6.0	$-$ T_W 7.3	$+$ $T_W{}^2$ 6.4

Tabelle 8

Erläuterungen:

Spalte 1: Irrtumswahrscheinlichkeit des χ^2-Tests bei Ablehnung der Hypothese, daß Normalverteilung besteht.

Spalte 2: Prüfgröße des Durbin-Watson-Tests bezüglich einer Autokorrelation der Residuen.

Spelte 3: Multiples Bestimmtheitsmaß.

In den Hilfszeilen sind die prozentualen Standardabweichungen der Regressionskoeffizienten eingetragen.
Die Hilfszeile der Spalte 4 enthält die prozentuale Reststreuung der Zielgröße, bezogen auf deren Mittelwert.

Weist eine Regressionsvariable eine geringere Signifikanz als 0.001 Irrtumswahrscheinlichkeit auf, so wird sie bei einer Signifikanz von höchstens 0.01 bzw. 0.05 Irrtumswahrscheinlichkeit mit dem Zeichen * bzw. ** markiert.

der[7]) zur Wiedergabe des in den technischen Zustandsdaten quantifizierten Einflusses auf den Faktorverbrauch. Nur im Falle der Einflußgröße X wird auch die Transformation 1/X verwendet; dadurch soll die Möglichkeit eingeräumt werden, leistungskonstante, zeitspezifische Faktorverbräuche auf adäquate Weise in der mengenspezifischen Faktorverbrauchsfunktion zu berücksichtigen[8]).

Die wesentlichen Ergebnisse der Regressionsrechnungen, die auf der Grundlage von 2480 verwertbaren Beobachtungen durchgeführt wurden, sind in Tabelle 8 zusammengestellt. Diese Übersicht zeigt einmal die Gestalt der statistisch gesicherten Regressionsfunktionen. Jede exogene Variable ist, soweit ihr Einfluß sich bei höchstens 5 %/o Irrtumswahrscheinlichkeit als signifikant erwies, für jeden Ansatz in der entsprechenden Spalte mit ihrem Symbol verzeichnet. Außerdem ist das Vorzeichen des Regressionskoeffizienten, d. h. die Tendenz des Einflusses, vermerkt. Ferner sind die prozentuale Standardabweichung des Regressionskoeffizienten sowie das entsprechende Niveau der Irrtumswahrscheinlichkeit bei Ablehnung der Nullhypothese angegeben. Schließlich enthält die Tabelle zu jeder Regressionsfunktion alle Merkmale, die etwas über die Qualität des gesamten Ansatzes aussagen; dazu gehören z. B. das multiple Bestimmtheitsmaß, die absolute Größe des nicht erklärten Standardfehlers der Zielgröße, die Prüfgröße des Durbin-Watson-Tests zum Nachweis nicht autokorrelierter Residuen sowie die Testgröße der χ^2-Methode für den Test auf Normalität der Residualverteilung.

Die Übersicht zu den Regressionsrechnungen zeigt folgendes: Wird ein Signifikanzniveau von maximal 5 %/o Irrtumswahrscheinlichkeit als zulässig erachtet, so kann von einer Relevanz sämtlicher drei Einflußgrößen: Aggregatleistung, Kühlwassertemperatur und Lebensalter der Anlage gesprochen werden. Der Kalenderzeiteinfluß ist jedoch im Vergleich zu den übrigen Ansätzen erheblich schlechter gesichert. Die Variablen L bzw. L^2 sind, isoliert betrachtet, nicht signifikant; erst in der gemeinsamen Kombination L und L^2 erreichen beide das erforderliche Signifikanzniveau knapp. Ein Vergleich der Regressionen in Zeile 1 und in Zeile 2 zeigt denn auch am Beispiel der zeitspezifischen Faktorverbrauchsfunktion, daß die Berücksichtigung des Zeiteinflusses zur Verminderung des Standardfehlers der Zielgröße, d. h. zur Reduktion der nicht erklärten Varianz[9]), praktisch nichts beizutragen vermag. In Abbildung 25 ist das Bild der Regressionsfunktion des Ansatzes von Zeile 1 für den zeitspezifischen Faktorverbrauch wiedergegeben. Die Darstellung besteht aus drei Teildiagrammen, welche den isolierten quantitativen Beitrag der drei Einflußgrößen andeuten. Dabei sind die Einzeldiagramme so bezeichnet, daß sie den Faktorverbrauch angeben, wenn die

---

[7]) Polynome höheren Grades konnten zur Verbesserung der Regressionsergebnisse nicht beitragen.

[8]) Vgl. dazu Seite 164 ff. dieser Arbeit.

[9]) Die nicht erklärte Varianz ist jene Varianz der Zielgröße, die bestehenbleibt, auch wenn sämtliche möglichen Einflußgrößen im Regressionsansatz berücksichtigt sind.

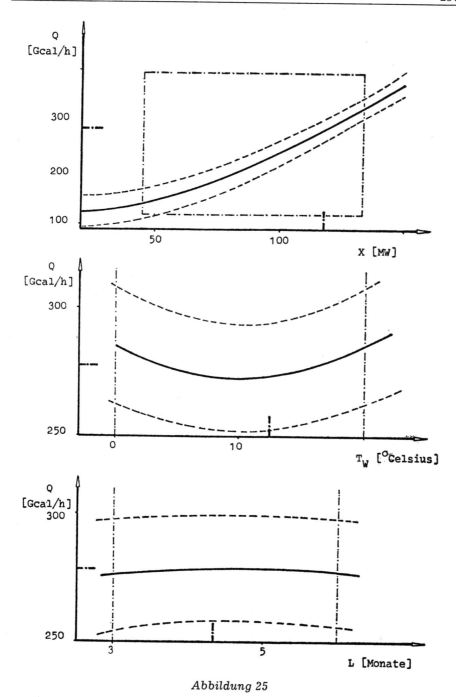

Abbildung 25

betreffende Einflußgröße, z. B. X, variiert und die übrigen Einflußgrößen,
z. B. T_W und L, in Höhe ihrer Erwartungswerte $\overline{T}_W$ bzw. $\overline{L}$ angesetzt werden.
Außerdem ist zu jeder Kurve eine 95 %-Konfidenzzone berechnet worden.
Wird für die Residuen eine Normalverteilung unterstellt, so liegen innerhalb
dieser Zone mit einer Wahrscheinlichkeit von 95 % die zeitspezifischen
Faktorverbräuche. Da die Ausdehnung des Vertrauensbereichs für die Zielgröße von allen Regressionsvariablen abhängt, wird in der zweidimensionalen zeichnerischen Darstellung ein Konfidenzbereich wiedergegeben, der nur
den Einfluß einer Variation der Abszissengröße sichtbar macht. Die im Diagramm nicht variierten und daher nicht ausgewiesenen übrigen Regressionsvariablen werden in Höhe ihres Erwartungswertes berücksichtigt. So beschreibt z. B. die Konfidenzzone des Leistungsdiagramms den 95 %-Ver-
trauensbereich unter der Bedingung, daß X variiert, während T_W bzw. L
ihre entsprechenden Erwartungswerte $\overline{T}_W$ bzw. $\overline{L}$ annehmen.

Die Diagramme weisen im einzelnen die erwarteten Kurvenverläufe auf. In
Abhängigkeit von der Aggregatleistung steigt der zeitspezifische Faktorverbrauch überproportional an; ein fragezeichenförmiger Kurvenverlauf ließ
sich statistisch nicht bestätigen. Der Einfluß der Kühlwassertemperatur
macht sich unterhalb und oberhalb von ca. 10° durch ansteigende Verbräuche bemerkbar; dies ist darauf zurückzuführen, daß der Kondensator
für eine bestimmte Nenntemperatur ausgelegt ist und jedes Abweichen davon zu einer Minderung des thermodynamischen Wirkungsgrades, d. h. zu
Verbrauchserhöhungen, führt. Der Wärmeverbrauch steigt zunächst erwar-
tungsgemäß mit der Kalenderzeit an; später, gegen Ende des Beobachtungszeitraums, ist jedoch eine Minderung des Faktorverbrauchs zu verzeichnen.
Ein Ansteigen des Faktorverbrauchs wäre mit zeitabhängigen Verschleiß-
und Abnutzungserscheinungen zu erklären; die anschließende Senkung des
Verbrauchs scheint dieser Deutung zu widersprechen. Der fallende Kurvenverlauf ist jedoch plausibel, wenn in Betrachtung gezogen wird, daß kurz
vor dem Ende des Beobachtungszeitraums die Wärmetauscher der Anlage
gereinigt wurden. Dadurch verbesserte sich der thermodynamische Wirkungsgrad, und die Verbräuche sanken. Der im dritten Diagramm wiedergegebene
Zeiteinfluß repräsentiert daher im wesentlichen die Beeinträchtigung des
Wärmewirkungsgrades durch Verschmutzung des Kondensators. Um allgemeine Abnutzungs- und Verschleißerscheinungen im Zeitablauf nachweisen
zu können, müßte somit ein bedeutend größerer Beobachtungszeitraum gewählt werden.

Wegen der geringen Aussagekraft und ihrer kaum ausreichenden Signifikanz
soll die Einflußgröße Kalenderzeit nicht in den endgültigen Regressionsansatz aufgenommen werden. Der Regressionsansatz in Zeile 2 gibt den zeitspezifischen Faktorverbrauch in Abhängigkeit von Aggregatleistung und
Kühlwassertemperatur wieder. Das Nomogramm dieser Faktorverbrauchsfunktion ist in Abbildung 26 dargestellt. Die Pfeilmarkierungen zeigen, wie
zu bestimmten Werten von T und X der Faktorverbrauch auf der links im

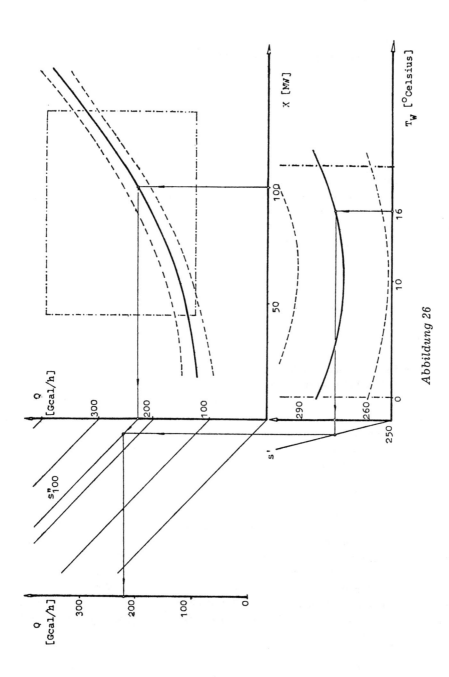

Abbildung 26

Bild gezeichneten Skala abzulesen ist. Ausgangspunkt der graphischen Bestimmung ist ein Temperaturwert (z. B. 16°) auf der Abszissenachse des
Temperaturdiagramms. Der von der Kurve markierte Ordinatenwert wird
durch Spiegelung an der Geraden s′ in das Leistungsdiagramm projiziert
und durch erneute Spiegelung an der zu dem gewünschten Leistungswert
(z. B. 100 MW) gehörenden Leitlinie s″$_{100}$ auf die linke Skala abgebildet, wo sich
für den Faktorverbrauch rund 229 Gcal/h ergeben. Wird auf dieser Skala ein
zweiter, auf Geldeinheiten bezogener Maßstab abgetragen, so lassen sich,
falls weitere Kostenarten nicht zu berücksichtigen sind, unmittelbar die
Kosten der Kosten-Leistungs-Funktion bestimmen.

Das Diagramm der mengenspezifischen Verbrauchsfunktion (vgl. Abbildung
27) zeigt den Regressionsansatz von Zeile 6 und ist nach den gleichen, bereits
erläuterten Prinzipien aufgebaut. Für eine Temperatur von 16° und eine
Leistung von 100 MW läßt sich ein mengenspezifischer Verbrauch von rund
2.30 Gcal/MWh ablesen. Ein Vergleich mit der bereits bekannten zeitspezifischen Verbrauchsmenge zeigt im Rahmen der Zeichengenauigkeit Übereinstimmung (q = Q/X = 229/100 = 2.29). Beide Nomogramme entsprechen
sich in ihrer quantitativen Aussage und sind als gleichwertige Planungsunterlagen anzusehen. Die in Abbildung 27 wiedergegebene Regression (vgl.
Zeile 6) beruht auf dem Ansatz

(VI. 4b) $q = f (X, 1/X, T_W, T_W^2)$.

Wie bereits erläutert wurde (vgl. Seite 165), läßt sich eine mengenspezifische
Faktorverbrauchsfunktion auch durch eine Parabel von der Form

(VI. 4c) $q = g (X, X^2, T_W, T_W^2)$

approximieren. Aus der Übersicht zu den Regressionsrechnungen (Tabelle 8)
wird deutlich, daß der letztere Ansatz (Regression von Zeile 4) nicht so günstige Signifikanzkriterien aufweist. Im Vergleich zu dem hyperbolischen Ansatz (Regression von Zeile 6) liegt das multiple Bestimmtheitsmaß um rund
2 % niedriger, dementsprechend ist der Standardfehler für q um 0.001 größer. Um die Unterschiede beider Regressionsansätze bezüglich der Approxi-
mation des empirischen Sachverhaltes deutlich zu machen, ist im Leistungsdiagramm der Abbildung 27 zusätzlich der Kurvenverlauf des Parabelansat-
zes eingezeichnet. Im wesentlichen zeigt sich die erwartete Übereinstimmung
beider Kurven; größere Abweichungen ergeben sich im Bereich kleiner Leistungen, wo der Parabelansatz offensichtlich zu geringe Verbräuche angibt.
Diese empirische Untersuchung hat damit ebenfalls bestätigt, daß ein hyper-
bolischer Regressionsansatz für die Wiedergabe mengenspezifischer Faktorverbrauchsfunktionen besser geeignet ist.

Die in den Abbildungen 26 und 27 angedeuteten 95 %-Konfidenzzonen lassen
sich nicht unmittelbar zur graphischen Bestimmung der Vertrauensintervalle
für die Faktorverbrauchsmengen verwenden. Der Grund liegt darin, daß eine
zweidimensionale Darstellung die mehrdimensionale Abhängigkeit des Kon-

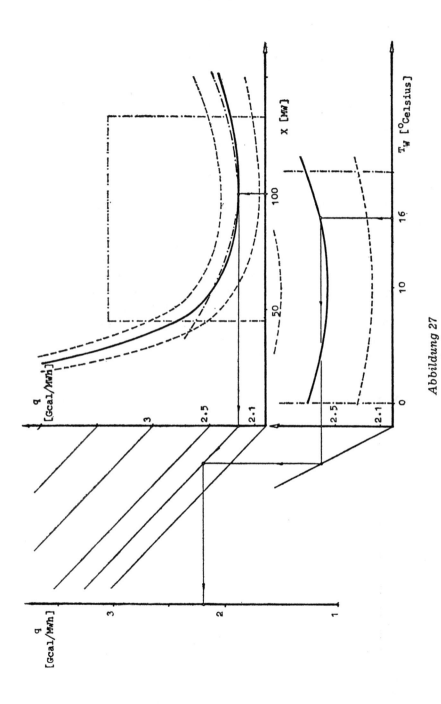

Abbildung 27

fidenzintervalls nur unvollkommen zum Ausdruck bringt. Eine genaue Bestimmung der Vertrauensintervalle für Schätzungen der Faktormengen läßt sich nur aufgrund einer Zahlenrechnung (vgl. Seite 213 f.) erreichen. Dabei muß allerdings die Varianz-Kovarianz-Matrix der Regressionskoeffizienten bekannt sein[10]).

Die gezeichneten Vertrauensbereiche dienen vor allem dazu, die Größenordnung der Datenunsicherheit vor Augen zu führen. Denn der wesentliche Bestandteil des Konfidenzintervalls besteht aus der Standardabweichung der Zielgröße, die durch eine Variation der Regressionsvariablen nicht beeinflußt wird. Da in den Konfidenzzonen der beiden Teildiagramme der Standardfehler jeweils berücksichtigt ist, genügt es, eine der beiden Konfidenzzonen für eine näherungsweise Abschätzung des Vertrauensintervalls heranzuziehen.

Schließlich sind noch die Residuen der Regressionsansätze zu betrachten. Die Übersicht in Tabelle 8 zeigt, daß die Prüfgrößen des Durbin-Watson-Tests bei rund 1.8 liegen. Damit läßt sich die Annahme stochastisch unabhängiger Residuen, d. h. das Fehlen von Autokorrelation, mit ausreichender Sicherheit begründen. Dagegen mißlingt der Nachweis, daß die Residuen normal verteilt sind. Die Prüfwerte des χ^2-Tests liegen über 1000; von einer signifikanten Übereinstimmung zwischen einer Normalverteilung und der empirischen Residualverteilung kann somit nicht gesprochen werden. Eine Erklärung mag

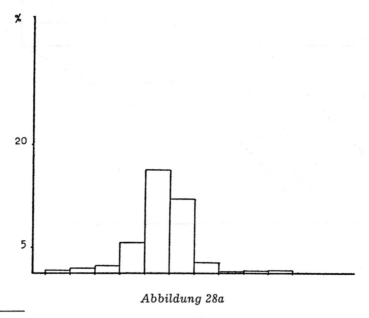

Abbildung 28a

[10]) Die Varianz-Kovarianz-Matrix der Regressionskoeffizienten kann im Rahmen der Regressionsanalyse aus der Momentenmatrix berechnet werden; vgl. z. B.: Mordecai, E. und K. A. Fox: Methods of Correlation and Regression Analysis, a. a. O., S. 499 ff.

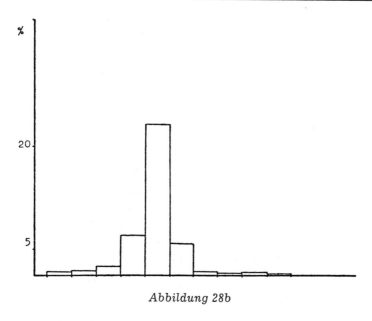

Abbildung 28b

darin zu suchen sein, daß einige wenige Beobachtungen offenbar wegen Meß-
oder Übertragungsfehler erhebliche Abweichungen von der Regressionslinie
aufweisen und extrem große Residuen liefern, die das Bild der Residualverteilung empfindlich stören. Dies veranschaulichen die in den Abbildungen 28 a
und 28 b dargestellten Häufigkeitsverteilungen der Regressionen von Zeile 1
und Zeile 6. Rund 86% bzw. 88% der Residuen liegen zwischen — 10 und +2
bzw. zwischen —0.08 und + 0.04, während die Extremalwerte der Residuen
bei —67 und +84 bzw. bei —0.64 und +0.84 liegen. Werden diese in geringer
Zahl auftretenden Extremalabweichungen vernachlässigt, so zeigt sich jedoch ein günstiges Bild von der Genauigkeit, mit der die Faktormengen in
diesem Fall auf der Grundlage ökonometrischer Berechnungen bestimmt
werden können.

2. Papiererzeugung

a) Technologische Grundlagen

Der Papierherstellungsprozeß besteht im wesentlichen aus drei Produktions-
phasen. Den Anfang bildet die Stoffaufbereitung, dann folgt die Blattbildung
auf der Papiermaschine, anschließend gelangt die Papierbahn in die Ausrüstung und wird zu Fertigprodukten weiterverarbeitet. Die Stoffaufbereitung vollzieht sich als chemisch-physikalischer Prozeß, in dessen Verlauf aus
den Rohstoffen Holzschliff bzw. Zellulose unter Zusatz von Chemikalien ein
„Papierbrei", der Ganzstoff, entsteht. Daraus stellt die Papiermaschine in
kontinuierlicher Produktion die Papierbahn her.

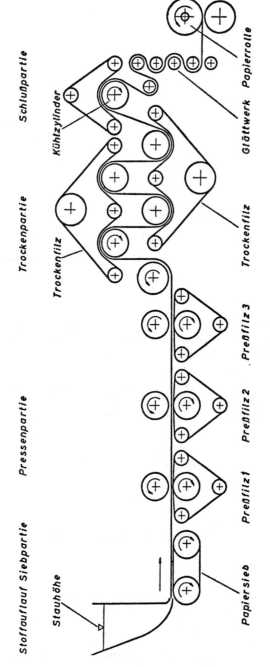

Abbildung 29

Für die folgende produktionstheoretische Untersuchung wurde die Papiermaschine (siehe Abbildung 29) ausgewählt. Sie besteht aus einer Reihe technologisch selbständiger Arbeitsstationen, die nacheinander aus dem flüssigen und bis zu 99 % Wasser enthaltenden Stoff eine reißfeste Papierbahn entstehen lassen. Sämtliche Teilaggregate der Maschine sind mechanisch starr miteinander verkettet. Eine Variation der Durchlaufgeschwindigkeit für die Papierbahn bedeutet, daß alle Stationen der Maschine eine simultane Veränderung ihrer Produktionsgeschwindigkeit erfahren. Im Stoffauflauf wird der Ganzstoff der Papiermaschine zugeführt und dabei gleichmäßig über die ganze Breite der zu produzierenden Papierbahn auf ein endlos gewebtes, umlaufendes Metallsieb verteilt. Die Abflußgeschwindigkeit des Papierstoffs wird durch Variation der Stauhöhe im Stoffauflauf so geregelt, daß sie der Papierbahngeschwindigkeit entspricht. Beim Durchlaufen der Siebpartie wird dem Papierstoff rund 20 % seines Wasseranteils entzogen. Dabei verfestigt sich die Papierbahn, so daß sie freitragend in die Pressenpartie geführt werden kann, wo eine mechanische Entwässerung erfolgt. Das abfließende Wasser wird von endlosen Naßfilzen (Preßfilze 1, 2 und 3) aufgenommen, die zusammen mit der Papierbahn durch die Preßwalzen laufen. Mit einem Feuchtigkeitsgehalt von rund 60 % gelangt die Papierbahn anschließend in die Trockenpartie der Maschine. Dampfbeheizte Trockenzylinder und mitlaufende Trockenfilze entfeuchten die Papierbahn bis auf ca. 4 % Wasseranteil. Das im Verlauf des Trocknungsprozesses aufgewärmte Papier wird anschließend über Kühlzylinder geführt, durchläuft dann ein Glättwerk und verläßt die Papiermaschine als maschinenglattes Papier. Am Auslauf der Maschine wird die Papierbahn zu großen Rollen aufgewickelt und gelangt in die Ausrüstung.

b) Das Modell der Produktionsfunktion

Der vorliegende technische Sachverhalt gestattet es, die gesamte Papiermaschine produktionstheoretisch als ein Aggregat zu betrachten. Dieses Maschinenaggregat bildet wiederum den Kern einer primären betrieblichen Faktorkombination, die aus dem Werkstoff „Papierbrei" sogenanntes maschinenglattes Papier herstellt. Neben dem Maschinenaggregat und dem Werkstoff sind eine Reihe von Einsatzfaktoren als Hilfs- und Betriebsstoffe an der Kombination beteiligt; außerdem ist der Faktor Arbeit für die Bedienung und Wartung der Maschine zu berücksichtigen. Dampf wird zur Heizung der Trockenpartie verbraucht, chemisch aufbereitetes Wasser ist für die Naßpartie (Stoffauflauf und Siebpartie) erforderlich, und schließlich muß elektrische Energie zum Antrieb der Rollen, Walzen und Pumpen eingesetzt werden. Begrenzt teilbare Einsatzfaktoren, die auch bei kurzfristiger Betrachtung des Produktionsprozesses quantitative Relevanz aufweisen, sind die typischen Verschleißteile des Aggregates, wie das Papiersieb der Naßpartie und die drei Preßfilze der Pressenpartie. Weniger häufig müssen die Trockenfilze, das Hakenseil (zur Sicherung der Papierbahn) und die Lagerungen bzw. Getriebe der Walzen sowie die Walzen und Glättzylinder selbst ersetzt bzw. repariert werden.

Die Struktur der Faktorkombination ist limitational. Aus den technologischen Bedingungen der Produktion geht hervor, daß die sachlichen Voraussetzungen einer Faktorsubstitution nicht gegeben sind. Damit zeigt sich hier das für mechanische Produktionsprozesse typische Bild einer limitationalen Kombinationsstruktur.

Von den Zustandsgrößen des Faktorkombinationsprozesses, die zur Z-Situation gerechnet werden können, ist neben den unwandelbaren und konstruktiv vorgegebenen Maschinendaten, wie installierte elektrische Leistung, maximale Papiergeschwindigkeit usw., die Papierbahnbreite B(m) zu nennen. Sie kann entsprechend den Forderungen des Produktionsprogramms durch geringfügige Umbauten an der Maschine variiert werden. Im Rahmen der empirischen Untersuchung wurde jedoch die Papierbahnbreite nicht verändert, so daß die Z-Situation als Konstante des Problems zu betrachten ist. Die Einflußgrößen der Z-Situation sind daher keine Variablen des empirischen Produktionsmodells.

Zur V-Situation zählt im wesentlichen eine Einflußgröße, mit deren Hilfe die Produktionsleistung gesteuert werden kann. Es handelt sich um die Durchlaufgeschwindigkeit der Papierbahn v (m/min). Wird vorausgesetzt, daß die Papierbahn, ohne zu gleiten, auf den Walzen der Maschine abrollt, so ist sie zugleich ein Maß für die Umdrehungsgeschwindigkeit der beweglichen Teile der Anlage. Die Größe v kann somit als Ausdruck der intensitätsmäßigen Nutzung der Papiermaschine interpretiert werden.

Als Variablen der Q-Situation kommen die Qualitätsmerkmale des produzierten Papiers in Frage. Von den Einsatzfaktoren wird Qualitätskonstanz angenommen. Eine Ausnahme davon macht der Einsatzfaktor Werkstoff; aufgrund der technologischen Zusammenhänge ändert sich die Zusammensetzung und Konsistenz des Papierstoffs mit der Qualität der zu erzeugenden Papierbahn. Da zwischen Werkstoffverzehr und Produktionsleistung sowohl quantitativ als auch qualitativ enge Beziehungen bestehen, kann der Qualitätseinfluß auf den Produktionsprozeß durch die Merkmale der Produktqualität im empirischen Produktionsmodell hinreichend genau und vollständig dargestellt werden. Die Produktqualität des Papiers läßt sich durch vier Merkmale charakterisieren:

1. Papierart, wie z. B. Schreibpapier, Zeichenpapier usw.
2. Oberflächenqualität, wie z. B. mittelfein, mittelglatt usw.
3. Farbe, wie z. B. bläulich-weiß, gelblich-weiß usw.
4. Flächengewicht, wie z. B. 80 g/m², 120 g/m² usw.

Eine bestimmte Kombination dieser vier Merkmale bezeichnet eine Papiersorte. Ändert sich mindestens eines dieser Merkmale, so entsteht eine andere Sorte. Die gesamte dadurch definierte Menge der Papiersorten läßt sich jedoch im Rahmen des Produktionsmodells aus technologischen Gründen einschränken. Unterschiede in der Oberflächenqualität sind für den Maschinenprozeß ohne Bedeutung, da eine Oberflächenbehandlung im wesentlichen in den der Papiermaschine folgenden Produktionsstufen vorgenommen wird. Ebenso dürfte auch der Einfluß einer unterschiedlichen Einfärbung des Papierstoffes für den Kombinationsprozeß auf der Papiermaschine vernachlässigt werden können. Relevante Sortenunterschiede ergeben sich daher nur, wenn entweder die Papierart oder das Flächengewicht variiert wird.

Der Einfluß des Flächengewichts läßt sich quantifizieren, indem die Variable G (g/m^2) in die Q-Situation aufgenommen wird. Im Unterschied dazu läßt sich die Qualitätskomponente Papierart nicht durch eine einzelne meßbare physikalische Größe ausdrücken. Hier liegt der Fall eines komplexen, artmäßigen Merkmals vor, dessen Einfluß durch 0-1-Variablen statistisch sichtbar gemacht werden kann. Die statistische Analyse geht so vor, daß sie zunächst nur den Gewichtseinfluß im Rahmen des Produktionsmodells ermittelt; später wird geprüft, inwiefern Einflüsse der Papierart noch zusätzlich signifikant sind.

Ein weiterer Einfluß, der sachlich der Q-Situation zugeordnet werden kann, ist das Abrißverhalten der Papierbahn. Die Reißempfindlichkeit der Papierbahn hängt nicht nur mit der Betriebsweise der Papiermaschine (Produktionsgeschwindigkeit) zusammen, sie wird auch von der Papierqualität (Papiergewicht, Zusammensetzung des Papierstoffs) bestimmt. Zur Quantifizierung des Abrißverhaltens wird ein Abrißfaktor r (1/t) definiert; er mißt die Anzahl der pro Tonne Papier zu verzeichnenden Papierbahnrisse. Die Frage, ob der Abrißfaktor eine exogene Größe des Produktionsmodells ist oder als endogene Größe in Abhängigkeit von v bzw. G dargestellt werden kann, soll später diskutiert werden.

In der Praxis wird die Produktionsleistung der Papiermaschine als die pro Zeiteinheit erzeugte Gewichtsmenge z. B. in t/h angegeben. Wird das Flächengewicht der Papierbahn mit $G(g/m^2)$, die Bahnbreite mit B(m) und die Bahngeschwindigkeit mit v(m/min) bezeichnet, so berechnet sich die gewichtsmäßige Produktionsleistung X (t/h) aus der Beziehung

(VI. 5a)
$$X = 6 \cdot 10^{-5} \, v \, B \, G.$$

Damit ist zugleich die a priori bekannte Leistungsfunktion des Produktionsmodells gegeben. Dieser Zusammenhang wird im Rahmen der empirischen Untersuchung benutzt, um nach der Gleichung

(VI. 5b)
$$v = 10^5 \, X/(6 \, B \, G)$$

die Papierbahngeschwindigkeit aus den empirischen Daten zu bestimmen. Das Verfahren einer indirekten Ermittlung der Größe v mußte angewandt werden, da empirische Messungen über die Papiergeschwindigkeit nicht vorlagen, während Angaben zu den Größen X, G und B zur Verfügung standen.

Aus der limitationalen Struktur der Faktorkombination ergibt sich das rekursive Gleichungssystem der Produktionsfunktion. Das im folgenden betrachtete empirische Modell repräsentiert jedoch nur einen Teil des produktionstheoretisch begründbaren Gesamtmodells. Da nicht für jeden Einsatzfaktor empirisches Datenmaterial verfügbar war, muß sich die Untersuchung auf ein Teilmodell der Produktionsfunktion beschränken. So kann z. B. auch die Faktorverbrauchsfunktion der elektrischen Antriebsenergie in der quantitativen Analyse nicht berücksichtigt werden.

Das für die ökonometrische Rechnung verfügbare Teilmodell enthält neben der bekannten und bereits begründeten Leistungsfunktion eine Ausschußfunktion und die Faktorverbrauchsfunktionen für Wasser und Dampf. Der Faktorverbrauch wird sowohl für die zeitspezifische als auch für die mengenspezifische Faktormenge untersucht. Bezugsgröße des mengenspezifischen Faktorverbrauchs ist die Bruttoproduktionsmenge, die den Ausschuß einschließt. Wird die Produktionsmenge um den Ausschußanteil bereinigt, so ergibt sich die für eine Weiterverarbeitung verfügbare Nettoproduktionsmenge. Die Wirkung der Ausschußproduktion kann daher auch indirekt berücksichtigt werden, indem für den mengenspezifischen Faktorverbrauch als Bezugsgröße die Nettoproduktionsmenge herangezogen wird. Beide Versionen der mengenspezifischen Faktorverbrauchsfunktion werden zu Vergleichszwecken berechnet.

Für das empirische Produktionsmodell gelten die folgenden Definitionen und Bezeichnungen:

$X(t/h)$:   Produktionsleistung einschließlich der Ausschußmengen.

$a(kg/t)$:   Ausschußfaktor; er bezeichnet in Gewichtspromille den Anteil der Ausschußmenge an der Bruttoproduktionsmenge.

$X_{netto}(t/h)$:   Nettoproduktionsleistung; zwischen Brutto- und Nettoleistung gilt die Beziehung: $X_{netto} = (1-a)X$.

$D(t/h)$:   Zeitspezifische Faktormenge für Dampf.

$d(t/t)$:   Mengenspezifische Faktormenge für Dampf.

$d_{netto}(t/t)$:   Mengenspezifische Faktormenge für Dampf; Bezugsgröße ist die Nettoproduktionsmenge.

$W(m^3/h)$:   Zeitspezifische Faktormenge für Wasser.

$w(m^3/t)$:   Mengenspezifische Faktormenge für Wasser.

$w_{netto}(m^3/t)$:   Mengenspezifische Faktormenge für Wasser; Bezugsgröße ist die Nettoproduktionsmenge.

Mit Hilfe der bereits bekannten Variablen der Q- bzw. V-Situation läßt sich das folgende empirische Teilmodell der Produktionsfunktion aufstellen:

1a) Leistungsfunktion

(VI. 5c) $$X = v \, B \, G \, 6/10^5.$$

1b) Ausschußfunktion

(VI. 5d) $$a = f(v, G, r).$$

2a) Zeitspezifische Faktorverbrauchsfunktionen

(VI. 5e) $$D = g_D(v, G, r).$$
$$W = g_W(v, G, r).$$

2b) (Brutto-)Mengenspezifische Faktorverbrauchsfunktionen

(VI. 5f) $$d = h_d(v, G, r).$$
$$w = h_w(v, G, r).$$

2c) (Netto-)Mengenspezifische Faktorverbrauchsfunktionen[11])

(VI. 5g) $$d_{netto} = h_{dnetto}(v, G, r).$$
$$w_{netto} = h_{wnetto}(v, G, r).$$

Das Beobachtungsmaterial zur Schätzung dieses Gleichungssystems besteht aus Betriebsaufschreibungen, die in der Regel bei Schichtwechsel vom Maschinenführer zusammengestellt werden. Die Aufzeichnungen enthalten außer einer Kennzeichnung der jeweils produzierten Papiersorte weitere Angaben über die tatsächliche Produktionszeit T(h) und die innerhalb dieses Zeitraums kumulierte Produktionsmenge M(t), die Ausschußmenge A(kg) und die Anzahl der Papierbahnrisse R(—). Gleichzeitig werden von automatischen Meßgeräten die Kurven des Dampf- bzw. Wasserverbrauchs im Zeitablauf gezeichnet. Mit Hilfe der Zeitangaben gelingt es, die Kurvendiagramme mit den Produktionsberichten des Maschinenführers zu synchronisieren. Die entsprechenden zeitspezifischen Verbrauchsmengen werden durch Planimetrieren der Kurvendiagramme bestimmt.

Als Zufallsereignis im statistischen Sinne wird ein Produktionslos angesehen; die Produktionsdaten eines Loses stellen eine Beobachtung dar. Voraussetzung für eine Verwendung dieses Beobachtungsmaterials zur Schätzung des Modells ist das Vorliegen einer zeitlich homogenen Produktion innerhalb der Produktionsdauer für ein Los. Es ist also zu prüfen, ob zeitliche Konstanz der Produktionsbedingungen, d. h. eine zeitlich konstante Q-, V- und Z-Situation, angenommen werden kann. Im vorliegenden Fall sprechen die Betriebserfahrungen für eine Erfüllung der genannten Voraussetzungen.

---

[11]) Definitionsgemäß gilt zur Umrechnung der Bruttomengen in Nettomengen auch die Beziehung
$$d_{netto} = d/(1-a) \quad bzw. \quad w_{netto} = w/(1-a).$$
Sowohl dieser soeben angedeutete explizite Ansatz als auch der obige implizite Ansatz (Gleichung (VI.5 g)) zur Bestimmung der auf die Nettoproduktion bezogenen Faktorverbräuche führen quantitativ zum gleichen Ergebnis. Die rechnerischen Beziehungen zwischen brutto- und nettomengenspezifischem Faktorverbrauch ergeben sich aus der folgenden Umformung. Nach Definition gilt:
$$r = R/X; \quad r_{netto} = R/X_{netto}; \quad X_{netto} = (1-a)X;$$
somit ist
$$r_{netto} = R/((1-a)X) = r/(1-a).$$

Es muß jedoch beachtet werden, daß die Prämisse zeitlicher Homogenität um so weniger plausibel erscheint, je länger der betrachtete Produktionszeitraum sich ausdehnt. Insofern läge es nahe, die verhältnismäßig kurzen Berichtszeiträume der vom Maschinenführer aufgezeichneten Produktionsaufschreibungen, d. h. höchstens eine Schicht, als Zufallsereignis anzusehen. Allerdings besteht hier die Gefahr, daß systematische Fehler das Ergebnis verfälschen, weil z. B. der Protokollführer bei einer schwachen oder besonders guten Schichtleistung mit Rücksicht auf die Berechnung von Leistungsprämien die Aufschreibungen einem Durchschnittswert angleicht. Solche Veränderungen können sich bei der Betrachtung eines ganzen Fertigungsloses ausgleichen. Um jedoch die quantitativen Wirkungen einer Schichtbetrachtung mit denen der Losbetrachtung vergleichen zu können, wird das Modell für beide Fälle geschätzt. Eine Gegenüberstellung der Ergebnisse beweist, daß wesentliche Unterschiede nicht bestehen. Am Beispiel der bereits erörterten zeitspezifischen Faktorverbrauchsfunktion für Dampf (vgl. Seite 200) sollen die Unterschiede in Zahlen vor Augen geführt werden. Tabelle 9 zeigt beide Regressionsansätze. Die entsprechenden Koeffizienten unterscheiden sich nur geringfügig, ihre Abweichungen liegen innerhalb der 2σ-Grenzen. Aller-

Betrachtungs-grundlage	Konstante	v	G	G^2	r
Los	— 5.3 ±14%	+ 0.02 ±9%	+ 0.1 ±8%	—0.0004 ±11%	+ 0.7 ±47%
Schicht	— 4.4 ±11%	+ 0.02 ±6%	+ 0.1 ±6%	—0.0004 ± 8%	+ 0.4 ±33%

Tabelle 9

dings ergeben die auf eine Schicht bezogenen Beobachtungsdaten Regressionskoeffizienten mit kleineren Standardfehlern. Dies ist zum Teil darauf zurückzuführen, daß bei einer Schichtbetrachtung der Stichprobenumfang rund dreimal so groß ist wie bei einer Losbetrachtung. Im folgenden werden die auf der Grundlage von Produktionslosen berechneten Ergebnisse ausführlicher dargestellt. Nach Durchsicht der verfügbaren Betriebsunterlagen konnten 450 Lose als Beobachtungsmaterial für die ökonometrische Auswertung herangezogen werden.

c) Die ökonometrische Rechnung

Die Ergebnisse der Regressionsanalyse sind in Tabelle 10 in einer Übersicht zusammengestellt. Sämtliche Einflußgrößen der V- und Q-Situation werden als lineare und quadratische Glieder in dem Regressionspolynom zugelassen; für die Größe v (Papierbahngeschwindigkeit) ist zusätzlich die Transformation 1/v in die Regressionsanalyse einbezogen worden. Jeder Zeile der Tabelle entspricht eine Gleichung des empirischen Produktionsmodells. Die

Zei-len-Nr.	Regressions-kriterien			En-dog. Var.	V-Situation			G-Situation						
	$p\chi^2$	d	MB		v	v^2	$1/v$	G	G^2	r	r^2	111	113	131
0	1	2	3	4	5	6	7	8	9	10	11	12	13	14
1	0.695	0.98	0.508	D 12.0	+ v 9.5			+ G 8.0	− G² 11.4	+** r 47.0		+		−
2	0.05	0.61	0.022	W 25.0				−* G 31.3						
3	0.605	1.07	0.248	13.0			+ 1/v 9.0		− G² 12.0	+** r 45.2		+		−
4	0.040	0.57	0.600	w 16.0			+ 1/v 5.2	− G 9.6	+ G² 19.8					
5	0	1.79	0.378	a 180.0	− v 7.9	+ v² 9.0		+* G 24.2	− G² 25.7	+* r 32.7				
6	0	1.91	0.116	128.0				− G 18.3	+* G² 21.3				+	
7	0.026	1.08	0.311	d_{netto} 13.0	− v 10.2	+ v² 13.0						+		−
8	0.017	0.60	0.612	w_{netto} 16.0	− v 9.4	+ v² 14.1		− G 10.0	+* G² 24.6					

Tabelle 10

Erläuterungen:

Spalte 1: Irrtumswahrscheinlichkeiten des χ^2-Tests bei Ablehnung der Hypothese, daß Normalverteilung besteht.

Spalte 2: Prüfgröße des Durbin-Watson-Tests bezüglich einer Autokorrelation der Residuen.

Spalte 3: Multiples Bestimmtheitsmaß.

In den Hilfszeilen sind die prozentualen Standardabweichungen der Regressionskoeffizienten eingetragen.
Die Hilfszeile der Spalte 4 enthält die prozentuale Reststreuung der Zielgröße, bezogen auf deren Mittelwert.

Weist eine Regressionsvariable eine geringere Signifikanz als 0.001 Irrtumswahrscheinlichkeit auf, so wird sie bei einer Signifikanz von höchstens 0.01 bzw. 0.05 Irrtumswahrscheinlichkeit mit dem Zeichen * bzw. ** markiert.

Regressionsansätze sind so ausgewählt, daß deren Koeffizienten bei einem Niveau von höchstens 5 % Irrtumswahrscheinlichkeit von Null verschieden sind.

Bei einer Betrachtung der Standardabweichungen der Regressionskoeffizienten wird die vergleichsweise geringe Signifikanz des Abrißfaktors deutlich. Im Durchschnitt erreichen die Schätzfehler der Koeffizienten Werte um 20 %; die Standardabweichung des mit dem Abrißfaktor verbundenen Regressionskoeffizienten bewegt sich jedoch zwischen 30 % und 50 %. Das Abrißverhalten hat demnach keinen so deutlichen quantitativen Einfluß auf den Faktorverbrauch wie die beiden anderen Zustandsgrößen des Produktionsprozesses.

Um Klarheit über die Bedeutung des Abrißfaktors zu gewinnen, wurde in der Regression $r = f(G, G^2)$ (vgl. Tabelle 10, Zeile 6) untersucht, ob das Abrißverhalten seinerseits durch exogene Größen erklärt werden kann. Die Regression zeigt einen deutlichen Zusammenhang mit dem Flächengewicht des produzierten Papiers und beschreibt damit den einleuchtenden Tatbestand, daß schwereres, d. h. dickeres Papier weniger zum Abreißen neigt. Der Abrißfaktor kann demnach bezüglich des Flächengewichts der Papierbahn als endogene Größe angesehen werden.

Darüber hinaus repräsentiert die Variable r einen Einfluß auf den Faktorverbrauch, der exogen ist und nicht bereits durch das Papiergewicht G erklärt wird. Dieser Einfluß kommt z. B. in der zeitspezifischen Dampfverbrauchsfunktion (Tabelle 10, Zeile 1) zum Ausdruck. In diesem Regressionsansatz erweist sich die Größe r neben den Größen G bzw. G^2 als signifikant. Hier zeigt sich eine Wirkung der Papierbahnrisse, die sich folgendermaßen erklären läßt: In den meisten Fällen führen Papierbahnrisse zu Produktionsunterbrechungen, wobei die Papiermaschine für kurze Zeit stillgelegt werden muß. Während dieser Störungszeit und beim erneuten Anlaufen des Aggregates tritt zusätzlicher Dampfverbrauch auf, der bei einer ungestörten Produktion nicht entstehen würde.

Im Unterschied zum Abrißfaktor weisen die Einflußgrößen Produktionsgeschwindigkeit und Papiergewicht eine deutliche Signifikanz in den Gleichungen des Modells auf. Die Faktorverbrauchsfunktionen für Dampf zeigen, daß der Verbrauch dieses Faktors von sämtlichen drei Zustandsgrößen der Produktion abhängig ist. Dagegen wird der Verbrauch des Faktors Wasser, wie aus der zeitspezifischen Faktorverbrauchsfunktion hervorgeht, im wesentlichen nur vom Papiergewicht bestimmt; die Papierbahngeschwindigkeit hat keinen signifikanten Einfluß. Bei dem mengenspezifischen Faktorverbrauch bestätigt sich die Zweckmäßigkeit eines hyperbolischen Ansatzes der Maschinengeschwindigkeit. Es ist bemerkenswert, daß die mengenspezifischen Faktorverbrauchsfunktionen einen ausschließlich fallenden Verlauf bei Variation der Maschinengeschwindigkeit aufweisen.

Die multiplen Bestimmtheitsmaße (vgl. Tabelle 10) zeigen, daß sich die Varianz der Zielgröße, d. h. des Faktorverbrauchs, im günstigsten Fall nur bis

zu 60 % durch die Berücksichtigung der Q- und V-Situation erklären läßt.
Der zeitspezifische Wasserverbrauch läßt sich mit diesen Einflußgrößen praktisch nicht erklären, da sein multiples Bestimmtheitsmaß zwar noch signifikant ist, aber nur 2 % beträgt. Die absoluten Standardfehler der Zielgrößen
sind daher verhältnismäßig groß; sie erreichen 10 % bis 20 % des Mittel-
wertes der beobachteten Faktormengen. Trotz des Regressionsansatzes ver-
bleibt also noch ein erhebliches Maß an Datenunsicherheit, hervorgerufen
durch Einflüsse, die in der vorliegenden empirischen Untersuchung nicht berücksichtigt werden konnten.

Die in den Abbildungen 30, 31, 32 und 33 dargestellten Nomogramme vermitteln
ein Bild vom Verlauf der mengenspezifischen Faktorverbrauchsfunktionen,
der Ausschußfunktion und der Abhängigkeit des Rißfaktors vom Papiergewicht. Anhand der in den Diagrammen eingezeichneten Zahlenbeispiele
läßt sich die graphische Bestimmung der Faktormengen auf der Grundlage
vorgegebener Werte für die Einflußgrößen durchführen. Die Konfidenzzonen markieren jenen Bereich, in welchem mit 95 % Wahrscheinlichkeit die
Werte der Zielgröße liegen, wenn die im Diagramm nicht variierten Einflußgrößen zu ihrem Erwartungswert angesetzt werden. Aus der Ausdehnung dieser Vertrauensbereiche wird erneut die für die vorliegende Untersuchung bezeichnende Datenunsicherheit erkennbar.

Das Bild der in Abbildung 32 gezeichneten Ausschußfunktion bringt eine zunächst paradoxe Aussage zum Ausdruck. Entgegen der Erwartung, daß mit
steigender Produktionsgeschwindigkeit der Ausschußanteil zunimmt, weist
die Regressionsfunktion einen fallenden und kurz vor Erreichen der maximalen Papierbahngeschwindigkeit einen steigenden Verlauf auf.

Das bedeutet: Eine Reduktion der Produktionsgeschwindigkeit ist unterhalb
von v_0 mit einer Erhöhung des Ausschußanteils verbunden. Eine technisch
einleuchtende Erklärung läßt sich im Rahmen dieses mechanischen Produktionsprozesses nicht geben. Nur ein Kurvenbild, wie es die gestrichelte Linie
links von v_0 zeigt, wäre technologisch zu begründen.

Der Verlauf dieser U-förmigen Ausschußfunktion wird jedoch plausibel,
wenn die Reaktionen der Bedienungsmannschaft in die Überlegungen einbezogen werden. Offenbar verhält sie sich so, daß bei einem starken Ausschußanfall die Geschwindigkeit reduziert wird, während bei geringen Ausschuß-
quoten die Produktionsgeschwindigkeit auf den technologisch realisierbaren
Höchstwert reguliert wird. Die in diesem Fall offenkundige Überlagerung
behavioristischer Einflüsse mit den technischen Gesetzmäßigkeiten zeigt, daß
Ausschußanfall und Produktionsgeschwindigkeit sich gegenseitig beeinflussen, d. h. die Variablen a und v sind interdependent. Es liegt daher nahe, die
rekursiven Beziehungen des bekannten Produktionsmodells unter Berücksichtigung der vorliegenden Interdependenz neu zu formulieren. Diese Interdependenz betrifft die Faktorverbrauchsfunktionen nicht; es genügt, ein Teilmodell zu entwickeln, das die Abhängigkeiten zwischen Ausschußentwick-

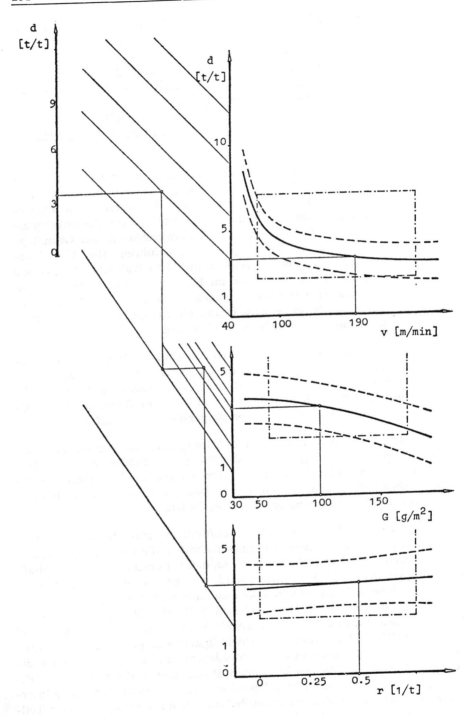

Abbildung 30

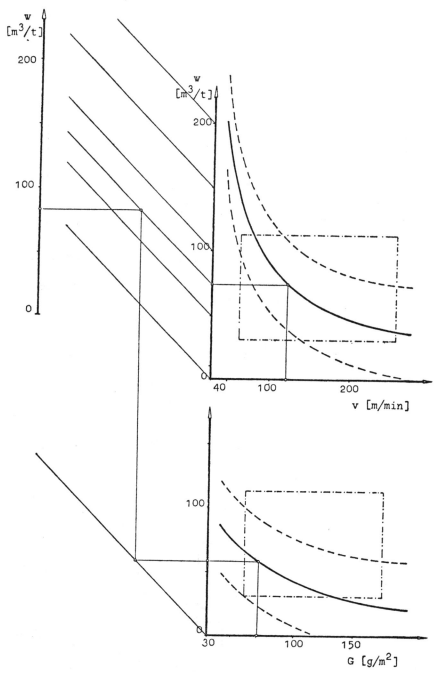

Abbildung 31

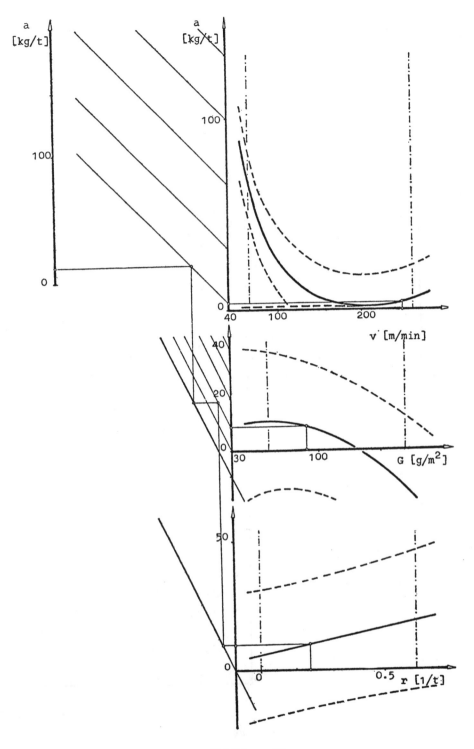

Abbildung 32

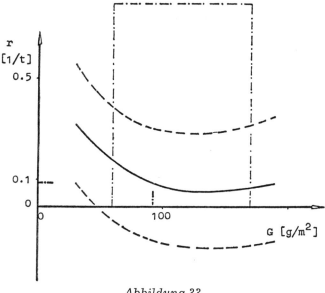

Abbildung 33

lung und Produktionsgeschwindigkeit zu erklären vermag. Um für die Schätzung der nunmehr endogenen Variablen v eine identifizierbare Gleichung zu erhalten, müssen weitere exogene Erklärungsgrößen gefunden werden. Die Einflußgrößen des Beobachtungsmaterials enthalten keine Variable, die sich für eine Erklärung von v eignen würde. Es liegt jedoch nahe, einen Zusammenhang zwischen dispositiven Maßnahmen der Unternehmensleitung und der Produktionsgeschwindigkeit zu suchen. Für jede Papiersorte ist eine Plangeschwindigkeit s(m/min) vorgeschrieben, die nach Möglichkeit eingehalten werden soll. Wird diese zur Erklärung von v herangezogen, so kann das folgende interdependente Teilmodell entwickelt werden:

(VI. 5h)
$$v = f_v\,(a, s).$$
$$a = f_a\,(v, r, G, G^2).$$

Um die bekannten Methoden der Simultanschätzung anwenden zu können, wird vorausgesetzt, daß die endogenen Variablen nur als lineare Glieder in den Funktionen f_v bzw. f_a auftreten. Wird das System der beiden Gleichungen mit Hilfe der LISE-Methode[12]) geschätzt, so ergibt sich:

(VI. 5i)
$$v = \alpha_0 - \alpha_1 a + \alpha_2 s; \quad \text{m. B.}^{13}) = 78.0\,\%$$
$$(\pm\ 17.9\,\%)\ (\pm\ 3.1\,\%)$$

(VI. 5j)
$$a = \beta_0 - \beta_1 v + \beta_2 r + \beta_3 G - \beta_4 G^2;$$
$$(\pm\ 58.2\,\%)\,(\pm\ 20.4\,\%)\,(\pm\ 39.3\,\%)\,(\pm\ 37.2\,\%)$$
$$\text{m. B.}^{13}) = 15.2\,\%$$

---

[12]) Vgl. S. 194 dieser Arbeit.

[13]) Multiples Bestimmtheitsmaß.

Die Rechnung hat den vermuteten Zusammenhang bestätigt. Der Regressionskoeffizient α_2 für die Plangeschwindigkeit s beträgt 0.98 und zeigt, daß die Bedienungsmannschaft bemüht ist, die vorgeschriebene Geschwindigkeit möglichst genau einzuhalten. Abweichungen nach unten ergeben sich bei dem Auftreten eines nennenswerten Ausschußanteils, d. h. verstärkter Ausschußanfall führt zu einer Drosselung der Produktionsgeschwindigkeit. Den gleichen Zusammenhang gibt auch die Ausschußfunktion wieder. Die Koeffizienten α_1 und β_1 stimmen quantitativ überein und sagen aus, daß jedes Promille der Ausschußquote die Produktionsgeschwindigkeit um etwa 0.09 (m/min) vermindert. Die Frage, ob bei einer Produktionsgeschwindigkeit in der Nähe des technischen Maximums der Ausschußanteil wieder ansteigt, läßt sich mit diesem Modell nicht beantworten, da auf einen nichtlinearen Ansatz zum Beweis eines gekrümmten Ausschußkurvenverlaufes aus ökonometrischen Gründen verzichtet wurde. Für eine umfassende Untersuchung des Ausschußverhaltens bei steigender Produktionsgeschwindigkeit müßte ein besser geeignetes Datenmaterial beschafft werden, das Meßwerte über zusätzliche Einflußgrößen enthält.

Schließlich ist noch auf den Einfluß des Produktmerkmals „Papierart" im Zusammenhang mit der Schätzung des Produktionsmodells hinzuweisen. Am Beispiel der drei am häufigsten beobachteten Papiersorten 111, 113 und 131 soll durch 0—1-Variable geprüft werden, ob sich diese Qualitätseinflußgröße als signifikant erweist. Die Ergebnisse dieser Untersuchung sind ebenfalls in Tabelle 10 dargestellt. Es zeigt sich, daß sowohl die Ausschußfunktion als auch die Verbrauchsfunktionen für Wasser einen statistisch nachweisbaren Zusammenhang mit der Papierart nicht aufweisen. Im Unterschied dazu besteht zwischen dem Dampfverbrauch und bestimmten Papierarten eine signifikante Abhängigkeit. Auch die Rißempfindlichkeit hängt mit der Papierart zusammen. Kann also ein signifikanter Einfluß dieses Qualitätsmerkmals nachgewiesen werden, so ist es zweckmäßig, die entsprechenden Faktorverbrauchsfunktionen für Dampf je nach Papierart in gesonderten Regressionsansätzen auf der Grundlage spezieller Stichproben zu berechnen. Auf diese Weise lassen sich die verschiedenen Papiersorten nach Papierarten geordnet zu Gruppen zusammenfassen, für die einheitliche Regressionsansätze des Gleichungssystems angegeben werden können.

Zur Ergänzung der Regressionsanalyse bedarf es noch einer Betrachtung der empirischen Residualverteilungen, die sich bei einer Anwendung der Regressionsansätze auf das Datenmaterial ergeben. In Spalte 2 von Tabelle 10 sind die Prüfgrößen d des Durbin-Watson-Tests für die Hypothesen über Autokorrelation der Residuen wiedergegeben. Unter Berücksichtigung der bestehenden Freiheitsgrade sollte der Wert d bei einem Signifikanzniveau von 5 % Irrtumswahrscheinlichkeit für die Annahme einer Autokorrelation größer als rund 1.75 sein; im Intervall zwischen 1.6 und 1.75 liefert der Test keine Aussage. Liegt jedoch d unterhalb eines Wertes von rund 1.6, so muß mit dem Vorliegen autokorrelierter Residuen gerechnet werden[14]), d. h. die Bedingung stochastisch unabhängiger Residuen ist nicht erfüllt. Ein Vergleich mit den empirischen Zahlenwerten für d zeigt, daß nur in zwei Fällen, für die Ausschußfunktion und die Abrißfunktion (vgl. Zeilen 5 und 6), die d-Werte im gewünschten Bereich liegen. Alle anderen Regressionsansätze der Faktorverbrauchsfunktionen weisen dagegen eine positive Autokorrelation der Residuen auf. Diese Ergebnisse demonstrieren, daß die bei Regressionsrechnungen oftmals stillschweigend vorausgesetzte stochastische Unabhängigkeit der Residuen bei empirischem Datenmaterial nicht immer erfüllt ist. Im vorliegenden Fall drückt sich darin die unzureichende Qualität des Beobachtungsmaterials aus. Offenbar ist das Zahlenmaterial durch Einflüsse verfälscht, die mit Hilfe der verfügbaren Informationen quantitativ nicht erfaßbar sind.

Die Ergebnisse des χ^2-Tests zur Prüfung der Hypothese, ob die empirische Residualverteilung mit einer Normalverteilung übereinstimmt, sind in Spalte 1 der Tabelle 10 dargestellt. Zu jedem Regressionsansatz ist die Irrtumswahrscheinlichkeit p für die Hypothese berechnet, daß die Residuen nicht normal verteilt sind. Ist die Irrtumswahrscheinlichkeit Null, so kann die Übereinstimmung zwischen der Residualverteilung und einer Normalverteilung mit Sicherheit abgelehnt werden. Im allgemeinen gilt bei Irrtumswahrscheinlichkeiten von 1 % an die Behauptung als signifikant erwiesen, daß die empirische Verteilung eine Normalverteilung ist. Die vorliegenden Werte für $p\chi^2$ erfüllen in der Mehrzahl dieses Kriterium; die empirischen Residual-

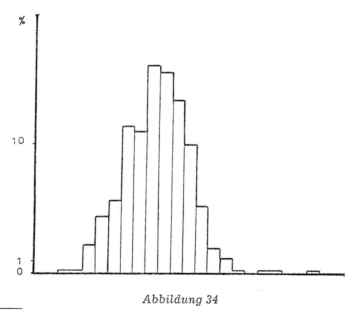

Abbildung 34

---

[14]) Zahlenwerte nach: Durbin, J. und G. S. Watson: Testing for Serial Correlation in Least Squares Regression, Teil II, a. a. O., S. 173.

17*

verteilungen sind demnach bis auf die Ausnahmen der Ausschuß- und Abriß-
funktionen (Zeilen 5 bzw. 6) als Normalverteilungen anzusehen. Eine besonders deutliche Übereinstimmung mit einer Normalverteilung zeigt z. B. der
Ansatz zur mengenspezifischen Faktorverbrauchsfunktion für Dampf (Zeile
3); das Bild dieser empirischen Residualverteilung ist in Abbildung 34 dargestellt.

Nach Abschluß der produktionstheoretischen Analyse soll nunmehr versucht
werden, die Kosten-Leistungs-Funktion des Aggregates zu bestimmen. Die
zur Verfügung stehenden Ergebnisse der Mengenbetrachtung lassen es frei-
lich nicht zu, eine vollständige Kosten-Leistungs-Funktion zu entwickeln.
Somit wird sich die Kostenbetrachtung ausschließlich auf den Faktorverbrauch für Wasser und Dampf beschränken müssen. Auf der Grundlage der
bereits dargestellten mengenspezifischen Faktorverbrauchsfunktionen kann
eine partielle mengenspezifische Kosten-Leistungs-Funktion des Faktorverbrauchs bestimmt werden. Mit den als bekannt vorausgesetzten Faktorpreisen für Wasser p_W (GE/ME) und Dampf p_D(GE/ME) ergibt sich die partielle
Kosten-Leistungs-Funktion aus den folgenden Beziehungen:

(VI. 5k) $k = p_D r_D + p_W r_W$

$r_D = f_D(v, G, r)$

$r_W = f_W(G)$

$X = g(v, G).$

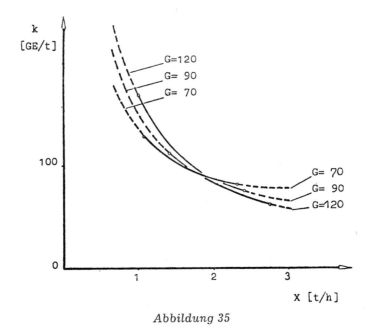

Abbildung 35

Zu jedem technisch realisierbaren Wertesatz für v, G und r lassen sich die Kosten des mengenspezifischen Faktorverbrauchs k(GE/ME) und die entsprechende Bruttoproduktionsleistung X(ME/ZE) berechnen. In Abbildung 35 ist für drei Papiergewichte bei konstantem Rißfaktor r = 0.2 die partielle Kosten-Leistungs-Funktion des Faktorverbrauchs in Abhängigkeit von der Bruttoleistung dargestellt, wobei zwischen den Faktorpreisen von Wasser und Dampf ein Verhältnis von 1 : 10 angenommen ist. Da der Ausschußfaktor nicht explizit berücksichtigt ist, beziehen sich auch die Stückkosten auf eine Bruttomengeneinheit. Die voll ausgezogenen Kurvensegmente bezeichnen den empirisch belegbaren Bereich der Leistungsvariation. Das Kurvenbild zeigt einen ausschließlich fallenden Verlauf, der auch durch Änderung des Preisgefüges nicht grundsätzlich beeinflußt werden kann, da progressive Tendenzen in den Faktorverbrauchsfunktionen fehlen. Über den Verlauf der gesamten Kosten-Leistungs-Funktion läßt sich jedoch keine endgültige Aussage machen, da die Kosten für Energie, Verschleißteile, Wartung und Bedienung nicht erfaßt sind.

3. Stahlerzeugung nach dem Siemens-Martin-Verfahren

a) Technologische Grundlagen des Produktionsprozesses

Der Eisenverhüttungsprozeß läßt sich in drei Teile untergliedern. Die Gewinnung von Roheisen aus Erzen und Koks in den Hochofenbetrieben bildet den ersten Teil. Daran schließt sich die Stahlerzeugung an, die entsprechend der Stahlqualität entweder nach dem Bessemer- bzw. Thomasverfahren, dem Siemens-Martin-Verfahren, dem Elektrostahlverfahren oder nach dem Sauerstoff-Aufblasverfahren durchgeführt wird. Der dritte Teil des Verhüttungsprozesses umfaßt die Weiterverarbeitung der in den Stahlwerken gegossenen Rohstahlblöcke zu Walzstahl und Halbzeug. Die eigentliche Stahlproduktion ist somit als Zwischenstufe des insgesamt dreistufigen Produktionsprozesses anzusehen. Aus wärmetechnischen Gründen arbeiten Hochofen, Stahlwerk und Walzwerk im Verbund, so daß Stahlwerke im wesentlichen über die vor- bzw. nachgelagerte Produktionsstufe mit dem Beschaffungs- bzw. Absatzmarkt in Verbindung treten.

Als Stahl wird allgemein eine Eisen-Kohlenstoff-Legierung mit weniger als 1.7 % Kohlenstoffanteil bezeichnet. Aufgabe des Stahlwerkes ist es daher, aus dem Hochofen-Roheisen mit ca. 4.5 % Kohlenstoffanteil durch Frischen, d. h. im wesentlichen durch Oxydation des Kohlenstoffs, eine kohlenstoffarme Eisenlegierung herzustellen. Das Frischen dient darüber hinaus dem Zweck, weitere störende bzw. qualitätsmindernde Begleiter des Roheisens, wie z. B. Phosphor und Schwefel, durch Oxydation bzw. chemische Bindung an Calcium zu entfernen oder ihren Anteil auf das gewünschte Maß zu senken.

Während das Thomas-Verfahren vor allem handelsübliche Massenstähle, das Elektrostahlverfahren hochwertige, legierte Stahlsorten liefert, werden mit dem Siemens-Martin-Verfahren Qualitätsstähle, z. B. für Karrosseriebleche, Profilstähle, Elektrobleche, Bandstähle usw., hergestellt.

Der Siemens-Martin-Prozeß ist als Herdfrisch-Verfahren und damit produktionstheoretisch als Chargenprozeß zu kennzeichnen. Das flüssige Roheisen wird chargenweise in den Herd eines Flammofens eingesetzt und in sauerstoffreicher Atmosphäre gefrischt. Durch Reaktion mit basischen Zuschlagstoffen und mit der Ausmauerung des Ofens wird außerdem ein Teil der Eisenbegleiter, insbesondere Phosphor und Silizium, chemisch gebunden, so daß Schlacke entsteht, die sich von der Stahlschmelze trennen läßt. Die Beheizung des Ofens erfolgt durch Gas- und/oder Ölverbrennung. Dabei werden die heißen Verbrennungsgase so geführt, daß sie beim Verlassen des Herdraumes das Heizgas und die Verbrennungsluft vorwärmen (Regenerativ-Feuerung) und so durch Nutzung der Abgaswärme zur Einsparung von Heizenergie und zur Steigerung der Flammentemperatur beitragen. Die Konstruktion des Siemens-Martin-Ofens gestattet es, nicht nur flüssiges Hochofenroheisen, sondern auch festes Material, wie Schrott oder erstarrtes Roheisen, zu Stahl zu verarbeiten. Der Brenner des Ofens ist so ausgeführt, daß seine Flammenenergie ausreicht, den festen Einsatz in kurzer Zeit einzuschmelzen. Auf diese Weise wird meistens aus einer bestimmten Mischung von festem und flüssigem metallischem Einsatz nach dem Siemens-Martin-Verfahren Stahl produziert.

In dem untersuchten Stahlwerk vollzieht sich der Betrieb eines Siemens-Martin-Ofens entsprechend dem in Abbildung 36 dargestellten Zeitablauf. Als Elementarzeit des Produktionsprozesses und damit als Bezugszeitraum der quantitativen Analyse ist die Zeitspanne zwischen dem Chargierbeginn der einen und dem Chargierbeginn der folgenden Charge ($\overline{A_n A_{n-1}}$) anzusehen. Die Durchführung einer Schmelze vom Materialeinsatz bis zum Abstich und zur anschließenden Kurzreparatur des Herdes stellt den Elementarvorgang dieses Faktorkombinationsprozesses dar. Durch Aufteilung der Elementarzeit in eine Hauptzeit t_h und eine Nebenzeit t_n läßt sich mit Hilfe des Zeitwirkungsgrades der Einfluß der Schmelzenführung auf die Effektivleistung des Siemens-Martin-Prozesses sichtbar machen. Die Hauptzeit ($\overline{A_n E_n}$) umfaßt die Chargierperiode t_{ch}, die Schmelzperiode t_{sm} und die Kochperiode t_{ko}. Daran schließt sich die im allgemeinen durch eine günstige Schmelzenführung nicht beeinflußbare Nebenzeit, bestehend aus Abstichdauer und Flickdauer, an, innerhalb deren der fertige Stahl abfließt und an der Ausmauerung des Ofens kleinere Ausbesserungsarbeiten durchgeführt werden.

Im Verlauf der Chargierperiode wird das feste Material in den Herd des Ofens eingesetzt. Wesentliche Teile des festen Einsatzes sind Schrott, festes Roheisen (RF) und als Zuschlagstoff ein basisches Mineral, wie z. B. Kalk (K). Aus metallurgischen Gründen wird außerdem Sinter (SN) und Eisenerz (EZ) eingesetzt. Mengenmäßig betrachtet ist Schrott der wichtigste Einsatzfaktor für die Erzeugung von Siemens-Martin-Stahl; der Schrotteinsatz besteht im wesentlichen aus zwei qualitativ unterschiedlichen Schrottsorten, die als

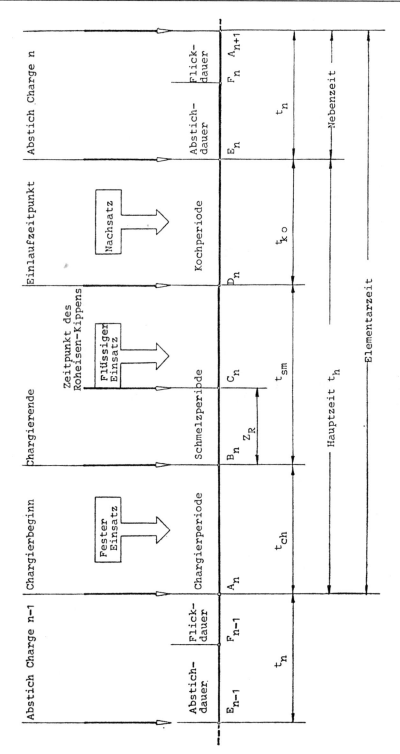

Abbildung 36

Handelsschrott (H) bzw. Eigenschrott (E) bezeichnet werden. Handelsschrott ist erfahrungsgemäß von geringerer Qualität, da er aus den verschiedensten handelsüblichen Eisenabfällen besteht, während Eigenschrott vorwiegend Abfälle aus den angeschlossenen Gießbetrieben und Walzwerken enthält. Die Länge der Chargierperiode hängt sowohl von der absoluten Menge des festen Einsatzmaterials als auch von der Förderleistung der Chargiereinrichtungen ab. Dabei spielt eine Rolle, daß kompakter Schrott in kürzerer Zeit in den Ofen gebracht werden kann als loser und sperriger Handelsschrott, der das Schöpfvolumen der Chargiermulden nur ungenügend ausnützt. Eine Verkürzung der Chargierdauer wirkt sich vor allem zugunsten des Wärmeverbrauchs aus, weil mit jedem Öffnen des Herdraumes erhebliche Wärmeverluste infolge Strahlung und Konvektion verbunden sind.

Nach Abschluß der Chargierarbeiten beginnt die eigentliche Schmelzperiode, die so lange andauert, bis sich sämtliche festen Einsatzstoffe in der Schmelze gelöst haben. In einem bestimmten Zeitabstand z_R (ZE) vom Ende der Chargierperiode für den festen Materialeinsatz wird das flüssige Roheisen (R) mit einer Temperatur von ca. 1280 Grad chargiert.

Wenn die Schmelze ihren Einlaufzustand erreicht hat, d. h. wenn sämtliche festen Einsatzstoffe geschmolzen sind, setzt die Kochperiode ein. Während dieser Periode vollzieht sich der wesentliche Teil des Frischvorgangs, der bereits mit dem Einschmelzen begonnen hat. Die nunmehr ablaufenden chemischen Reaktionen des „Stahlkochens" lassen sich von außen nur noch im geringen Umfang durch gezielte Maßnahmen beeinflussen. Wichtig ist z. B. die Einhaltung einer genügend hohen Badtemperatur zur Beschleunigung der reaktionskinetischen Prozesse. Zur Unterstützung der Oxydationsvorgänge wird eine sauerstoffreiche Ofenatmosphäre geschaffen. Außerdem müssen genügend basische Mineralien in der Schmelze gelöst sein, damit die chemische Bindung von Silizium und Phosphor in dem erforderlichen Umfang eintreten kann. Zeigt der Verlauf des Stahlkochens nicht den gewünschten Erfolg, so bestehen Korrekturmöglichkeiten durch das Nachsetzen fester und flüssiger Stoffe, wie z. B. von Kalk, Erz, flüssigem Roheisen, festem Roheisen und sogenanntem Kühlschrott, der dazu dient, die Temperatur der Schmelze drastisch zu senken. Die Wirkung des Nachsatzes auf den Kochverlauf ist sowohl von der Menge als auch vom Zeitpunkt des Nachsetzens abhängig.

Die Beheizung des Ofens erfolgt während der Chargier- und Schmelzperiode durch die Kombination einer Öl- und Gasflamme. Mit dem Beginn der Kochperiode wird die Gaszufuhr unterbunden, so daß nur noch die Ölflamme den Ofen heizt. Der Faktorverbrauch für die Ofenheizung wird in Wärmeeinheiten (Gigakalorien) gemessen, wobei die dimensionslosen Einflußgrößen n_{ch} bzw. n_{sm} den Anteil der Ölflamme an der Wärmezufuhr während der Chargier- bzw. Schmelzperiode zum Ausdruck bringen.

Der empirischen Untersuchung stand ein Betrieb mit vier technisch völlig gleichartigen Siemens-Martin-Öfen mit einem Fassungsvermögen von je ca.

200 t zur Verfügung. Prinzipiell produziert jeder Ofen unabhängig von den anderen Öfen des Betriebes. Allerdings lassen sich im vorliegenden Falle Betriebssituationen beobachten, in denen eine Interdependenz zwischen den Öfen besteht, die sich auf den Materialeinsatz und die Beheizung nachteilig auswirkt. Wenn z. B. an zwei oder mehreren Öfen gleichzeitig chargiert wird, treten Verzögerungen beim Materialeinsatz auf, da in diesem Fall die Chargiereinrichtungen einen Engpaß bilden. Ein weiterer Engpaß war im Untersuchungszeitraum bei der Bereitstellung von Preßluft für den Ölbrenner festzustellen. Wenn sämtliche Öfen auf größtmögliche Ölfeuerung geschaltet sind, reicht die pro Zeiteinheit verfügbare Preßluftmenge nicht ganz aus, so daß der Druck im Preßluftnetz absinkt und die Verbrennung und damit die Wärmezufuhr wegen ungenügender Heizölverstaubung gehemmt wird. Es liegt auf der Hand, daß beide Einflüsse, die Verzögerung des Chargierens und die Beschränkung der Preßluftzufuhr, leistungsmindernd wirken. Die quantitative Bedeutung dieser Wirkungen kann jedoch wegen fehlender Informationen nicht abgeschätzt werden. Eine Vernachlässigung dieser Interdependenzeffekte dürfte jedoch von geringer Bedeutung sein, da die erwähnten Engpaßsituationen im Betrachtungszeitraum sehr selten eintraten.

Da es sich um praktisch identische Faktorkombinationen handelt, wird zunächst angenommen, daß für sämtliche vier Siemens-Martin-Öfen ein gemeinsames Produktionsmodell existiert. Die Beobachtungswerte der einzelnen Anlagen werden ohne Berücksichtigung ihrer Herkunft als Bestandteile einer homogenen Stichprobe angesehen. Auf der Grundlage dieser nicht differenzierten Stichprobe werden die Koeffizienten des ökonometrischen Produktionsmodells geschätzt. Später soll mit Hilfe von 0-1-Variablen geprüft werden, ob artmäßige Merkmale der einzelnen Aggregate und der mit ihnen kombinierten Faktoren, wie z. B. Bedienungsmannschaften, im Rahmen der Modellgleichungen einen signifikanten Einfluß ausüben, d. h. ob die vermutete Homogenität der empirischen Stichprobe durch eine Faktorkombination gestört wird.

Für die praktische Rechnung standen zunächst Produktionsberichte über mehr als 3700 Stahlschmelzen mit je ungefähr 100 Zahleninformationen zur Verfügung. Nach Überprüfung des Materials mußte wegen unvollständiger Angaben, wegen Schreib- und Übertragungsfehlern oder weil Sonderschmelzungen durchgeführt wurden, etwa $1/3$ der Produktionsberichte ausgeschieden werden, so daß der hier dargestellten Untersuchung rund 2200 Berichte und Aufschreibungen zugrunde liegen. Die praktischen Erfahrungen mit diesem umfangreichen Zahlenmaterial führen deutlich die Bedeutung einer vollautomatischen Erfassung, Speicherung und Verarbeitung von Produktionsdaten vor Augen.

b) Faktorkombination und Produktionsmodell

Die Faktorkombination des Siemens-Martin-Prozesses läßt sich durch mehrere Faktorgruppen umschreiben, die limitational miteinander verknüpft sind. Als wichtigste Faktorgruppen können genannt werden:

a) Metallische Einsatzstoffe (Werkstoffe),

b) Zuschlagstoffe (Hilfsstoffe),

c) Heizwärme (Energie),

d) Verschleißteile, wie Ofenausmauerung, Brennköpfe usw.,

e) Arbeitskräfte für Maschinenbedienung und Wartungsdienste.

Diese Aufzählung entspricht dem bereits auf Seite 123 dargestellten Aufbau der betrieblichen Faktorkombination; die korrespondierenden Bezeichnungen sind, sofern erforderlich, in Klammern angegeben.

Werden die Faktorbündel aufgegliedert, so zeigen sich im vorliegenden Produktionsprozeß neben den limitationalen Beziehungen zwischen den obigen Gruppen zum Teil substitutionale Verhältnisse innerhalb der Faktorgruppen. Typisches Beispiel dafür ist die Faktorgruppe „metallische Einsatzstoffe". Es können sich nicht nur die einzelnen Schrottsorten gegenseitig ersetzen, eine bedeutsame Substitutionsmöglichkeit besteht vor allem zwischen Schrott (fester Einsatz) und flüssigem Roheisen (flüssiger Einsatz). In symbolischer Schreibweise läßt sich dieser Tatbestand als

$$(H \vee E \vee R)$$

darstellen. Die Frage, ob es sich dabei um alternative oder periphere Substitution handelt, soll in diesem Zusammenhang nicht prinzipiell erörtert werden. Im vorliegenden Fall läßt die Betriebsweise der Siemens-Martin-Öfen allerdings eindeutig auf periphere Substitution schließen.

Ähnliche Substitutionsverhältnisse weist die Faktorgruppe „Heizwärme" auf. Werden nur die Brennstoffe betrachtet, so lassen sich bei der Verbrennung Öl und Gas ersetzen. Die quantitative Untersuchung geht jedoch bei der Bestimmung der Faktormengen nicht von den Brennstoffmengen aus, sondern bezieht sich auf den Verbrauch von Wärmemengen (Gigakalorien/ZE). Grundlage der Quantifizierung ist die mit Hilfe von Energieäquivalenten (Heizwerte) aggregierte Faktormenge „Heizwärme", so daß die Substitutionsmöglichkeit innerhalb dieser Gruppe nicht direkt in Erscheinung tritt. Indirekt kommt das Substitutionsverhältnis jedoch in den Einflußgrößen n_{ch} bzw. n_{sm} zum Ausdruck, die den Ölanteil an der Brennstoffzufuhr quantifizieren.

Schließlich besteht zwischen dem Wärmeverbrauch und dem Verbrauch an flüssigem Roheisen ein Substitutionsverhältnis. Die Masse des flüssigen Roheisens stellt ein erhebliches Wärmepotential dar, so daß mit dem Chargieren des flüssigen Einsatzes dem Prozeß beträchtliche Wärmemengen zugeführt werden. Das Einsetzen des flüssigen Roheisens hat somit zwei Substitutionswirkungen, die sowohl Faktormengen der metallischen Einsatzstoffe als auch die Wärmemengen betreffen. Wird das Wärmepotential des flüssigen Roheisens mit R* bezeichnet, so besteht innerhalb der Faktorgruppe „Heizwärme" die Struktur

$$(R^* \vee W).$$

Damit wird deutlich, daß Produktionsfaktoren zugleich Werkstoffe und Energieträger sein können.

Für die noch verbleibenden Faktorbündel bestehen auch innerhalb derselben Gruppe limitationale Beziehungen. Zu den Zuschlagstoffen werden außer Kalk auch Sinter und Erz gezählt, obwohl die beiden letzteren Einsatzstoffe einen (wenn auch geringen) Teil des metallischen Einsatzes ausmachen. In technologischer Sicht des Produktionsprozesses haben sie jedoch eine ähnliche Aufgabe wie der Zuschlagstoff Kalk, nämlich den Frischprozeß, wie in diesem Fall durch Sauerstoffabgabe, zu unterstützen. Produktionstheoretisch ist ihnen der Charakter von Hilfsstoffen beizumessen. Die Verbrauchsmengen dieser Produktionsfaktoren sind von den Zustandsgrößen des Produktionsprozesses abhängig, wobei in erster Linie ein Zusammenhang mit der Roheisenmenge besteht.

In der Faktorgruppe „Verschleißteile" nimmt der Einsatzfaktor „Ofenausmauerung" eine besondere Bedeutung ein. Zwar konnte auf der Grundlage des vorliegenden empirischen Materials — nicht zuletzt wegen des relativ kurzen Beobachtungszeitraums — ein signifikanter Zusammenhang zwischen den Zustandsgrößen der Q-, V- und Z-Situation nicht nachgewiesen werden. Es ist jedoch bekannt, daß eine nachhaltige Steigerung der Wärmemenge die Lebensdauer der Ofenauskleidung reduziert. Da eine Erneuerung der Ofenausmauerung mit einem Produktionszeitverlust verbunden ist, wird schnell jener Punkt erreicht, wo die Leistungssteigerung infolge erhöhten Wärmedurchsatzes durch Produktionszeitunterbrechungen für Instandsetzungsarbeiten kompensiert wird. In betriebsinternen Versuchen konnte dieser (durch einen Zeitwirkungsgrad darstellbare) Effekt auf die Leistungsfunktion (vgl. Seite 140 f.) empirisch nachgewiesen werden.

Die Faktorverbrauchsmenge für Bedienungs- und Wartungsarbeit ist der Mengenbetrachtung nicht zugänglich. Die Kosten dieser Faktorgruppe werden bei der Kostenbetrachtung mit Hilfe von Einzelkosten-Leistungs-Funktionen berücksichtigt.

Der Siemens-Martin-Prozeß wird ausschließlich zum Zweck der Stahlproduktion durchgeführt; trotzdem muß er produktionstheoretisch als Koppelproduktion klassifiziert werden. Gleichzeitig mit dem Erschmelzen einer bestimmten Stahlsorte entsteht Schlacke, die z. B. zu Baumaterial weiterverarbeitet wird. Außerdem wird bei dem untersuchten Siemens-Martin-Ofen das in den Abgaben noch enthaltene Wärmepotential zur Dampferzeugung genutzt, so daß zusätzlich zur Stahl- und Schlackenproduktion beim Siemens-Martin-Prozeß auch Heizdampf entsteht. Diese Produkte sind starr gekoppelt; es ist aus technologischen Gründen z. B. nicht möglich, durch Drosselung der Dampferzeugung mehr Stahl zu produzieren oder durch Verzicht auf einen Teil der Abstichmenge mehr Schlacke zu erhalten. Der Anfall von Nebenprodukten ist ebenso wie die Stahlproduktion im Sinne der eingangs gegebenen Definition (vgl. Seite 136) an die Zustandsvariablen des Produktionsprozesses, d. h. an den Prozeßablauf, gebunden; eine gegenseitige, aktive Interdependenz zwischen den Koppelprodukten besteht demnach nicht. Somit kann — wie im vorliegenden Fall — die Stahlproduktion isoliert, d. h. ohne die quantitative Berücksichtigung der Nebenproduktmengen, produktionstheoretisch dargestellt werden.

Die Faktorkombination des Siemens-Martin-Prozesses läßt sich nunmehr einschließlich ihrer strukturellen Merkmale formulieren. Dabei werden die Verschleißteile durch das Symbol B, Bedienungsarbeit durch A_B und Wartungsarbeit durch A_W bezeichnet. Die gekoppelten Produkte sind durch die Buchstaben S (Stahl), L (Schlacke) und D (Dampf) wiedergegeben. Werden die bereits im Text benutzten Symbole verwendet, so zeigt die Struktur der Faktorkombination das folgende Bild:

$$((R \lor H \lor E) \land (K \land EZ \land SN) \land (R^* \lor W) \land B \land A_B \land A_W) \to (S \land L \land D).$$

Es handelt sich demnach um eine gemischt-substitutional-limitationale Faktorkombination.

Neben den strukturellen Eigenschaften der Faktorkombination sind die Variablen der Q-, V- und Z-Situation zu bestimmen. Die folgende Darstellung der Zustandsgrößen des Siemens-Martin-Prozesses soll sich auf die mit dem empirischen Datenmaterial verfügbaren und geeigneten Größen beschränken; zusätzliche, theoretisch denkbare Einflußgrößen werden daher nicht diskutiert.

Um die Übersichtlichkeit zu verbessern, werden im Unterschied zu der bestehenden Definition nur jene Zustandsgrößen des Aggregates in der Z-Situation zusammengefaßt, die nicht durch Maßnahmen der Bedienungsmannschaft verändert werden können. In diesem Zusammenhang ist zunächst nur eine Einflußgröße, das „Lebensalter" einer Ofenauskleidung, d. h. die Ofenreise, zu nennen. Die Ofenreise s (—) ist eine Hilfsgröße dafür und bringt die Zahl der seit der Neuausmauerung des Ofengewölbes durchgeführten Stahlschmelzen zum Ausdruck.

Die V-Situation erfaßt sämtliche empirisch relevanten und durch die Betriebsweise des Ofens beeinflußbaren und variablen Zustandsgrößen des Produktionsprozesses. Dazu zählt der dimensionslose Füllungsgrad f (—) des Ofenherdes; er berechnet sich aus dem Quotienten: gesamter Stoffeinsatz (in t)/250, wobei angenommen ist, daß der Ofenherd im Höchstfalle 250 t Einsatzmaterial aufnehmen kann. Ferner gehören der V-Situation Größen an, die Intensität und Art der Ofenheizung charakterisieren. Die Heizintensität während der Chargier-, Schmelz- und Kochperiode kommt in den Einflußgrößen v_{ch}, v_{sm} und v_{ko} mit der Dimension (10^6 kcal/min) zum Ausdruck; damit wird der von den Brennern erzeugte Wärmestrom gemessen. Um die Art der Wärmezufuhr zu kennzeichnen, wird das Mengenverhältnis der Brennstoffe — ausgedrückt durch die Ölanteile n_{ch} und n_{sm} — bei der quantitativen Analyse berücksichtigt. Als weitere Komponente der V-Situation ist eine Zeiteinflußgröße zu betrachten; sie dient zur Charakterisierung des zeitlichen Ablaufs einer bestimmten Phase des Produktionsprozesses innerhalb der Elementarzeit. Es handelt sich um die Wahl des Einsatzzeitpunktes (Punkt C_n in Abbildung 36) für das Chargieren des flüssigen Roheisens; zur Quantifizierung dieses Sachverhaltes wird der Zeitabstand z_R (min) vom **Ende der Chargierperiode** herangezogen.

Metallurgische Untersuchungen[15]) des Siemens-Martin-Prozesses zeigen, daß nicht nur die Parameter des Ofenzustandes, wie Ofenalter, Wärmezufuhr und Füllungsgrad, den Ablauf der Stahlgewinnung bestimmen. Als eine vergleichsweise ebenso wirksame Einflußgröße erweist sich die Zusammensetzung der Faktorgruppe „metallische Einsatzstoffe", d. h. das Mengenverhältnis zwischen festem metallischem Einsatz und flüssigem Roheisen. Dieser Sachverhalt liefert ein Beispiel dafür, daß es Produktionsprozesse gibt, die nicht ausschließlich durch das Aggregat, d. h. durch den Mechanismus der Produktionsanlagen, gesteuert werden können, sondern auch durch autonome Wahl bestimmter Faktormengenrelationen beeinflußbar sind. Eine derartige autonome Zustands- und Steuergröße des Siemens-Martin-Prozesses ist der Roheisenanteil r (—); er bestimmt sich aus dem Quotienten: flüssige Roheisenmenge/gesamte metallische Einsatzmenge (einschließlich Sinter und Erz). Damit ist der Roheisenanteil als Komponente der V-Situation aufzufassen; die Bedeutung von r als exogene Einflußgröße wird dadurch unterstrichen, daß erfahrungsgemäß der Roheisenanteil vor Beginn einer jeden Schmelze autonom festgelegt wird.

Da die Einflußgröße r nunmehr als Komponente der V-Situation aufzufassen ist, muß die Frage geklärt werden, ob mit dieser Formulierung des Produktionsmodells die bereits technologisch begründete Substitutionalität des Einsatzfaktors „flüssiges Roheisen" in geeigneter Weise berücksichtigt ist. Formal betrachtet kann die variable Faktormengenrelation r entweder eine Limitationalität mit verschiebbarem Mengenverhältnis oder eine echte Substitutionalität zum Ausdruck bringen. Substitutionaliät liegt unzweifelhaft dann vor, wenn eine bestimmte, konstante Produktionsleistung der Faktorkombination bei verschiedenen Faktormengenrelationen ausgebracht werden kann. Wie das empirisch gefundene Modell der Leistungsfunktion zeigt (vgl. Abbildung 37), läßt sich z. B. eine Produktionsleistung von rund 480 (kg/min) mit r = 0.3 und r = 0.4 erzielen. Damit bestätigt das empirische Produktionsmodell in diesem Fall die strukturellen Eigenschaften der Faktorkombination.

Schließlich sind die Komponenten der Q-Situation zu erläutern. Sie haben die Aufgabe, Qualitätseinflüsse sowohl der Einsatzstoffe als auch des erzeugten Stahls zu beschreiben. Empirisches Material zur Q-Situation war hauptsächlich durch Temperaturmessungen und chemische Analysen des flüssigen

---

[15]) Siehe dazu: Müller, H., K. Köhler, M. Kempter und B. Oheim: Ermittlung der Optimalwerte verschiedener die Leistung der Siemens-Martin-Öfen beeinflussender Größen mit Hilfe der mathematischen Statistik, Teil II: Regressionsberechnungen, in: Neue Hütte 1963, S. 160 ff.

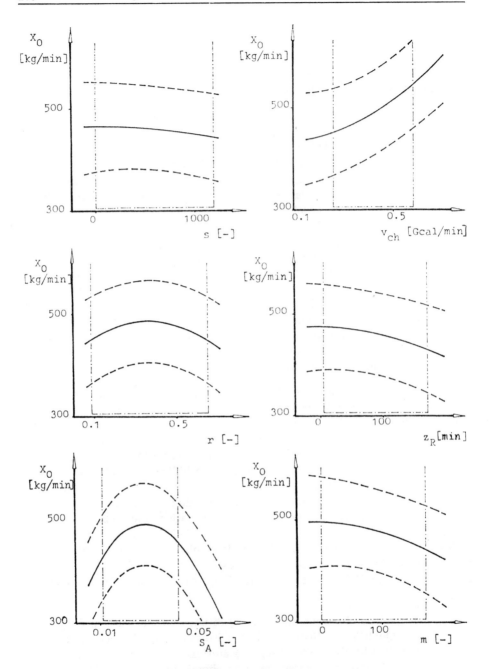

Abbildung 37

Roheisens und der abstichreifen Stahlschmelze gegeben. Die Analysenwerte haben die Dimension Prozent und zeigen den Gehalt an Kohlenstoff C (%), Mangan Mn(%), Phosphor P(%) und Schwefel S(%) an; entsprechende Werte für Silizium werden nicht berücksichtigt, da dieses Element als erstes zu Beginn der Frischzeit abbrennt und somit den weiteren Verlauf des Prozesses vergleichsweise wenig beeinflußt[16]). Zur Ergänzung der Analysenwerte wird die Temperatur C (°Celsius) bestimmt. Die Q-Komponenten des flüssigen Roheisens werden mit dem Index R, jene des abstichreifen Stahls mit A gekennzeichnet. Zur Q-Situation der übrigen Einsatzstoffe sind empirische Daten nicht verfügbar. Als Hilfsgröße für die Qualität des Schrotteinsatzes wird daher dessen Kompaktheit herangezogen. Hierbei handelt es sich um die Größe m(—); sie gibt die zur Chargierung der Schrottmenge erforderliche Zahl von Chargierbehältern (Mulden) an, mit deren Hilfe der Schrott in den Ofen gekippt wird. Je geringer die Muldenanzahl ist, um so geringeres Volumen nimmt die Schrottmenge ein, d. h. um so kompakter und metallurgisch wertvoller ist der Schrott. Daneben trägt kompakter Schrott zur Verminderung des Heizwärmeverbrauchs insofern bei, als sich die Dauer des Chargiervorgangs verkürzt und so Wärmeverluste beim Öffnen des Ofengewölbes möglichst klein gehalten werden[17]).

Es ist an dieser Stelle nachzutragen, daß das Nachsetzen von Einsatzstoffen zur Korrektur der Vorgänge während der Kochperiode im Rahmen des folgenden, für eine gesamte Charge angesetzten Produktionsmodells einen signifikanten Einfluß nicht erkennen ließ. Die Wirkung der Nachsatzmengen und der Nachsatzzeitpunkte läßt sich nur bei einer lokalen Betrachtung der Kochperiode sichtbar machen. Infolgedessen werden Einflußgrößen, die den Nachsatz betreffen, nicht in die Q-, V- und Z-Situation des Gesamtmodells einer Charge aufgenommen.

Nunmehr läßt sich das Gleichungssystem einer Produktionsfunktion für den Siemens-Martin-Prozeß aufstellen. Das im folgenden wiedergegebene System repräsentiert jedoch nur ein Teilmodell der gesamten Faktorkombination, da es dem empirischen Zahlenmaterial angepaßt ist und somit z. B. Faktorverbrauchsfunktionen der Verschleißteile fehlen.

Mit seiner Darstellung als quasikontinuierlicher Produktionsprozeß lassen sich auch bei einem Chargenprozeß zeitspezifische Faktormengen definieren. Durch Divison mit der Elementarzeit werden die Faktorverbräuche pro Charge in zeitspezifische Mengen umgerechnet. Ohne Bezugnahme auf die Elementarzeit kann der Faktorverzehr auch mit Hilfe mengenspezifischer Größen quantifiziert werden, indem die Einsatzmengen pro Charge durch

---

[16]) Der Einfluß des Si-Gehaltes der Einsatzstoffe auf die Schlackenbildung wird in diesem Zusammenhang vernachlässigt.

[17]) Bei sehr großen, kompakten Schrottblöcken kann diese Wärmeverbrauchsminderung wieder dadurch aufgehoben werden, daß infolge der mangelhaften Durchwärmung des Blocks der Einlaufzeitpunkt verspätet erreicht wird und dadurch der gesamte Chargenprozeß verzögert wird.

die Chargenausbringung dividiert werden. Beide Ansätze lassen sich zur Darstellung des Mengengerüstes heranziehen; dem Chargenprozeß angemessener erscheint jedoch ein dritter Ansatz, der im folgenden aufgezeigt werden soll. Dabei bezieht sich die Mengenbetrachtung ausschließlich auf Chargenmengen, während im Rahmen der Kostenbetrachtung aus den Chargenmengen die mengen- und zeitspezifische Kosten-Leistungs-Funktion bestimmt wird.

Die ökonomische Leistung der Faktorkombination bezüglich der Stahlproduktion wird als Effektivleistung X_{eff} (kg/min) bezeichnet und bezieht sich auf die während der Elementarzeit erzeugte und abgestochene Stahlmenge M(kg). Um den Einfluß der Nebenzeiten auf die Effektivleistung sichtbar zu machen, ist außerdem eine auf die Hauptzeit bezogene technologische Produktionsleistung X_0(kg/min) definiert. Während die technologische Produktionsleistung vorwiegend den Erfolg der Schmelzenführung und der technologischen Steuerung des Prozesses widerspiegelt, bringt die Effektivleistung vor allem den Einfluß des Verhältnisses zwischen Haupt- und Nebenzeit zum Ausdruck. Mit der Einführung eines Zeitwirkungsgrades η (—) läßt sich ein Zusammenhang zwischen Effektivleistung und technologischer Produktionsleistung angeben[18]):

(VI. 6a) $X_{eff} = \eta X_0,$

wobei: $\eta = t_h/(t_h + t_n).$

Die Produktionsleistung X_0 ist ebenso wie der Zeitwirkungsgrad η von den Komponenten der Q-, V- und Z-Situation abhängig, da insbesondere die Chargenhauptzeit t_h von der Wahl dieser technologischen Zustandsgrößen beeinflußt wird. Näherungsweise kann für η ein Durchschnittswert angenommen werden. Im vorliegenden Fall werden Werte zwischen 75 % und 90 % erreicht; das bedeutet: Die effektive Produktionsleistung des Siemens-Martin-Ofens wird durch Nebenzeiten um rund 20 % gemindert.

Für die technologische Produktionsleistung kann die Leistungsfunktion

(VI. 6b) $X_0 = g(Q, V, Z)$

angesetzt werden; zur genauen Bestimmung des Zeitwirkungsgrades müssen der Zusammenhang

(VI. 6c) $t_h = f(Q, V, Z)$

sowie die Nebenzeit t_n bekannt sein. Damit läßt sich die Effektivleistung nach Gleichung (VI.6 a) berechnen.

Daneben ist ein zweiter Ansatz zur Bestimmung der Effektivleistung möglich. Die pro Charge erzeugte Stahlmenge (Abstichmenge) läßt sich auch aus der pro Charge eingesetzten Stoffmenge berechnen, indem der nichtmetallische Einsatzstoff Kalk und ca. 40 % der Einsatzmengen von Sinter und

---

[18]) Vgl. S. 138 dieser Arbeit.

Erz sowie die als Abbrand verlorene Metallmenge davon abgezogen werden. Der quantitative Einfluß des Eisenabbrandes wird durch einen Abbrandfaktor a (—) erfaßt. Er gibt jenen Anteil des metallischen Einsatzes an, der im Verlauf einer Schmelze durch Oxydation bzw. durch chemische Bindung an die Schlacke verlorengeht. Im Rahmen des Produktionsmodells kann eine Abbrandfunktion von der Form

(VI. 6d) $$a = h_a(Q, V, Z)$$

angesetzt werden. Sie nimmt formal die Stellung einer Ausschußfunktion ein. Abbrand ist jedoch nicht gleichbedeutend mit Ausschuß, da Eisenabbrand technologisch zwangsläufig im Verlauf des Produktionsprozesses anfällt und auch durch sorgfältige Schmelzenführung nicht zu vermeiden ist. Die Abstichmenge M(kg) ergibt sich nunmehr aus der folgenden Beziehung:

(VI. 6e) $$M = (250\,000\ f - K - 0.4(EZ + SN))\,(1-a).$$

Dabei bezeichnen K, Sn bzw. EZ die auf eine Charge bezogenen Einsatzmengen; sie berechnen sich aus den Faktorverbrauchsfunktionen des Produktionsmodells. Zusammen mit der Hauptzeit $t_h(Q, V, Z)$ ergibt sich die technologische Produktionsleistung als

(VI. 6f) $$X_0 = M/t_h,$$

und für die Effektivleistung gilt

(VI. 6g) $$X_{eff} = M/(t_h + t_n).$$

Beide Ansätze sind gleichwertig; die numerische Untersuchung ergibt, daß Unterschiede bei der Berechnung der Effektivleistung nach beiden Ansätzen im Höchstfalle ca. 0.7 % betragen.

Unter Verwendung der bereits erläuterten Symbole kann das folgende empirische Teilmodell für den Siemens-Martin-Prozeß aufgestellt werden. Zur Leistungsfunktion sind beide soeben dargestellten Ansätze angegeben; alle Faktorverbräuche werden durch Größen wiedergegeben, die sich auf die pro Charge eingesetzten Mengen beziehen.

(VI. 6h)   a) Leistungsfunktion

Ansatz I: $X_{eff} = \eta X_0,$

wobei $X_0 = g_0(Q, V, Z)$

$\eta = t_h/(t_h + t_n)$

$t_h = h_t(Q, V, Z)$

Ansatz II: $X_{eff} = M/(t_h + t_n),$

wobei $M = (250\,000\ f - K - 0.4(EZ + SN))(1-a)$

$a = h_a(Q, V, Z)$

$t_h = h_t(Q, V, Z)$

b) Faktorverbrauchsfunktionen

(1) $R = r(250\,000\ f - K - 0.4\,(EZ + SN))$

$$(2) \quad E \; = \; f_2(H, Q, V, Z)$$

$$(3) \quad H \; = \; f_3(E, Q, V, Z)$$

$$(4) \quad W \; = \; f_4(Q, V, Z)$$

$$(5) \quad K \; = \; f_5(Q, V, Z)$$

$$(6) \quad EZ \; = \; f_6(Q, V, Z)$$

$$(7) \quad SN \; = \; f_7(Q, V, Z)$$

$$(8) \quad RF \; = \; f_8(Q, V, Z).$$

Die Gleichung (1) des Systems der Faktorverbrauchsfunktionen ist a priori mit der Definition des Roheisenanteils r vorgegeben, wobei r als Quotient aus Roheiseneinsatz pro Charge / gesamter metallischer Einsatz berechnet wird. Mit der Einführung des Roheisenanteils als exogene Einflußgröße wandelt sich das Produktionsmodell in ein vorwiegend rekursives Gleichungssystem. Die substitutionale Struktur der Faktorkombination kann dadurch auch ohne den Ansatz eines interdependenten Systems dargestellt werden. Interdependente Beziehungen bestehen theoretisch aufgrund der Substitutionsmöglichkeiten zwischen Handelsschrott und Eigenschrott. Die Gleichungen (2) und (3) müßten daher im ökonometrischen Modell simultan geschätzt werden. Allerdings bereitet hier das Identifikationsproblem erhebliche Schwierigkeiten, die sich anhand des verfügbaren Datenmaterials nicht überwinden lassen. Näherungsweise werden daher diese Gleichungen wie auch die übrigen rekursiven Zusammenhänge des Modells mit Hilfe der Methode der kleinsten Quadrate geschätzt.

c) Ergebnisse der quantitativen Analyse

Eine Übersicht zu den Ergebnissen der quantitativen Auswertung des Datenmaterials ist in Tabelle 11 wiedergegeben. In den Kopfzeilen der Tabelle sind sämtliche Einflußgrößen der Q-, V- und Z-Situation vermerkt, die im Ansatz des Produktionsmodells Verwendung finden. Zusätzlich zur Einflußgröße s sind in die Z-Situation insgesamt vier 0—1-Variable aufgenommen worden. Sie dienen dazu, spezifische Einflußkomplexe der einzelnen Siemens-Martin-Öfen sichtbar zu machen. Sämtliche exogenen Variablen des Modells werden mit Ausnahme der 0—1-Variablen in den Regressionspolynomen als lineare und quadratische Glieder angesetzt. Kriterium für die Signifikanz einer Einflußgröße ist das Vorliegen einer Irrtumswahrscheinlichkeit von höchstens 1‰ für die Annahme, daß der betreffende Regressionskoeffizient von Null verschieden ist. Jeder Zeile der Tabelle entspricht ein Regressionsansatz. Die nach dem obigen Kriterium signifikanten Regressionsvariablen sind mit ihrem Buchstabensymbol vermerkt; das Vorzeichen deutet die Tendenz ihres Einflusses auf die Zielgröße an. Neben dem Ansatz der Faktorverbrauchsfunktionen sind in der Tabelle auch Regressionspolynome für die Leistungsfunktion, die Abbrandfunktion und die Chargenhauptzeit aufgeführt.

Tabelle 11

Erläuterungen:

Spalte 1: Irrtumswahrscheinlichkeiten des χ^2-Tests bei Ablehnung der Hypothese, daß Normalverteilung besteht.

Spalte 2: Prüfgröße des Durbin-Watson-Tests bezüglich einer Autokorrelation der Residuen.

Spalte 3: Multiples Bestimmtheitsmaß.

In den Hilfszeilen sind die prozentualen Standardabweichungen der Regressionskoeffizienten eingetragen. Die Hilfszeile der Spalte 4 enthält die prozentuale Reststreuung der Zielgröße, bezogen auf deren Mittelwert.

Aus der tabellarischen Übersicht geht hervor, daß von den Komponenten der V-Situation insbesondere der Füllungsgrad des Ofens f und der Roheisenanteil r sowohl das Leistungsverhalten als auch den Faktorverbrauch bestimmen. Im Regressionspolynom der Leistungsfunktion und der Chargenhauptzeit weist außerdem die Zeiteinflußgröße z_R einen signifikanten Koeffizienten auf; eine Verzögerung des Zeitpunktes für den Einsatz von flüssigem Roheisen hat demnach eine leistungsmindernde Wirkung. Die Z-Situation übt ebenfalls einen Einfluß auf die Produktionsleistung der Faktorkombination aus. Mit zunehmendem Alter s der Ofenausmauerung geht die technologische Leistung X_0 des Ofens zurück bzw. nimmt die entsprechende Chargenhauptzeit t_h zu. Außerdem ist bemerkenswert, daß die Q-Situation der Einsatzfaktoren bereits in der Signifikanz des Einflusses der Muldenanzahl m zum Ausdruck kommt. Mit einer Vergrößerung der Muldenanzahl, d. h. mit Abnahme der Schrottqualität, tritt der erwartete Leistungsabfall ein. Die übrigen signifikanten Komponenten der Q-Situation betreffen die Produktqualität; sie zeigen, wie Produktionsleistung und Faktorverbrauch von den Eigenschaften des Faktorertrages abhängig sind. Das Regressionspolynom der Leistungsfunktion bestätigt ferner die substitutionale Struktur der Faktorkombination. Von den Regressionsvariablen r und r^2 wird eine n-förmige Parabel gebildet (vgl. Abbildung 37), die für r = 0.36 ihr Maximum erreicht. Unterhalb und oberhalb dieses Roheisenanteils läßt sich jeweils die gleiche Leistung mit unterschiedlichem Roheisenmengenverhältnis erbringen.

Die Faktorverbrauchsfunktionen lassen sich im wesentlichen durch die beiden V-Komponenten f und r beschreiben. In der Wärmeverbrauchsfunktion treten außerdem noch die Wärmeintensitäten v_{ch}, v_{sm} und v_{ko} hinzu; daneben hat auch das Substitutionsverhältnis n_{ch} der Heizenergieträger während der Chargierdauer einen signifikanten, verbrauchssteigernden Einfluß. Der Wärmeverbrauch steigt ebenfalls mit zunehmendem Ofenalter an, da der Verschleiß der Ofenausmauerung die Wärmeverluste steigert. Das Substitutionsverhältnis zwischen Wärmeverbrauch und Roheisenverbrauch wird durch die Regressionsanalyse bestätigt. Mit steigendem Roheisenanteil nimmt der Wärmeverbrauch ab; die Glieder r und r^2 des Regressionspolynoms beschreiben eine links gekrümmte, fallende Parabel (vgl. Abbildung 38). Zusammenfassend läßt sich somit feststellen, daß die quantitative Auswertung den theoretischen Ansatz in allen wesentlichen Punkten bestätigen konnte. Allerdings läßt sich die allgemeine Gültigkeit und Repräsentanz der numerischen Ergebnisse nicht ohne Vorbehalte behaupten, da die Regressionsanalyse nur ein Bild des vorgegebenen Datenmaterials entwirft. Da es sich hierbei um Betriebszahlen eines bestimmten, keinesfalls idealtypischen Betriebes handelt, spiegeln sie sowohl die technischen Gesetzmäßigkeiten der Stahlerzeugung als auch bestimmte Verhaltensnormen der Bedienungsmannschaft und Direktiven der Stahlwerksleitung wider. Aus dem unvoreingenommen registrierten empirischen Material lassen sich naturgesetzliche von den behavioristischen Einflüssen ex post nicht mehr trennen.

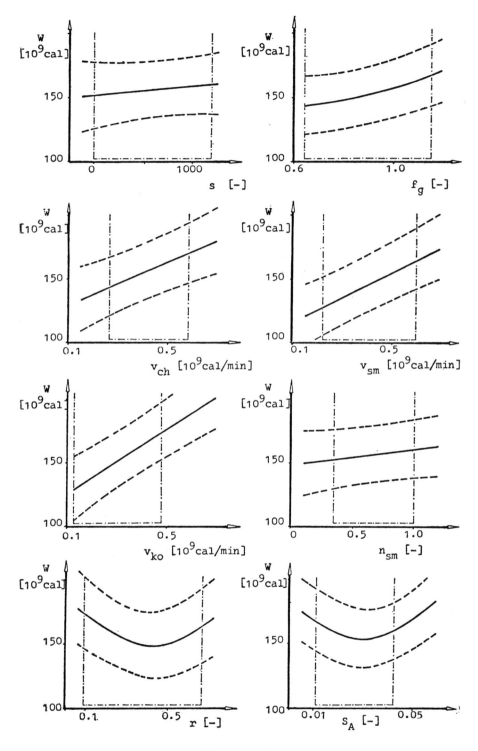

Abbildung 38

Schließlich sind noch die Ergebnisse der Ansätze mit 0—1-Variablen zu erwähnen. Variable dieses Typs dienen der Quantifizierung eines für jeden Ofen spezifischen Globaleinflusses, der im einzelnen nicht bekannt ist. Weist eine der Variablen einen signifikanten Regressionskoeffizienten auf, so drückt sich darin der Tatbestand aus, daß der betreffende Ofen, für den diese 0—1-Variable angesetzt wurde, vom durchschnittlichen, durch das Produktionsmodell vorgegebenen Produktionsverhalten aller vier Öfen entsprechend dem Vorzeichen des Regressionskoeffizienten nach oben oder nach unten abweicht. Nicht signifikante Regressionskoeffizienten dieser Variablen deuten auf das Vorliegen eines für die betreffenden Aggregate gemeinsam gültigen Produktionsmodells (Produktionsfunktion) hin. Der Ansatz von 0—1-Variablen in der Leistungsfunktion zeigt, daß z. B. Ofen 2 durch das vorliegende Modell beschrieben werden kann; ähnliches gilt für Ofen 1, dessen spezifischer Einfluß mit mehr als 5 % Irrtumswahrscheinlichkeit als nicht gesichert anzusehen ist. Einen deutlichen Einfluß (Irrtumswahrscheinlichkeit kleiner als 10^{-3}) mit der Tendenz zu einer überdurchschnittlichen Produktionsleistung weist dagegen Ofen 4 auf. Dieser spezielle Einfluß braucht nicht auf technische Verschiedenheit des Aggregats zurückzuführen sein; darin können auch Auswirkungen der Ofenbedienung und Schmelzenführung zum Ausdruck kommen. Bestehen für ein Aggregat signifikante Unterschiede zur durchschnittlichen Produktionsfunktion, so ist es zweckmäßig, im Einzelfall ein spezielles Produktionsmodell aufzustellen und mit aggregatbezogenen Daten zu berechnen.

Ist die quantitative Verschiedenheit, wie es hier der Fall ist, im Vergleich zu der gesamten Datenunsicherheit und dem statistischen Schätzfehler sehr gering, so kann auf ein spezielles Modell verzichtet werden. Um nachzuweisen, daß auch für Faktorverbrauchsfunktionen ähnliche Überlegungen angestellt werden können, wird im Rahmen des Ansatzes der Wärmeverbrauchsfunktion der Einfluß von aggregatspezifischen 0—1-Variablen geprüft (vgl. Tabelle 11).

Zur graphischen Veranschaulichung der Regressionsergebnisse ist in den Abbildungen 37 und 38 am Beispiel zweier Regressionspolynome das Bild der Leistungsfunktion und der Wärmeverbrauchsfunktion gezeichnet. Um die mehrdimensionale Funktion zeichnerisch darstellen zu können, wird das Polynom in Einzeldiagramme für jede Einflußgröße aufgelöst, wobei jeweils die nicht variierten Regressionsvariablen zu ihrem Mittelwert angesetzt sind. Die Abbildungen sollen ferner das quantitative Ausmaß der Datenunsicherheit vor Augen führen; innerhalb der durch Strichlinien angedeuteten Konfidenzintervalle liegen 95 % aller Werte für die Zielgröße. Die strichpunktierten Linien umgrenzen den empirisch belegbaren Bereich der Einflußgrößenvariation. Jenseits dieser Grenzen lassen sich im allgemeinen keine verläßlichen Angaben zum Verlauf der Regressionslinien machen, da nicht bewiesen werden kann, daß die wahrscheinlichkeitstheoretischen Prämissen der ökonometrischen Rechnung auch hier ihre Gültigkeit behalten.

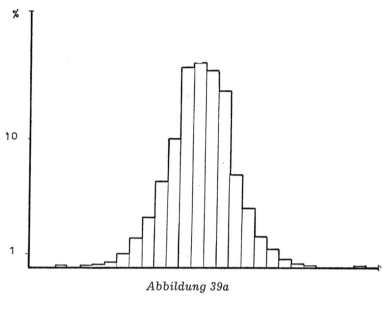

Abbildung 39a

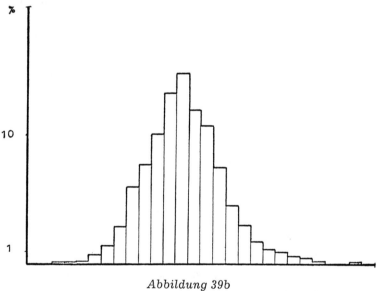

Abbildung 39b

Eine Untersuchung der empirischen Residualverteilungen liefert für die Prüfgröße d des Durbin-Watson-Tests Werte im Bereich zwischen 1.63 und 1.91, so daß mit hinreichender Sicherheit die stochastische Unabhängigkeit der Residuen nachgewiesen ist (vgl. Tabelle 11, Spalte 2). Der χ^2-Test auf Normalverteilung liefert dagegen uneinheitliche Ergebnisse. Als Beispiel ist in den Abbildungen 39 a und 39 b die empirische Residualverteilung der Leistungs-funktion und der Wärmeverbrauchsfunktion dargestellt. Für die Residuen der Leistungsfunktion liefert der Test eine außerordentlich hohe Irrtumswahrscheinlichkeit bezüglich der Annahme, daß die empirische Residualverteilung sich von einer Normalverteilung unterscheidet; damit ist mit großer Deutlichkeit das Vorliegen normal verteilter Residuen nachgewiesen. Die Prüfung der übrigen Residualverteilungen zeigt mehr unterschiedliche Ergebnisse (vgl. Tabelle 11, Spalte 1) mit weniger günstigen Signifikanzverhältnissen. Dies ist meistens darauf zurückzuführen, daß einige extrem große Residuen sich nicht in das Bild einer Normalverteilung einfügen lassen; durch nachträgliche Bereinigung des Datenmaterials könnten diese störenden Wirkungen jedoch vermieden werden.

d) Die Kosten-Leistungs-Funktion des Produktionsprozesses

Auf der Grundlage der vorliegenden Ergebnisse kann nunmehr eine Kosten-Leistungs-Funktion des Faktorverzehrs — soweit empirisch erfaßt — ermittelt werden. Um die Übersichtlichkeit der Darstellung nicht durch gleichzeitige Variation aller Einflußgrößen zu beeinträchtigen, werden die Daten der Q- und Z-Situation als konstant angenommen. Ihr quantitativer Einfluß wird berücksichtigt, indem sie mit ihrem Erwartungswert in den Ansatz eingehen. Mit Ausnahme der drei variierten Aktionsparameter: Füllungsgrad f, Roheisenteil r und Wärmeintensität während der Chargierperiode v_{ch} werden sämtliche übrigen Komponenten der V-Situation in Höhe ihrer Mittelwerte konstant gehalten. Damit konkretisiert sich das Mengengerüst des Produktionsprozesses in dem folgenden Gleichungssystem:

(VI. 7)   Leistungsfunktion:

$$(1) \quad X_{eff} = X_0 \, t_h / (t_h + t_n)$$

wobei:

$$(1a) \quad X_0 = Z_1 + a_1 v_{ch}^2 + a_2 r - a_3 r^2$$

$$(1b) \quad t_h = Z_2 - b_1 v_{ch}^2 - b_2 r + b_3 r^2$$

Faktorverbrauchsfunktionen:

$$(2) \quad RF = Z_3 - c_1 f + c_2 f^2 - c_3 r + c_4 r^2$$

$$(3) \quad EZ = Z_4 - d_1 f + d_2 r^2$$

$$(4) \quad SN = Z_5 + e_1 r - e_2 r^2$$

$$(5) \quad K = Z_6 - g_1 f + g_2 f^2 - g_3 r + g_4 r^2$$

$$(6) \quad R = r \, (250\,000 \, f - K - 0.4 \, (EZ + SN))$$

$$(7) \quad E = Z_7 - i_1 f + i_2 f^2 + i_3 r$$

$$(8) \quad H = 250\,000 \, f - K - R - E - SN - EZ - RF$$

$$(9) \quad W = Z_8 + j_1 f^2 + j_2 v_{ch} - j_3 r + j_4 r^2.$$

Mit den Symbolen $Z_1, Z_2, \ldots, Z_8$ werden jene Konstanten bezeichnet, die alle als unveränderlich vorausgesetzten Einflußgrößen zusammenfassen. Im obigen Gleichungssystem ist an die Stelle des Regressionspolynoms der Faktorverbrauchsfunktion für Handelsschrott die Gleichung (8) getreten. Sie muß erfüllt sein, damit der Füllungsgrad f definitionsgemäß den tatsächlichen Inhalt des Ofenherdes wiedergibt. Die Regressionsfunktion für den Handelsschrottverbrauch erübrigt sich, da die Handelsschrottmenge[19]) als exogene Variable interpretiert wird, die so zu bestimmen ist, daß die Ofenfüllung mit dem Füllungsgrad übereinstimmt.

Werden die Preise der Einsatzstoffe als Datum betrachtet, so ergeben sich die Kosten $\overline{K}$ einer Charge aus der folgenden Summation:

(VI. 8a) $\overline{K} = Rp_R + Ep_E + Hp_H + RFp_{RF} + EZp_{EZ} + SNp_{SN} + Kp_K + Wp_W.$

Die zeitspezifischen Kosten K berechnen sich als

(VI. 8b) $K = \overline{K} / (t_h + t_n);$

für die mengenspezifischen Kosten k gilt nach Definition[20]):

(VI. 8c) $k = K / X_{eff}.$

Durch das oben dargestellte Produktionsmodell der Faktorkombination (Gleichungssystem (VI. 7)) sind zu jeder Konstellation der Aktionsparameter f, r und v_{ch} der Faktorverbrauch und damit die Kosten sowie aufgrund der Leistungsfunktion die Effektivleistung gegeben. Das Optimierungsproblem besteht nun darin, für vorgegebene Leistungswerte, dem ökonomischen Prinzip entsprechend, die Minimalkostenkombination zu bestimmen. Zielgröße der Kostenminimierung bei vorgegebener Leistung sind nicht die Chargenkosten, sondern die zeitspezifischen bzw. mengenspezifischen Kosten. Zu jeder geforderten und realisierbaren Effektivleistung lassen sich auf diese Weise einzelne Punkte der mengen- bzw. zeitspezifischen Kosten-Leistungs-Funktion berechnen. Der Leistungsvariationsbereich, innerhalb dessen die Kosten-Leistungs-Funktion auf diese Weise bestimmt werden kann, ist wegen des approximativen Charakters des ökonometrischen Produktionsmodells beschränkt. Das Ausmaß dieses Leistungsintervalls ist durch den Variationsbereich der Aktionsparameter vorbestimmt; er muß so gewählt werden, daß innerhalb seiner Grenzen die Regressionsansätze mit ausreichender Sicherheit gültig sind.

Der vollständige mathematische Ansatz zur Berechnung eines Kostenpunktes K_{X*} der zeitspezifischen Kosten-Leistungs-Funktion zu einer vorgegebenen Effektivleistung X* lautet demnach im vorliegenden Fall: Es ist das Minimum der Funktion

---

[19]) Ähnliche Überlegungen könnten auch für den Einsatzfaktor Eigenschrott angestellt werden; hier wird jedoch davon ausgegangen, daß der billigere Eigenschrott zunächst chargiert wird, während der teurere Handelsschrott zur Deckung der Restmengen Verwendung findet.

[20]) Es ist zu beachten, daß die Definition mengenspezifischer Kosten im Falle des vorliegenden Produktionsprozesses mit gekoppelten Produkten (Stahl, Schlacke und Dampf) strenggenommen nicht zulässig ist, da eine Kostenzurechnung auf das einzelne Produkt theoretisch nicht einwandfrei vorgenommen werden kann. Im obigen Ansatz ist dieser theoretische Einwand vernachlässigt. Die Kosten werden ausschließlich der Stahlproduktion zugerechnet, obwohl ein Teil der Chargenkosten auch auf die Produktion von Schlacke und Heizdampf (nach einem praktisch brauchbaren Schlüssel) zu verteilen wäre.

(VI. 8d) $\quad K_{X*} = \min R p_R + E p_E + H p_H + RF p_{RF} + EZ p_{EZ} + SN p_{SN} +$
$$+ K p_K + W p_W$$

unter Berücksichtigung der folgenden Nebenbedingungen zu bestimmen:

$$X_0 \, t_h \, / \, (t_h + t_n) - X' \qquad\qquad\qquad\qquad\qquad = 0$$

mit $\quad X_0 = Z_1 + a_1 v_{ch}^2 + a_2 r - a_3 r^2 \quad$ und

$$t_h = Z_2 - b_1 v_{ch}^2 - b_2 r + b_3 r^2.$$

$$RF - Z_3 + c_1 f - c_2 f^2 + c_3 r - c_4 r^2 \qquad\qquad = 0$$

$$EZ - Z_4 + d_1 f - d_2 r^2 \qquad\qquad\qquad\qquad = 0$$

$$SN - Z_5 - e_1 r + e_2 r^2 \qquad\qquad\qquad\qquad = 0$$

$$K \;\; - Z_6 + g_1 f - g_2 f^2 + g_3 r - g_4 r^2 \qquad\qquad = 0$$

$$R \;\; - r \, (250\,000 \, f - K - 0.4 \, (EZ + SN)) \qquad = 0$$

$$E \;\; - Z_7 - i_1 f + i_2 f^2 + i_3 r \qquad\qquad\qquad = 0$$

$$H \;\; - 250\,000 \, f + K + R + E + SN + EZ + RF \qquad = 0$$

$$W \;\; - Z_8 - j_1 f^2 - j_2 v_{ch} + j_3 r - j_4 r \qquad\qquad = 0$$

$$f_{min} \;\; \leq f \leq f_{max}$$

$$r_{min} \;\; \leq r \leq r_{max}$$

$$v_{chmin} \leq v \leq v_{chmax}$$

Als Lösung ergibt sich sowohl der gesuchte Kosten- bzw. Leistungsbetrag als auch die entsprechende kostenoptimale Konstellation f^*, r^*, v^*_{ch} der technologischen Aktionsparameter des Produktionsprozesses.

Die numerische Lösung des Optimierungsproblems läßt sich prinzipiell mit einem geeigneten Verfahren der mathematischen Programmierung erzielen. Hier soll jedoch ein vergleichsweise einfaches Simulationsverfahren gezeigt werden, das ohne wesentliche Einschränkungen[21] praktisch brauchbare Näherungslösungen liefert. Innerhalb des zulässigen Variationsbereiches für die Aktionsparameter wird systematisch eine Anzahl von Konstellationen der Größen f, r und v_{ch} ausgewählt und damit der Siemens-Martin-Prozeß auf der Grundlage des vorliegenden Modells simuliert. Zu jeder Produktionsleistung lassen sich dann anhand der Zielfunktion das Kostenminimum und die entsprechende Minimalkosten-Kombination der Aktionsparameter bestimmen. Die Genauigkeit der Lösung für ein vorgegebenes Leistungsniveau hängt dabei nur noch von der Wahl der Schrittweite ab, mit welcher der Variationsbereich für die Aktionsparameter abgetastet wird.

Dem Simulationsmodell werden die folgenden Preise[22] der Einsatzstoffe zugrunde gelegt:

Handelsschrott (H)	0.19	(GE/kg)
Eigenschrott (E)	0.15	(GE/kg)

---

[21] Die wirkungsvolle Anwendung von Simulationsverfahren setzt allerdings den Einsatz einer leistungsfähigen Rechenanlage voraus.

[22] Die Zahlenwerte und die Preisrelationen sind geschätzt und brauchen den tatsächlichen Verhältnissen nicht zu entsprechen.

Roheisen, fest (RF)	0.27	(GE/kg)
Roheisen, flüssig (R)	0.22	(GE/kg)
Erz (EZ)	0.14	(GE/kg)
Sinter (SN)	0.10	(GE/kg)
Kalk (K)	0.053	(GE/kg)
Heizenergie (W)[23]	13.0	(GE/kg).

Der Variationsbereich für die Aktionsparameter ist folgendermaßen beschränkt:

$$0.8 \leq f \leq 0.9$$
$$0.25 \leq r \leq 0.35$$
$$0.3 \leq v_{ch} \leq 0.5.$$

In Tabelle 12 sind für einige diskrete Leistungspunkte die zeitspezifischen
und die mengenspezifischen Kosten sowie die entsprechende optimale Konstellation der Aktionsparameter dargestellt. Um den erheblichen Einfluß der
Nebenzeit auf die Kosten-Leistungssituation des Faktorkombinationsprozesses aufzuzeigen, werden die Kosten- und Leistungsdaten für drei verschiedene Nebenzeiten $t_n = 50$, 100 und 150 (min) berechnet. Die Kosten-Leistungs-Funktionen sind außerdem in den Abbildungen 40 a und 40 b anhand
der Kurvenscharen A zeichnerisch dargestellt. Unter der Voraussetzung, daß
während der Nebenzeit kein Faktorverzehr (d. h. insbesondere keine nen-
nenswerte Wärmezufuhr) erfolgt, ändern sich die mengenspezifischen Kosten
des Faktorverbrauchs für eine bestimmte Konstellation der Aktionsparameter bei Variation von t_n nicht. Dagegen hat eine Ausdehnung der Nebenzeit unmittelbare Auswirkungen auf die Leistungsfunktion und beeinflußt
daher auch bei Konstanz der Aktionsparameter die zeitspezifischen Kosten, da
sich der Bezugszeitraum mit t_n ändert. Eine Verdoppelung der Nebenzeit
von 50 (min) auf 100 (min) mindert die Effektivleistung um rund 10 %, während die zeitspezifischen Kosten bei gleicher Leistung um etwa 10 % zunehmen. Wie aus Tabelle 12 hervorgeht, liegen für $t_n = 50$ (min) und bei einer Leistung von 410 (kg/min) die zeitspezifischen Kosten bei 113.48 (GE/min), dagegen betragen für $t_n = 100$ (min) und bei einer Leistung von nur 401 (kg/min)
die entsprechenden Kosten bereits 118.59 (GE/min). Die Kostensteigerung als
Folge eines ungünstigen Verhältnisses zwischen Haupt- und Nebenzeit liegt
damit in einer Größenordnung, die mit der Kostenprogression bei leistungs-
mäßiger Anpassung vergleichbar ist.

Tabelle 12 zeigt ferner, wie eine kostenoptimale technologische Anpassung
des Produktionsprozesses im Falle einer Leistungsvariation vorzunehmen ist.
Die höchste Produktionsleistung wird bei einem Roheisenanteil zwischen
35 % und 36 %, dem maximalen Füllungsgrad von 0.9 (das entspricht einer
Einsatzmasse von rund 225 t) und einem größtmöglichen Wärmeangebot
während der Chargierzeit von 0.5 (Gcal/min) erreicht. Bei einer Leistungs-

---

[23]) Sowohl für Gas- als auch für Ölbeheizung wird ein durchschnittlicher Heizenergiepreis
angesetzt.

V-Situation				$t_n = 50$ (min)			$t_n = 100$ (min)			$t_n = 150$ (min)		
r	f_g	v_{ch} $\frac{10^9\text{cal}}{\text{min}}$	$k^{24)}$ $\frac{\text{GE}}{\text{kg}}$	X_{eff} $\frac{\text{kg}}{\text{min}}$	K $\frac{\text{GE}}{\text{min}}$	k $\frac{\text{GE}}{\text{kg}}$	X_{eff} $\frac{\text{kg}}{\text{min}}$	K $\frac{\text{GE}}{\text{min}}$	k $\frac{\text{GE}}{\text{kg}}$	X_{eff} $\frac{\text{kg}}{\text{min}}$	K $\frac{\text{GE}}{\text{min}}$	k $\frac{\text{GE}}{\text{kg}}$
0.35	0.9	0.5	0.2209	446.1	128.56	0.2881	401.0	118.59	0.2957	364.1	110.45	0.3033
0.32	0.85	0.5	0.2140	444.8	125.20	0.2814	399.3	115.47	0.2891	362.3	107.55	0.2968
0.32	0.8	0.5	0.2094	444.0	122.96	0.2770	398.1	113.35	0.2848	360.8	105.54	0.2925
0.25	0.8	0.5	0.2047	440.0	120.07	0.2729	395.2	110.89	0.2806	358.7	103.41	0.2883
0.25	0.8	0.45	0.2044	431.2	118.14	0.2740	388.0	109.30	0.2817	352.6	102.07	0.2895
0.25	0.8	0.40	0.2041	423.3	116.40	0.2750	381.4	107.85	0.2830	347.0	100.84	0.2906
0.25	0.8	0.35	0.2039	416.2	114.85	0.2760	375.5	106.55	0.2838	342.0	99.73	0.2916
0.25	0.8	0.30	0.2036	410.0	113.48	0.2768	370.3	105.40	0.2846	337.6	98.74	0.2925

Tabelle 12

[24] Mengenspezifische Kosten (Stückkosten) des empirisch erfaßten Faktorverbrauchs; ihre Höhe hängt ausschließlich von den Daten der V-Situation ab.

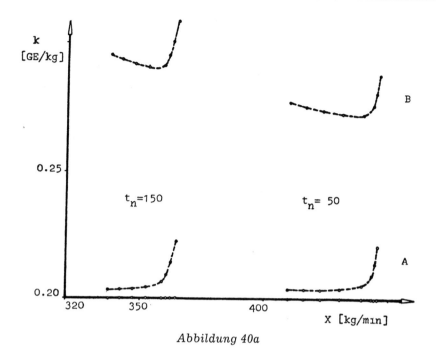

Abbildung 40a

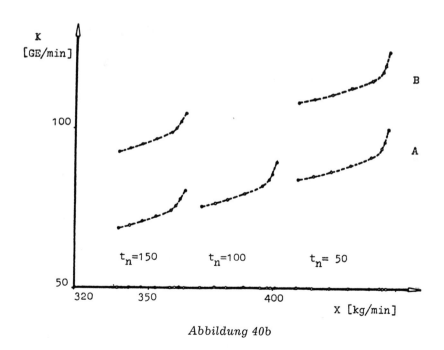

Abbildung 40b

minderung ist es unter den gegebenen Faktorpreisen kostenoptimal, zunächst den Roheisenanteil und den Füllungsgrad zu reduzieren, während die Wärmeintensität unverändert ihren Höchstwert beibehält. Mit zunehmender Leistungssenkung erreichen der Roheisenanteil und der Füllungsgrad den zulässigen Tiefstwert, die Leistung wird dann nur noch durch Drosselung der Wärmezufuhr reduziert.

Das Bild der Kosten-Leistungs-Funktion zeigt sowohl in der mengenspezifischen Darstellung (Abbildung 40 a, Kurvenschar A) als auch in der zeitspezifischen Darstellung (Abbildung 40 b, Kurvenschar A) einen ansteigenden Kurvenverlauf, d. h. die Kosten des empirisch erfaßten Faktorverbrauchs wachsen mit Zunahme der Produktionsleistung. Der Kurvenverlauf einer entsprechenden Kosten-Leistungs-Funktion, die sämtliche relevanten Kostenarten der vorliegenden Faktorkombination einschließt, muß nicht mit diesem Bild übereinstimmen. Wird unterstellt, daß die noch nicht berücksichtigten Kostenarten durch eine globale Einzelkosten-Leistungs-Funktion quantifizierbar sind, so läßt sich näherungsweise der Verlauf einer Gesamtkosten-Leistungs-Funktion konstruieren. In der noch zu bestimmenden Einzelkosten-Leistungs-Funktion müssen z. B. Löhne für Bedienungs- und Wartungsarbeit sowie der produktionsbedingte Anlagenverschleiß, insbesondere die Erosion der Ofenausmauerung, erfaßt werden. Vereinfachend sei angenommen, daß diese Kosten pauschal durch einen leistungskonstanten, zeitspezifischen Kostenbetrag K_0 (GE/min) in Höhe von 30 (GE/min) hinreichend genau quantifiziert werden können. Eine Addition dieses Kostenbetrages zu den bereits bekannten Kosten-Leistungs-Funktionen bedeutet für die zeitspezifische Kostenfunktion eine Parallelverschiebung nach oben um den Betrag K_0 (siehe Abbildung 40 b, Kurve B). Die mengenspezifische Gesamtkosten-Leistungs-Funktion entsteht durch Addition der mengenspezifischen Einzelkosten-Leistungs-Funktion K_0/X_{eff} zu der bereits bekannten mengenspezifischen Kostenfunktion (siehe Abbildung 40 a, Kurve B). Durch Überlagerung der hyperbolisch-degressiven Kostenkurve mit der ursprünglichen, progressiven Kurve entsteht das Bild eines U-förmigen Kostenverlaufs. Eine weitere Erhöhung des leistungskonstanten Kostenbetrages K_0 hätte zur Folge, daß die mengenspezifische Kosten-Leistungs-Funktion einen ausschließlich fallenden Verlauf aufweist.

Zusammenfassung

Ausgangspunkt dieser Untersuchung war die folgende, zweifache Fragestellung:

1. Welcher Zusammenhang besteht zwischen den Kosten und der ökonomisch relevanten Leistung einer Produktionsanlage?

2. Wie läßt sich diese als Kosten-Leistungs-Funktion bezeichnete Funktionalbeziehung im konkreten Einzelfall der industriellen Praxis bestimmen?

Die Kosten-Leistungs-Funktion ist eines der wichtigsten Daten der Produktionsplanung. Daher müssen beide Fragen am Beginn jeder Planung im Produktionsbereich gestellt werden. Der Unternehmer ist auf ihre Beantwortung angewiesen, wenn er rationale Entscheidungen über den Vollzug der betrieblichen Leistungserstellung treffen will. Moderne Rechenanlagen und neuzeitliche Planungsverfahren sind für den Entscheidungsprozeß in der Unternehmung nutzlos, wenn es nicht gelingt, die erforderlichen Planungszusammenhänge und Daten wirklichkeitsgetreu und mit der nötigen Sicherheit und Genauigkeit zu ermitteln.

Das Hauptziel dieser Arbeit, ein Verfahren anzugeben, wie die Kosten-Leistungs-Funktion in der Praxis des Betriebes zu bestimmen ist, kann nur dann verwirklicht werden, wenn ein theoretisches Fundament vorhanden ist, das breit genug ist, um für alle Erscheinungsformen des industriellen Produktionsprozesses eine befriedigende Erklärung bieten zu können. Darüber hinaus sollte die Theorie Erkenntnisse zur Verfügung stellen, die sich unmittelbar im Betrieb anwenden lassen; der theoretische Ansatz muß daher möglichst einfach zu handhaben sein und sollte dem Praktiker greifbare Planungsunterlagen liefern können.

Eine betriebswirtschaftliche Theorie, die solchen Anforderungen genügen will, muß auf Prämissen zurückgreifen, die der empirischen Realität angemessen sind. Die Geschlossenheit des theoretischen Gedankengebäudes sollte nicht dadurch erkauft werden, daß wirklichkeitsfremde Unterstellungen zu Hilfe genommen werden.

Es bestand daher zunächst die Aufgabe, die bekannten Ansätze der Produktions- und Kostentheorie auf ihre Wirklichkeitsnähe zu überprüfen. Die Untersuchung zeigte, daß manche Prämissen zu revidieren, bestimmte Ansätze zu erweitern sind. Damit ergab sich das Problem, eine der oben genannten Zielsetzung gemäße produktions- und kostentheoretische Konzeption zu finden.

Aus der theoretischen Begründung der Kosten-Leistungs-Funktion folgt, daß die für den Kosten-Leistungszusammenhang relevanten Produktionskosten in zwei Kostenartengruppen unterteilt werden können. Zur ersten Gruppe zählen jene Kosten, die sich aus dem bewerteten Mengengerüst des Produktionsprozesses ableiten lassen, wie z. B. die Energiekosten der Produktion oder die Kosten sonstiger Einsatzstoffe, die im Verlauf des Produktionsprozesses verzehrt werden. Die zweite Gruppe umfaßt produktionsabhängige Kosten von solchen Wirtschaftsgütern, die entweder überhaupt keinem Verzehr unterliegen, wie z. B. Grundstücke[1]), oder einen Kostenbetrag aufweisen, dessen Höhe in keinem unmittelbaren Zusammenhang zum produktionstheoretisch relevanten, physischen Mengenverzehr der Produktion steht, wie dies z. B. bei Mietkosten, Lohnkosten, Versicherungskosten oder Steuern der Fall sein kann. Diese zuletzt genannten Kosten lassen sich nicht in eine Mengen-[2]) und eine Wertkomponente aufspalten; die Aussage der Produktionstheorie ist daher in diesen Fällen für die Kostentheorie bedeutungslos. Unmittelbare Entstehungsursache derartiger Kosten ist z. B. eine vertragliche Abmachung (Leasing-, Arbeits- bzw. Versicherungsvertrag) oder eine gesetzliche Vorschrift, die den Kosten-Leistungs-Zusammenhang bereits direkt zum Ausdruck bringen.

Die zuerst genannte Gruppe der produktionstheoretisch begründbaren Kosten ist für die Kostentheorie zweifellos bedeutsamer. Diese Kosten lassen sich nur ermitteln, wenn das Mengengerüst des Produktionsprozesses bekannt ist. Da im Rahmen der vorliegenden Untersuchung die Wertkomponente der Kosten als bekanntes Datum vorausgesetzt ist, stand das Problem im Vordergrund, einen produktionstheoretischen Ansatz zu finden, mit dessen Hilfe der empirisch relevante Mengenverzehr des Produktionsprozesses mit hinreichender Genauigkeit bestimmt werden kann. Es ging also darum, eine praktisch anwendbare Produktionsfunktion des industriellen Produktionsprozesses anzugeben. Eine systematische Untersuchung der bekannten Produktionsfunktionen ergab, daß das Modell der Gutenberg-Produktionsfunktion (Typ B) jene Merkmale und Prämissen aufweist, die für eine wirklichkeitsnahe Theorie des industriellen Produktionsprozesses charakteristisch sind. Die Vielfalt der Produktionsverfahren zwingt jedoch dazu, dieses Modell der Produktionsfunktionen zu erweitern und auszubauen.

Die Produktionstheorie abstrahiert von dem vielgestaltigen Bild der Leistungserstellung das Denkmodell der Faktorkombination; es bezeichnet jene Wirtschaftsgüter (Faktoren), die miteinander kombiniert werden müssen, um den Produktionsprozeß zu vollziehen. Zwischen den in einer Faktorkombination zusammengefaßten Faktoren können — wie die Erfahrung zeigt — sowohl limitationale als auch substitutionale Beziehungen bestehen. In man-

---

[1]) Hier kommen nur solche Grundstücke in Betracht, die als Standorte der Betriebsanlagen dienen.

[2]) Das Zeitmaß, die Zeiteinheit, wird in diesem Zusammenhang nicht als Mengenkomponente des Faktorverzehrs angesehen.

chen Fällen sind auch gemischt-limitational-substitutionale Beziehungen zu beobachten; d. h. einige der Faktoren stehen innerhalb der produktiven Kombination in limitationaler, andere stehen in substitutionaler Beziehung zueinander. Die gegenseitige Verflechtung der einzelnen Faktoren einer Faktorkombination wurde als Struktur der produktiven Kombination bezeichnet.

Es ist klar, daß die Strukturmerkmale der produktiven Kombination zwangsläufig im quantitativen Modell des Produktionsprozesses, in der Produktionsfunktion, zum Ausdruck kommen müssen. Neben den Struktureigenschaften der Einsatzseite der produktiven Kombination muß die Produktionsfunktion ebenso Verflechtungen auf der Ertragsseite, wie sie im Fall der Koppelproduktion auftreten, in geeigneter Weise berücksichtigen.

Eine Produktionsfunktion, die sämtliche strukturellen Merkmale auf der Einsatz- und Ertragsseite der Faktorkombination erfaßt, konnte im Rahmen des folgenden produktionstheoretischen Ansatzes angegeben werden:

Das umfassende Modell der betriebswirtschaftlichen Produktionsfunktion besteht aus zwei Gleichungssystemen, die mit Hilfe der Faktorverbrauchsfunktionen den Faktormengenverzehr und mit Hilfe der Leistungsfunktionen den ökonomisch relevanten Mengenertrag der produktiven Kombination beschreiben. In der Regel besteht also bei diesem Ansatz keine direkte funktionale Abhängigkeit zwischen Faktormengen und Produktmengen. Die abhängigen Variablen der Leistungs- und Faktorverbrauchsfunktionen sind — ähnlich wie im Modell der Gutenberg-Produktionsfunktion — technische Größen der Produktionsanlagen bzw. technologische Zustandsgrößen des Produktionsprozesses. Diese Einflußgrößen werden als Komponenten dreier Vektoren dargestellt, die gemeinsam die Q-, V- und Z-Situation einer bestimmten Faktorkombination repräsentieren. Die Q-Situation bringt Qualitätseinflüsse der eingesetzten Faktoren und des Faktorertrages zum Ausdruck, die V-Situation gibt die im allgemeinen kurzfristig variierbaren Einflußgrößen des Produktionsprozesses, wie Arbeitsgeschwindigkeit, Drehzahlen, Drücke, Temperaturen usw., an, und in der Z-Situation sind, wie bereits von Gutenberg vorgeschlagen, die technischen Eigenschaften der Produktionseinrichtungen zusammengefaßt. Zu jeder Datenkonstellation der Q-, V- und Z-Situation gibt es einen bestimmten Faktorverbrauch und eine entsprechende ökonomische Produktionsleistung. Damit ist eine im allgemeinen eindeutige Zuordnung zwischen Faktorverbrauch und ökonomischer Produktionsleistung gegeben. Wo Mehrdeutigkeit vorliegt, kann mit Hilfe des ökonomischen Prinzips Eindeutigkeit erzielt werden, indem zu jeder Produktionsleistung der kostenminimale Faktorverbrauch bestimmt wird.

Werden die Faktormengen zu den als gegeben angenommenen Faktorpreisen bewertet, so sind die Kosten des relevanten Faktorverzehrs bekannt. Die Gesamtkosten der Kosten-Leistungs-Funktion ergeben sich, wenn zu den Kosten des Faktorverzehrs die produktionstheoretisch nicht begründbaren Kosten addiert werden.

Nachdem das theoretische Fundament errichtet war, blieb noch die Aufgabe, eine geeignete Methode anzugeben, wie für eine bestimmte konkrete Produktionsanlage die Kosten-Leistungs-Funktion empirisch bestimmt werden kann. Wegen der vielen a priori nicht abschätzbaren Einflüsse auf den Verlauf des Produktionsprozesses erschien es aussichtslos, die explizite, zahlenmäßige Produktionsfunktion deduktiv aus den sachlichen Gegebenheiten der Faktorkombination und des Produktionsprozesses herzuleiten. Daher wurde ein Weg vorgeschlagen, aus empirischem Beobachtungsmaterial über Faktorverbrauch, Faktorertrag und die entsprechenden Zustandsdaten der Q-, V- und Z-Situation zunächst das Mengengerüst zu schätzen und daraus die Kosten-Leistungs-Funktion abzuleiten. Das Beobachtungsmaterial wird mit Hilfe der ökonometrischen Schätzmethoden ausgewertet; eine besondere Bedeutung kommt dabei der Methode der kleinsten Quadrate (Regressionsanalyse) zu.

Um die theoretische Konzeption zu überprüfen und die Anwendbarkeit des praktischen Auswertungsverfahrens nachzuweisen, wurde schließlich am Beispiel dreier typischer Faktorkombinationen (Dampfkraftwerk, Papiermaschine, Siemens-Martin-Ofen) gezeigt, wie in einem konkreten Fall bei der Bestimmung der Kosten-Leistungs-Funktion vorzugehen ist. Die auf der Grundlage von rund 500 000 empirischen Beobachtungswerten berechneten Kosten-Leistungs-Zusammenhänge vermitteln nicht nur ein Bild von der Gestalt der Kosten-Leistungs-Funktion, sie zeigen auch das zum Teil erhebliche Ausmaß der Datenunsicherheit. Hier ließen sich Verbesserungen erzielen, wenn in den Betrieben eine umfassende, automatische Ist-Datenerfassung im Produktionsbereich durchgeführt würde.

Durch den entsprechenden Einsatz eines elektronischen Datenerfassungs- und -verarbeitungssystems könnte die Kosten-Leistungs-Funktion ohne nennenswerten manuellen Aufwand laufend bzw. in kurzen Zeitabständen berechnet werden. Wesentliche Ist-Kostenabweichungen könnten dann sofort festgestellt werden; sie würden von der Datenverarbeitungsanlage selbsttätig vermerkt, falls sie bestimmte Soll-Toleranzen übersteigen. Neben dieser automatisierten Produktionskostenkontrolle hätte dieses Verfahren den Vorteil, jene realistischen Planungs- und Entscheidungsunterlagen aus dem Produktionsbereich der Unternehmung zu liefern, die das Rechnungswesen der Betriebe gegenwärtig nicht zur Verfügung stellen kann.

Literaturverzeichnis

Adam, D.: Produktionsplanung bei Sortenfertigung, Wiesbaden 1969.

Albach, H.: Zur Verbindung von Produktionstheorie und Investitionstheorie, in: Zur Theorie der Unternehmung, Festschrift für Erich Gutenberg, hrsg. von H. Koch, Wiesbaden 1962, S. 136 ff.

Anderson, R. L. und T. A. Bancroft: Statistical Theory in Research, New York - Toronto - London 1952.

Anderson, T. W. und H. Rubin: Estimation of the Parameters of a Single Equation in a Complete System of Stochastic Equations, in: The Annals of Mathematical Statistics 1949, S. 49 ff.

Bentsel, R. und B. Hansen: On Recursiveness and Interdependency in Economic Models, in: The Review of Economic Studies 1954—1955, S. 153 ff.

Black, H.: Das Gesetz des abnehmenden Bodenertrages bis John Stuart Mill, in: Annalen des Deutschen Reichs für Gesetzgebung, Verwaltung und Volkswirtschaft, München 1904, S. 146 ff.

Blaschka, B.: Produktionstechnische Anpassungsprozesse, Dissertation Mannheim 1955.

Blaschka, B.: Betrachtungen der industriellen Produktionsfaktoren, in: ZfB 1957, S. 436 ff.

Bössmann, E.: Probleme einer dynamischen Theorie der Konsumfunktion, in: Frankfurter Wirtschafts- und Sozialwissenschaftliche Studien, Berlin 1957.

Bohr, K.: Zur Theorie der Mehrproduktunternehmung, Köln und Opladen 1967.

Boulding, K. E.: Economic Analysis, New York 1948.

Busse von Colbe, W.: Die Planung der Betriebsgröße, Wiesbaden 1964.

Chenery, H. B.: Engineering Production Functions, in: The Quarterly Journal of Economics 1949, S. 507 ff.

Chenery, H. B.: Process and Production Functions from Engineering Data, in: Studies in the Structure of the American Economy, hrsg. von W. Leontief, New York 1953, S. 297 ff.

Chernoff, H. und N. Divinsky: The Computation of Maximum-Likelihood Estimates of Linear Structural Equations, in: Studies in Econometric Method, Monograph No. 14 der Cowles Commission for Research in Economics, hrsg. von Wm. C. Hood und T. C. Koopmans, New York - London 1962, S. 236 ff.

Cobb, C. W. und P. H. Douglas: A Theory of Production, in: The American Economic Review 1928, Suppl. S. 139 ff.

Cramér, H.: Mathematical Methods of Statistics, Princeton 1961.

Danø, S.: A Note on Factor Substitution in Industrial Production Processes, in: Unternehmensforschung 1959, S. 164 ff.

Danø, S.: Industrial Production Models, Wien 1966.

Diederich, H.: Zur Theorie des Verkehrsbetriebes, in: ZfB 1966, 1. Ergänzungsheft, S. 37 ff.

Diehl, K.: Gibt es ein allgemeines Ertragsgesetz für alle Gebiete des Wirtschaftslebens? in: Jahrbücher für Nationalökonomie und Statistik 1923, S. 1 ff.

Dlugos, G.: Kritische Analyse der ertragsgesetzlichen Kostenaussage, Berlin 1961.

Douglas, P. H.: The Theory of Wages, New York 1934.

Durbin, J. und G. S. Watson: Testing for Serial Correlation in Least Squares Regression, Teil I, in: Biometrica 1950, S. 409 ff., Teil II, in: Biometrica 1951, S. 159 ff.

Efroymson, M. A.: Multiple Regression Analysis, in: Mathematical Methods for Digital Computers, hrsg. von A. Ralston und H. S. Wilf, New York - London 1962, S. 191 ff.

Eisler, R.: Wörterbuch der philosophischen Begriffe, Band 1, 4. Aufl., Berlin 1927.

Ferguson, A. R.: A Technical Synthesis of Airline Costs, Dissertation Harvard 1949.

Ferguson, A. R.: Empirical Determination of a Multidimensional Marginal Cost Function, in: Econometrica 1950, S. 217 ff.

Ferguson, A. R.: Commercial Air Transportation in the United States, in: The Structure of the American Economy, hrsg. von W. Leontief, New York 1953, S. 421 ff.

Ferschl, F.: Die Identifikation struktureller Beziehungen, in: Statistische Vierteljahresschrift 1956, S. 141 ff.

Fettel, J.: Der betriebliche Rationalisierungseffekt, eine produktionstheoretische Studie, in: ZfB 1959, S. 327 ff.

Fischer, J.: Einheiten, Einheitenbeziehungen, Einheitensysteme, in: Hütte, Band I, 28. Aufl., Berlin 1955, S. 238 ff.

Foerstner, K.: Betriebs- und volkswirtschaftliche Produktionsfunktionen, in: ZfB 1962, S. 264 ff.

Förstner, R. und R. Henn: Dynamische Produktionstheorie und Lineare Programmierung, Meisenheim 1957.

Gälweiler, A.: Produktionskosten und Produktionsgeschwindigkeit, Wiesbaden 1960.

Gaube, H.: Die mathematische Auswertung von Kostendiagrammen, in: ZfhF 1955, S. 226 ff.

Georgescu-Roegen, N.: The Aggregate Linear Production Function and its Implications to von Neumann's Economic Model, in: Activity Analysis of Production and Allocation, hrsg. von T. C. Koopmans, New York - London 1951, S. 98 ff.

Gerhardt, C.: Bestimmungsmöglichkeiten optimaler Produktionsprogramme bei primärer Verbundproduktion, Dissertation Hamburg 1966.

Goldberger, A. S. und D. B. Jochems: Note on Stepwise Least Squares, in: JASA 1961, S. 105 ff.

Goldiner, F.: Kausalität und Funktionalität in der Wirtschaftstheorie, in: ZfN 1941 und 1943, S. 446 ff. und S. 561 ff.

Gollnick, H.: Die Stellung der Ökonometrie in der wirtschaftswissenschaftlichen Forschung, in: Weltwirtschaftliches Archiv 1962/I, S. 79 ff.

Gustafson, R. L.: Partial Correlations in Regression Computations, in: JASA 1961, S. 363 ff.

Gutenberg, E.: Die Unternehmung als Gegenstand betriebswirtschaftlicher Theorie, Berlin und Wien 1929.

Gutenberg, E.: Über den Verlauf von Kostenkurven und seine Begründung, in: ZfhF 1953, S. 1 ff.

Gutenberg, E.: Zum Methodenstreit, in: ZfhF 1953, S. 327 ff.

Gutenberg, E.: Offene Fragen der Produktions- und Kostentheorie, in: ZfhF 1956, S. 429 ff.

Gutenberg, E.: Betriebswirtschaftslehre als Wissenschaft, Krefeld 1957.

Gutenberg, E.: Einführung in die Betriebswirtschaftslehre, Wiesbaden 1958.

Gutenberg, E.: Die Produktionsfunktion als Beispiel betriebswirtschaftlicher Theoriebildung, in: Systeme und Methoden in den Wirtschafts- und Sozialwissenschaften, Festschrift für E. v. Beckerath, hrsg. von N. Kloten, W. Krelle, H. Müller und F. Neumark, Tübingen 1964, S. 145 ff.

Gutenberg, E.: Grundlagen der Betriebswirtschaftslehre, 1. Band: Die Produktion, 11. Aufl., Berlin - Heidelberg - New York 1965.

Hall, R.: Das Rechnen mit Einflußgrößen im Stahlwerk, Köln und Opladen 1959.

Haller, H.: Der symmetrische Aufbau der Kostentheorie, in: ZfdgSt 1949, S. 429 ff.

Heinen, E.: Die Kosten, ihr Begriff und ihr Wesen. Eine entwicklungsgeschichtliche Betrachtung, Saarbrücken 1956.

Heinen, E.: Betriebswirtschaftliche Kostenlehre, Band I: Begriff und Theorie der Kosten, 2. Aufl., Wiesbaden 1965.

Heiss, T.: Theoretische Grundlagen für die empirische Ermittlung industrieller Kostenfunktionen, Dissertation Saarbrücken 1960.

Hellwig, Z.: Linear Regression and its Application to Economics, aus dem Polnischen übersetzt von J. Stadler, Oxford - London - New York - Paris 1963.

Henzel, F.: Kosten und Leistung, 3. Aufl., Stuttgart 1957.

Henzel, F.: Neuere Tendenzen auf dem Gebiet der Kostenrechnung, in: ZfhF 1962, S. 347 ff.

Henzler, R.: Bemerkungen zu den Grundbegriffen der Betriebswirtschaftslehre, in: ZfB 1959, S. 536 ff.

Holzman, M.: Problems of Classification and Aggregation, in: Studies in the Structure of the American Economy, hrsg. von W. Leontief, New York 1953, S. 326 ff.

Jacob, H.: Zur neueren Diskussion um das Ertragsgesetz, in: ZfhF 1957, S. 456 ff. und S. 598 ff.

Jacob, H.: Das Ertragsgesetz in der industriellen Produktion, in: ZfB 1960, S. 455 ff.

Jacob, H.: Produktionsplanung und Kostentheorie, in: Zur Theorie der Unternehmung, Festschrift für Erich Gutenberg, hrsg. von H. Koch, Wiesbaden 1962, S. 204 ff.

Jacob, H.: Investitionsplanung auf der Grundlage linearer Optimierung, in: ZfB 1962, S. 651 ff.

Jacob, H.: Preispolitik, Wiesbaden 1963.

Jacob, H.: Neuere Entwicklungen in der Investitionsrechnung, in: ZfB 1964, S. 487 ff. und S. 551 ff.

Johnston, J.: Statistical Cost Analysis, New York - Toronto - London 1960.

Johnston, J.: Econometric Methods, New York - San Franzisko - Toronto - London 1963.

Kartaun, J.: Die Beziehungen zwischen den Produktionsfunktionen und den Sollkostenfunktionen unter besonderer Berücksichtigung der Zeit, Dissertation Köln 1958.

Kilger, W.: Die Produktions- und Kostentheorie als theoretische Grundlage der Kostenrechnung, in: ZfhF 1958, S. 553 ff.

Kilger, W.: Produktions- und Kostentheorie, Wiesbaden 1958.

Kilger, W.: Der theoretische Aufbau der Kostenkontrolle, in: ZfB 1959, S. 457 ff.

Klein, L. R.: A Textbook of Econometrics, Evanston - New York 1956.

Kloock, J.: Zur gegenwärtigen Diskussion der betriebswirtschaftlichen Produktionstheorie und Kostentheorie, in: ZfB 1969, 1. Ergänzungsheft, S. 49 ff.

Knüppel, H., A. Stumpf und B. Wiezorke: Mathematische Statistik in Eisenhüttenwerken, Teil I: Regressionsanalyse, in: Archiv für das Eisenhüttenwesen 1958, S. 521 ff.

Koch, H.: Die Ermittlung der Durchschnittskosten als Grundprinzip der Kostenrechnung, in: ZfhF 1955, S. 303.

Koch, H.: Das Prinzip der traditionellen Stückkostenrechnung, in: ZfB 1965, S. 325 ff.

Koch, W. und E. Schmidt: VDI-Wasserdampftafel, 3. Aufl., München und Berlin 1952.

Kolbinger, J.: Leistungs- und kostentheoretische Korrelationen, in: Gegenwartsfragen der Unternehmung, Festschrift für F. Henzel, hrsg. von B. Bellinger, Wiesbaden 1961, S. 106 ff.

Koopmans, T. C.: Identification Problems in Economic Model Construction, in: Studies in Econometric Method, Monograph No. 14 der Cowles Commission for Research in Economics, hrsg. von Wm. C. Hood und T. C. Koopmans, New York - London 1962, S. 27 ff.

Kosiol, E.: Kritische Aanalyse der Wesensmerkmale des Kostenbegriffs, in: Betriebsökonomisierung durch Kostenanalyse, Absatzrationalisierung und Nachwuchserziehung, Festschrift für R. Seyffert, hrsg. von E. Kosiol und F. Schlieper, Köln und Opladen 1958, S. 7 ff.

Kosiol, E.: Modellanalyse als Grundlage unternehmerischer Entscheidungen, in: ZfhF 1961, S. 318 ff.

Kosiol, E.: Kostenrechnung, Wiesbaden 1964.

Krelle, W.: Theorie wirtschaftlicher Verhaltensweisen, Mannheim 1953.

Krelle, W.: Preistheorie, Tübingen - Zürich 1961.

Krelle, W.: Ersetzung der Produktionsfunktion durch preis- und kapazitätsabhängige Produktionskoeffizienten, in: Jahrbücher für Nationalökonomie und Statistik 1964, S. 289 ff.

Krelle, W. und H. P. Künzi: Lineare Programmierung, Zürich 1958.

Krelle, W. und H. P. Künzi: Nichtlineare Programmierung, Berlin - Göttingen - Heidelberg 1962.

Kruse, A.: Geschichte der volkswirtschaftlichen Theorien, 4. Aufl., Berlin 1959.

Kuck, C. H.: Eine Methode zur Aufstellung von mathematischen Modellen industrieller Anlagen, in: Regelungstechnik 1963, S. 169 ff.

Lassmann, G.: Die Produktionsfunktion und ihre Bedeutung für die betriebswirtschaftliche Kostentheorie, Köln und Opladen 1958.

Lassmann, G.: Besprechungsaufsatz zu Dlugos: Kritische Analyse der ertragsgesetzlichen Kostenaussage, in: ZfhF 1964, S. 108 ff.

Leontief, W.: The Structure of the American Economy 1919—1929, Cambridge/Mass. 1941.

Linder, A.: Statistische Methoden, 3. Aufl., Basel - Stuttgart 1960.

Mangoldt, H. v. und K. Knopp: Einführung in die höhere Mathematik, 12. Aufl., Stuttgart 1965.

Matt, G.: Die schrittweise Regressionsanalyse und ihre Anwendungsmöglichkeiten im kaufmännischen Bereich, in: Ablauf- und Planungsforschung 1963, S. 254 ff.

Meffert, H.: Betriebswirtschaftliche Kosteninformationen, Wiesbaden 1968.

Mellerowicz, K.: Kosten und Kostenrechnung, Band I: Theorie der Kosten, 4. Aufl., Berlin 1963.

Menges, G.: Ökonometrische Diskussion eines Produktionsmodells, ZfhF 1958, S. 297 ff.

Menges, G.: Ökonometrie, Wiesbaden 1961.

Mersmann, H.: Anschauliche Theorie der verbundenen Produktion, Meisenheim - Wien 1952.

Meyer, A.: Das Ertragsgesetz in der Industrie, Bern 1951.

Meyer, R. und R. R. Glauber: Investment Decisions, Economic Forecasting and Public Policy, Boston 1964.

Mordecai, E. und K. A. Fox: Methods of Correlation and Regression Analysis, 3. Aufl., New York - London 1961.

Moxter, A.: Methodologische Grundfragen der Betriebswirtschaftslehre, Köln und Opladen 1957.

Müller, H., K. Köhler, M. Kempter und B. Oheim: Ermittlung der Optimalwerte verschiedener die Leistung der Siemens-Martin-Öfen beeinflussender Größen mit Hilfe der mathematischen Statistik, Teil II: Regressionsberechnungen, in: Neue Hütte 1963, S. 160 ff.

Mundt, R.: Wälzlager (Kugel-Rollenlager), in: Hütte II A, 28. Aufl., Berlin 1954, S. 77 ff.

Niehans, J.: Das ökonomische Problem des technischen Fortschritts, in: Schweizerische Zeitschrift für Volkswirtschaft und Statistik 1954, S. 145 ff.

Niehans, J., G. Bombach und A. E. Ott: Einkommensverteilung und technischer Fortschritt, Berlin 1959.

Niemann, G.: Kupplungen und Gelenke, in: Hütte II A, 28. Aufl., Berlin 1954, S. 94 ff.

Nürck, R.: Produktionskosten und Produktionsgeschwindigkeit, in: ZfB 1962, S. 217 ff.

Ostle, B.: Statistics in Research, Ames/Iowa 1963.

Ott, A. E.: Produktionsfunktion, technischer Fortschritt und Wirtschaftswachstum, in: Niehans, J., G. Bombach und A. E. Ott: Einkommensverteilung und technischer Fortschritt, Berlin 1959, S. 155 ff.

Pack, L.: Die Bestimmung der optimalen Leistungsintensität, in: ZfdgSt 1963, S. 1 ff.

Pack, L.: Die Elastizität der Kosten, Wiesbaden 1966.

Pfanzagl, J.: Über die Aggregation von Produktionsfunktionen, in: ZfB 1962, S. 731 ff.

Pressmar, D. B.: Ein mathematisches und geometrisches Modell der ertragsgesetzlichen Produktionsfunktion, in: ZfB 1969, S. 301 ff.

Riebel, P.: Mechanisch-technologische und chemisch-technologische Industrien in ihren betriebswirtschaftlichen Eigenarten, in: ZfhF 1954, S. 413 ff.

Riebel, P.: Die Kuppelproduktion, Köln und Opladen 1955.

Riebel, P.: Kosten- und Ertragsverläufe bei Prozessen mit verweilzeitabhängiger Ausbeute, in: ZfhF 1957, S. 217 ff.

Riebel, P.: Das Rechnen mit Einzelkosten und Deckungsbeiträgen, in: ZfhF 1959, S. 213 ff.

Riebel, P.: Verbund-(Kuppel)-Produktion, in: HWB, 3. Aufl., Spalte 5642 f.

Riebel, P.: Industrielle Erzeugungsverfahren in betriebswirtschaftlicher Sicht, Wiesbaden 1963.

Samuelson, P. A.: Foundations of Economic Analysis, Cambridge/Mass. 1948.

Scheper, W.: Produktionsfunktionen mit konstanten Substitutionselastizitäten, in: Jahrbücher für Nationalökonomie und Statistik 1965, S. 1 ff.

Schmalenbach, E.: Kostenrechnung und Preispolitik, 7. Aufl., Köln und Opladen 1956.

Schmetterer, L.: Einführung in die mathematische Statistik, Wien 1956.

Schneider, E.: Zur Interpretation von Kostenkurven, in: Archiv für Sozialwissenschaften und Sozialpolitik 1931, S. 269 ff.

Schneider, E.: Theorie der Produktion, Wien 1934.

Schneider, E.: Arbeitszeit und Produktion, in: Archiv für mathematische Wirtschafts- und Sozialforschung 1935, S. 23 ff. und S. 137 ff.

Schneider, E.: Erwiderung auf H. v. Stackelbergs Aufsatz: Stundenleistung und Tagesleistung, in: Archiv für mathematische Wirtschafts- und Sozialforschung 1941, S. 40 ff.

Schneider, E.: Die Problematik der Lehre von den fixen Kosten, in: Weltwirtschaftliches Archiv 1944, S. 300 ff.

Schneider, E.: Grundlagen der Betriebswirtschaftslehre, in: Weltwirtschaftliches Archiv 1953, S. 79 ff.

Schneider, E.: Industrielles Rechnungswesen, Tübingen 1954.

Schneider, D.: Kostentheorie und verursachungsgemäße Kostenrechnung, in: ZfhF 1961, S. 677 ff.

Schneider, E.: Einführung in die Wirtschaftstheorie, 2. Teil: Wirtschaftspläne und wirtschaftliches Gleichgewicht in der Verkehrswirtschaft, 9. Aufl., Tübingen 1964.

Schneider, R.: Wirkungen der Arbeitszeit auf Produktion, Ertrag und Kosten, Stuttgart 1964.

Simon, H. A.: Causal Ordering and Identifiability, in: Studies in Econometric Method, Monograph No. 14 der Cowles Commission for Research in Economics, hrsg. von Wm. C. Hood und T. C. Koopmans, New York - London 1962, S. 49 ff.

Solow, R. M.: A Contribution to the Theory of Economic Growth, in: The Quarterly Journal of Economics 1956, S. 65 ff.

Stackelberg, H. v.: Grundlagen einer reinen Kostentheorie, Wien 1932.

Stackelberg, H. v.: Stundenleistung und Tagesleistung, in: Archiv für mathematische Wirtschafts- und Sozialforschung 1941, S. 34 ff.

Stackelberg, H. v.: Grundlagen der theoretischen Volkswirtschaftslehre, 2. Aufl., hrsg. von V. F. Wagner, Bern - Tübingen 1951.

Steinthal, W.: Intensitätsmessung in der Industrie, Berlin 1924.

Stevens, H.: Einflußgrößenrechnung. Die Erfassung funktionaler Zusammenhänge in der industriellen Technik unter Anwendung mathematischer Formeln, schaubildlich-rechnerischer Hilfsmittel und ihre Darstellung in Diagrammen und Nomogrammen, Düsseldorf 1939.

Stigler, G. J.: The Theory of Price, 8. Aufl., New York 1959.

Stone, J. R. N.: The Analysis of Market Demand, in: Journal of the Royal Statistical Society 1945, S. 296 ff.

Theil, H.: Economic Forecasts and Policy, 2. Aufl., Amsterdam 1961.

Theil, H.: Ökonometrie und Unternehmensforschung — ihre Überschneidungen und Wechselwirkungen, in: Operations Research — Verfahren II, hrsg. von R. Henn, Meisenheim 1965, S. 7 ff.

Theil, H. und A. L. Nagar: Testing the Independence of Regression Disturbances, in: JASA 1961, S. 793 ff.

Tintner, G.: Handbuch der Ökonometrie, Berlin - Göttingen - Heidelberg 1960.

Turgot, A. R. J.: Observations sur le Memoire de M. de Saint-Peravy, in: Oeuvre de Turgot (Daire), 1. Bd., Paris 1844, S. 418 ff.

Uzawa, H.: Production Functions with Constant Elasticities of Substitution, in: The Review of Economic Studies 1956, S. 294 ff.

Vogel, W.: Versuche zur formalen Darstellung der Abhängigkeit der Kosten von der Leistung, Dissertation Zürich 1951.

Waerden, B. L. van der: Mathematische Statistik, Berlin - Göttingen - Heidelberg 1957.

Waffenschmidt, W.: Produktion, Meisenheim 1955.

Walther, A.: Einführung in die Wirtschaftslehre der Unternehmung, 2. Aufl., Zürich 1959.

Weddigen, W.: Theorie des Ertrages, Jena 1927.

Wilks, S. S.: Mathematical Statistics, New York - London 1962.

Witthoff, J.: Grundlagen der Zerspanungslehre, in: Betriebshütte I, 5. Aufl., Berlin 1957, S. 296 ff.

Wittmann, W.: Lineare Programmierung und traditionelle Produktionstheorie, in: ZfhF 1960, S. 1.

Wöhe, G.: Methodologische Grundprobleme der Betriebswirtschaftslehre, Meisenheim am Glan 1959.

Wöhe, G.: Betriebswirtschaftliche Steuerlehre, Band II, 2. Halbband, 2. Aufl., Frankfurt 1965.

Wysocki, K. v.: Der Einfluß von Steuern auf Produktions- und Kostenfunktionen, in: ZfB 1964, S. 15 ff.